PASSPORT

パスポート

政治・経済
問題集 最新版

清水書院

はじめに

　本書は，「政治・経済」を受験科目として選択し，大学への合格をめざして学びを進める，全国の受験生諸君が，見事に合格通知を手にすることができることを願って編集された問題集です。名付けて，"合格へ"の『パスポート問題集』です。

　諸君は，この問題集を手にしたその瞬間から「合格」という目的地に向けて力強く飛び立ち，この問題集に導かれて，最適で確かな航路をたどりながら前進することが可能となります。この『パスポート問題集』を傍らに持ち，繰り返し取り組むことさえできれば，必ずめざす大学に到達し，進路実現を果たすことができるでしょう。本書は，諸君の大学進学への航路案内の役割を果たします。

　さて，ここでこの『パスポート問題集』の自己紹介をかねて，その生い立ちを披露させていただきます。いま諸君が手にしている本書は，実は6代目の『パスポート問題集』です。これまでに何代にもわたって内容の吟味と改訂を重ね，バージョンアップし，再び登場したのが本書です。この問題集は高校の現場で実際に教壇に立ち，「政治・経済」の授業を担当している先生方（学びの「ナビゲーター」）の，まさに現場から発せられる熱い思いから誕生したものです。

　「社会科（地理歴史科と公民科）は暗記教科だ」という話を，時々耳にしますが，本当にそれだけでしょうか。「それだけ」というのは「暗記だけ」ということです。本当に暗記だけ，つまり「知識の詰め込みだけ」でしょうか。21世紀の現代社会は，刻々と変化しています。政治，経済，国際関係の3分野が「政治・経済」で学習する主な内容となっていますが，そのいずれもが日々変化し，相互に密接に関連しあい，知識の詰め込みだけでは，到底対応できるものではありません。

　「政治・経済」の授業を実際に担当している先生方が集まり，熱く語り合うなかで，知識の蓄積とその理解は確かに大切であるけれども，それとともに，身近な社会事象に対する興味・関心，「なぜだろう」という問いかけ，核になる基礎・基本の知識や概念の理解とそれらを活用する力，そして，関連する事項に発展させていける思考力などが重要であると，意見が一致しました。この問題集の基本的な編集のコンセプトは，まさにここにあります。29の Chapter ごとに作成されている「合格 Map」を傍らに置きながら，現実社会のリアルな，時事的な社会事象に目を向けてみて下さい。新聞やその他のメディアのニュース解説などを参考にしながら，自らの生きて学ぶ世界をどんどん押し広げて下さい。「政治・経済」という科目は，その時代の息吹を感じながら，それを広く深く探究し真摯に学ぶ諸君とともに，成長し続ける科目です。

　さらに，変化の激しい現代社会を支える担い手となる諸君に期待することとして，積極的な「自学自習」を保証したい，という点でも意見が一致しました。主体的な学びの保証です。「合格 Map」「正誤問題」「演習問題」というように，ステップアップしていく本書の構成と，「解答・解説」をできる限り詳細に用意するという編集方針は，ここから生まれたものです。そして今回，学びの目的地を示す「コンパス」を新たに加えました。「学ぶ」ことは「まねぶ（まねをする）」ことからスタートします。「合格 Map」で土台となる基礎・基本をまず身に付け，「正誤問題」「演習問題」で力を試しながら，「コンパス」と「解答・解説」を読み込み，目標に向かってどんどん学習を進めていって下さい。

『パスポート問題集』とともに　"夢はかなう"

　大学入試は確かに易しいものではありません。しかし，決して恐れる必要はありません。この問題集を手にした諸君は，一人ひとり，まだ漠然とした思いの人もいるかもしれませんが，目標を持って大学入試という関門を突破し，次のステップへと確かな一歩を踏み出そうとしているはずです。
胸を張ってください。一歩一歩前進すること，本書でいうなら Chapter を一つひとつマスターしていくことを，ぜひ心がけて下さい。21世紀を担い活躍する市民として，諸君に求められる政治，経済，国際関係についての確かな力が身に付くはずです。諸君の健闘を心から期待しています。

2024年2月　　　編著者一同

本書の特色と利用のしかた

1. ねらい

　　本書は，「政治・経済」の基礎・基本をしっかりと身に付け，実力を養成し，大学入試を突破するための問題集です。

2. 「問題編」と「解答・解説編」

　　単元ごとに段階を追った自学自習もできるように，単元ごとの重要事項を空欄に書き込み，コンパクトに整理する「合格Map」と「正誤問題」から，実力を試す「演習問題」へと，事項と問題を厳選して配列し，知識の理解と獲得，応用と活用に向けてステップアップできる「問題編」。

　　さらに，自ら発展的な学習が展開できるように問題の解答とともに，関連事項の解説や正答への道筋も示した詳細な「解答・解説」が記載された「解答・解説編」からなっています。

3. 構　成

　　リアルな現実社会に対応した「政治・経済」の基本的な学習に考慮して，政治分野については12のChapter，経済分野については11のChapter，国際分野については6のChapterに分類し，それぞれに「合格Map」「正誤問題」「演習問題」を用意しています。さらに「大学入試共通テスト試作問題」も追加し，「政治・経済」の学習で必要とされる学習内容がもれなく網羅された，合計29のChapter（章，単元）に取り組み，一つひとつのChapterをマスターする過程で，諸君の実力は高められていきます。

4. 「合格Map」

　　この「合格Map」は本書の最大の特色部分である。『パスポート問題集』を手にもって，大学入試合格に向けて雄飛する諸君が，まず，その目的地に向けての目印や最適な航路（道筋）を確認するための助けとなるのが，この「合格Map」です。Chapterごとに重要事項やキーワードを空欄とし，そこに書き込んでいくことで，学習内容の全体をコンパクトに整理できます。教科書や資料集などに基づいた導入段階の学習に際しては要点の確認と学習の見通しを立て，そして「正誤問題」や「演習問題」に取り組んだ後で再度，振り返りとしてChapterごとの基礎・基本や重要事項をしっかりと理解しているかどうかを確認するために，その都度活用して下さい。

5. 「正誤問題」「演習問題」

　　各Chapterの基礎・基本や重要事項を確認するために，主に大学入試センター試験と大学入学共通テストの過去問から問題を選び出しました。一部は問題を創作し，私立大学の過去問も改題しながら取り入れ，これらの問題に取り組むなかで，諸君が自然に各Chapterのポイントに気付くことができるように配慮してあります。

6. 「コンパス」と「解答・解説」

　　各Chapterの学びの目的地を「コンパス」で確認し，主体的で発展的な学習をサポートするために，学びの「ナビゲーター」が用意した「解答・解説」で，問題の解答と関連事項の解説や正答への道筋を，納得いくまで問題と照らし合わせながら確認して下さい。その取り組みは必ず，諸君の「自学自習」を保証し，学習内容への理解を深め，確実に，実力がアップするはずです。

Passport パスポート政治・経済問題集最新版　もくじ

合格map

1　近代民主政治の発展

(1)市民革命と社会契約説

　①絶対王政(絶対主義国家)の理論—【1】説：フィルマー(英)(17世紀)

　②絶対王政に対する市民階級の理論—【2】説

(2)近代民主主義の原理

【3】(英) (1588〜1679)	『リヴァイアサン』	自然状態は「【4】」状態
ロック(英) (1632〜1704)	『【5】』	人民の【6】権を認める。間接民主制
【7】(仏) (1712〜1778)	『社会契約論』	【8】による人民主権。直接民主制

　①人権保障：【9】(1776)(米)，人権宣言(1789)(仏)

　②国民主権：アメリカ独立宣言(1776)(米)・バージニア権利章典

　　　　　　　→フランス人権宣言(1789)

　③権力分立：モンテスキュー(仏)が『【10】』で三権分立を主張
　　　　　　　(1689〜1755)

　④法の支配：専制的な「人の支配」を否定

　　　17世紀後半，【11】は「王は神と法の下に立つ」(ブラクトン)の言葉を引用し，

　　　コモン−ロー(慣習法)優位の立場から王に反対

　⑤法治主義：【12】で発展した成文法重視の立場……法による行政

2　世界のおもな政治制度

(1)議院内閣制(イギリス)

　ア)上院と下院の二院制

　イ)【13】院の優越

　ウ)【14】党と保守党の二大政党制……(近年は多党化が進んでいる)

　エ)内閣は議会に対して責任を負う

　オ)野党(第一党)は「【15】」を組織する

　カ)慣習，判例などによって構成される【16】憲法

　キ)裁判所は法令が憲法に適合するかを審査する【17】権をもたない

　ク)2009年に【18】裁判所が新設された

(2)大統領制(アメリカ)

　　厳格な三権分立制

　ア)上院(各州から【19】名選出)と下院(各州から人口比例で選出)の二院制

　イ)共和党と【20】党の二大政党制

　ウ)議会は大統領に対して【21】権をもつ

　エ)大統領は【22】選挙で選ばれる。任期は【23】年，【24】選禁止。

　　　議会に対して【25】権はないが，【26】権と法案拒否権をもつ

　オ)連邦裁判所には【27】権が与えられている

(3)権力(民主)集中制(中国)

　ア)一院制の【28】が国権の最高機関

　イ)【29】が国家元首

　ウ)【30】による一党支配

　エ)【31】が行政の最高機関

●正誤問題メモ

① ×　ボーダンの主権
　概念には立法権や外交
　権，課税権などが含ま
　れている。
② ○
③ ×　国民は平等では
　なく，封建貴族などの
　特権を認めさせたもの。
④ ×　人間は自然状態
　において「万人の万人に
　対する闘争」となり，こ
　れから抜け出すには自
　然権を国王に譲渡する。
⑤ ○
⑥ ○
⑦ ○
⑧ ×　違憲立法審査権
　については主張してい
　ない。
⑨ ×　法が優位である
　とする思想であり，制
　裁を科すという考え方
　には基づいていない。
⑩ ×　直接民主制には
　なっていない。
⑪ ×　世界最初の人権
　宣言。自然権としての
　人権，人民主権，革命
　権などの内容を含む。
　植民地独立をめざした
　もので，奴隷解放の
　きっかけにはなってい
　ない。
⑫ ×　成人男子による
　普通選挙を求めたが失
　敗に終わった。
⑬ ○
⑭ ×　2010年に保守
　党と自由民主党による
　連立政権が形成されて
　いる。
⑮ ×　大統領は議会の
　解散権を持たない。
⑯ ○
⑰ ×　大統領は国民の
　直接選挙によって選出
　される。
⑱ ×　ドイツで第一党
　が過半数を獲得するこ
　とは難しく，しばしば
　連立政権が成立する。
⑲ ×　全体主義的独裁
　体制を目指した。
⑳ ×　全国人民代表大
　会は立法機関。国務院
　が行政機関。
㉑ ×　中華民国総統は
　大統領にあたり，国民
　の直接選挙により選出
　される。
㉒ ×　州の主権は認め
　られていない。
㉓ ○

正誤問題

① ボーダンは『国家論』をあらわし，主権が国家の絶対的永続的な権力であり，分割できないことを論じた。(19追)

② コーク（クック）は，コモン・ローの伝統を重視し，国王といえども法に従わなくてはならないと主張した。(07本)

③ マグナ - カルタは，国民の平等な権利を認め，統治者が法に拘束される法の支配の思想を示した。(07本)

④ ホッブズによれば，主権をもつ国家間の争いは「万人の万人に対する闘争」に至るため，これを防ぐには強力な国際機関による仲裁が必要である。(04追)

⑤ ロックは，立法権を執行権よりも優位に位置づけるべきだと主張した。(10追)

⑥ ルソーは，君主権に結び付けられることの多かった主権を人民主権に組み替え，為政者は主権者である人民の意志に従うべきことを説いた。(04追)

⑦ ルソーの思想にある直接民主制の主張は，人民が代表者を選出することを批判している。(11追)

⑧ モンテスキューは，裁判所が違憲立法審査権をもつべきだと主張した。(10追)

⑨ 法の支配における法は，それに違反した場合に，刑罰など国家権力による制裁を伴う点に特徴があるとする考え方である。(18本)

⑩ フランスでは，人民に政治の決定権があるとする人民主権思想を背景とした革命により絶対王政が打倒され，直接民主制が実現した。(20追)

⑪ バージニア権利章典は，アメリカの大規模農場主による奴隷の虐待を非難した文書であり，奴隷解放のきっかけとなった。(04本)

⑫ イギリスでは，チャーチスト運動の結果として，成年の男女すべてに選挙権と被選挙権を与える普通選挙制が実現した。(20追)

⑬ イギリスでは，2009年に最高裁判所が設置されるまでは，議会の上院が最高裁判所の役割を兼ねるなど，厳格な権力分立制はとられていなかった。(06本改)

⑭ イギリスでは保守党と労働党による二大政党制が定着しているため，連立政権が形成されたことはない。(12本)

⑮ アメリカでは，大統領と異なる党派が連邦議会の多数派になることがあるが，大統領による議会の解散を通じ，対立の緩和が図られている。(04本)

⑯ アメリカでは，各州2名ずつの議員から成る上院が置かれ，条約締結についての同意権など，重要な権限が付与されている。(04本)

⑰ フランスでは，大統領は国民議会によって選出される。(18追)

⑱ ドイツでは，多党制の下でも常に第一党が単独政権を維持した。(12本)

⑲ イタリアでは，第一次世界大戦後にファシスト（ファシスタ）党が民衆の高い支持を背景に政権に就き，自由主義に基づく民主化を進めた。(20追)

⑳ 中国では，全国人民代表大会が国家の行政を担当する機関である。(18追)

㉑ 台湾では，民進党の一党支配が終わり，複数政党制に基づく議院内閣制が定着した。(07本)

㉒ インドネシアでは，スハルトの民主化政策の一環として，州の主権を基礎とする連邦国家体制が導入された。(07本)

㉓ 韓国では，冷戦期において開発独裁体制が成立した。(18追)

演習問題

1 個人と国家の権力とのあり方について論じた人物A～Cとその主張ア～ウとの組合せとして最も適当なものを,下の①～⑥のうちから一つ選べ。(13追)

A コーク(クック)　　B モンテスキュー　　C ロック

ア 人民の自由の保障のため,国家権力を,立法権,行政権,司法権の三権に分け,相互の抑制と均衡を図るべきである。

イ 政府が人民の生命,自由,財産に対する権利を侵害する場合,人民には,これに抵抗する権利がある。

ウ 国王といえども,コモン・ローの支配下にあるのであって,法に従うべきである。

① A－ア　B－イ　C－ウ
② A－ア　B－ウ　C－イ
③ A－イ　B－ア　C－ウ
④ A－イ　B－ウ　C－ア
⑤ A－ウ　B－ア　C－イ
⑥ A－ウ　B－イ　C－ア

2 著書『国家論』において,主権の概念を提唱したフランスの思想家は誰か。正しいものを,次の①～④のうちから一つ選べ。(16本)

① ボーダン　　② モンテスキュー　　③ ルソー　　④ ケネー

3 生徒Xは,そもそも国家はなぜあるのかについて興味があり,ホッブズの『リヴァイアサン』を読み,議論の流れや概念の関係を整理した次ページの図を作った。次の文章a～dは,『リヴァイアサン』の一節あるいは要約であり,図中の空欄 ア ～ エ には,a～dのいずれかの文章が入る。空欄 エ に入る文章として最も適当なものを,①～④のうちから一つ選べ。(21追)

a 人は,平和と自己防衛のためにかれが必要だとおもうかぎり,他の人びともまたそうであるばあいには,すべてのものに対するこの権利を,すすんですてるべきであり,他の人びとに対しては,かれらがかれ自身に対してもつことをかれがゆるすであろうのと同じおおきさの,自由をもつことで満足すべきである。

b 人びとが,かれらすべてを威圧しておく共通の権力なしに,生活しているときには,かれらは戦争とよばれる状態にあり,そういう戦争は,各人の各人に対する戦争である,ということである。

c 各人は,かれ自身の自然すなわちかれ自身の生命を維持するために,かれ自身の意志するとおりに,かれ自身の力を使用することについて,自由をもっている。

d 各人は,平和を獲得する希望があるかぎり,それにむかって努力すべきであるというのが,理性の戒律すなわち一般法則である。その内容は,「平和をもとめ,それにしたがえ」ということである。

(出所)　水田洋訳『リヴァイアサン(一)』による。表記を一部改めている。

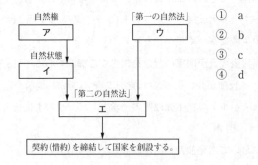

① a
② b
③ c
④ d

4 国家権力の濫用を防止するという法の役割に関する原則として形式的法治主義，実質的法治主義，および法の支配がある。次の文章を読み，ア〜エの各行為を，この三つの原則に照らして違反の有無を判定した場合，その組合せとして最も適当なものを，下の①〜④のうちから一つ選べ。(19追)

　　国家権力の濫用を防止するという法の役割に関する原則としては，まず法の支配がある。これは，国家権力の行使は，法に基づいてなされなければならず，さらにこの場合の法は，内容が基本的人権を侵すようなものであってはならないとする考え方である。これに対して，法治主義は当初，行政に対して議会が制定した法律に従うことは要請するものの，法律の内容までは問わない形式的法治主義であった。しかし，今日の法治主義は，法の支配と同様に，行政が従うべき法律の内容に関しても，基本的人権を侵害しないものであることを要求する実質的法治主義を意味する。

ア　行政機関が，法律の根拠なく，国民の財産を強制的に収用する。
イ　行政機関が，法律に基づいて，国民に特定の職業に就くことを強制する。
ウ　議会が，国民に特定の職業に就くことを強制する法律を定める。
エ　議会が，国民の財産権の行使について公共の福祉の観点から必要最小限度の制限を課する法律を定める。

		形式的法治主義	実質的法治主義	法の支配
①	ア	違反しない	違反しない	違反しない
②	イ	違反しない	違反しない	違反する
③	ウ	違反しない	違反する	違反する
④	エ	違反する	違反する	違反する

5 民主主義の歴史の上で重要な憲法・宣言A〜Cと，その文言ア〜ウとの組合せとして正しいものを，下の①〜⑥のうちから一つ選べ。(10本)

A　アメリカ独立宣言　　B　フランス人権宣言　　C　ワイマール憲法

ア　「経済生活の秩序は，すべての人に，人たるに値する生存を保障することを目ざす，正義の諸原則に適合するものでなければならない。」
イ　「すべての人は平等に造られ，造物主によって一定の奪うことのできない権利を与えられ，その中には生命，自由および幸福の追求が含まれる。」
ウ　「権利の保障が確保されず，権力の分立が定められていないすべての社会は，憲法をもたない。」

(資料)　樋口陽一・吉田善明編『解説世界憲法集第4版』

①　A-ア　B-イ　C-ウ
②　A-ア　B-ウ　C-イ
③　A-イ　B-ア　C-ウ
④　A-イ　B-ウ　C-ア
⑤　A-ウ　B-ア　C-イ
⑥　A-ウ　B-イ　C-ア

6 「課題の設定」を行うために生徒Xと生徒Yらが日本による多様な国際貢献について話し合う中で，他国への日本の選挙監視団の派遣について，次のようなやり取りがあった。Xが二重下線部で示したように考えることができる理由として最も適当なものを，下の①〜④のうちから一つ選べ。(21本)

　X：途上国で行われる選挙に，選挙監視団が派遣されたって聞いたことがあるよ。たとえば，カンボジアやネパールで新憲法を制定するための議員を選ぶ選挙が行われた際に，選挙監視要員が派遣されたんだ。

Y：なぜこうした国は，憲法の制定に関わるような問題に，外国からの選挙監視団を受け入れたんだろう？　そして，どうしてそれが国際貢献になるのかな？

X：選挙監視団の目的は，自由で公正な選挙が行われるようにすることだよね。民主主義における選挙の意義という観点から考えれば，そうした選挙を実現させることは，その国に民主的な政治体制が定着するきっかけになるよね。民主的な政治体制がうまく機能するようになれば，再び内戦に陥って国民が苦しむようなことになるのを避けられるんじゃないかな。

Y：そうだね。それに，自由で民主的な政治体制が確保されている国の間では戦争は起きないって聞いたこともあるよ。もしそうだとすると，選挙監視団を派遣することは国際平和にもつながっているとも言えるね。

① 民主主義においては，国民に選挙を通じた政治参加を保障することで，国の統治に国民全体の意思を反映すべきものとされているから。

② 民主主義においては，大衆が国の統治を特定の個人や集団による独裁に委ねる可能性が排除されているから。

③ 民主主義においては，暴力によってではなく裁判によって紛争を解決することとなっているから。

④ 民主主義においては，国民が政治的意思を表明する機会を選挙以外にも保障すべきものとされているから。

7 国民と政治のかかわり方についての記述として最も適当なものを，次の①〜④のうちから一つ選べ。(19追)

① 政治指導者が大衆迎合的な政策を掲げて世論を動員しようとすることを，直接民主制と呼ぶ。

② 利益集団(圧力団体)とは，国民の中に存在する特定の利益を実現するために，政治や行政に対してはたらきかける集団のことである。

③ 多数決による決定ではなく，意見の異なる政治勢力の間の合意を重視する民主政治のあり方を，多数者支配型民主主義という。

④ 国民は，報道機関を通じて提供された政治に関する情報を批判的な視点をもって活用する「第四の権力」と呼ばれている。

8 各国の議会制度の説明として誤っているものを，次の①〜④のうちから一つ選べ。(20本)

① アメリカでは，国民の直接選挙によって選出される上院が置かれ，条約締結についての承認権(同意権)など，重要な権限が付与されている。

② イギリスでは，非民選の議員からなる貴族院が置かれ，最高裁判所の機能も果たしてきたが，現在ではその機能を喪失している。

③ 日本では，国民の直接選挙によって選出される参議院が置かれ，戦前の貴族院と異なり解散が認められるなど，民主化が図られている。

④ フランスでは，任期6年の上院が置かれ，上院議員選挙人団による間接選挙で議員が選出される。

9 アメリカとイギリスの政治制度について述べた次の文章中の空欄　ア　〜　ウ　に当てはまる語句の組合せとして正しいものを，下の①〜⑧のうちから一つ選べ。(18本)

アメリカでは，大統領は連邦議会の議員の選挙とは別に公選され，議会に議席をもたない。大統領は，議会が可決した法案に対する拒否権と議会への　ア　権とをもつが，議会の解散権をもたない。また議会は，大統領に対し　イ　を行う権限をもたない。

これに対しイギリスでは，下院(庶民院)の多数派から首相が任命されて内閣を組織する。内閣は法案を提出することができ，通常は与党議員である大臣が議会で説明や答弁を行う。また伝統的に，下院は内閣に対する　イ　権をもち，これに対抗して内閣は下院を解散することができるとされてきた。

こうしてみると，アメリカでは，イギリスよりも立法府と行政府との間の権力分立が　ウ　である。

① ア　教書送付　　　　イ　弾　劾　　　　ウ　厳　格
② ア　教書送付　　　　イ　弾　劾　　　　ウ　緩やか
③ ア　教書送付　　　　イ　不信任決議　　ウ　厳　格
④ ア　教書送付　　　　イ　不信任決議　　ウ　緩やか
⑤ ア　法案提出　　　　イ　弾　劾　　　　ウ　厳　格
⑥ ア　法案提出　　　　イ　弾　劾　　　　ウ　緩やか
⑦ ア　法案提出　　　　イ　不信任決議　　ウ　厳　格
⑧ ア　法案提出　　　　イ　不信任決議　　ウ　緩やか

10　各国の政治体制を次の表中のA〜Fのように分類したとき，それぞれの国の政治体制の記述として最も適当なものを，下の①〜④のうちから一つ選べ。（19本）

	議院内閣制	半大統領制	大統領制
連邦国家	A	B	C
単一国家	D	E	F

（注）ここでいう「単一国家」とは，中央政府に統治権が集中する国家を指す。また，「連邦国家」とは複数の国家（支分国）が結合して成立した国家を指す。「連邦国家」は，国家の一部を構成する支分国が，州などのかたちで広範な統治権をもつ点などにおいて，「単一国家」と異なる。

① アメリカはFに該当する。　　② イギリスはCに該当する。
③ フランスはEに該当する。　　④ ロシアはAに該当する。

11　さまざまな政治のあり方についての記述として最も適当なものを，次の①〜④のうちから一つ選べ。（18追）
① 韓国では，冷戦期において開発独裁体制が成立した。
② イギリスでは，第二次世界大戦後に議院内閣制が確立した。
③ フランスでは，大統領は国民議会によって選出される。
④ 中国では，全国人民代表大会が国家の行政を担当する機関である。

1　大日本帝国憲法(明治憲法)

(1)基本的性格

①天皇主権，神聖不可侵〈3条〉，統治権の総攬者〈4条〉，統帥権の
　独立〈11条〉

②【1】の権利としての人権保障(【2】：法律による権利制限)

③不完全な権力分立(内閣の憲法上の規定なし)

　帝国議会：天皇の立法権の【3】機関

　国務各大臣：天皇の行政権の【4】機関→内閣総理大臣は同輩中の首席

　裁判所：「天皇の名に於て」司法権行使

2　日本国憲法

(1)三大原理

①【5】：天皇の地位…日本国および【6】の象徴

②【7】

③【8】：憲法前文…平和のうちに生存する権利(平和的生存権)

(2)憲法の最高法規性…基本的人権の【9】〈97条〉

　　　　　　　　　　憲法の最高法規性〈98条〉

　　　　　　　　　　天皇および公務員の【10】義務〈99条〉

(3)憲法改正＝96条：各議院の総議員の【11】以上の賛成で発議

　　　　　　　　　→国民投票で過半数の賛成(硬性憲法)

3　平等権

(1)日本国憲法の平等権

　法の下の平等〈14条〉，【12】の本質的平等〈24条〉，参政権の平等〈44条〉

(2)平等をめぐる問題

①法の下の平等

　ア)尊属殺重罰規定違憲訴訟…刑法200条は違憲無効，刑法199条を適用

　　　　　　　　　　　　　　　　(1973最高裁違憲判決)

　イ)衆議院議員定数違憲訴訟…憲法14条に違反し無効

　　　　　　　　　　　　　　　(1976，1985最高裁違憲判決)

　ウ)婚外子相続格差規定違憲訴訟

　エ)再婚禁止期間規定違憲訴訟

②部落差別

　ア)【13】結成(1922)…部落解放運動を展開

　イ)【14】特別措置法(1969)→地域改善対策特別措置法(1982)

③民族差別

　ア)日立訴訟(1974横浜地裁)…国籍を理由とした解雇は不当

　イ)【15】(1997)…アイヌ民族の先住性は明記されず

　　　　　　　→「アイヌ民族を先住民族とすることを求める決議」(2008国会)

　ウ)アイヌ新法(2019)…アイヌ民族を先住民族として位置づけ。先住権は明記
　　　　　　　　　　　　せず

④女性・障がい者・患者の差別，外国人の人権

　ア)日産自動車男女別定年制事件：性別定年制を定めた就業規則は無効

　イ)ハンセン病国家賠償請求訴訟：1960年以降の隔離政策は違憲

　ウ)HIV(エイズ)薬害事件：1996年被害者と国・製薬会社との和解成立

　エ)外国人参政権問題：国政選挙の選挙権は日本国民のみに限る

　オ)ヘイトスピーチ解消法(2016)：本邦外出身者に対する不当な差別的言動の
　　　　　　　　　　　　　　　　解消に向けた取組の推進

合格map

●正誤問題メモ

① × 議会の承認不要。国務大権は国務大臣の輔弼を必要とするが，統帥大権は独立性が強く，その必要はない（統帥権の独立）。

② × 人権は天皇が臣民に与えたものであり，その多くが「法律の範囲内」でのみ認められた。

③ ○

④ ○

⑤ × 生存権規定の追加や国民主権の明文化などの修正がされた。

⑥ × 永久不可侵の権利とされ，国や他の社会的権力によって侵害されないものと規定されている。

⑦ × 憲法上，国民投票による国政上の決定は，憲法改正のみ。

⑧ ○

⑨ × 過半数の賛成により承認される。2007年5月に憲法改正の手続きなどを定めた国民投票法が成立した。

⑩ ○

⑪ × 内閣総理大臣の選出について憲法で規定しているため，改正が必要となる。

⑫ × 夫婦別姓に向けた民法の改正は行われていない。

⑬ ○

⑭ ○

⑮ ○

⑯ × 障がいを理由にした差別の禁止，社会的障壁の除去等が規定されている。一定割合の障がい者雇用の義務付けは，障害者雇用促進法。

⑰ × 同法は部落差別の解消と対象地域の生活環境の改善，社会福祉の向上などを目的としたもの。

⑱ × 参政権は，その地方公共団体の住民が直接選挙するものと規定しているが，憲法の国民主権の原理における国民は，日本国籍を有するものとしている。

⑲ ○

⑳ × 経済難民は含まれない。

正誤問題

① 明治憲法下では，天皇は陸海軍の最高指揮権である統帥権を有していたが，その行使には議会の承認決議が必要とされた。（14本）

② 日本では，明治憲法によって，基本的人権は公共の福祉に優先するものとされた。（06追）

③ 明治憲法下では，天皇機関説が唱えられていたが，昭和期にその提唱者の著書の発売が禁止された。（14本）

④ 憲法問題調査委員会は，ポツダム宣言の受諾に伴って，憲法改正に関する調査を行うために設置された。（08本）

⑤ 日本国憲法の政府案は，帝国議会で審議されたが，修正されることなく可決された。（08本）

⑥ 日本国憲法によって列挙された基本的人権は，法律の範囲内において保障されている。（17本）

⑦ 日本国憲法は間接民主制を採用しているので，国民が，国民投票によって直接に国政上の決定を行うことはできない。（14本）

⑧ 日本国憲法は，個人の尊厳と両性の本質的平等を規定し，それに対応して，民法の親族および相続に関する規定が改正された。（07追）

⑨ 憲法改正の国民投票が有効となるには，満18歳以上の国民の5割を超える投票率が必要である。（10追）

⑩ 憲法改正をめぐり衆参両院に設置された憲法調査会が，各々調査報告書を提出している。（11追）

⑪ 内閣総理大臣を国民が直接選出できるようにするには，憲法の改正は不要だが，法律で定めなければならない。（09本）

⑫ 民法は，夫婦は婚姻の際に夫または妻の氏を称すると規定していたが，夫婦別姓を認めるために改正された。（07追）

⑬ 男女雇用機会均等法は，男女の均等な雇用機会と待遇の確保について努力目標を規定していたが，差別的取扱いを禁止する規定に改正された。（07追）

⑭ 男女共同参画社会基本法は，男女が対等な立場で社会参画すると規定し，それに対応して，国の審議会などで女性委員の割合が高められた。（07追）

⑮ アイヌ民族を差別的に取り扱ってきた法律を廃止してアイヌ文化振興法が制定されたが，アイヌ民族の先住民族としての権利は明記されなかった。（12本）

⑯ 障害者基本法の制定によって初めて，企業や国・地方自治体は，一定割合の障害者雇用が義務づけられた。（05追）

⑰ 部落差別問題に関して，同和地区住民への市民的権利と自由の完全な保障を求めた審議会答申に基づき，同和対策事業特別措置法が制定された。（12本）

⑱ 最高裁判所の判決によれば，憲法は，永住資格を有する在日外国人にも地方参政権を保障している。（05追）

⑲ 人種差別問題に関して，国際的な人権保障の一環として，国際連合で人種差別撤廃条約が採択された。（12本）

⑳ 難民条約上の難民には，貧困から逃れるために国境を越えてきた人々も含まれる。（18追）

演習問題

1 国会に関連して，次のA～Cのうち，明治憲法下の帝国議会には当てはまらず，日本国憲法下の国会に当てはまるものはどれか。最も適当なものを，下の①～⑦のうちから一つ選べ。(14本)

A 両議院に公選制が採用されている。

B 勅令に関する規定を有する。

C 内閣総理大臣を指名する。

① A ② B ③ C ④ AとB

⑤ AとC ⑥ BとC ⑦ AとBとC

2 日本国憲法の制定過程や基本原理に関する記述として正しいものを，次の①～④のうちから一つ選べ。(17本)

① 日本国憲法によって列挙された基本的人権は，法律の範囲内において保障されている。

② 日本国憲法は，君主である天皇が国民に授ける民定憲法という形で制定された。

③ 日本国憲法は，憲法問題調査委員会の起草した憲法改正案(松本案)を，帝国議会が修正して成立した。

④ 日本国憲法における天皇は，国政に関する権能を有しておらず，内閣の助言と承認に基づいて国事行為を行う。

3 日本国憲法と明治憲法(大日本帝国憲法)との比較についての記述として<u>適当でないもの</u>を，次の①～④のうちから一つ選べ。(12本)

① 明治憲法の下では貴族院議員は臣民による制限選挙で選ばれたが，日本国憲法の下では参議院議員は普通選挙で選ばれる。

② 明治憲法は軍隊の保持や天皇が宣戦する権限を認めていたが，日本国憲法は戦力の不保持や戦争の放棄などの平和主義を掲げている。

③ 日本国憲法の下では主権は国民にあるとの考えがとられているが，明治憲法の下では主権は天皇にあるとされた。

④ 日本国憲法は法律によっても侵すことのできない権利として基本的人権を保障しているが，明治憲法は法律の範囲内でのみ臣民の権利を認めた。

4 国民主権を具体化している日本の制度についての記述として正しいものを，次の①～④のうちから一つ選べ。(14本)

① 日本国憲法は間接民主制を採用しているので，国民が，国民投票によって直接に国政上の決定を行うことはできない。

② 地方自治体において住民投票を実施する際には，個別に法律の制定が必要であり，地方自治体が独自の判断で実施することはできない。

③ 選挙運動の一環として，候補者による有権者の住居への戸別訪問が認められている。

④ 国民審査において，国民は最高裁判所の裁判官を罷免することが認められている。

5 主権には複数の意味があるが，その説明A～Cとその具体例ア～ウとの組合せとして正しいものを，下の①～⑥のうちから一つ選べ。(08本)

A 国家の統治権

B 国家権力の最高・独立性

C 国家の政治のあり方を最終的に決定する最高の権力

ア 「主権の存する日本国民の総意」(日本国憲法第1条)

イ 「すべての加盟国の主権平等の原則」(国連憲章第2条)

ウ 「日本国ノ主権ハ本州，北海道，九州及四国…(中略)…ニ局限セラルヘシ」(ポツダム宣言第8項)

① A－ア B－イ C－ウ ② A－ア B－ウ C－イ

③ A－イ B－ア C－ウ ④ A－イ B－ウ C－ア

⑤ A－ウ B－ア C－イ ⑥ A－ウ B－イ C－ア

6　個人の権利や自由についての記述として正しいものを，次の①～④のうちから一つ選べ。(10追)

① 日本国憲法は，学問の自由などの精神の自由を明文で保障している。

② 日本国憲法は，犯罪被害者が公判に参加する権利を明文で保障している。

③ 明治憲法は，法律の留保なしに表現の自由を保障していた。

④ 明治憲法は，教育を受ける権利などの社会権を保障していた。

7　日本の国内法は，憲法，法律，命令，条例などによって構成され，憲法が最高法規であるとされる。憲法は国の最高法規であるという原則を定めた日本国憲法の規定はどれか。正しいものを，次の①～④のうちから一つ選べ。(16追)

① 国会は，国権の最高機関であって唯一の立法機関である。

② 内閣総理大臣その他の国務大臣は，文民でなければならない。

③ 憲法に反する法律，命令，詔勅および国務に関するその他の行為は，効力を有しない。

④ 地方自治体の組織および運営に関する事項は，地方自治の本旨に基づいて，法律で定める。

8　次のA～Dは，日本国憲法の改正のために必要な手続を述べたものである。これらを手続の順序に従って並べたとき，3番目にくるものとして正しいものを，下の①～④のうちから一つ選べ。(15追)

A　各議院の総議員の3分の2以上の賛成で，国会が改正を発議する。

B　天皇が国民の名で憲法改正を公布する。

C　国会議員が改正原案を国会に提出する。

D　国民投票での過半数の賛成で，国民が憲法改正を承認する。

①　A　　②　B　　③　C　　④　D

9　法の下の平等に関連して，日本で最高裁判所により違憲とされた法制度についての記述として誤っているものを，次の①～④のうちから一つ選べ。(18本)

① 衆議院議員一人当たりの有権者数の格差が最大で約5倍となる議員定数の配分を定める。

② 参議院議員の被選挙権年齢を衆議院議員の被選挙権年齢より高く定める。

③ 婚外子の相続分を，嫡出子の相続分の2分の1とする。

④ 外国籍の母から出生した婚外子に，出生後に日本国民である父から認知されても父母の婚姻がなければ日本国籍を認めないこととする。

10　実質的な男女平等を雇用において達成するための措置として，日本の法制度の下では，形式的には性差別に当たる措置であっても許容されるものがある。そのような措置の例の記述として最も適当なものを，次の①～④のうちから一つ選べ。(18本)

① 労働者の募集にあたり，応募条件から性別の条件を外す。

② 女性労働者の定年年齢を，男性労働者と同じ年齢に設定する。

③ 女性労働者の割合が低い職種について，採用の基準を満たす者の中から女性を優先して採用する。

④ 同じ内容の労働に従事する男性労働者と女性労働者の賃金を，同じ額とする。

11　次のA～Dは，権利の拡大および救済のための制度をめぐり，日本で取り組まれた出来事についての記述である。これらの出来事を古い順に並べたとき，3番目にくるものとして正しいものを，下の①～④のうちから一つ選べ。(15本)

A　障害に基づく差別の禁止や障害者の社会参加の促進を定める「障害者の権利に関する条約」が批准された。

B　すべての児童に対して，「ひとしくその生活を保障され，愛護されなければならない」と定めた児童福祉法が制定された。

C　アイヌの人々の文化の振興と伝統に関する知識の普及を目的とするアイヌ文化振興法が制定された。

D　特定の公害の被害者に対して，国による補償を定めた公害健康被害補償法が制定された。

①　A　　②　B　　③　C　　④　D

Chapter 3 平和主義

合格map

1 日本国憲法と平和主義

(1)平和的生存権(前文)…国際協調主義に立つ平和主義
　「われらは，全世界の国民が，ひとしく【1】と【2】から免かれ，平和の
　うちに生存する権利を有することを確認する」
(2)平和憲法(第9条)…徹底した非武装・非戦平和主義
　「【3】戦争と，【4】による威嚇又は【4】の行使は，国際紛争を解決する
　手段としては，【5】にこれを放棄する」
　「陸海空軍その他の【6】は，これを保持しない」
　「国の【7】は，これを認めない」
(3)憲法第9条に関する違憲訴訟
　①砂川事件…一審(1959)東京地裁【8】判決「安保条約による米軍の駐留は違憲」
　　　　　　　最高裁(1959)「日米安保条約は【9】に属す」
　②恵庭事件…一審(1967)自衛隊の通信線を切断した行為は「自衛隊法に違反せず」
　③長沼ナイキ基地訴訟…一審(1973)【10】判決「自衛隊は戦力，違憲」
　　　　　　　　控訴審(1976)一審判決破棄，自衛隊は審査せず
　　　　　　　　上告審(1982)上告を棄却，二審判決支持
　④【11】訴訟…一審(1977)【9】論，控訴審(1981)憲法判断せず
　　　　　　　　上告審(1989)二審判決支持

2 日米安全保障体制

(1)日米安全保障条約
　①サンフランシスコ講和条約締結(1951)…日本の独立回復(西側との片面講和)
　②日米安全保障条約調印(1951)…米軍の駐留継続，米軍への基地の提供
　③日米安全保障条約改定(1960)…日本の【12】義務
　　　　　　　　　　　　　日本の領域が攻撃された場合の共同防衛義務，
　　　　　　　　　　　　　「極東」の安全に寄与するための米軍の駐留
(2)日米安保共同宣言(1996)…「【13】の安定と繁栄」へと再定義
(3)日米防衛協力のための指針(1997)…【14】の際の米軍への後方支援
　①有事法制関連3法(2003)…武力攻撃事態対処法など日本が武力攻撃を受けた場
　　　　　　　　　　　　　　合の措置を決定
　②有事法制関連7法(2004)…【15】など有事の際の具体的措置を定めた法律
　③重要影響事態法(2015)…周辺事態法(1999)を改正した法律。地理的限定を解消
　　　　　　　　　　　　　し，米軍などの後方支援を行う

3 自衛隊に関する議論

(1)非核三原則：【16】(日本の国是)
(2)文民統制＝【17】……内閣総理大臣が指揮権
(3)【18】…個別的自衛権の行使は合憲，【18】の行使は違憲と歴代内閣は言明してき
たが，2014年安倍内閣が行使容認を閣議決定
(4)自衛隊と国際協力
　① PKO 協力法(1992)…「PKO 参加5原則」
　②テロ対策特別措置法(2001)…対テロ戦争で米軍の後方支援，洋上給油活動
　③イラク復興支援特別措置法(2003)…【19】による自衛隊派遣
　④補給支援特別措置法(新テロ特措法)(2008)…【20】での給油・給水活動
　⑤海賊対処法(2009)…【21】の海賊から日本および外国船舶を保護
　⑥安全保障関連法(2015)…平和安全法制整備法(現行の一括法)と国際平和支援法
　　(新法)

正誤問題

① 日本国憲法は，第二次世界大戦の反省から，戦争を放棄し，交戦権を否認すると規定しているが，戦力の不保持については規定していない。(02追)

② 現在のわが国の防衛政策に関する政府見解では，「わが国は文民統制（シビリアン・コントロール）を厳格にする」としている。(95本)

③ 1972年の田中角栄内閣による政府統一見解では，憲法第9条2項に禁じられている「戦力」を，「自衛のための必要最小限度を超えるもの」と定義した。

④ 憲法の条文は改正せず，憲法の条文の意味や運用を，解釈によって事実上変更することを，明文改憲という。

⑤ 現在のわが国の防衛政策に関する政府見解では，「わが国は専守防衛に徹し，他国に脅威を与える軍事大国にはならない」としている。(95本)

⑥ 政府見解によると，自主的な防衛力を整備するため，外国から武器を購入しない。(95本)

⑦ 非核三原則とは，「核兵器を持たず，作らず，使用せず」をさす。(01本)

⑧ 日米安全保障条約に基づくアメリカ軍の駐留が，憲法第9条で禁じている「戦力」にあたるかどうかが裁判で争われた事件を恵庭事件という。

⑨ 新日米安全保障条約の締結にともない，日本におけるアメリカ軍の配置や装備の重要な変更などについて，事前協議制が定められた。(95本改)

⑩ 安保条約に従って日本政府はアメリカ軍へ基地を提供しているが，そのうち，面積にして約4分の3が沖縄県に集中している。(01本)

⑪ 旧日米安全保障条約がアメリカの日本防衛義務を規定していなかったのに対し，新条約ではそれが明記された。

⑫ 1970年の日米安全保障条約の改定により，平和主義条項についての憲法改正が国会により発議されたが，国民投票の結果，否決された。(02追)

⑬ 日本による在日米軍駐留経費の負担は，「思いやり予算」と呼ばれている。(14本)

⑭ 在日米軍は日本が攻撃を受けても，共同で防衛する義務は持たない。(95本)

⑮ 2001年時点で，自国が直接攻撃されていない場合でも，自衛のため，日本政府は，密接な関係にある他国に対する武力攻撃を実力をもって阻止することができる。(01現社本改)

⑯ 日本が湾岸戦争後に行った掃海艇のペルシャ湾への派遣は，日本政府の説明では集団的自衛権に基づくものとされている。(00追)

⑰ 発展途上国に技術協力などの支援を行うため，自衛隊の組織として青年海外協力隊が設けられている。(08本)

⑱ 国際社会の平和と安定に貢献するため，国連憲章の規定するUNF（国連軍）に自衛隊が参加している。(08本)

⑲ ボスニア・ヘルツェゴビナ復興支援のために，自衛隊が派遣された。(06追)

⑳ 2001年，アメリカにおいて発生した同時多発テロをうけて，自衛隊が外国の軍隊などへ後方支援活動を行うことを認めた法律をテロ対策特別措置法という。

㉑ 2004年に成立した有事法制関連法の一つで，有事の際に国民の生命・財産などを守るために国の責務などを定めた法律を国民保護法という。

㉒ ガイドライン関連法によると，自衛隊は，いわゆる周辺事態の際にアメリカ軍の後方支援を行うこととされている。(14本)

演習問題

1 日本の安全保障についての記述として正しいものを，次の①～④のうちから一つ選べ。(17追)
① 連合国軍総司令部の最高司令官マッカーサーは，日本政府に対して自衛隊の創設を指示した。
② 自衛隊をモザンビークでの国連平和維持活動に派遣するため，テロ対策特別措置法が制定された。
③ 日米防衛協力のための指針（ガイドライン）の策定とその改定により，日米間の防衛協力体制が強化されてきた。
④ サンフランシスコ平和条約の締結と同時に，日米相互協力及び安全保障条約（新安保条約）が結ばれた。

2 外交や防衛について，日本の安全保障に関連する記述として最も適当なものを，次の①～④のうちから一つ選べ。(19本)
① 日米相互協力及び安全保障条約（新安保条約）の成立によって，自衛隊が創設された。
② 日本は，在日米軍の駐留経費を負担していない。
③ 国の一般会計予算に占める防衛関係費の割合は，2パーセントを下回っている。
④ 日本政府は，憲法第9条が保持を禁じている「戦力」は自衛のための必要最小限度を超える実力であるとしている。

3 PKO（国連平和維持活動）への自衛隊の参加についての説明として最も適当なものを，次の①～④のうちから一つ選べ。(15追)
① PKO協力法の制定により，PKOへの自衛隊の参加が可能になった。
② テロ対策特別措置法の制定により，PKOへの自衛隊の参加が可能になった。
③ イラク復興支援特別措置法に基づき，PKOとして自衛隊がイラクに派遣された。
④ 海賊対処法に基づき，PKOとして自衛隊がソマリア沖に派遣された。

4 日本の安全保障をめぐる法制度や政策についての記述として正しいものを，次の①～④のうちから一つ選べ。(18本)
① 2014年に政府が決定した防衛装備移転三原則によれば，武器や関連技術の輸出は全面的に禁止されている。
② 自衛隊の最高指揮監督権は，防衛大臣が有している。
③ 2015年に成立した安全保障関連法によれば，日本と密接な関係にある他国に対する攻撃によって日本の存立が脅かされ，国民の権利が根底から覆される明白な危険がある場合でも，武力行使は禁止されている。
④ 安全保障に関する重要事項を審議する機関として，国家安全保障会議を内閣に設置している。

5 自衛隊について争われた裁判の例として誤っているものを，次の①～④のうちから一つ選べ。(08本)
①　恵庭事件　　②　砂川事件　　③　長沼ナイキ基地訴訟　　④　百里基地訴訟

6 日本で制定又は改正された法律・条約に関する記述として最も適当なものを，次の①～④のうちから一つ選べ。(08現社本)
① 冷戦終結後に起こった湾岸戦争を機に，国際貢献をめぐる議論が巻き起こり，その後，PKO等協力法が成立した。
② 湾岸戦争後，安全保障の重要性が強く認識されるようになり，日米安全保障条約が改正された。
③ 防衛力の更なる充実が必要との声を受けてイラク戦争以前に防衛省設置法が成立していたため，この戦争での日本政府の対応は極めて迅速であった。
④ イラク復興支援特別措置法の成立によって，自衛隊が初めて国外に派遣されることとなった。

7　次の文を読んで，以下の問に答えよ。（07明治大改）

　　冷戦の終結後，地域紛争の激化にともなって，日本の安全保障政策も大きく変化しつつある。まず，(a)1992年に国連平和維持活動等協力法が成立し，自衛隊が海外に派遣されるようになった。これは，海外派兵禁止の原則に抵触するものとしてその違憲性が問題となったが，政府は「紛争当事者の停戦合意の存在」など参加5原則が満たされていれば合憲であるとの見解をとっている。また，冷戦の終結によって「ソ連の脅威」が消滅したことなどから，(b)1996年に日米安全保障共同宣言を発表して安全保障体制の新たな意義づけを行った。さらに，アメリカでの同時多発テロを契機に，2001年にテロ対策特別措置法が成立，

　　2003年にはイラク復興支援特別措置法が成立して自衛隊の活動範囲は大幅に拡大された。

問1　下線部(a)に関連し，1992年に国連平和維持活動等協力法に基づいて自衛隊が派遣された国はどこか。一つ選びなさい。

①　インドネシア　　②　パキスタン　　③　カンボジア　　④　モザンビーク　　⑤　ケニア

問2　下線部(b)の宣言を受けて，1997年には新しい日米防衛協力のための指針（新ガイドライン）が決定され，周辺事態法などのガイドライン関連法が1999年に成立した。この法律に関する以下の記述のうち最も適するものはどれか。一つ選びなさい。

①　周辺事態法では，日本周辺地域での有事の際の自衛隊の任務を米軍に対する「後方地域支援」に限定している。

②　周辺事態法における日本周辺地域は，日本の領海内に限定されている。

③　日本周辺地域の有事の際の活動において，自衛官は武器を使用することができる。

④　1999年には，武力攻撃事態法など有事法制関連3法も成立し，国は有事の際に地方自治体や民間へ協力の要請・依頼ができるようになった。

⑤　日本周辺地域の有事の際に，内閣に安全保障会議を設けることが定められた。

8　PKOの活動として，2010年から2013年まで自衛隊が派遣されていた国家あるいは地域を1つ選択せよ。（18早稲田大）

①　イラク　　②　ソマリア（アデン湾）　　③　南スーダン　　④　ハイチ　　⑤　東ティモール

合格map

1　自由権の意義

(1)国家からの自由(干渉排除…消極的自由)
(2)侵すことのできない永久の権利〈11条，97条〉
(3)種類…精神の自由，人身の自由，経済の自由

2　精神の自由

(1)明治憲法下での弾圧
　①【1】事件(1933)：刑法学説が共産主義的だとして京大教授が休職処分に
　②天皇機関説事件(1935)：天皇大権を制限するかのような著書が発禁処分に
(2)思想及び良心の自由〈19条〉
　【2】事件：企業が試用期間中の労働者を思想・信条を理由に本採用拒否
　→「憲法第14条，第19条は【3】には直接適用されない」(1973最高裁)
(3)信教の自由〈20条〉…国家と宗教を分離(【4】の原則)

訴訟名	裁判所の判断
津地鎮祭訴訟	体育館起工式時の地鎮祭は，宗教的行為ではなく合憲(1977最高裁)
【5】訴訟	公費からの玉串料支出は違憲(1997最高裁…信教の自由で初の違憲判決)
砂川政教分離訴訟	市が空知太神社に土地を無償で提供する行為は，宗教行為にあたり違憲(2010最高裁)

※宗教的な「目的」と，神道を助長する「効果」が一定基準を超えているかどうかにより，最高裁の判断が分かれている(【6】基準)

(4)学問の自由〈23条〉
　・【7】事件…「学生運動は大学の自由・自治の対象ではない」(1963最高裁)
(5)集会・結社・【8】の自由〈21条1項〉
　①東京都公安条例事件(1960最高裁)，チャタレイ事件(1957最高裁)など
　②表現の自由の制限…「【9】」がある時に限定(1919ホームズ判事)
(6)【10】の禁止，通信の秘密〈21条2項〉
　…通信傍受法(1999制定)との兼ね合い。同法は2016年の改正により対象犯罪が拡大。また，通信事業者の立ち会いが不要に

3　人身の自由

(1)奴隷的拘束及び苦役からの自由〈18条〉

逮捕	→	取り調べ	→	起訴，裁判
【11】主義〈33条〉		・弁護人依頼権〈34条〉 ・【12】の禁止〈36条〉 ・黙秘権〈38条1項〉		・公平，迅速，【13】の裁判を受ける権利〈37条〉 ・【14】だけを証拠に有罪にはできない〈38条3項〉 ・罪刑法定主義〈31条〉

(2)一事不再理の原則：一度判決が確定した事件は再度審理できない〈39条〉
(3)【15】の禁止：実行した時点で適法だった行為は処罰できない〈39条〉

4　経済の自由

(1)資本主義経済の基礎である私有財産の不可侵〈29条1項〉
(2)居住・移転及び職業選択の自由〈22条〉
　…【16】訴訟：競合店舗を開業する際の距離制限に違憲判決(1975最高裁)
(3)財産権の制限
　①【17】による財産権の制限〈29条2項〉
　②正当な補償の下に公共のために使用が可能〈29条3項〉

5　二重の基準

　・精神的自由を制限する法律の合憲性は，経済的自由の制限よりも厳しく審査

●正誤問題メモ

① ○　積極的自由は, 自らの活動を他者ではない自分自身が支配するという考え。

② ○　貴族院議員の美濃部達吉は「天皇は国家機関に過ぎない」という天皇機関説を主張したため, 著書が発禁処分となり議員辞職にも追い込まれた。

③ ○　宗教面では信教の自由に, 外部に表されると表現の自由に, 体系的知識面では学問の自由になるといえる。

④ ×　三菱樹脂事件で最高裁は, 企業と雇用者の私人間の関係を直接規律しないとした。

⑤ ○　最高裁は, 北海道砂川市が市有地を神社に無償提供していたことに対し違憲の判断を示した(2010年1月)。政教分離の原則は日本国憲法第89条と第20条にそれぞれ示されている。

⑥ ○　津地鎮祭事件, 愛媛玉串料事件とも目的効果基準を用いた判決である。

⑦ ○　目的効果基準を厳格に適用した。

⑧ ○　事前に差し止めすることは憲法第21条で禁止する検閲にあたる。

⑨ ×　保障される。

⑩ ×　「明白かつ現在の危険」がある場合のみ。

⑪ ×　検閲とは, 公権力が外部への発表以前にその内容を審査することである。

⑫ ×　逆に2016年の改正で捜査対象が拡大された。

⑬ ○　一定の範囲内で学問の自由に大学の自治も含まれるとした。ただし, 政治的な活動は自治と認められないとの見解も, 同時に示している。

⑭ ○

⑮ ×　免田事件, 財田川事件が再審無罪の例。

⑯ ○　遡及処罰の禁止。

⑰ ○　2011年の判断。裁判員という役割はむしろ国民の権利でもあり, 辞退制度も認められていることなどを理由に苦役には当たらないとした。

⑱ ○　一事不再理。

⑲ ×　憲法第38条3項により, このような場合は有罪とされない。

⑳ ○　憲法第38条1項で規定されている。

㉑ ○　憲法第29条3項で規定されている。

㉒ ○　1975年の最高裁の判決。

㉓ ○　二重の基準。演習問題5の解説も参照。

正誤問題

① 自由権は消極的自由と積極的自由の二つの概念に区別されるという考えがあるが, 前者は「他者による干渉の不在」を重視するといえる。(12本改)

② 明治憲法下では, 天皇機関説が唱えられていたが, 昭和期にその提唱者の著書の発売が禁止された。(14本)

③ 日本国憲法における思想及び良心の自由は, 信教の自由や表現の自由, 学問の自由などの精神的自由権の根源であり, 母体となるものといわれている。

④ 労働者が本採用を拒否された事件について, 思想・信条に関する憲法の規定を私人間に直接適用した最高裁判所判決がある。(19現社本)

⑤ 政教分離原則を表す規定の一つとして, 宗教団体に対する公金の支出と公の財産の供用を禁止した憲法第89条をあげることができる。(20追)

⑥ 最高裁判所は, 政教分離原則に違反するかどうかを判断するにあたって, 目的効果基準を用いたことがある。(20追)

⑦ 最高裁判所は, 愛媛玉串料事件で, 県が玉串料などの名目で靖国神社に公金を支出したことは政教分離原則に反すると判断した。(12本)

⑧ 行政機関が名誉毀損的なビラの配布を事前に差し止めることを控えるのは, 表現の自由の保障にかなった考えかたである。(05本改)

⑨ テレビ放送による報道は, 新聞や雑誌による報道よりも社会的影響力が大きいため, 表現の自由が保障されない。(11本)

⑩ 集会・結社および言論・出版などの表現の自由は, 内心の自由と異なり他人の人権を侵害する可能性が高いため, 公序良俗の視点から, より広く制限されるべきである。

⑪ 検閲の禁止は, 一度刊行した出版物の再発行を禁じるものである。(09本)

⑫ 通信傍受法は憲法第21条で保障されている「通信の秘密」を侵害するとして, 2016年に廃止された。

⑬ 憲法が保障する学問の自由には, 大学の自治は含まれない。(18本)

⑭ 日本国憲法では, 刑事被告人に弁護人依頼権が認められている。(09本)

⑮ 死刑判決を受けた人が再審で無罪とされた例はない。(09本)

⑯ 実行のときに適法であった行為を行った者を, 後から処罰する法律を定めることは許されない。(02追)

⑰ 最高裁は裁判員制度における裁判員の精神的負担について, 憲法第18条の苦役にあたらないという判決を出している。

⑱ 被告人は, 同一犯罪で重ねて刑事責任を問われることはなく, また, 事後に制定された法律で処罰されない権利が保障されている。(05本)

⑲ 憲法によれば, 刑事事件では, 自己に不利益な唯一の証拠が, 本人の自白であった場合, 有罪となり得る。(19現社本)

⑳ 憲法上, 何人も自己に不利益となる供述を強要されないことが定められている。(19本)

㉑ 社会資本の整備の際に, 土地を収用されることによって財産上の損失を被った国民は, その損失の補償を求めることができる。(14本)

㉒ 最高裁判所は, 薬局開設の許可基準として距離制限を設けることは, 合理的な規制とは認められず, 違憲であると判断した。(20本)

㉓ 日本国憲法では, 経済的自由について, 精神的自由よりも広く公共の福祉に基づく制限を受けるものとされた。(06追)

演習問題

1 日本国憲法が保障する表現の自由および通信の秘密に関する記述として正しいものを，次の①〜④のうちから一つ選べ。(17追)
　① 『チャタレイ夫人の恋人』という小説の翻訳が問題となった刑事事件で，最高裁判所は，わいせつ文書の頒布を禁止した刑法の規定は表現の自由を侵害するので違憲とした。
　② 通信傍受法は，組織犯罪に関して捜査機関が電話を傍受する際に裁判所の発する令状を不要としている。
　③ 『石に泳ぐ魚』という小説のモデルとされた女性がプライバシーを侵害されたとして小説の出版差止めを求めた事件で，最高裁判所は，表現の自由を侵害するとして出版差止めを認めなかった。
　④ 特定秘密保護法は，日本の安全保障に関する情報で特定秘密に指定された情報の漏洩を禁止している。

2 日本における精神的自由の保障に関する記述として正しいものを，次の①〜④のうちから一つ選べ。(12本)
　① 最高裁判所は，三菱樹脂事件で，学生運動の経歴を隠したことを理由とする本採用拒否は違法であると判断した。
　② 最高裁判所は，愛媛玉串料事件で，県が玉串料などの名目で靖国神社に公金を支出したことは政教分離原則に反すると判断した。
　③ 表現の自由の保障は，国民のプライバシーを尊重するという観点から，マスメディアの報道の自由の保障を含んでいない。
　④ 学問の自由の保障は，学問研究の自由の保障のみを意味し，大学の自治の保障を含んでいない。

3 政教分離原則が日本の最高裁判所で争われた裁判の例として正しいものを，次の①〜④のうちから一つ選べ。(04本)
　① 津地鎮祭訴訟　　② 免田事件　　③ 堀木訴訟　　④ 三菱樹脂事件

4 経済的自由権について，最も適当なものを，次の①〜④のうちから一つ選べ。(02本)
　① 日本国憲法では，私有財産は，正当な補償をすることを条件に，公共のために用いられうることが明文で定められている。
　② 日本国憲法では，奴隷的拘束や苦役からの自由は，経済的自由権と位置付けられている。
　③ 日本国憲法では，職業選択の自由とともに，選択した職業を自由に営むことを保障する営業の自由が明文で定められている。
　④ 日本国憲法が保障する自由権は，経済的自由権と精神的自由権の二つの種類に分けられる。

5 経済的弱者保護を目的とする施策の例と考えられるものとして最も適当なものを，次の①〜④のうちから一つ選べ。(02本)
　① 国家の租税収入を確保するために，一定の製造量を見込める事業者に限り酒類製造免許を与える。
　② 中小の下請企業の資金繰りを確保するために，下請代金を速やかに支払うことを親企業に義務付ける。
　③ 家屋の借主を保護するために，賃貸借契約は更新されないことを原則とする。
　④ 飲食による衛生上の危害の発生を防止するために，一定の設備を備えた店舗に飲食業を許可する。

6 刑事裁判に適用される原則についての記述として誤っているものを，次の①〜④のうちから一つ選べ。(10本)
　① 裁判によって無罪が確定するまで，被告人は無罪であると推定されることはない。
　② ある犯罪についてひとたび判決が確定したときは，再びその行為を同じ罪状で処罰することはできない。
　③ 犯罪事実の有無が明らかでないときには，裁判官は，被告人に無罪を言い渡さなければならない。
　④ これまで犯罪でなかった行為は，後で法律を定めてその行為を犯罪としても，さかのぼって処罰されない。

7 日本における身体の自由についての記述として誤っているものを，次の①〜④のうちから一つ選べ。(15追)

① 何人も，現行犯で逮捕される場合を除き，検察官が発する令状によらなければ逮捕されない。

② 何人も，自己に不利益な唯一の証拠が本人の自白である場合には，有罪とされることも刑罰を科せられることもない。

③ 何人も，法律の定める手続によらなければ，生命や自由を奪われることも刑罰を科せられることもない。

④ 何人も，実行の時に犯罪でなかった行為について，その後に制定された法律によって処罰されない。

8 多様な権利・自由の相互対立の具体例として適当でないものを，次の①〜④のうちから一つ選べ。(06追)

① ジャーナリストによる取材活動によって，取材の相手方や第三者の生活の平穏が侵害される。

② 宗教家が暴力行為を伴う宗教儀式を行うと，行為の相手方の生命や身体が侵害される。

③ 国が国家秘密を漏洩した公務員に刑罰を科すと，公務員の表現の自由が侵害される。

④ 不動産業者による誇大広告や誤解を招く商業的宣伝によって，顧客の財産が侵害される。

9 次のうち，社会生活の基本的道義として刑罰によって守られるべきものとして，最も不適切と思われるものを1つ選べ。(19早稲田大)

1 お互いの身体の自由や財産を尊重すること。

2 来世で幸せに暮らすことができるよう，正しい信仰心を養うこと。

3 治安の維持にあたる警察官の職務遂行を妨げないようにすること。

4 自分の保護する子女に義務教育を受けさせること。

5 他人の手紙を勝手に開封して読んだりしないこと。

合格map

1　社会権(国家による自由)の分類

【1】権〈25条1項〉	国家による最低生活の保障，社会権の根本
教育を受ける権利〈26条1項〉	生活および労働に必要な知識の獲得
勤労の権利〈27条1項〉	勤労所得による生活保障
労働三権〈28条〉	良好な労働条件の保障

2　生存権：人間たるに値する生活を営む権利…【2】憲法(1919)で初めて明記

(1)健康で文化的な最低限度の生活を営む権利を有する〈25条1項〉
(2)【3】説：「国民一人ひとりに具体的な権利を保障するものでなく，政府の努力目標」
　　(下記【4】訴訟・【5】訴訟で示された)→(対)法的権利説

【4】訴訟	国の生活保護基準が憲法25条と生活保護法に反するかどうかが争点。最高裁は基準の設定は厚生大臣(当時)の裁量によると判断(1967)
【5】訴訟	児童扶養手当と障害福祉年金の併給の禁止が，憲法14，25に反するかどうかが争点。最高裁は立法府の裁量と判断し原告敗訴(1982)

3　教育を受ける権利：能力に応じてひとしく教育を受ける権利〈26条1項〉

(1)【6】訴訟：文部省(当時)の学力テストの合憲性が争点(1976最高裁)
(2)家永教科書訴訟：国による教科書検定制度の合憲性が争点(1997最高裁)

4　労働基本権：勤労の権利＋労働三権

(1)すべての国民は，勤労の権利を有し，義務を負う〈27条1項〉
(2)勤労条件に関する基準は，法律でこれを定める〈27条2項〉
(3)労働三権：【7】権，【8】権，【9】権(争議権)
(4)公務員の労働三権制限に関する訴訟…全逓東京中央郵便局事件(1966)，都教組事件(1969)，全農林警職法事件(1973)，全逓名古屋郵便局事件(1977)

5　参政権

・【10】権〈15条3項・4項，44条，93条〉，【11】の選定・罷免権〈15条1項〉，地方公共団体の長及び議員の選挙権〈93条〉，最高裁判所の裁判官に対する国民審査権〈79条2項・3項〉，特別法制定同意権〈95条〉，【12】権〈96条〉
・2015年6月に公職選挙法が改正され，選挙権年齢が18歳以上に引き下げられた

6　請求権

【13】権〈16条〉	国民が公的機関の施策に対して希望を述べる権利
【14】権〈17条〉	公務員の不法行為による損害賠償を請求する権利
裁判を受ける権利〈32条〉	法律上の争いにつき裁判所で公的な判断を受ける権利
【15】権〈40条〉	刑事被告人や受刑者が無罪判決時に国へ補償を求める権利

7　新しい人権：社会の変化や価値観の多様化により主張されるようになった人権

種類	プライバシーの権利	知る権利	環境権
根拠	〈13条，21条2項，35条〉	〈前文，1，13，15，21条〉	〈13，25条〉
関連	肖像権，自己情報管理権など	説明責務(アカウンタビリティ)	日照権，嫌煙権，眺望権など
関係法	【16】法(2003制定，2005に民間企業も含め全面施行)	・【17】法(1999) ・サンシャイン法(米，1976)	・【18】法(1993) ・環境アセスメント法(1997)
課題	住基ネット，通信傍受法など行政目的や犯罪捜査との関係	国家機密(2013成立の特定秘密保護法との兼ね合い)やプライバシーの権利との関係	自然環境と文化的環境，社会的環境(公園・道路など)との関係
訴訟	・【19】事件(1964最高裁) ・「石に泳ぐ魚」出版差し止め訴訟	・外務省公電漏洩事件 ・ロッキード事件	・新横田基地騒音公害訴訟 ・【20】訴訟(1981最高裁)

※アクセス権，自己決定権，平和的生存権等も新しい人権といわれる

① ✕ 憲法は国の政策指針を示すにとどまるという，プログラム規定説の立場から最高裁は判断している。

② ✕ 朝日訴訟の内容。

③ ✕ 主張は認められなかったが，裁判の過程で，生活保護基準が段階的に引き上げられた。

④ ○

⑤ ✕ 教科書も無償給付である。

⑥ ○

⑦ ○ 公務員には争議権が認められない。

⑧ ✕ 苦役に該当し，憲法第18条で禁止されている。

⑨ ✕ 国民が首相を罷免する制度はない。

⑩ ○ 憲法第40条に刑事補償請求権が明記されている。

⑪ ○

⑫ ○

⑬ ✕ 私生活をみだりに公開されない権利→自己情報コントロール権と変化。

⑭ ✕ 法規制を受ける。

⑮ ✕ 顧客の同意があれば可能である。

⑯ ○

⑰ ✕ 知る権利は明文化されていない。

⑱ ✕ 環境権は認めていないが，憲法第13条や第25条を根拠に賠償が認められた判決もある(大阪空港公害訴訟など)。

⑲ ✕ 損害賠償のみ。

⑳ ✕ 根拠となる具体的な法律が存在しないという理由で認められていない。具体的には，サンケイ新聞意見広告事件がある。

㉑ ✕ 男女共同参画社会基本法(1999年制定)はポジティブ・アクションを謳うが，公職選挙法の改正にはいたっていない。

正誤問題

① 健康で文化的な最低限度の生活を営むことのできない者は，法律の根拠がなくても，直接憲法に基づいて国に生活保護を請求することができる。(06本)

② 堀木訴訟とは，国の定める生活保護基準が低額に過ぎることが，生存権保障に反するとして争われた事件である。(01本)

③ 朝日訴訟において原告の主張は認められなかったため，日用品の扶助金額については低いまま据え置かれた。(01本改)

④ 堀木訴訟では，障害福祉年金と児童扶養手当の併給を禁止した法規定は違憲とはいえないとの最高裁判決が下されている。(13本)

⑤ 義務教育においては，国民に，授業料を徴収しない教育の機会が保障されているが，教科書については有償である。(06本改)

⑥ 子どもの権利条約は教育に関する権利について規定しており，日本国憲法でも，「教育を受ける権利」が保障されている。(09現社追)

⑦ 国家公務員については，労働基本権の制約の代替措置として，人事院勧告の制度が認められている。(04追)

⑧ 勤労は，権利であるとともに義務でもあるので，国が必要と認める場合には，国民を強制的に徴用することができる。(06本)

⑨ 国民投票における過半数の賛成によって，内閣総理大臣を罷免することができる。(05追)

⑩ 抑留・拘禁された後，無罪の裁判を受けたときは，国に金銭的な補償を請求することができる。(21追)

⑪ 未成年者であっても，国会の制定した法律が基本的人権を不当に侵害していると考えた場合，その法律の改正や廃止を国会に請願することができる。(05本改)

⑫ 『宴のあと』事件において，裁判所は，プライバシーがその侵害に対して法的救済の与えられる権利であることを認めた。(05本)

⑬ プライバシー権は，当初，自己情報コントロール権とされたが，近年では，私生活をみだりに公開されない権利として理解されている。(05本)

⑭ インターネットを利用した情報発信は，紙媒体による情報発信とは異なり，名誉毀損やプライバシー侵害に関する法規制を受けない。(11本)

⑮ 企業は，顧客の同意があっても，その個人情報を事業のために利用することはできない。(08本)

⑯ 国家秘密であるという理由で行政が公開しないと決めた情報でも，裁判所は開示を命じることができる。(11本)

⑰ 情報公開法は，国民の知る権利を明文で定めている。(06追)

⑱ 最高裁判所が環境権を認めていないため，公害被害を受けた市民の損害賠償請求は認められていない。(11本)

⑲ 大阪空港公害訴訟で最高裁は，地域住民への損害賠償と，夜間の飛行差し止めを命じた。

⑳ 情報を受け取るだけでなく，受け取った情報に反論し，番組・紙面に参加する権利(アクセス権)が主張され，裁判所によって認められている。(01追)

㉑ 男女共同参画社会基本法の施行に伴い，衆議院議員の議席は男女同数とされた。(13本)

演習問題

1 社会権 A ～ C とそれを実現するために日本で行われている具体的な施策ア～ウとの組合せとして最も適当なものを，下の①～⑥のうちから一つ選べ。(12本)

A　勤労権　　　B　生存権　　　C　団結権

ア　労働組合員であることを理由に労働者を解雇することを，不当労働行為として法律で禁止する。

イ　公共職業安定所(ハローワーク)を設置し，求職者に職業を紹介することを法律で定める。

ウ　生活に困窮する者に対して，公費を財源に厚生労働大臣が定める基準に基づき扶助を行うことを法律で定める。

①　A－ア　B－イ　C－ウ　　　②　A－ア　B－ウ　C－イ　　　③　A－イ　B－ア　C－ウ

④　A－イ　B－ウ　C－ア　　　⑤　A－ウ　B－ア　C－イ　　　⑥　A－ウ　B－イ　C－ア

2 日本国憲法が保障する社会権についての記述として誤っているものを，次の①～④のうちから一つ選べ。(08追)

①　最高裁判所は，朝日訴訟において，生存権を定めた規定は直接個々の国民に対して具体的な権利を与えたものではないとした。

②　最高裁判所は，堀木訴訟において，障害福祉年金と児童扶養手当との併給禁止を違憲ではないとした。

③　勤労の権利とは，働く意思のある者が，希望の職業に就くことを国家に請求する権利のことである。

④　労働三権とは，団結権，団体交渉権および団体行動権を総称したものである。

3 「国家への自由」には含まれない権利といえるものを，次の①～④のうちから一つ選べ。

①　憲法改正の国民投票　　　　②　選挙権

③　最高裁判所裁判官の国民審査　　　④　黙秘権

4 よりよい労働条件の実現をめざして活動する組織として，労働組合がある。次の記述 a ～ c は，民間企業の労働組合の活動や運営に関する日本の法制度について生徒たちがまとめたものである。これらの記述のうち，正しいものはどれか。当てはまる記述をすべて選び，その組合せとして最も適当なものを，下の①～⑦のうちから一つ選べ。(21本)

a　正規雇用の労働者と同様に，パート，アルバイトなど非正規雇用の労働者も労働組合を結成する権利を有している。

b　正当な理由がない限り，使用者は労働組合との団体交渉を拒否することはできない。

c　労働組合の運営に協力するため，使用者は労働組合に対して，経費を援助しなければならない。

①　a　　　②　b　　　③　c　　　④　aとb　　　⑤　aとc　　　⑥　bとc　　　⑦　aとbとc

5 個人情報は，プライバシーの保護の観点から，みだりに公にされてはならない。しかし，公共の利益のため，公開が認められる場合がある。このような観点から公開されている個人情報の例として最も適当なものを，次の①～④のうちから一つ選べ。(05本)

①　国民健康保険で記録された通院歴　　　②　公立図書館における個人の図書貸出記録

③　個人の公的年金受給額　　　　　　　　④　国会議員の資産

6 「生活環境の悪化」への裁判所の対応についての記述として最も適当なものを，次の①～④のうちから一つ選べ。(10本)

①　裁判所は，日照侵害に基づく損害賠償請求を認めていない。

②　最高裁判所は，環境権を憲法上の権利と認めていない。

③　道路公害訴訟では，国の責任を認めた判決はない。

④　空港公害訴訟では，飛行の差止めを認めた判決はない。

26

7 基本的人権をA〜Cのいずれかの基準に従ってαグループとβグループとの2種類に分類したとき，ア〜ウのように分類されたとする。これらの分類の基準A〜Cと分類ア〜ウとの組合せとして最も適当なものを，下の①〜⑥のうちから一つ選べ。（12本）

A　19世紀までの権利宣言・憲法で保障されていた権利（α）と，20世紀以後の憲法で保障されるようになった権利（β）

B　私人の活動に干渉しないよう国家に求めることを本質的な内容とする権利（α）と，一定の行為をするよう国家に求めることを内容とする権利（β）

C　日本国憲法に明文で保障する規定がある権利（α）と，明文で保障する規定がない権利（β）

ア　{ α　表現の自由，職業選択の自由，生存権，選挙権
　　　 β　名誉権，プライバシー権，環境権

イ　{ α　信教の自由，表現の自由，財産権，選挙権
　　　 β　生存権，教育を受ける権利，団結権

ウ　{ α　信教の自由，職業選択の自由，自己決定権
　　　 β　教育を受ける権利，裁判を受ける権利，国家賠償請求権

①　A−ア　B−イ　C−ウ　　②　A−ア　B−ウ　C−イ　　③　A−イ　B−ア　C−ウ
④　A−イ　B−ウ　C−ア　　⑤　A−ウ　B−ア　C−イ　　⑥　A−ウ　B−イ　C−ア

8 次の文章中の空欄 ア 〜 ウ に当てはまる語句の組合せとして最も適当なものを，下の①〜⑥のうちから一つ選べ。（18本）

　日本国憲法が保障する基本的人権には，さまざまなものがある。その中には，表現の自由や ア のように，人の活動に対する国家の干渉を排除する権利である自由権がある。また， イ や教育を受ける権利のように，人間に値する生活をすべての人に保障するための積極的な施策を国家に対して要求する権利である社会権がある。さらに，これらの基本的人権を現実のものとして確保するための権利として，裁判を受ける権利や ウ をあげることができる。

①　ア　生存権　　イ　財産権　　　ウ　国家賠償請求権
②　ア　生存権　　イ　国家賠償請求権　　ウ　財産権
③　ア　財産権　　イ　生存権　　　ウ　国家賠償請求権
④　ア　財産権　　イ　国家賠償請求権　　ウ　生存権
⑤　ア　国家賠償請求権　　イ　生存権　　ウ　財産権
⑥　ア　国家賠償請求権　　イ　財産権　　ウ　生存権

9 新しい人権A〜Cと，その内容ア〜ウとの組合せとして正しいものを，以下の①〜⑥のうちから一つ選べ。（09本）

A　アクセス権　　　B　知る権利　　　C　プライバシー権

ア　自分に関する情報を自らコントロールする権利
イ　マスメディアを利用して意見を発表したり反論したりする権利
ウ　政府情報の開示を求める権利

①　A−ア　　B−イ　　C−ウ　　②　A−ア　　B−ウ　　C−イ
③　A−イ　　B−ア　　C−ウ　　④　A−イ　　B−ウ　　C−ア
⑤　A−ウ　　B−ア　　C−イ　　⑥　A−ウ　　B−イ　　C−ア

Chapter 6　人権をめぐる新しい動き

合格map

1　女性の権利

(1)【1】条約の批准(1985)…対応してさまざまな法律の整備や改正
　①男女雇用機会均等法(1985)：雇用に関する女性差別を禁止
　　1997年改正で努力規定→禁止規定。セクハラ防止義務追加(2006)
　②高校家庭科の男女共修(1994実施)
　③国籍法の改正(1984)…父母両系主義への改正
　④育児・介護休業法(1995)：育児休業・介護休業を男女ともに認める
　⑤【2】法(1999)：男女が対等な責任を担う社会の実現をめざす
　⑥女性活躍推進法(2015)：女性の活躍推進に向けた行動計画を策定
(2)女性問題に関する判例
　①福岡セクハラ訴訟(1992，福岡地裁)：日本初のセクハラ訴訟
　②住友セメント事件(1966)：「結婚退職制を定める労働協約は無効」
(3)女性の保護
　①ストーカー規制法(2000)　　②DV防止法(2001)
(4)リプロダクティブ - ヘルス / ライツ(性と生殖に関する権利)
　　いつ，何人くらい子どもをもつかや，避妊，不妊治療，人工妊娠中絶の権利など，
　　性や生殖の健康と権利
　　→カップルや個人，とりわけ女性の自己決定権を尊重する考え方

2　子どもの権利

(1)【3】条約(1989採択，国連)：18歳未満の子どもが権利の主体
(2)【4】法(2000)：虐待や放置・体罰などに対応

3　障がい者の権利

(1)【5】条約(2006採択，国連)：日本は2014年に批准
　　→障害者差別解消法(2016)…合理的配慮の提供を求める
(2)【6】法(1993)：施設での保護と更正から生活支援と社会参加へ
(3)【7】：高齢者や障がい者も含め，すべての人が社会に参加し，共に生活を営むこ
　　とのできる社会の実現を目指す考え方
　　→バリアフリー新法(2006)，【8】法(2005)，障害者総合支援法(2012)などで実現

4　生命倫理をめぐる権利

(1)科学・医療技術の発達→【9】(バイオエシックス)の問題が顕在化
　　…尊厳死，安楽死，クローン技術，遺伝子操作，ゲノム編集など
(2)【10】法(1997)：臓器移植に際して「脳死＝人の死」とする
　　※法改正(2009)で，生前の意思表示が不明な場合や，15歳未満からの臓器提供が可能に，書面
　　の意思表示があれば親族への優先提供も可能に
(3)患者の権利…【11】(説明と同意)，自己決定権，セカンド-オピニオン

5　国際化時代の人権

(1)難民の地位に関する条約(1951，国連)，人種差別撤廃条約(1965，国連)
(2)中国残留孤児の帰国問題，在日定住韓国・朝鮮人の法的地位(選挙権なし)
(3)外国人労働者…入管法で厳しく制限(【12】労働は日系外国人を除き不可)
　　→観光ビザや就学ビザで入国した「不法就労者」の人権問題
　　→【13】事件：政治活動により在留期間更新が不許可に(1978，最高裁)
　　※入管法の改正(2018)…新たな在留資格(特定技能)を設ける
(4)在日外国人の【14】制度…外国人登録法改正(1992)で廃止，テロ対策のため義務
　　化(2006)
(5)公務員受験資格(国籍条項)…地方公共団体レベルでは国籍の要件廃止も
(6)外国人参政権：現状では与えられていない
　　※地方参政権は立法府の判断による(最高裁判決)

6　国民の義務と公共の福祉

(1)国民の三大義務
　　①保護する子女に【15】を受けさせる義務〈26条2項〉，②【16】の義務〈27条1項〉，
　　③【17】の義務〈30条〉
(2)人権の制約…「【18】」は人権衝突の調整原理とされる
　　→過去の歴史をふまえ，特に「表現の自由」の制限はより限定的であるべき(二重
　　の基準)

●正誤問題メモ

① × 名誉毀損，公然侮辱，強制わいせつなどの刑事罰がある。

② × 不妊手術や人工妊娠中絶に関する事項を定めたものである。

③ × 罰則規定はなく努力義務のため，強制力はない。

④ ○

⑤ ○

⑥ ○

⑦ × 雇用義務づけは，障害者雇用促進法である。

⑧ × 負担は重くなる。

⑨ × 2014年に批准している。

⑩ × 2000年に「ヒトに関するクローン技術等の規制に関する法律」が制定された。

⑪ × 家族が拒否すれば提供できない。

⑫ ○

⑬ ○ 第二次世界大戦終結後，大量の難民が発生したため，その人権を守るために1951年に採択された。

⑭ × 難民条約は，国連全権会議で1951年に採択された。

⑮ × ジェノサイド条約は別にある。

⑯ ○ 2019年時点の厚生労働省外国人雇用状況によると1位中国人，2位ベトナム人である。

⑰ ○

⑱ ○

⑲ ○ 1996年に川崎市が県・政令指定都市で初めて国籍条項を外した。

⑳ ○ 会社の設立等も認められる。

㉑ × 憲法で定められているのは「保護する子女に教育を受けさせる義務」であって，国民に普通教育を受ける義務を課しているわけではない。

㉒ ○

正誤問題

① セクハラが違法行為と認められた場合でも，加害者は，損害賠償責任を負うだけであって刑事罰を受けることはない。(08本)

② 1996年に制定された母体保護法の目的は，体外受精などの不妊治療や不妊手術を禁止することによる母体の生命・健康の保護である。(04本改)

③ 候補者男女均等法(政治分野における男女共同参画の推進に関する法律)の制定(2018年)により，政党などに国政選挙や地方選挙で男女の候補者の数ができる限り均等になるよう罰則規定を設けて促すことになった。(21本)

④ 男女共同参画社会基本法に基づいて策定される男女共同参画基本計画は，その基本的考え方として，「リプロダクティブ・ヘルス／ライツの視点」の重要性を指摘している。

⑤ 子どもの権利条約は，子どもの福祉と発達のための社会・生活条件の改善を主な目的として採択された。(07本)

⑥ わが国は子どもの権利条約を批准したが，未成年者保護の観点から，成人と異なった取り扱いを行うことは認められている。(05追)

⑦ 障害者基本法の制定によって初めて，企業や国・地方自治体は，一定割合の障害者雇用が義務づけられた。(05追)

⑧ 2005年に成立した障害者自立支援法は，利用者の応益負担が原則のため，障がいの重い人ほど経済的負担が軽くなる傾向がある。

⑨ 日本は，障がい者の人権や基本的自由を保護することなどを定めた障害者権利条約を批准していない。(16本)

⑩ わが国ではヒトに関するクローン技術等の規制に関する法律は制定されていない。(04本改)

⑪ ドナーとして臓器を提供する場合，ドナー本人の意思が尊重され，家族の意思は考慮されない。(06現社本)

⑫ 患者が治療を受ける際に，病状や治療内容を理解できるよう医師から十分に説明を受けて，治療への同意など，患者が自ら決定できるようにするインフォームド-コンセントが求められている。(11現社本)

⑬ 日本は，難民条約に加入した。(09本)

⑭ 難民条約は，冷戦終結後に国連総会で採択された。(09本)

⑮ 人種差別撤廃条約は，ジェノサイド(集団殺害)の禁止を主な目的として採択された。(07本)

⑯ 日本で働いている外国人のうち，最も多いのは中国出身者とその子孫である。(07追改)

⑰ 日本では，現在，公共職業安定所(ハローワーク)による職業紹介が外国人労働者に対しても行われている。(07追)

⑱ 日本は，現在，専門的能力を有する外国人労働者の受入れを積極的に進めるという立場をとっている。(07追)

⑲ 一般行政職の公務員採用試験において，一部の地方公共団体は受験要件としての国籍条項を外した。(11本)

⑳ 外国人にも，国民年金への加入が認められる。(07本)

㉑ 憲法は，国民に普通教育を受ける義務を課すことを規定するとともに，義務教育を無償としている。(12現社本)

㉒ 国家が個人の内面的価値判断や精神生活に制限を加えることは，公共の福祉に反しない限り認められない。(20早稲田大・社会科学)

演習問題

1 男女共同参画の推進に関連する記述として正しいものを，次の①〜④のうちから一つ選べ。（10本）

①　男女共同参画社会基本法をうけて，女性差別撤廃条約が批准された。

②　男女共同参画社会基本法をうけて，男女雇用機会均等法が施行された。

③　男女雇用機会均等法は，男女労働者の双方に対し育児および介護休業の取得を保障するよう事業主に義務づけている。

④　男女雇用機会均等法は，男女労働者の双方を定年について同等に取り扱うよう事業主に義務づけている。

2 子どもの権利に関連する日本の法制度についての記述として<u>誤っているもの</u>を，次の①〜④のうちから一つ選べ。（12追）

①　児童虐待防止法は，児童虐待が行われているおそれがある場合には，行政が児童の住居に立ち入って調査することを認めている。

②　教育基本法は，公立学校においても，子ども本人や保護者が求める場合には，その信仰する宗教のための宗教教育を行うことを認めている。

③　日本は，子どもを保護の対象としてだけではなく権利主体としてとらえ，意見表明権などを保障した，子どもの権利条約を批准している。

④　日本は，性的な搾取・虐待が児童の権利を著しく侵害するものであることから，児童買春や児童ポルノを規制する法律を制定している。

3 わが国における近年の科学技術や医療に関連することの記述として正しいものを，次の①〜④のうちから一つ選べ。（04本改）

①　2000年代初頭に原子力災害から国民の生命・身体の安全を確保するため，原子力基本法が改正された結果新たな原子力発電所の建設は許されていない。

②　遺伝子組換え食品がもたらしうる危害から国民の生命・健康を保護するため，食品衛生法が改正された結果その輸入は許されていない。

③　医療行為の内容について，事前に十分な説明を受け同意したうえで治療が行われることをセカンド−オピニオンという。

④　エホバの証人訴訟で最高裁は，人格権の尊重に基づき自己決定権を認めた。

4 生命の価値について SOL（Sanctity of Life）と QOL（Quality of Life）という考え方がある。SOL と QOL に関する記述として最も適当なものを，次の①〜④のうちから一つ選べ。（17倫理本）

①　SOL を重視する立場によれば，人間の生命には質的な差異はなく，いかなる人間の生命も絶対的に尊重されねばならないので，重篤な患者であっても安楽死や尊厳死は認められない。

②　QOL を重視する立場によれば，生命の質が何よりも尊重されるべきであるので，医師は，患者自身の意向に左右されずにパターナリズムに則（のっと）って治療にあたらなければならない。

③　SOL を重視する立場によれば，延命治療に関して患者が事前に表明した意思（リヴィング・ウィル）が尊重されるべきであり，医師はそうした患者の意向に従わなければならない。

④　QOL を重視する立場によれば，各人の生命には絶対的な尊厳が認められねばならないので，生命の価値に優劣の差は存在せず，生命の価値を定めるのは当の個人でなければならない。

5 日本に居住する外国人にかかわる法制度についての記述として誤っているものを，次の①〜④のうちから一つ選べ。（07本）

① 不法就労者であっても，健康保険および雇用保険の適用を受ける。

② 不法就労者であっても，労働基準法および最低賃金法の適用を受ける。

③ 法律によって，単純労働への就労が規制されている。

④ 法律によって，在留資格が定められている。

6 外国人の権利に関連する記述として正しいものを，次の①〜④のうちから一つ選べ。（18追）

① 最高裁は，国政選挙権を一定の要件を満たす外国人に対して法律で付与することを，憲法は禁じていないとしている。

② 指紋押捺を義務づける外国人登録制度が，実施されている。

③ 最高裁は，憲法上の人権保障は，性質上日本国民のみを対象とするものを除いて外国人にも及ぶとしている。

④ 外国人が給付を受けることのできる社会保障制度は，実施されていない。

7 共生社会の実現に向けた日本における施策についての記述として正しいものを，次の①〜④のうちから一つ選べ。（17追）

① 一定割合以上の障害者を雇用するよう求める法定雇用率に関する制度は，民間企業を対象としていない。

② アイヌの人々を法的に民族として認めその文化の振興などを図るために，アイヌ文化振興法が制定された。

③ 公共施設などにおけるバリアフリー化を促進するために，地域保健法が制定された。

④ 地方公務員の採用において，国籍条項の緩和や廃止をする地方自治体は出てきていない。

8 基本的人権と公共の福祉についての記述として最も適当なものを，次の①〜④のうちから一つ選べ。（06追改）

① 明治憲法によって，基本的人権は公共の福祉に優先するものとされた。

② 日本では，経済的自由を制限する法律よりも，精神的自由を制限する法律に対して，その違憲判断に慎重さが求められている。

③ フランスでは，ワイマール憲法の影響を受けた「人および市民の権利宣言」によって，基本的人権と公共の福祉との相互補完的関係が規定された。

④ ナチス政権では基本的人権は公共の福祉に優先すべきものとされた。

9 公権力が土地利用の規制・制限をすることを可能だと考える立場に沿った主張とは言えないものを，次の①〜④のうちから一つ選べ。（00本）

① 土地は，現在および将来の国民のための限られた貴重な資源であるから，その所有者の私的な利害よりも公共の福祉の観点を優先すべきである。

② 土地所有者には，その所在する地域の自然的・社会的・経済的および文化的諸条件に応じた，適正な利用が求められるべきである。

③ 土地は，投機的な取引の対象として優れており，土地の価格の上昇に即応した臨機応変の売買が求められるべきである。

④ 土地所有者には，周辺地域の再開発で見込まれる地価の値上がりに応じた，適切な負担が求められるべきである。

合格map

1　国会の地位

国会は【1】であり，国の【2】である〈41条〉

2　国会の権限

(1)国会の権限

・法律の制定〈41条，59条〉　　　　　・内閣総理大臣の指名〈67条〉

・予算や財政に関する議決〈60条・83条〉　・【3】の承認〈61条〉

・【4】(衆議院のみ)〈69条〉　→参議院では【5】

・裁判官の【6】設置〈64条〉　　　　　・【7】の発議〈96条〉

・国政調査権〈62条〉　　　　　　　　・議員の資格争訟〈55条〉

・議員規則制定権〈58条2項〉　　　　・議員懲罰権〈58条2項〉

(2)衆議院の優越

①【8】先議権

②内閣不信任決議権

③法律案・予算・条約の承認・内閣総理大臣の指名についての議決の優越

(3)両院協議会

各議院から選出された10名→3分の2以上の賛成で協議案が成案に

予算・条約の議決，【9】で議決が異なる場合は必ず開催

3　国会の構成

(1)二院制〈42条〉

	任期	定数	解散	被選挙権
衆議院	【10】年	465名	【11】	【12】歳以上
参議院	【13】年	248名	なし(【14】)	【15】歳以上

(2)国会の種類

通常国会(常会)	1月召集，会期【16】日，予算審議中心
臨時国会(臨時会)	内閣が必要と認めたとき，いずれかの議院の総議員の4分の1以上の要求
特別国会(特別会)	衆議院の解散総選挙後【17】日以内に召集，首相指名
参議院の緊急集会	衆議院の解散中，緊急の必要があるとき

(3)委員会制度

①委員会中心主義　常任委員会・【18】委員会→本会議で審議

②【19】：公述人の意見陳述。予算委員会では必ず開催

③公開の原則　本会議は公開〈57条1項〉

出席議員の3分の2以上の議決で【20】とすることができる

④政党主導：党議拘束や委員長人事など

(4)議員特権

【21】〈50条〉，免責特権〈51条〉，歳費特権〈49条〉

国会議員は「全国民を代表する〈43条〉」←→選挙区の代表

4　国会の改革

国会審議活性化法(1999年)…官僚主導から政治主導へ

(1)政府委員制度廃止

(2)党首定例討論：国家基本政策委員会における，首相と野党党首との直接対面方式での討論

(3)政務次官制度の廃止→【22】・大臣政務官の配置

●正誤問題メモ

① × 「国権の最高機関」とは，国会が内閣や裁判所よりも上位にあるという意味ではない。

② × 天皇には国政に関する権能なし。なお，法律の交付は天皇の国事行為（憲法第7条）の一つ。

③ ○

④ ○ なお，両院の規則に優劣はない。

⑤ × 署名による制定・改廃の請求ができるのは地方公共団体の条例。

⑥ ○

⑦ × 衆議院の再議決が必要。

⑧ × 国民投票での承認は不要。両院協議会もしくは衆議院での再可決があれば法律となる。

⑨ ○

⑩ × いずれも国会の議決が必要。

⑪ × 弾劾裁判は裁判官が対象。

⑫ × 国政調査権は両院が平等に持つ。

⑬ ○

⑭ × 参議院の緊急集会がある。

⑮ × 内閣でなく衆議院の同意。

⑯ × 問責決議は参議院で行うことが多いが，法的拘束力はない。

⑰ × なお，これまで衆参両議院とも本会議で秘密会とされたことはない。

⑱ × 辞職勧告には法的拘束力なし。

⑲ ○

⑳ × 必要でなくなれば廃止となる。

㉑ × ただし，予算委員会における当初予算審議においては，公聴会は必須。

㉒ × 公正取引委員会は独占禁止法を運用することを目的に設けられた行政委員会である。

㉓ × 委員会中心主義。なお，明治憲法では本会議中心であった。

㉔ × 議員個人の自律的で自由な行動を妨げるという批判はあるが，禁止されているわけではない。

正誤問題

① 国会は，国権の最高機関として，最高裁判所を指揮監督する。（06追）

② 天皇は，法律の公布を拒否することができる。（07追）

③ 現在，法律の公布は官報によってなされている。（07追）

④ 衆議院および参議院は，それぞれその会議その他の手続や内部の規律に関する規則を定めることができる。（17追）

⑤ 全国の有権者の50分の1以上の署名によって，法律の制定又は改廃を請求することができる。（05追）

⑥ 一地方自治体にのみ適用される特別法は，その自治体の住民投票で過半数の同意を得なければ，国会はこれを制定することができない。（09本）

⑦ 衆議院で可決され参議院で60日以内に議決されない法律案は，衆議院の議決が国会の議決とみなされ，そのまま法律となる。（09本）

⑧ 衆議院で可決された法律案を，参議院が否決した場合でも，国民投票にかけて承認が得られれば，法律となる。（05本）

⑨ 衆議院で可決された予算を，参議院が否決した場合には，両院協議会が開かれなければならない。（05本）

⑩ 一般会計予算は国会の議決を要するが，特別会計予算は国会の議決の対象になっていない。（02追）

⑪ 国会は弾劾裁判所を設置する権限を有しており，弾劾裁判によって国務大臣を罷免することができる。（17本）

⑫ 参議院が国政調査権を行使するためには，衆議院の同意を得なければならない。（05本）

⑬ 衆議院の解散総選挙後，一定期間内に，特別会が召集されなければならない。（08本）

⑭ 衆議院の解散後，国会の議決が必要になった場合，新しい衆議院議員が選挙されるのを待たなければならない。（08本）

⑮ 参議院が衆議院の解散中にとった措置には，事後に，内閣の同意を必要とする。（05本）

⑯ 参議院は解散されることがないので，内閣総理大臣の政治的責任を問う問責決議を行うことも認められていない。（03追）

⑰ 本会議の議事をテレビで放送することは，法律によって禁止されている。（09追）

⑱ 憲法は，衆議院または参議院が所属議員に対する辞職勧告決議案を可決した場合には，当該議員は辞職しなければならないと規定している。（04追）

⑲ 法律案は，特別な事情のない限り，常任委員会に付託される。（07追）

⑳ 特別委員会は，必要に応じて設置され，同一会期中は廃止できない。（07追）

㉑ 国会に設置されている委員会は，法律案の審議のために公聴会の開催が義務づけられている。（17本）

㉒ 国会の常任委員会の一つとして，公正取引委員会がある。（20現社本）

㉓ 国会の運営については，本会議を中心に実質的な議論を進める本会議中心主義がとられている。（06追）

㉔ 日本国憲法は，法案の採決の際に国会議員の投票行動を所属政党の方針に従わせる党議拘束を禁止している。（16追）

1 日本における国政調査権に関する次の記述 A ～ C のうち，正しいものはどれか。当てはまる記述をすべて選び，その組合せとして最も適当なものを，下の①～⑦のうちから一つ選べ。(20追)

A 国政調査権の行使にあたっては，司法権の独立を侵してはならない。

B 国政調査権は，両議院のそれぞれに認められている。

C 国政調査権に基づく証人喚問で虚偽の陳述をしたときは，罰せられることがある。

① A ② B ③ C ④ A と B ⑤ A と C

⑥ B と C ⑦ A と B と C

2 国会が有する権限に関する記述として最も適当なものを，次の①～④のうちから一つ選べ。(12本)

① 国会による事前の承認を得ずに内閣が条約を締結することは，憲法上認められていない。

② 国会が国の唯一の立法機関であるので，憲法は内閣が政令を定めることを認めていない。

③ 憲法の改正には厳格な手続きが定められており，国会による発議は各議院の総議員の3分の2以上の賛成を必要とする。

④ 立法府による司法府に対する統制の手段として，国会は最高裁判所長官の任命権を有する。

3 日本国憲法が定める国会についての記述として正しいものを，次の①～④のうちから一つ選べ。(19本)

① 在任中の国務大臣を訴追するには，国会の同意が必要となる。

② 大赦や特赦などの恩赦を決定することは，国会の権限である。

③ 衆議院で可決した予算を参議院が否決した場合に，両院協議会を開いても意見が一致しないとき，衆議院の議決が国会の議決となる。

④ 最高裁判所の指名した者の名簿によって，下級裁判所の裁判官を任命することは，国会の権限である。

4 日本の国会の運営にかかわる制度 A ～ C とその目的ア～ウとの組合せとして正しいものを，下の①～⑥のうちから一つ選べ。(08追)

A 委員会制度 B 公聴会制度 C 両院協議会

ア 専門家や利害関係者の意見を聞くため

イ 衆議院と参議院の議決が一致しない場合に意見を調整するため

ウ 効率的に審議を行うため

① A － ア B － イ C － ウ ② A － ア B － ウ C － イ

③ A － イ B － ア C － ウ ④ A － イ B － ウ C － ア

⑤ A － ウ B － ア C － イ ⑥ A － ウ B － イ C － ア

5 国会の会期をめぐる記述として正しいものを，次の①～④のうちから一つ選べ。(09追)

① 特別会では，内閣総理大臣の指名が行われる。

② 臨時会の召集は，両議院の議長が決定する。

③ 常会では，次年度の予算の審議は行われない。

④ 会期は延長されない。

6　日本国憲法が定めている国会の議決の方法の中には，過半数の賛成で足りる場合と過半数よりも多い特定の数の賛成を必要とする場合とがある。過半数の賛成で足りる場合として正しいものを，次の①〜④のうちから一つ選べ。（試行調査）

①　国会が憲法改正を発議するため，各議院で議決を行う場合

②　条約の締結に必要な国会の承認について，参議院で衆議院と異なった議決をしたときに，衆議院の議決をもって国会の議決とする場合

③　各議院で，議員の資格に関する争訟を裁判して，議員の議席を失わせる場合

④　衆議院で可決し，参議院でこれと異なった議決をした法律案について，再度，衆議院の議決だけで法律を成立させる場合

7　国会議員に認められている日本国憲法上の地位についての記述として誤っているものを，次の①〜④のうちから一つ選べ。（09本）

①　法律の定める場合を除いて，国会の会期中逮捕されない。

②　議院内で行った演説について，議院外で責任を問われない。

③　法律の定めるところにより，国庫から相当額の歳費を受ける。

④　議員を除名するには，弾劾裁判所の裁判が必要となる。

8　国会に関連する記述として誤っているものを，次の①〜④のうちから一つ選べ。（12追）

①　衆参両院の議員の定数は法律により定められているので，国会で法律の改正を行えば，定数を変更することができる。

②　国会には，首相と野党党首が直接対峙して国政の基本課題について議論する党首討論の仕組みが設けられている。

③　衆参両院で同意が必要な日本銀行総裁などの人事（国会同意人事）について，憲法は参議院で同意が得られない場合の衆議院の優越を定めている。

④　国会は会期制を採用しており，原則として，常会（通常国会）は毎年1月に召集され150日間を会期とする。

9　日本の国会に関する記述として誤っているものを，次の①〜④のうちから一つ選べ。（試行調査）

①　国会の各議院は会計検査院に対し，特定の事項について会計検査を行い，その結果を報告するよう求めることができる。

②　政府委員制度が廃止された後も，中央省庁の局長などは，衆議院や参議院の委員会に説明のため出席を求められている。

③　一票の格差是正のため，二つの都道府県を一つにした選挙区が，衆議院の小選挙区と参議院の選挙区との両方に設けられている。

④　国会の委員会は，各議院の議決で特に付託された案件については，閉会中でも審査することができる。

Chapter 8

内閣

合格map

1 内閣の地位

【1】は内閣に属する〈65条〉

2 内閣の組織

(1)内閣の組織

①【2】＋14人（必要によっては17人）以内の【3】から構成される合議体

②職務規定〈73条〉→【4】にはかって職務が行われる…全会一致が原則

③内閣総理大臣および国務大臣は【5】でなければならない〈66条〉

（文民統制，シビリアン・コントロール）

④内閣の総辞職…内閣総理大臣が欠けた場合〈70条〉，自らの判断，内閣不信任決議可決

(2)議院内閣制：国会に対し，連帯して責任を負う〈66条〉

①内閣総理大臣は，【6】の中から国会の議決で指名〈67条〉

②国務大臣の【7】は，国会議員の中から選ばなければならない〈68条〉

内閣府と各省には国務大臣と【8】，政務官がおかれている

③内閣不信任決議案可決〈69条〉（または内閣信任決議案否決）後の流れ

> 10日以内に【9】するか，衆議院解散〈69条〉→解散後【10】以内に総選挙
> →総選挙後【11】以内に国会召集→内閣総辞職・内閣総理大臣指名

④政府委員制度の廃止　中央省庁の局長級官僚が閣僚に代わり答弁した制度

⑤副大臣制度　2001年の中央省庁再編で導入，大臣政務官は副大臣を補佐

3 内閣の権限

(1)内閣総理大臣の権限……首長←明治憲法下では「同輩中の首席」

・国務大臣を任免〈68条〉…【12】・大臣政務官も任命

・閣議を主宰…閣議は非公開，議事は【13】で決定する

・内閣を代表して議案を提出

・一般国務・外交関係について国会に報告

・行政各部の指揮・監督〈72条〉

・国家安全保障会議ほか複数の官職の議長・自衛隊の最高指揮監督権など

(2)内閣の権限

・一般行政事務　　　　　　・【14】の執行と国務の総理

・外交関係の処理　　　　　・【15】の締結

・官吏に関する事務の掌理　・【16】の作成と提出

・【17】の制定　　　　　　・恩赦の決定

・天皇の【18】への助言と承認　・最高裁判所長官の指名

4 近年の課題

(1)議員提出法案（議員立法）が増加しているものの，依然として内閣提出法案の法案成立数が大半を占めている

(2)法律では概要のみを定め，細則を政令や省令に委ねる【19】が多い

(3)行政の民主化，官主導型社会の転換を図るために，行政改革も推進

●正誤問題メモ

① ○
② ○ 連立を組む政党のいずれかから選出する場合もある。
③ ○
④ ○
⑤ × 内閣官房と内閣府は内閣の下部組織。
⑥ ○
⑦ ○
⑧ ○
⑨ × 議席の有無にかかわらず発言のために出席できる。
⑩ × 失うのは議員としての資格のみ。
⑪ ○
⑫ ○
⑬ ○
⑭ × 特別裁判所の設置は憲法で認められていない。
⑮ × 中央省庁改変に伴う環境省発足は2001年。環境基本法制定は1993年。
⑯ ○ 金融監督庁が大蔵省から独立したのは1998年。金融庁への再編は2000年。
⑰ × 社会保険庁廃止は2009年。年金部門は特殊法人の日本年金機構が2010年に引き継ぎ、健康保険は社会保険庁廃止前の2008年に全国健康保険協会へ。
⑱ × 防衛庁から防衛省へ。
⑲ ○ 2003年日本郵政公社となったのち、2007年郵政民営化に伴い解散、日本郵政グループに。
⑳ ○
㉑ ○
㉒ ○
㉓ ○
㉔ ○
㉕ ○

正誤問題

① 国務大臣の過半数は、国会議員でなければならない。（10追）

② 内閣総理大臣は、最大議席を有する政党から選出しなくてもよい。（11本）

③ 官僚主導による行政を転換し政治主導による行政を図るため、各省に副大臣や大臣政務官がおかれている。（14本）

④ 国会で官僚が政府委員として答弁する政府委員制度は、廃止された。（11本）

⑤ 内閣機能強化のため、内閣官房に代えて内閣府が設置されている。（10追）

⑥ 特別会の召集があったときは、内閣は総辞職しなければならない。（10追）

⑦ 内閣総理大臣が主宰する閣議により、内閣はその職権を行う。（10追）

⑧ 内閣総理大臣を国民の直接選挙により選出するとすれば、憲法改正が必要である。（12本）

⑨ 国務大臣は、自分が議席をもたない議院には発言のために出席することができない。（12本）

⑩ 国会議員である国務大臣が選挙によって議員としての地位を失ったときは、その時点で国務大臣の職を失う。（12本）

⑪ 内閣総理大臣は、自衛隊に対する最高指揮権を持つが、自衛隊の定員や予算、組織に関する基本的内容を決定する権限は国会が持つ。（13追）

⑫ 内閣は、天皇の国事行為に対する助言と承認を通して衆議院を解散することができる、という憲法運用が定着している。（08本）

⑬ 内閣は、衆議院が内閣不信任決議を行わなくても衆議院を解散することができる、という憲法運用が定着している。（08本）

⑭ 内閣には、行政事件を最終的に裁判する特別裁判所が置かれている。（08追）

⑮ 「公害国会」後に新設された環境庁は、その後、環境基本法制定に伴って環境省に再編された。（10追）

⑯ 大蔵省から金融機関の監督・検査部門を独立させて設置された金融監督庁は、その後、金融庁に再編された。（10追）

⑰ 年金記録問題をきっかけとして、社会保険庁が廃止され、その年金部門は民営化されることとなった。（10追）

⑱ 冷戦終結をきっかけとして、世界的な軍備縮小の流れが生まれ、行政機構簡素化のため防衛省は防衛庁へと縮小されることとなった。（10追）

⑲ 総務省の外局であった郵政事業庁は、民営化して郵政事業会社となった。

⑳ 東日本大震災を契機に、復興庁が内閣府の外局として10年の期限付きで新設された。

㉑ 2012年、環境省の外局として原子力規制委員会が新設された。

㉒ 2015年、防衛省の外局として防衛装備庁が、文部科学省の外局としてスポーツ庁がそれぞれ新設された。

㉓ 個人情報保護を厳格に行うため、2016年には個人情報保護委員会が内閣府の外局として新設された。

㉔ 2019年、法務省の外局として出入国在留管理庁が新設された。

㉕ 2020年、内閣府の外局としてカジノ管理委員会が新設された。

演習問題

1 日本の国政レベルでの政策決定についての記述として正しいものを，次の①〜④のうちから一つ選べ。（15追）
  ① 内閣総理大臣は，内閣を代表して法律案を国会に提出する。
  ② 国務大臣が参議院議員である場合には，衆議院の審議に出席することはできない。
  ③ 政党は，憲法で定められた国家機関として政策の提言を行う。
  ④ 予算について参議院で衆議院と異なった議決をした場合には，両院協議会が開かれることはない。

2 日本国憲法の定める内閣や内閣総理大臣の権限についての記述として最も適当なものを，次の①〜④のうちから一つ選べ。（18追）
  ① 内閣は，両議院が可決した法案について国会に再議を求める権限をもつ。
  ② 内閣総理大臣は，最高裁判所の長官を任命する権限をもつ。
  ③ 内閣は，憲法改正が承認されたとき，これを公布する権限をもつ。
  ④ 内閣総理大臣は，内閣を代表して，行政各部を指揮監督する権限をもつ。

3 生徒Zは，日本の内閣の運営のあり方に興味をもち，その特徴を文章にまとめてみた。次の文章中の空欄 ア 〜 ウ に当てはまる語句の組合せとして最も適当なものを，下の①〜⑧のうちから一つ選べ。（21本）

　　内閣の運営に関する特徴の一つは合議制の原則である。これは，内閣の意思決定は，内閣総理大臣（首相）と国務大臣の合議，すなわち閣議によらなければならないとするものである。閣議における決定は， ア によることが慣行となっている。

　　また，首相指導の原則がある。これは，国務大臣の任免権をもつ首相が， イ として政治的リーダーシップを発揮するというものである。

　　このほか，分担管理の原則がある。これは，各省の所掌事務はその主任の国務大臣が分担して管理するというものである。なお，日本国憲法の規定によると，法律と政令には，すべて主任の国務大臣が署名し， ウ が連署することになっている。

  ① ア 多数決　　イ 同輩中の首席　　ウ 内閣総理大臣
  ② ア 多数決　　イ 同輩中の首席　　ウ 内閣官房長官
  ③ ア 多数決　　イ 内閣の首長　　　ウ 内閣総理大臣
  ④ ア 多数決　　イ 内閣の首長　　　ウ 内閣官房長官
  ⑤ ア 全会一致　イ 同輩中の首席　　ウ 内閣総理大臣
  ⑥ ア 全会一致　イ 同輩中の首席　　ウ 内閣官房長官
  ⑦ ア 全会一致　イ 内閣の首長　　　ウ 内閣総理大臣
  ⑧ ア 全会一致　イ 内閣の首長　　　ウ 内閣官房長官

4 日本における現在の行政機構についての記述として正しいものを，次の①〜④のうちから一つ選べ。（20追）
  ① 原子力利用における安全の確保に関する事務を遂行する原子力規制委員会は，経済産業省に置かれている。
  ② 東日本大震災からの復興に関する行政事務の円滑かつ迅速な遂行を図る復興庁は，内閣に置かれている。
  ③ 法制度に関する調査や内閣提出法案の審査を行う内閣法制局は，内閣府に置かれている。
  ④ 内閣の重要事項に関して内閣総理大臣を補佐する内閣総理大臣補佐官は，総務省に置かれている。

5　内閣総理大臣の権限に関する次の記述 A ～ C のうち，1990年代後半以降の改革に当てはまる記述をすべて選び，その組合せとして最も適当なものを，下の①～⑦のうちから一つ選べ。（19追）

A　内閣総理大臣が閣議を主宰するようになった。

B　内閣総理大臣が他の国務大臣を任意に罷免できるようになった。

C　内閣総理大臣の閣議における発議権が明文化された。

①　A　　②　B　　③　C　　④　AとB　　⑤　AとC　　⑥　BとC　　⑦　AとBとC

6　社会の要請に応じ，行政機関が再編，新設されることがある。2001年の中央省庁再編の後に設置された行政機関として正しいものを，次の①～④のうちから一つ選べ。（18本）

①　復興庁　　②　防衛庁　　③　金融監督庁　　④　環境庁

7　1980年代と2000年代の日本における改革についての記述として正しいものを，次の①～④のうちから一つ選べ。（16本）

①　1980年代に，日本電信電話公社や日本専売公社のほかに日本道路公団が民営化された。

②　1980年代に，特定地域に国家戦略特区が設けられ，規制緩和による民間企業のビジネス環境の整備がめざされた。

③　2000年代に，郵政三事業のうち郵便を除く郵便貯金と簡易保険の二事業が民営化された。

④　2000年代に，各地に構造改革特区が設けられ，教育や医療などの分野での規制緩和と地域活性化がめざされた。

8　日本国憲法が定める法の制定について説明した次の記述 A ～ C のうち，正しいものはどれか。当てはまる記述をすべて選び，その組合せとして最も適当なものを，下の①～⑦のうちから一つ選べ。（20本）

A　内閣は，憲法および法律の規定を実施するために，省令を制定することができる。

B　最高裁判所は，訴訟に関する手続について，規則を制定することができる。

C　地方公共団体は，法律の範囲内で条例を制定することができる。

①　A　　②　B　　③　C　　④　AとB　　⑤　AとC　　⑥　BとC　　⑦　AとBとC

Chapter 9

裁判所

合格map

1 司法権の独立(第76条)

(1)すべて司法権は,【1】および【2】に属する〈76条1項〉
　①【3】(軍法会議・行政裁判所)は設置できない〈76条2項〉
　②行政機関が終審裁判を行うことはできない〈76条2項〉
(2)裁判官の独立:良心に従い, 憲法と法律のみに拘束される〈76条3項〉
　①裁判官の身分保障…罷免の要件をきびしく制限
　　ア)心身の故障:職務を執ることができないと裁判で決定
　　イ)【4】で弾劾を受けたとき〈78条〉…行政機関による懲戒不可
　　ウ)【5】により罷免を可とされたとき〈79条〉

2 裁判制度

(1)裁判所の種類

最高裁判所	終審裁判所, 憲法の番人
【6】	内乱罪等の事件の一審, 特別管轄事件の一審
【7】	一般の刑事事件・140万円以上の民事請求・行政事件の一審
【8】	少年事件などの一審, 家事審判事件の一審および調停
【9】	罰金または3年以下の懲役刑に当たる事件等の一審

(2)裁判(訴訟)の種類

【10】	検察官が原告となって犯罪被疑者を裁判所に起訴
【11】	個人や団体に関する財産や身分上の権利義務に関する訴訟
【12】	行政機関と個人, 行政機関相互間の訴訟

(3)三審制
　原則として三回まで裁判を受けられる。第一審・控訴審・上告審の三段階
　【13】制度:判決確定後も可能…冤罪の防止
(4)公開の原則〈82条1項〉…政治犯罪, 出版に関する犯罪, 基本的人権の侵害に関する対審はすべて公開
(5)国民の司法参加
　①陪審制(アメリカ), 参審制(ドイツ)
　②日本では2009年から【14】が導入された
　③【15】:一般の有権者から選出。検察官が独占する公訴権に民意を反映させる

3 最高裁判所の組織と権限

(1)組織　①長官を含む【16】名の裁判官, 長官は【17】が指名→天皇が任命〈6条2項〉
　　　　　②その他の裁判官は内閣が任命〈79条1項〉
(2)権限　①違憲立法(法令)審査権→最高裁判所は終審裁判所〈81条〉…「憲法の番人」
　　　　　②裁判手続きに関する規則制定権〈77条〉
　　　　　③下級裁判所の裁判官の指名権〈80条〉
　　　　　④司法行政権

4 違憲立法(法令)審査権

一切の法律, 命令, 規則または処分が憲法に適合するかを決定する権限〈81条〉
※具体的事件の裁判を通じて審査(付随的違憲審査制)

5 国民の司法参加

　司法制度改革→法科大学院(ロースクール)の設置(2004),【18】(日本司法支援センター)の設置(2006),【19】(ADR)の拡充(2007), 裁判員制度の導入(2009),
知的財産高等裁判所の設置(2005), 労働審判制度の導入(2006)
　検察審査会の機能強化→起訴議決制度(強制起訴)の導入(2009)
　刑事司法改革関連法(2016)→取り調べの可視化(2019), 司法取引制度の導入(2018)

●正誤問題メモ

① × 特別裁判所の設置は憲法で禁止されている。

② × 最高裁判所長官の指名に国会の同意は不要。

③ × 弾劾裁判は立法機関が行う。行政機関による懲戒処分は認められていない。

④ ○

⑤ × 留置場による拘置は現在も引き続き行われている。

⑥ × 控訴審においては導入されていない。

⑦ × 14歳未満であっても家裁の判断により少年院送致の処分もありうる。

⑧ ○

⑨ × 憲法上ではない。

⑩ × 強要によって得た自白は，証拠として認められない。

⑪ ○ 2010年より公訴時効廃止。

⑫ × 現行犯逮捕の場合には令状不要。

⑬ ○

⑭ × 裁判員と職業裁判官によって量刑まで判断する。

⑮ × 法曹人口を増やすために設置。

⑯ × 検察で不起訴となった事件について審査する。

⑰ ○ ただし，成人年齢の変更に伴い，18歳以上に変更になる可能性も。

⑱ × 6名の裁判員と3名の裁判官で構成。

⑲ × 裁判員と裁判官の合議で決定。

⑳ × 裁判員制度の導入は2009年。

㉑ ○

㉒ ○

㉓ ○

㉔ × 判決は第一審で確定。

正誤問題

① 行政事件を専門に扱う裁判所として，行政裁判所が設置されている。(15本)

② 最高裁判所の長たる裁判官の指名は，国会の両議院の同意を経た上で内閣が行う。(15本)

③ 職務上の義務に違反した裁判官に対しては，行政機関により懲戒処分が行われる。(15本)

④ 最高裁判所は，訴訟に関する手続について規則を定めることができる。(15本)

⑤ 警察にある留置場を拘置所に代用する代用刑事施設(代用監獄制度)は，廃止されている。(19追)

⑥ 重大な刑事事件の第一審および控訴審においては，裁判員制度が導入されている。(19追)

⑦ 刑罰の適用年齢は14歳に引き下げられているが，14歳未満の少年の少年院送致は認められていない。(19追)

⑧ 抑留または拘禁を受けた後に無罪判決が確定した者には，国に補償を求める刑事補償請求権が認められている。(19追)

⑨ 被疑者の取調べは，憲法上，録音・録画が義務づけられている。(14追)

⑩ 検察官の強制による被疑者の自白も，裁判上の証拠として認められる。(14追)

⑪ 最高刑が死刑である殺人罪については，時効が廃止されている。(14追)

⑫ 現行犯逮捕の場合にも，憲法上，令状が必要とされる。(14追)

⑬ 日本司法支援センター(法テラス)は，法による紛争解決に必要な情報やサービスの提供を行うために設置された。(17追)

⑭ 裁判員制度は，裁判員だけで有罪か無罪かを決定した後に裁判官が量刑を決定するものである。(17追)

⑮ 法科大学院(ロースクール)は，法曹人口の削減という要請にこたえるために設置された。(17追)

⑯ 検察審査会制度は，検察官が起訴したことの当否を検察審査員が審査するものである。(17追)

⑰ 裁判員は，20歳以上の有権者の中から選任されている。(20追)

⑱ 裁判員裁判を行う合議体は，原則として裁判員3名と裁判官6名で構成される。(20追)

⑲ 裁判員裁判において有罪の判断をする場合，裁判官全員の賛成意見が必要である。(20追)

⑳ 裁判員制度は，日本国憲法の施行と同時に開始された。(20追)

㉑ 大津事件は，明治政府の圧力に抗して，裁判所がロシア皇太子暗殺未遂犯を通常の殺人未遂罪で裁いた事件である。(05本)

㉒ ロッキード事件は，航空機の選定をめぐり，元内閣総理大臣が刑法の収賄に関する罪などに問われた事件である。(05本)

㉓ 財田川事件は，強盗殺人罪で死刑判決を受けた人が度重なる再審請求をした結果，無罪が確定した事件である。(05本)

㉔ 恵庭事件は，被告人が刑法の器物損壊罪で起訴され，最高裁判所が統治行為論を展開した事件である。(05本)

演習問題

1 日本の司法制度に関する記述のうち，司法権の独立を保障する制度に当てはまる記述として最も適当なものを，次の①～④のうちから一つ選べ。(16追)

① 有罪判決の確定後に裁判における事実認定に重大な誤りが判明した場合，裁判をやり直すための再審制度が設けられている。

② 行政機関による裁判官の懲戒は禁止されている。

③ 裁判は原則として公開の法廷で行われる。

④ 実行の時に適法であった行為について，事後に制定された法により刑事上の責任を問うことは禁止されている。

2 日本の裁判官や裁判制度についての記述として正しいものを，次の①～④のうちから一つ選べ。(17本)

① 最高裁判所の長たる裁判官は，国会の指名に基づいて内閣によって任命される。

② 最高裁判所の裁判官はその身分が保障されていることから，解職されることがない。

③ 国民の批判と監視の下におくため，刑事裁判は常に公開しなければならない。

④ 特定の刑事事件において，犯罪被害者やその遺族が刑事裁判に参加して意見を述べることが認められている。

3 現在の日本における刑事手続に関する記述として誤っているものを，次の①～④のうちから一つ選べ。(21追)

① 逮捕に必要な令状を発するのは，警察署長である。

② 国会議員は，法律の定める場合を除いて，国会の会期中逮捕されない。

③ 抑留・拘禁された後，無罪の裁判を受けたときは，国に金銭的な補償を請求することができる。

④ 実行時に適法な行為は，その行為後に制定された法により刑事上の責任を問われない。

4 特定の身分の人や特定の種類の事件などについて裁判するために，通常裁判所の系列とは別に設置される裁判所を，特別裁判所という。近現代の日本について特別裁判所に当たる裁判所として正しいものを，次の①～④のうちから一つ選べ。(19本)

① 家庭裁判所　　② 皇室裁判所　　③ 知的財産高等裁判所　　④ 地方裁判所

5 日本において，裁判や刑事手続にかかわる権力を監視，統制する仕組みについての記述として誤っているものを，次の①～④のうちから一つ選べ。(20本)

① 検察官が不起訴の決定をした事件について，検察審査会が起訴相当の議決を二度行った場合は強制的に起訴される仕組みが導入された。

② 国民審査により最高裁判所の裁判官が罷免された例は，これまでにない。

③ 取調べの録音や録画を義務づける仕組みが，裁判員裁判対象事件などに導入された。

④ 死刑判決を受けた人が再審により無罪とされた例は，これまでにない。

6 日本国憲法は，司法機関たる裁判所に，立法機関や行政機関に対するチェック機能として違憲審査権を与えている。この権限について，裁判所はこれを積極的に行使し，違憲判断をためらうべきではないとする見解と，その行使には慎重さが求められ，やむをえない場合のほかは違憲判断を避けるべきであるとする見解とが存在する。前者の見解の根拠となる考え方として最も適当なものを，次の①～④のうちから一つ選べ。(20本)

① 法律制定の背景となる社会や経済の問題は複雑であるから，国政調査権をもち，多くの情報を得ることができる機関の判断を尊重するべきである。

② 選挙によって構成員が選出される機関では，国民の多数派の考えが通りやすいので，多数派の考えに反してでも少数者の権利を確保するべきである。

③ 外交など高度な政治的判断が必要とされる事項や，国政の重要事項についての決定は，国民に対して政治的な責任を負う機関が行うべきである。

④ 日本国憲法は民主主義を原則としているので，国民の代表者によって構成される機関の判断を，できる限り尊重するべきである。

7 裁判に関心をもつ生徒Xは，元裁判官の教授による「市民と裁判」という講義にも参加した。講義後，Xは，図書館で関連する書籍などを参照して，日本の裁判員制度とその課題についてまとめた。次の文章中の空欄 ア ～ ウ に当てはまる語句の組合せとして最も適当なものを，下の①～⑧のうちから一つ選べ。(21本)

　　裁判員制度は，一般市民が ア の第一審に参加する制度である。制度の趣旨として，裁判に国民の声を反映させることや，裁判に対する国民の理解と信頼を深めることなどがあげられる。裁判員は，有権者の中から イ に選任され，裁判官とともに評議し，量刑も含めた判断を行う。

　　裁判員制度が始まって10年以上経過した現在，裁判への参加をよい経験だったとする裁判員経験者の声や，市民の感覚が司法に反映されたとの意見など，肯定的な評価がある。だが，裁判員に ウ 課せられる守秘義務や辞退率の高さなど，いくつかの課題も指摘されている。

① ア　重大な刑事事件　　イ　事件ごと　　ウ　任務中のみ
② ア　重大な刑事事件　　イ　事件ごと　　ウ　任務終了後も
③ ア　重大な刑事事件　　イ　年度ごと　　ウ　任務中のみ
④ ア　重大な刑事事件　　イ　年度ごと　　ウ　任務終了後も
⑤ ア　刑事事件および民事事件　　イ　事件ごと　　ウ　任務中のみ
⑥ ア　刑事事件および民事事件　　イ　事件ごと　　ウ　任務終了後も
⑦ ア　刑事事件および民事事件　　イ　年度ごと　　ウ　任務中のみ
⑧ ア　刑事事件および民事事件　　イ　年度ごと　　ウ　任務終了後も

8 裁判や紛争解決の手続についての記述として誤っているものを，次の①～④のうちから一つ選べ。(18追)
① 第三者が関与して，訴訟以外の方法によって民事上の紛争の解決を図る手続のことを，裁判外紛争解決手続と呼ぶ。
② 刑事裁判において有罪判決を受けた者について，重ねて民事上の責任を問われないことが，憲法で定められている。
③ 刑事裁判において，公判の前に裁判の争点や証拠を絞る手続のことを，公判前整理手続と呼ぶ。
④ 被告人が自ら弁護人を依頼することができないときに，国の費用で弁護人をつけることが，憲法で定められている。

合格map

1　地方自治の意義

(1)地方自治は「【1】である」…ブライス(イギリスの政治学者)
(1838~1922)
(2)地方自治の本旨(憲法第8章で保障,明治憲法には規定なし)
　①【2】:中央政府の干渉を受けずに,自主的にその地域の政治を行うこと
　②【3】:地方公共団体が住民の意思に基づき組織され運営されること

2　地方公共団体の組織と機能

(1)地方公共団体の組織…アメリカ型首長制
　①議会(議事機関)…【4】制,【5】・予算等の議決,100条調査権など
　②首長(執行機関)…知事と市町村長。条例の執行,予算の作成等
　③【6】委員会…人事・教育・公安委員会など
(2)議会と首長の関係
　①条例や予算の議決→首長は【7】を行使し,議会に再議を求めることが可能
　②議会が首長の不信任案可決→首長は10日以内に辞職するか,議会を【8】
(3)地方公共団体の仕事と財源
　①仕事┬【9】事務(自治体本来のもの):水道,交通,ゴミ処理の事業,学校設置・管理など
　　　　└【10】事務(国からの委託):国政選挙,旅券の交付,戸籍管理など
　②主な財源…地方税,地方交付税交付金,【11】(使途限定),地方債
(4)住民の権利
　①直接請求権

直接請求権	種類	必要署名数	請求先	取り扱い
住民発案 イニシアティブ	条例の制定・改廃	有権者の【12】以上の署名	首長	議会にかけ,結果報告
	監査		監査委員	監査し,結果を公表
解職請求 リコール	議会の解散	有権者の原則として【13】以上の署名	選挙管理委員会	住民投票で過半数が賛成すれば解散
	議員・首長の解職			住民投票で過半数が賛成すれば解職
	役職員の解職		首長	議会で4分の3以上が賛成

　②住民投票(レファレンダム)
　　ア)特定自治体にのみ適用される憲法第95条による【14】制定のための住民投票
　　イ)自治体の【15】条例に基づく住民投票…結果に法的拘束力はない
　③オンブズパーソン(オンブズマン)制度(【16】制度)
　政府や公的機関を監視し,国民のこれらの機関に対する苦情を処理する制度

3　地方自治の課題

(1)自主財源不足…自主財源である地方税の割合が少なく,国からの地方交付税交付金や国庫支出金に依存していたため,かつてはその割合から【17】と呼ばれていた
(2)【18】法(1999制定)…地方分権推進法の後継として,自治体の自主性と裁量を認め,機関委任事務を廃止するなど,第一次分権改革の主要な法令とされた
(3)【19】法(2006制定)…第二次分権改革として,第一次一括法・国と地方の協議の場法(2007成立)から,第四次一括法(2014成立)まで多くの法律が制定され,国から地方へ,都道府県から市町村への事務・権限の委譲が進められた
(4)市町村の数…「【20】」の結果,2014年4月には1,718となった
(5)【21】を実現する「公職選挙法の改正」(2015年6月19日公布,2016年6月19日施行)に伴い,若者の住民投票など地方自治への積極的な参画が求められている
(6)構造改革特区(2003)→総合特区(2011)→国家戦略特区(2013)

① × 明治憲法には地方自治についての明文規定はない。

② ○

③ × 憲法の規定により法律の規定に反する条例は不可。

④ × 住民投票のみの条例の制定・改廃はできない。必要署名数を集めたうえで，最終的には議会が決定する。

⑤ × 条例の制定・改廃の提出先は議会ではなく首長となる。

⑥ ○ なお，18歳選挙権は「改正公職選挙法」によって定められている。

⑦ × 個別に法律を制定する必要はなく，独自の判断で実施できる。

⑧ × そのような規定はない。

⑨ ○

⑩ × 都道府県は普通地方公共団体である。特別地方公共団体の例としては東京都の特別区がある。

⑪ × 郡は地方公共団体でないため，委任はできない。

⑫ × 憲法にそのような一覧の規定はない。

⑬ × 法定受託事務への国の関与は禁止されているといえない。

⑭ ○

⑮ ○

⑯ ○

⑰ ○

⑱ × 1999年の地方分権一括法では，機関委任事務が廃止された。法定受託事務に再編されている。

⑲ × 地方税の占める割合が3割程度しかないこと。現在は4割程度まで上昇。

⑳ ○

㉑ × 不信任決議への対抗措置。不信任決議に対して議会の解散権を持つ。

正誤問題

① 明治憲法で規定されていた地方自治は，日本国憲法ではいっそう拡充され，地方特別法を制定する場合，事前に住民投票を行う制度が導入された。（02本）

② 住民自治の原理よりも団体自治の原理に基づくものの例としては，市町村が，街並みを保存するために，住民に経費を助成する制度を，独自につくることがある。（00本）

③ 地方自治体ごとに異なるサービス需要に対応するため，法律の規定に反する条例を制定することも可能とされた。（12本）

④ 地方自治体の議会は，住民投票条例に基づいて行われた住民投票の結果に法的に拘束される。（16本）

⑤ 条例の改正を行う場合，住民は必要な数の署名をもって議会に直接請求することになる。（16本）

⑥ 定住外国人や一定年齢以上の未成年者に投票権を認める地方公共団体もあるが，これまでに行われた条例による住民投票は，投票結果に法的な拘束力が認められていない点で，憲法上の住民投票とは異なる。（20本）

⑦ 地方自治体において住民投票を実施する際には，個別に法律の制定が必要であり，地方自治体が独自の判断で実施することはできない。（14本）

⑧ 地方議会は，首長の行為が法律に違反しているという裁判所の判決を得ることによって，首長を罷免することができる。（05本）

⑨ 都道府県には，公安委員会が置かれている。（10本）

⑩ 都道府県は，特別地方公共団体の一種である。（10本）

⑪ 都道府県の事務を効率的に処理するために，知事は郡に事務を委任できる。（08追）

⑫ 地方公共団体の自治事務は，憲法に具体的な事務名称の一覧をあげて規定されている。（20追）

⑬ 地方公共団体が処理する事務については，自治事務か法定受託事務かを問わず国の関与が禁止されている。（20追）

⑭ 地方自治法において，普通地方公共団体の長の任期は4年と定められている。（11早稲田大）

⑮ 地方分権一括法の施行に伴い，機関委任事務は廃止された。（18本）

⑯ 地方議会の解散の請求があったとき，選挙管理委員会は住民投票に付さなければならない。（02追）

⑰ 地方交付税は，使い道を指定されずに地方自治体に配分される。（17追）

⑱ 地方分権一括法によって，地方自治体の事務が，自治事務と機関委任事務とに再編された。（16本）

⑲ 「三割自治」という言葉が用いられてきたが，その意味は，地方税などの自主財源によって歳出をまかなえる自治体の数が全体で3割程度しかないことをいう。（11明治大改）

⑳ 複数の地方自治体が後期高齢者医療制度をはじめとする事務の処理を共同で行う仕組みとして，広域連合がある。（18追）

㉑ 首長に対する議会の不信任決議を待たずに，首長は議会を解散することができる。（16本）

1 日本の地方自治についての記述として最も適当なものを，次の①～④のうちから一つ選べ。(09本)

① 日本国憲法では，地方自治体の組織に関して，住民自治と団体自治の原則に基づいて法律で定めることとなっている。

② 大日本帝国憲法では，地方自治制度が，憲法上の制度として位置づけられていた。

③ 団体自治とは，地域の住民が自らの意思で政治を行うことをいう。

④ 三割自治とは，地方公共団体が国の事務の約3割を処理することをいう。

2 「地方自治は民主主義の学校」は，ブライスが述べた言葉として知られている。その意味を説明した記述として最も適当なものを，次の①～④のうちから一つ選べ。(09本)

① 地方自治体は，中央政府をモデルとして，立法・行政の手法を学ぶことが重要である。

② 住民自身が，地域の政治に参加することによって，民主政治の担い手として必要な能力を形成できる。

③ 地方自治体は，合併による規模の拡大によって，事務処理の能力を高めることができる。

④ 住民自身が，地域の政治に参加することによって，学校教育の課題を解決する。

3 地方分権改革に関連して，日本の地方自治についての記述として誤っているものを，次の①～④のうちから一つ選べ。(18追)

① 国会が特定の地方自治体にのみ適用される特別法を制定するには，その地方自治体の議会の同意を得なければならない。

② 複数の地方自治体が後期高齢者医療制度をはじめとする事務の処理を共同で行う仕組みとして，広域連合がある。

③ 都道府県を越えた広域行政に対応し地方分権を進めるため，全国をいくつかの区域に分けて新たな広域自治体をおく改革構想は，道州制と呼ばれる。

④ 都道府県知事や市町村長は，議会の同意を得て，教育委員会の委員を任命する。

4 現行の地方制度に関する説明として最も適当なものを，次の①～④の中から1つ選びなさい。(19日本大)

① 首長や地方議会の議員は，20歳以上の住民による直接選挙によって選出される。

② 首長は，地方議会で首長に対する不信任決議案が可決された場合には，議会に対して解散権を行使することができる。

③ 首長の任期は4年であるが，公職選挙法の規定により3選が禁止されている。

④ 外国人も，公職選挙法の改正により，首長や地方議員を選出する地方選挙で選挙権を行使することが認められている。

5 地方自治制度について，日本の現在の制度に関する記述として最も適当なものを，次の①～④のうちから一つ選べ。(12本)

① 有権者の3分の1以上の署名により直ちに首長は失職する。

② 議会は首長に対する不信任決議権(不信任議決権)をもつ。

③ 住民投票の実施には条例の制定を必要とする。

④ 住民は首長に対して事務の監査請求を行うことができる。

6 日本における住民投票についての記述として<u>適当でないもの</u>を，次の①～④のうちから一つ選べ。（09本）

① 地方自治体が，公共事業の是非について住民投票を実施することは，法律によって禁止されている。

② 地方議会の議員は，解職請求があったとき，住民投票において過半数の同意があれば失職する。

③ 一地方自治体にのみ適用される特別法は，その自治体の住民投票で過半数の同意を得なければ，国会はこれを制定することができない。

④ 地方自治体が条例を制定して実施した住民投票の結果は，首長や議会を，法的に拘束するものではない。

7 次の図は，日本の地方財政の歳入に占める各財源の割合の変化を示したものである。図中のＡ～Ｃに当てはまる財源の種類の組合せとして正しいものを，下の①～⑥のうちから一つ選べ。（05本改）

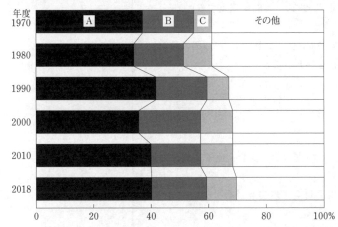

（注）　割合は，地方自治体の歳入純計に対するもの。「その他」は，手数料，地方譲与税，地方特例交付金，国庫支出金などを含んでいる。

（資料）　総務省（自治省）『地方財政白書』各年版により作成。

①	A	地方交付税	B	地方債
	C	地方税		
②	A	地方交付税	B	地方税
	C	地方債		
③	A	地方債	B	地方交付税
	C	地方税		
④	A	地方債	B	地方税
	C	地方交付税		
⑤	A	地方税	B	地方交付税
	C	地方債		
⑥	A	地方税	B	地方債
	C	地方交付税		

8 1999年の地方分権一括法の改正によって，国と都道府県や市町村との関係が抜本的に見直された。このことについて，日本の地方自治に関する記述として最も適当なものを，次の①～④のうちから一つ選べ。（16本）

① 地方分権一括法によって，地方自治体の事務が，自治事務と機関委任事務とに再編された。

② 特定の地方自治体にのみ適用される法律を制定するには，その住民の投票で過半数の同意を得ることが必要とされている。

③ 地方自治体には，議事機関としての議会と執行機関としての首長のほかに，司法機関として地方裁判所が設置されている。

④ 地方自治体の議会は，住民投票条例に基づいて行われた住民投票の結果に法的に拘束される。

9 有権者数が30万人の地方公共団体における住民の直接請求に関する説明として最も適当なものを，次の①～④の中から1つ選びなさい。（19日本大）

① 条例の制定・改廃の請求は，有権者の50分の1以上の署名を集めて議会に請求する。

② 議会の解散請求は，有権者の3分の1以上の署名を集めて首長に請求する。

③ 首長の解職請求は，有権者の3分の1以上の署名を集めて選挙管理委員会に請求する。

④ 監査委員の解職請求は，有権者の50分の1以上の署名を集めて首長に請求する。

1　行政の現状と課題

(1)行政機能の拡大

　①現状

　【1】(行政権が優位に立っている国家)の性格をもつ

　②実態

　　ア)【2】の増大(細目は政令，省令等で)

　　イ)【3】指導(行政機関が企業等に協力・同意を求め，目的を達成する)

(2)行政国家の問題点

　①【4】支配：専門的技術や知識をもつ専門官僚(テクノクラート)が，国の政策決定に関して主導権を握り，立法府等に影響を与えること

　②【5】：高級官僚が在職中の職権を利用し，退職後にそれまでの役職と関連の深い民間企業や公的企業に再就職すること

(3)行政の民主化

　①【6】委員会

　　ア)国…公正取引委員会・国家公安委員会・中央労働委員会・原子力規制委員会など

　　イ)地方公共団体…選挙管理委員会・人事委員会・農業委員会・労働委員会・公安委員会・教育委員会など

　②【7】(行政監察官)制度…一部の地方公共団体で実現

　③【8】法：国の行政機関に対して情報開示と説明責務を義務づけた

　④行政改革…規制緩和(ディレギュレーション)を推進，郵政民営化，特殊法人の民営化，独立行政法人化を推進

2　政党政治

(1)政党政治の形態と特色

　①【9】制：政党の政策は接近(英・米など)

　　(長所)政権安定

　　(短所)多数党政権が長期独占しやすく，国民の多様な意見を反映しにくい

　②【10】制(小党分立制)：世論の変化により政権も交代(伊・仏など)

　　(長所)多様な政治選択が可能，政策多様化

　　(短所)複数政党の連立政権，政局は不安定

(2)戦後日本の政党政治の歴史と問題点

年代	内容
1955年	○【11】体制の成立 ・1955年から【12】・【13】両政党による二大政党制に近い政治体制
1960〜1970年代	○国民意識の多様化と多党化の傾向 ○自民党の長期保守政権による問題点 ・【14】の力関係で政治が左右される ・金権政治…「【15】事件」(1976)などの政治汚職→政治不信
1980〜1990年代	○【11】体制の終焉と政治改革 ○「佐川急便事件」「ゼネコン汚職事件」→政治改革を求める世論の高まり→「【16】連立政権」誕生(8党派による細川護熙内閣)
2000年代	○自民党中心連立政権，国民の政党離れ ○特定の支持政党をもたない【17】層の増加
2009年	総選挙で【18】が野党として初めて単独過半数を獲得し，政権交代
2012年	○自民党中心連立政権，第二次安倍内閣の歴代最長政権

●正誤問題メモ

① × 行政に市場への介入を求めたことが背景。

② ○

③ × 関係の深い企業や法人に再就職することである。

④ ○ この法は1998年に施行され，2001年に１府12省庁に再編された。

⑤ × 政務次官（ポスト）が廃止され，副大臣と大臣政務官（ポスト）がおかれた。

⑥ ○

⑦ × 整理・縮小されていった。

⑧ ○ 人事院勧告制度がある。

⑨ ○ 川崎市の市民オンブズマンなどがある。

⑩ × 日本の国政レベルでは制度化されていない。

⑪ ○

⑫ ○

⑬ ○

⑭ ○ １府12省庁に再編された。内閣府は政府主導で行政各部を調整し，企画・立案する。

⑮ × 経済財政諮問会議は内閣府に設置。財務省ではない。

⑯ ○

⑰ × 左右社会党が統一され，保守合同による自民党が結成された。

⑱ × 1960年代前半，公明党結成以降，野党は多党化した。

⑲ ○

⑳ × 官僚による支配が強化されたという事実はない。

㉑ × 自民党が政界再編を主導し，橋本内閣が誕生した。

㉒ × 党議拘束は，法律で禁止されていない。

㉓ ○

㉔ ○

正誤問題

① 行政国家が出現した背景には，経済問題の解決のために，行政が市場に介入することに対する不信感があった。（05本）

② 行政委員会は，行政機能に加えて準立法的機能や準司法的機能を有するものである。（08本）

③ 高級官僚が職を辞し，地方公共団体の長になることを「天下り」という。（94追）

④ 中央省庁再編は，中央省庁等改革基本法に基づき，行われた。（07東京経済大）

⑤ 2001年に中央省庁の再編が行われ，政策および企画をつかさどるために，副大臣と政務次官のポストが導入され，政務官ポストが廃止された。（06本）

⑥ リクルート事件は，企業が政官界関係者に対して未公開株を贈った事件である。（11広島修道大）

⑦ 1990年代以降日本で特殊法人が新たに導入された。（07本）

⑧ 国家公務員および地方公務員は労働基本権の制限を受けるが，どちらの場合も，その代償措置が設けられている。（07本）

⑨ 地方自治体の中には，オンブズマンを置く例がある。（05本）

⑩ 公金支出の違法性を争うため，国民に代わり，行政組織の一部であるオンブズマン（行政監察官）が訴訟を提起する制度が設けられている。（02追）

⑪ 官庁の許認可や行政指導などの不透明性を是正する目的で，行政手続法が制定された。（11追）

⑫ 外国人も，中央省庁の行政文書に関して，情報公開法に基づいて開示を請求することができる。（20本）

⑬ 日本国憲法は，憲法および法律の規定を実施するために内閣が政令を制定することができると規定している。（02本）

⑭ 2001年の中央省庁再編では，重要政策について内閣を補佐し，行政各部の統一を図るための企画立案や総合調整を担う行政機関として，内閣府が設置された。（06本）

⑮ 2001年の中央省庁再編では，民間経済の動向を的確に把握し，省庁横断的な予算を迅速に編成する機関として，財務省に経済財政諮問会議が設置された。（06本）

⑯ 55年体制崩壊後，新党さきがけと新生党は，自由民主党から離脱した議員らによって，結成された。（00本）

⑰ 1950年代には，保守合同により自民党が結成され，それに対抗して左右社会党が統一された。（00追）

⑱ 55年体制が成立した当時は自民党と社会党による二大政党制であったが，1950年代末には野党の多党化が進行した。（01本）

⑲ 1994年には，従来対立していた自民党と社会党が中心となって連立政権を組んだ。（01本）

⑳ 1990年代には，無党派知事が出現したため，官僚による地方自治体の支配が強化された。（06本）

㉑ 1996年には，自民党の勢力後退が進み，政党再編が行われた結果，新進党を中心とした非自民の連立政権が成立した。（01本）

㉒ 日本国憲法の思想・良心の自由の保障の下では，議院における議員の投票行動を政党が拘束することは法律で禁止されている。（11本）

㉓ 政治資金規正法は，企業や団体による政党への献金を認めている。（16追）

㉔ 政党の重要性を考慮して，政党助成法が制定されて国が政党交付金を交付することとなった。（03本）

演習問題

1 1980年代以降，日本において，行政改革について審議するために設置された組織A～Cと，その提言ア～ウとの組合せとして正しいものを，下の①～⑥のうちから一つ選べ。(07本)

  A　地方分権推進委員会　　　　B　第二次臨時行政調査会　　　C　行政改革会議
  ア　三公社の民営化　　　　　　イ　機関委任事務制度の廃止　　　ウ　中央省庁の再編

  ①　A－ア　　　B－イ　　　C－ウ　　　　②　A－ア　　　B－ウ　　　C－イ
  ③　A－イ　　　B－ア　　　C－ウ　　　　④　A－イ　　　B－ウ　　　C－ア
  ⑤　A－ウ　　　B－ア　　　C－イ　　　　⑥　A－ウ　　　B－イ　　　C－ア

2 55年体制下の日本の政策決定過程において，内閣総理大臣のリーダーシップを制約してきた要因についての記述として誤っているものを，次の①～④のうちから一つ選べ。(04本)

  ①　自民党政権では，自民党が派閥を中心とする集団であるため，閣僚の任命も派閥の推薦に基づいて決められることが多かった。
  ②　内閣改造が頻繁で，閣僚は，所管分野の政策知識が乏しいため，各省庁を統制するのではなく，各省庁の利益代表となりがちであった。
  ③　自民党政権では，内閣提出法案は，通常，事前に与党である自民党内部での審査を経ていることが慣行となっていた。
  ④　政党の党議拘束が弱いため，与党議員が政府の方針と異なる投票をすることが多かった。

3 官僚支配の弊害の防止が，現代民主政治の大きな課題となっている。官僚制への統制を強化する主張とは言えないものを，次の①～④のうちから一つ選べ。(06本)

  ①　内閣総理大臣が閣僚や省庁に対して強力なリーダーシップを発揮できるようにするため，首相公選制を導入すべきである。
  ②　国会は，行政を監督する責任を果たすため，国政調査権などの権限を用いて行政各部の活動をチェックすべきである。
  ③　各議院は，テクノクラートのもつ専門知識を有効に活用するため，法律案の作成や審議への政府委員の参加機会を拡大すべきである。
  ④　国民が直接行政を監視し，政策過程に参加するため，情報公開制度を活用したり，オンブズマン制度を設けたりすべきである。

4 道州制の説明として適当でないものを，次の①～⑤のうちから一つ選べ。(08法政大)

  ①　市町村と都道府県の間に，広域生活圏ないし郡を基本的な区域とする，新しい地方公共団体を創設する構想である。
  ②　いくつかの都道府県を合わせたブロックを基本的な区域とする，新しい広域の地方公共団体を創設する構想である。
  ③　現在，北海道を対象地域として，先導的に道州制を試行することが検討され，実施されつつあるところである。
  ④　道州制の導入にあたっては，それと併せて，国の中央省庁の主な地方出先機関(地方支分部局)の存続の是非について検討することが要請されている。
  ⑤　産業・経済，環境，社会資本整備などの行政分野において，国の事務・権限が大幅に道州に移譲されることが期待されている。

5 行政手続法はどのようなことを定めているか。その内容を30字程度で述べなさい。(08中央大改)

6 日本の行政改革に関する記述として正しいものを，次の①～④のうちから一つ選べ。(16追)
　① 行政活動の透明化のために，行政の許認可権が廃止される代わりに行政指導という政策手段が導入された。
　② 国家公務員の幹部人事を，人事院によって一元的に管理する仕組みが導入された。
　③ 行政の効率性を向上させることをめざして，独立行政法人制度とともに特殊法人制度が創設された。
　④ 政府内の政策の総合調整を行う権限をもつ機関として，内閣府が創設された。

7 日本の行政活動をめぐる法制度に関する次の記述a～cのうち，正しいものはどれか。当てはまる記述をすべて選び，その組合せとして最も適当なものを，次の①～⑦のうちから一つ選べ。(21追)
　a 行政手続法は，行政運営における公正の確保と透明性の向上を図ることを目的としている。
　b 情報公開法は，行政機関の非開示決定に対する不服申立てを審査するために，オンブズマン(行政監察官)制度を定めている。
　c 特定秘密保護法は，行政機関による個人情報の適切な取扱いを通じた国民のプライバシーの保護を目的としている。
　①a　　②b　　③c　　④aとb　　⑤aとc　　⑥bとc　　⑦aとbとc

8 政党に関連する記述として最も適当なものを，次の①～④のうちから一つ選べ。(11本)
　① 無党派層とは，政党の公認を受けた候補者には投票しない人々をいう。
　② 明治憲法下の一時期，政党内閣が登場し政権交代も行われた。
　③ 日本国憲法の思想・良心の自由の保障の下では，議院における議員の投票行動を政党が拘束することは法律で禁止されている。
　④ 第二次世界大戦後初の衆議院議員総選挙で，自由民主党の一党優位が成立した。

1　選挙と国民の政治参加

(1)選挙

国民の代表者を決定し，国民の意思を政治に反映する制度

①原則…【1】選挙・【2】選挙・【3】選挙・【4】選挙・自由選挙

②方法…単記制と連記制

(2)選挙区の種類と特徴

①【5】制：1選挙区から一人選出する

②大選挙区制：1選挙区から複数選出する（中選挙区制も含む）

③【6】制：各政党の得票数に応じて議席を配分→議席の配分は【7】で行われる

(3)日本の選挙権拡大の歴史

①制限選挙：1890年，直接国税【8】円以上の納税者で，25歳以上の男子のみ

②普通選挙：ア)1925年に25歳以上の全男子に選挙権

　　　　　　イ)1945年に20歳以上の男女に選挙権→【9】参政権獲得

　　　　　　ウ)2015年に18歳以上の男女に選挙権

(4)日本の選挙制度

①現行制度

　ア)衆議院：【10】制(【11】名簿式)

　イ)参議院：都道府県単位の選挙区(2016年から合区も実施)と【12】制(【13】名簿式)→2018年特定枠も導入

②公職選挙法(1950)

　ア)選挙運動における禁止事項

　　戸別訪問・公務員の選挙運動・署名運動・飲食物提供・連呼行為等

　　→「ネット選挙運動の解禁」(2013)となったが投票はできない

　イ)【14】制：選挙運動の責任者や秘書が悪質な選挙違反をして刑罰が確定

　　→当選しても無効となる

　ウ)期日前投票，不在者投票，在外投票などを規定

③【15】法(1948)：1994年の改正により企業・団体からの政治献金を大幅に制限。政治家への個人寄付禁止

④【16】法(1994)：国が政党に対し政党活動に関わる費用の一部を政党交付金として支給

(5)選挙に関する現状と問題点

①【17】の増加

②議員定数不均衡問題→【18】問題があるが，最高裁は違法と宣言したうえで請求を棄却する「事情判決の法理」を適用

2　世論と現代政治の課題

(1)【19】団体(利益集団)

団体利益実現のため，議会や政府，行政官庁等に影響力を行使する団体

…日本経団連・連合・農協中央会・日本医師会など

(2)【20】：ある問題に関して，多くの国民に共通して支持される意見

(3)【20】形成と【21】(マス-コミュニケーション)

①情報の大量伝達，娯楽サービス，意図的な宣伝…「【22】の権力」

②問題点…世論操作の危険(【23】効果)，商業主義

(4)【24】(アパシー)と政治への参加

　政治への参加…市民運動，住民運動

(5)【25】(非営利組織)の活動や市民ネットワークの構築

(6)【26】：情報を正しく読み取り，利用する力

●正誤問題メモ

① × イギリスにおいては第三党が存在する。

② ○

③ ○

④ × 日本国憲法の投票の秘密の規定に反する。

⑤ ○ 1996年の沖縄県の例がある。

⑥ × 1997年, 岐阜県御嵩町で実施され, 建設反対派が多数を占め, 建設中止につながった。

⑦ ○

⑧ ○ 2019年参議院選挙から比例代表制に, あらかじめ政党の決めた順位によって当選者が決定する「特定枠」の仕組みも実施された。

⑨ ○ 2013年の公職選挙法改正によって, 現在は一定条件のもとで実現している。

⑩ × 小党分立になる傾向がある。

⑪ ○

⑫ ○

⑬ ○

⑭ ○

⑮ × 構成員への利益分配は禁じられている。

⑯ × 経団連と日経連が統合され, 日本経済団体連合会(日本経団連)が結成された。

⑰ ○

⑱ ○

⑲ ○

⑳ × 無党派層とは, 特定の支持政党をもたない人々のことをさす。

㉑ × 政権の獲得をめざさない。政党との違い。

㉒ × 個人でなく政党への企業・団体からの献金は, 禁止されていない。

㉓ ○

正誤問題

① 多数者支配型の政治は, 二大政党を中心として政治が運営されるため, 第三党は存在しない。(05追)

② 1994年に行われた公職選挙法改正によって, 衆議院議員選挙制度として小選挙区比例代表並立制が導入された。(01本)

③ 1990年代の日本の選挙における投票率の動向について, 60代の有権者の投票率に比べて, 20代の有権者の投票率が低いという傾向がみられた。(00本)

④ 有権者が選挙に参加しやすくなるように投票制度を改める例として, 記名投票制度を導入することがある。(00本)

⑤ 市民運動の要求で米軍基地の整理・縮小に対する賛否を問う住民投票を実施した地方公共団体があり, その結果が国政へも影響を与えた。(10本)

⑥ 産業廃棄物処分場建設に対する賛否を問う住民投票を実施した地方公共団体があるが, 建設が中止された例はない。(10本)

⑦ 小選挙区制では少数派の意見が反映されない結果となりやすい。(06本)

⑧ 参議院議員選挙では, 選挙区制と非拘束名簿式比例代表制とが併用されている。(05追)

⑨ インターネットのホームページやブログを利用した選挙運動の解禁が議論されたが, 2010年7月の参議院議員選挙までには実現しなかった。(11追)

⑩ 比例代表制では政党中心の選挙となり二大政党制になりやすい。(01追)

⑪ 議員定数不均衡の問題は, 農村部の過疎化と都市部の過密化の問題と関係がある。(07学習院大)

⑫ 日本では, 非営利活動を行う団体に法人格を与えその活動の促進をめざす, NPO法(特定非営利活動促進法)が成立した。(08本)

⑬ 特定非営利活動法人(NPO法人)は, 国や地方自治体と協働して事業を行うことができる。(10本)

⑭ NPO法人は知事の指定を受けて, 介護保険法に基づく在宅介護サービスを提供することができる。(03本)

⑮ 構成員への利益分配を目的として, 慈善活動を促進しているNPO法人がある。(12本)

⑯ 全国的な規模の経営者団体として, 経済団体連合会と日本商工会議所が統一されて, 経済同友会が設立された。(03本)

⑰ 世論調査は十分な情報が提供されずに行われることがあるなど, 政策決定に際して世論調査に頼ることには問題点もある。(03本)

⑱ 世論調査では, 賛否を問う二者択一の調査の場合, 中立の立場の被験者が回答に困ることがある。(07京都産業大)

⑲ マス・メディアは, 世論調査などの結果をわかりやすく伝え人々を啓蒙する。(11東海大)

⑳ 無党派層とは, 政治に無関心な層や政治的知識の乏しい層のことを指している。(03本)

㉑ 圧力団体(利益集団)は, 特定の利益を実現するために, 自ら政権の獲得をめざす団体である。(08本)

㉒ 日本では, 政党への企業・団体献金は, 法律により禁止されている。(06本)

㉓ 小選挙区制では, 少数派の意見が反映されない結果となりやすい。(06本)

1 両院の選挙制度の現状についての記述として正しいものを，次の①〜④のうちから一つ選べ。(11本)
 ① 衆議院の選挙区選挙では，都道府県単位の選挙区ごとに1名以上の議員を選出する。
 ② 衆議院の比例代表選挙は，政党名または候補者名のいずれかを記して投票する方式である。
 ③ 参議院の選挙区選挙では，比例代表選挙の名簿登載者も立候補できる。
 ④ 参議院の比例代表選挙は，全国を一つの単位として投票する方式である。

2 選挙に関連して，日本の選挙制度に関する次の文章を読んで，下の(1)・(2)に答えよ。(21追)
　　現在，衆議院の選挙制度は，小選挙区とブロック単位の比例区とを組み合わせた小選挙区比例代表並立制を採用し，465人定数のうち，小選挙区で289人，比例区で176人を選出することとなっている。いま，この選挙制度を変更するとして，小選挙区比例代表並立制と定数を維持した上で，次の二つの変更案のどちらかを選択することとする。なお，この変更により有権者の投票行動は変わらないものとする。
　　　変更案 a : 小選挙区の議席数の割合を高める。
　　　変更案 b : 比例区の議席数の割合を高める。

(1) まず，あなたが支持する変更案を選び，変更案 a を選択する場合には①，変更案 b を選択する場合には②のいずれかをマークせよ。なお(1)で①・②のいずれを選んでも，(2)の問いについては，それぞれに対応する適当な選択肢がある。

(2) (1)で選択した変更案が適切だと考えられる根拠について，選挙制度の特徴から述べた文として適当なものを次の記述ア〜エのうちから二つ選び，その組合せとして最も適当なものを，下の①〜⑥のうちから一つ選べ。
 ア この変更案の方が，多様な民意が議席に反映されやすくなるから。
 イ この変更案の方が，二大政党制を導き政権交代が円滑に行われやすくなるから。
 ウ もう一つの変更案だと，政党の乱立を招き政権が安定しにくくなるから。
 エ もう一つの変更案だと，少数政党が議席を得にくくなるから。

 ① アとイ　　② アとウ　　③ アとエ　　④ イとウ　　⑤ イとエ　　⑥ ウとエ

3 政治権力に対する監視にとっては，マスメディアや世論が重要である。マスメディアや世論についての記述として適当でないものを，次の①〜④のうちから一つ選べ。(09本)
 ① 世論調査の結果は，同じ事柄について尋ねたものであっても，マスメディア各社で同じであるとは限らない。
 ② マスメディアは，国民に多くの情報を提供する能力を有しており，世論形成に重要な役割を果たしている。
 ③ 世論調査の結果は，選挙における有権者の投票行動に影響を与えることがある。
 ④ マスメディアは，これまで政治権力による報道の統制に従ったことはない。

4 国民の意見を国の政治に反映させる手段についての記述として適当でないものを，次の①〜④のうちから一つ選べ。(10本)
 ① 圧力団体(利益集団)とは，特定の利害関心に基づく意見を国の政治に反映させることを目的とする団体である。
 ② 世論調査結果についてマスメディアが行う報道は，調査の対象となった問題に対する意見を国の政治に反映させる機能をもつ。
 ③ 族議員とは，特定の政策分野に限定することなく，その議員を支持する者の意見を国の政治に反映させることを目的とする議員である。
 ④ 大衆運動は，国政選挙における特定の勢力の支援を目的としない場合でも，運動に参加した者の意見を国の政治に反映させる機能をもつ。

5 日本における現在の制度の記述として**誤っているもの**を，次の①～④のうちから一つ選べ。（19本）

① 衆議院議員選挙では，複数の小選挙区に立候補する重複立候補が認められている。

② 投票日に投票できないなどの事情がある有権者のために，期日前投票制度が導入されている。

③ 国が政党に対して，政党交付金による助成を行う仕組みがある。

④ 政治家個人に対する企業団体献金は，禁じられている。

6 選挙資金制度に関連する記述として**正しいもの**を，次の①～④のうちから一つ選べ。（11追）

① 政党の政治資金を公費で助成するため，一定の要件を満たした政党に，政党交付金が支給される。

② 政党による政治資金の収支の報告は，法律上の義務ではないので，これを怠っても処罰されない。

③ 政治家個人が企業や労働組合から政治献金を受け取ることは，政治資金規正法上認められている。

④ 選挙運動の責任者や出納責任者が買収などの罪を犯し刑に処されても，候補者の当選は無効にならない。

7 小選挙区制によって議員が選出される議会があり，その定員が5人であるとする。この議会の選挙で三つの政党A～Cが五つの選挙区ア～オでそれぞれ1人の候補者を立てたとき，各候補者の得票数は次の表のとおりであった。いま仮に，この得票数を用いて，五つの選挙区を合併して，各政党の候補者が獲得した票を合計し，獲得した票数の比率に応じて五つの議席をA～Cの政党に配分する場合を考える。その場合に選挙結果がどのように変化するかについての記述として**誤っているもの**を，下の①～④のうちから一つ選べ。（14本）

選挙区	得票数			計
	A	B	C	
ア	45	35	20	100
イ	35	50	15	100
ウ	45	40	15	100
エ	50	15	35	100
オ	25	60	15	100
計	200	200	100	500

① 過半数の議席を獲得する政党はない。

② 議席を獲得できない政党はない。

③ B党の獲得議席数は増加する。

④ C党の獲得議席数は増加する。

8 選挙区制に関する説明として**誤っているもの**を以下の選択肢（ア）～（オ）から2つ選べ。（18早稲田大）

（ア）小選挙区制は，大選挙区制よりも，安定した政権や二大政党制を生み出しやすい。

（イ）小選挙区制は，大選挙区制よりも，死票が多くなりやすい。

（ウ）小選挙区制は，大選挙区制よりも，ゲリマンダーが行われにくい。

（エ）小選挙区制は，大選挙区制よりも，選挙費用が少なくすむ。

（オ）小選挙区制は，大選挙区制よりも，政党ごとに見た獲得議席率と得票率の開きが小さくなる。

9 小選挙区比例代表並立制では重複立候補が認められ，復活当選が可能となっている。ある選挙区における候補者Pの得票数が100,000票，候補者Qの得票数が75,000票であった（P，Qの他に候補者はいないものとする）。次の問に答えよ。（17中京大）

（1）複数の重複立候補者から復活当選者を決定する際の基準となる値を何というか。適切な語句を記せ。

（2）この場合の候補者Qの（1）の値を求め，記せ。

合格map

1 経済とは

有形の【1】・無形の【2】の生産・分配・流通・消費の活動

2 資本主義経済と社会主義経済の基本的特色

(1)資本主義経済：生産手段の【3】，利潤追求のための【4】・商品経済

(2)社会主義経済：生産手段の社会的所有，【5】

3 資本主義・社会主義の各段階の特徴

(1)初期資本主義

　①国王保護下で【6】政策→商業資本家，問屋制家内工業

　②【7】(土地囲い込み)，【8】(工場制手工業)

(2)産業資本主義←「【9】(安価な)政府」

　①自由放任主義(【10】)，利潤追求，【11】の自由←経済学者【12】の理論

　②【13】：国防と治安維持のみを行う国家

　③【14】→工場制機械工業→**資本家**と【15】の成立(階級の発生)

　④好況・後退・不況・回復という【16】の発生

(3)独占資本主義

　①資本の集積・集中

　　→カルテル・トラスト・【17】→独占資本

　②【18】制度により大企業出現

　③銀行資本が産業資本を制し，金融資本を形成

　④市場や原料を求め海外進出→植民地獲得競争→帝国主義戦争

　⑤恐慌・不況の深刻化→企業倒産→失業・貧困の拡大

(4)**混合経済(修正資本主義)**←「【19】政府」

　①1929年　【20】により，国家による経済介入←経済学者【21】の理論

　②1933年　F.ローズベルト大統領による【22】：NIRA(全国産業復興法)・TVA(テネシー川流域開発公社)・AAA(農業調整法)・ワグナー法

　　→【23】創出による【24】の実現を目指す

(5)**新自由主義**：経済学者【25】→マネタリズム：マネーストックの重視

　1980年代　【26】(英サッチャー元首相)・【27】(米レーガン元大統領)

(6)新自由主義批判…スティグリッツ『公共経済学』

(7)行動経済学…心理学と経済学を融合した経済学

※経済思想の流れ

重商主義	トマス＝マン　　　　　重農主義　ケネー
古典派経済学	アダム＝スミス『諸国民の富』，リカード◀▶歴史学派　リスト
近代経済学	ケインズ『雇用・利子および貨幣の一般理論』
現代の経済学	フリードマン『資本主義と自由』，トマ・ピケティ『21世紀の資本』

(8)社会主義から社会主義市場経済へ

　①空想的社会主義…【28】・サン＝シモン・フーリエら

　　→科学的社会主義…【29】・エンゲルス

　②市場経済の導入→ソ連：リーベルマン方式から

　　【30】(1985年就任)による，【31】(改革の意)＋グラスノスチ(情報公開)

　③【32】(中国)：政治は社会主義，経済は資本主義

　　→改革開放政策……＜経済特区＞の設置→「一帯一路」構想

　④ベトナムの【33】(刷新)政策

●正誤問題メモ

① ○

② × 自由貿易の重要性を主張した。

③ ○

④ × 自由放任主義を「夜警国家」と批判した。

⑤ × 「夜警国家」の考え方。行政国家は、行政機能が拡大した国家。

⑥ ○

⑦ × 「比較生産費説」による自由貿易はリカードの理論である。保護貿易はリストの理論である。

⑧ ○

⑨ × 共産（社会）主義は、貧富の差のない平等な社会の実現をめざすため、資本主義下のような階級は生じない。

⑩ ○

⑪ ○

⑫ × 1929年の世界恐慌では、計画経済が功を奏したが、1970年代には経済が停滞していた。

⑬ × 「ドイモイ政策」は、ベトナムにおける市場経済導入政策で、1990年代から経済成長が目立つようになった。鄧小平が実施したのは、「改革開放政策」である。

⑭ ○

⑮ ○

⑯ × ケインズは、経済活動に対する政府の積極介入により有効需要を創出することを主張した。

⑰ ○

⑱ ○

⑲ ○

⑳ ○

㉑ × 行動経済学は心理学と経済学を融合した経済学。

正誤問題

① 重商主義の時代には、国の富は輸出入の差額により増減するものと考えられ、輸入品に対する制限や関税が設けられた。(07追)

② アダム-スミスは『国富論』(『諸国民の富』)を著し、保護貿易の重要性を「見えざる手」の観点から主張した。(06追)

③ ロバート-オーウェン(オーエン)は、開明的な経営者として労働条件や労働者の生活の改善に努め、協同組合運動の先駆者となった。(02本)

④ 「夜警国家」の名付け親であるラッサールは、自由放任主義の考え方に立つ「小さな政府」を、肯定的に評価した。(07追)

⑤ 行政国家では、国家機能は、社会秩序の維持や外敵からの防衛に限定されていた。(05本)

⑥ マルクスは『資本論』のなかで、剰余価値率は、資本による労働力の、あるいは、資本家による労働者の、搾取度の正確な表現であると説いた。(11本)

⑦ マルクスはその著書で、比較生産費説を理論化して、自由貿易の利益を主張した。(06追)

⑧ 社会主義経済では、生産手段は、私有が否定されて、社会的所有となる。(99本)

⑨ 資本主義社会のみならず、共産主義社会においても階級闘争が続く。(99本)

⑩ 社会主義体制は、貧富の差を解消することで、平等な社会の実現をめざした。(98本)

⑪ 東欧諸国の社会主義体制は、計画経済の下で生産効率が上がらず、経済成長が進まなかった。(98本)

⑫ 1970年代のソ連では、景気変動を統制するための計画経済が功を奏して、二度の石油危機にもかかわらず、それ以前と同様の経済成長を続けた。(06本)

⑬ 鄧小平により1978年からドイモイ政策が実施されたことにより中国経済が発展した。

⑭ 1990年代の中国では、市場経済を導入する社会主義市場経済が推進され、先進国首脳会議参加諸国をしのぐ経済成長を遂げた。(06本)

⑮ ケインズは『雇用・利子および貨幣の一般理論』のなかで、われわれの生活している社会経済の顕著な欠陥は、完全雇用を提供することができないことと、富および所得の恣意にして不公平な分配であると説いた。(11本改)

⑯ ケインズはその著書で、重商主義の政策を批判して、自由貿易こそが国富を増大する政策であると主張した。(06追)

⑰ ガルブレイスは、大企業体制を批判し、社会が豊かになるにつれて、欲望は生産に依存するようになるという「依存効果」を主張した。(07追)

⑱ 第二次世界大戦後の先進資本主義国では、政府は、完全雇用の実現や社会保障制度の拡充を行うべきだとする考え方が広まった。(07追)

⑲ 1980年代のイギリスやアメリカでは、政府は、経済過程への介入を少なくしていくべきだとする考え方が広まった。(07追)

⑳ 市場メカニズムのはたらきに強い信頼をおくフリードマンは、ケインズ政策を批判し、政府は安定的な通貨供給を行うべきだとした。(07追)

㉑ 行動経済学は生命科学と経済学を融合した経済学で、人々の経済行動や経済現象をリアルに分析する学問である。

演習問題

1 産業革命に関連する記述として最も適当なものを，次の①～④のうちから一つ選べ。(11本)

① 新しい生産方式が導入され，それまで生産の重要な担い手であった児童や女性が大量に解雇された。

② 雇用の機会から排除された農民たちは不満を募らせ，機械打ちこわし運動(ラッダイト運動)を展開した。

③ 労働者階級が形成され，やがて労働者たちは政治意識を高めチャーティスト運動のように制限選挙に反対するようになった。

④ 工場での手工業生産は，問屋制に基づく家内での手工業生産に取って代わられた。

2 アダム・スミスの代表的著作は『国富論(諸国民の富)』である。次の①～④は，この著作とリストの『経済学の国民的体系』，マルクスの『資本論』，ケインズの『雇用・利子および貨幣の一般理論』からの抜粋である(一部書き改め，省略したところがある)。『国富論』に該当するものを，次の①～④のうちから一つ選べ。(11本)

① 主権者が注意を払うべき義務は三つしかない。防衛の義務，司法制度を確立する義務，公共事業を行い公共機関を設立し維持する義務である。

② われわれの生活している社会経済の顕著な欠陥は，完全雇用を提供することができないことと，富および所得の恣意にして不公平な分配である。

③ 文化の点で大いに進んだ二国民の間では，両者にとって自由競争は，この両者がほぼ同じ工業的発達の状態にあるときにしか有益に作用しない。

④ 剰余価値率は，資本による労働力の，あるいは，資本家による労働者の，搾取度の正確な表現である。

3 資本主義経済に関連する記述として最も適当なものを，次の①～④のうちから一つ選べ。(10本)

① リカードは，雇用を創出するためには，民間企業の自発的な創意工夫に基づいた技術革新が必要であると強調した。

② 有効需要政策とは，政府が積極的に経済に介入し，総需要を創出して景気回復を図る政策である。

③ リストは，経済を発展させるためには，規制を緩和して市場での自由な取引に任せることが必要であると強調した。

④ ニューディール政策とは，1930年代の不況期に，アメリカで導入された金利自由化を基本とする金融政策である。

4 ケインズの主張として最も適当なものを，次の①～④の中から1つ選びなさい。(18日大)

① 不況期には，購買力の裏付けのある需要を創出するために，政府が積極的な公共投資を行うべきである。

② 食料の生産は，人口のようには増加しないので，貧困を回避するためには，人口の抑制に努めなければならない。

③ イノベーションは，従来の生産のあり方を破壊し新たな創造をもたらすものであり，これが資本主義発展の原動力となる。

④ 政府に求められることは，いたずらに景気対策を行うことではなく，通貨量を一定のルールに基づいて増加させることである。

5 産業の発展に関連して，産業構造の変化を説明する記述として適当でないものを，次の①～④のうちから一つ選べ。(06本)

① 有利な経済取引を行うために，企業が臨海工業地帯や，国際金融センターのある大都市に移転することを，産業構造の高度化という。

② 経済発展に伴い，就業人口の比率が第一次産業から第二次産業へ，次いで第三次産業へ移っていくことを，ペティ・クラークの法則という。

③ 経済全体において，知識・情報・サービス型の産業の比重が高まることを，経済のサービス化という。

④ 情報化の進展に加え，知識集約型製品の生産や研究開発部門の比重が高まることを，経済のソフト化という。

6 「小さな政府」をめざす政策についての記述として誤っているものを，次の①～④から一つ選べ。（11本）

① イギリスのサッチャー政権やアメリカのレーガン政権が，この政策を採用した。

② この政策を採用する各国は，個人や企業の自助努力を重視した。

③ 日本では，日本国有鉄道，日本電信電話公社，日本専売公社の独立行政法人化が行われた。

④ 日本では，特殊法人の統廃合が行われた。

7 資本主義経済の特徴として正しいものを，次の①～④から一つ選べ。（11日本大改）

① モノカルチャー経済　グラント・エレメント　　② 計画経済　株式会社制度

③ 重商主義　ブロック経済　　　　　　　　　　④ 私有財産制度　経済活動の自由

8 「資本主義は，19世紀イギリスで確立した」に関連する記述として正しいものを，次の①～④の中から一つ選べ。（11日本大改）

① 19世紀初頭の資本主義は，独占資本主義とも呼ばれる。

② 19世紀末には，競争に勝った少数の大企業が巨大化し，エンクロージャーを強硬に推し進めた。

③ 産業資本が急速に蓄積され，19世紀半ばに生産力が飛躍的に増大した。

④ 19世紀初頭には，少数の企業間でトラストが形成されるようになった。

9 社会主義思想を展開した代表的論者と主著の組合せとして最も不適切なものを下記の選択肢から一つ選べ。（11明治大改）

① トマス・モア『すばらしい新世界』　　② マルクス『資本論』

③ オーウェン『新社会観』　　　　　　　④ エンゲルス『空想より科学へ』

10 産業革命に関する記述として最も適切なものを，下の①～④の中から1つ選びなさい。（18青山学院大）

① 18世紀末にはフランス，アメリカさらにドイツへと波及し，19世紀前半にはロシアや日本などでも始まった。

② 新技術の導入により職を奪われた非熟練労働者たちの不満は，機械打ちこわし運動（ラッダイト運動）の勃発につながった。

③ 生産手段の所有者としての資本家階級と労働力を商品とする労働者階級の分化が決定的となった。

④ 従来の問屋制家内工業が工場制手工業に取ってかわられた。

11 世界の経済体制に影響を及ぼした人物A，Bとその人物の著書ア～ウとの組合せとして正しいものを，下の①～⑥のうちから一つ選べ。（19追）

A フリードマン　　B マルクス

ア 『資本論』　　イ 『経済表』　　ウ 『選択の自由』

① A－ア　B－イ　　② A－ア　B－ウ　　③ A－イ　B－ア

④ A－イ　B－ウ　　⑤ A－ウ　B－ア　　⑥ A－ウ　B－イ

12 アダム・スミスに関する記述として最も適当なものを，次の①～④のうちから一つ選べ。（20本）

① 国内に富を蓄積するため保護貿易政策を行うことの必要性を説いた。

② 『経済学および課税の原理』を著し，貿易の自由化を重視した。

③ 財政政策や金融政策によって完全雇用が達成されることを説いた。

④ 『国富論（諸国民の富）』を著し，市場の調整機能を重視した。

13 同種産業部門の複数の企業が，競争を排除して市場の支配力を高めるために，合併や吸収によって一つの企業体になる独占の形態を示す用語はどれか。正しいものを，次の①～④のうちから一つ選べ。（20追）

① カルテル　　② トラスト　　③ コンツェルン　　④ コングロマリット

1 3つの経済主体

①家計：企業へ【1】・資本提供，政府へ【2】納付・労働力提供

②企業：家計へ【3】・配当・財やサービス提供，政府へ【4】納付

③政府：家計へ【5】等の行政サービス提供，企業へ補助金支給

合格map

2 現代の企業

(1)企業：【6】を最大限にすることを目的に行動→【7】の蓄積

　　　　→【8】再生産を目指す

(2)株式の特徴

①不特定多数の個人や法人から巨額の【9】を調達することができる

②株主は所有株数分の【10】権をもち，企業業績に応じ【11】を受ける

③株主は，出資した金額の限度内に限定される【12】

④株式は【13】市場において自由に売買される

(3)株式会社のしくみと特徴

① 　　【14】 　→　 　【15】 　←　 　【16】
　最高意思決定機関　　　業務執行機関　　　　　　　（選任／監査）

②【17】：資本の所有者と経営者が分離している状況

③1990年代以前は，株式の【18】による企業集団の形成が見られた

　　→以降は，金融機関を中心に株式の【18】を解消する動きが広がった

(4)現代企業の動向

①【19】：本社を母国に置き，多数の国に子会社をもつ世界的企業

②【20】：合併と買収によって他企業を支配すること

　　　　　　→コングロマリット：異業種の企業を合併して巨大化

③【21】(CSR)：利潤追求以外に社会に果たすべき役割

・環境保全・【22】(情報開示)・【23】(文化支援)・【24】(慈善事業)などの中心に【25】
(法令遵守)

　　……アカウンタビリティ(説明責任)やトレーサビリティ(食品等の生産・流通
　　履歴)

④【26】：企業統治…社外取締役や社外監査役など，社外の管理者による経営監視

⑤株主代表訴訟：株主による経営責任追及や損害賠償請求

3 会社法(2005年制定，2006年施行)のポイント

(1)【27】の新設禁止

(2)【28】の新設：全員が有限責任社員で構成…株主総会を必要とせず

(3)株式会社の最低資本金額の撤廃→【29】での起業が可能となった

4 独占禁止政策の変化

(1)私的独占の禁止及び公正取引の確保に関する法律

①公正取引委員会……Chapter18へ

②【30】の禁止：事業活動を営まず，複数の会社の株式を保有し，支配

③不況カルテルと合理化カルテル…1953年改正で承認，1999年に禁止

(2)独占禁止法改正(1997年)

④【30】の解禁……ホールディング・カンパニーの成立

●正誤問題メモ

① ○

② × 好況期は，家計の可処分所得が増加するため，消費支出は増加。

③ × エンゲル係数のこと。所得が少ないほど，エンゲル係数が上昇。

④ × レジャーや教育への支出も消費支出。

⑤ ○

⑥ ○

⑦ ○

⑧ × グローバル化により安価な外国製品との競争が激化している。

⑨ ○

⑩ ○

⑪ ○

⑫ ○

⑬ × 企業は利益があった場合に，株主へ配当を支払う。

⑭ ○

⑮ ○

⑯ × 株主へは配当，労働者へは報酬。

⑰ × 売上高が日本のGDPを上回る企業は存在しない。

⑱ × 有限会社の新設が禁止され，合同会社が新設された。

⑲ × 資本金額が引き下げられ，資本金1円での起業が可能となった。

⑳ ○

㉑ ○

㉒ ○ フリーライダーのこと。

㉓ × 株主などが，企業経営に対してチェック機能を果たすことである。

正誤問題

① 家計は，企業や政府に労働力を供給するとともに，その対価として受け取る賃金所得で消費財を購入し，消費生活を営んでいる。(04本)

② 好況期には家計の貯蓄が増えるため，国全体の消費支出は減少する傾向がある。(06本)

③ 家計は，所得が多いほど，消費支出に占める食料費の割合は上昇する傾向がある。(06本)

④ 家計のレジャーや教育などへの支出が増えると，消費財への支出割合が小さくなるので，消費支出は減少する傾向がある。(06本)

⑤ 家計が保有している株式や土地などの価格が上がると，資産効果が働いて，消費支出は増加する傾向がある。(06本)

⑥ 日本の家計は，今日，金融資産のうちで，株式・債券よりも現金・預金を多く保有している。(04本)

⑦ 企業は，労働力や生産手段や資金を調達するとともに，さまざまな財やサービスを提供・販売し，利潤を獲得している。(04本)

⑧ 日本の企業は，今日，グローバリゼーションの進展に伴って，価格競争を重視しなくなっている。(04本)

⑨ 企業は，政府に租税を支払い，家計から財・サービスの代金を受け取る。(09追)

⑩ 企業は，労働力と原材料・機械を用い，財・サービスを生産する。(09追)

⑪ 株式会社は，多額の資金を集めて大規模な事業を営むのに適している。(09追)

⑫ 株式会社は，会社の規模が大きくなると所有と経営の分離が生じやすい。(09追)

⑬ 株式を発行して資金調達した企業は，その経営状態にかかわりなく，発行時に決めた金利を株主に払い続けなければならない。(02本)

⑭ 社債を発行して資金調達した企業は，株式の発行による場合とは異なり，期限が到来すれば社債の償還をしなければならない。(02本)

⑮ 株式会社は，会社が倒産した場合，株式が無価値になることもあるが，会社の負債を株主が返済する義務はない。(09追)

⑯ 株式会社は，会社の活動によって生じた利潤は，そこから株主に報酬を支払った残額が，配当として会社の従業員に分配される。(09追)

⑰ 多国籍企業の中には，その売上高が日本のGDPを上回る企業がみられるようになった。(15本)

⑱ 2006年の会社法により，有限会社はすべて合同会社に移行することとなった。

⑲ 2006年の会社法により，会社設立時の資本金の額が1000万円以上に引き上げられた。

⑳ 企業の社会的責任（CSR）とは，社会貢献・環境対策・経済活動・株主利益などの分野で構成され，その中心に法令遵守がある。

㉑ 政府は，租税を徴収し，公共サービス提供のため支出を行う。(09追)

㉒ 政府が供給する公共財は，料金を払わないで利用する者を排除するのが難しい。(02本)

㉓ コーポレート・ガバナンス（企業統治）とは，企業が，自らの市場支配力を強めることを通じて，プライス・リーダーになることをいう。(08本)

演習問題

1 経済主体に関連して，次の図は，三つの経済主体による国民経済の循環を表している。Xには政府あるいは家計のいずれか一方が，Yには他の一方が入るものとする。図中の矢印A〜Cとその内容ア〜ウとの組合せとして正しいものを，下の①〜⑥のうちから一つ選べ。(10本)

ア　賃金，地代，配当，利子

イ　賃金，社会保障給付，サービス

ウ　補助金，財・サービス代金

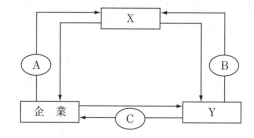

① A−ア　B−イ　C−ウ　　② A−ア　B−ウ　C−イ

③ A−イ　B−ア　C−ウ　　④ A−イ　B−ウ　C−ア

⑤ A−ウ　B−ア　C−イ　　⑥ A−ウ　B−イ　C−ア

2 企業や家計についての記述として最も適当なものを，次の①〜④のうちから一つ選べ。(16本)

① 家計は，他の条件が一定である場合，その保有する資産の価格が上昇すると消費額を増やす傾向にある。

② 企業は，他の条件が一定である場合，銀行の貸出金利が低下すると設備投資を減少させる傾向にある。

③ 日本の家計を全体でみると，消費支出のうち食料費よりも保健医療費の方が多い。

④ 日本の従業者を全体でみると，中小企業で働く人数よりも大企業で働く人数の方が多い。

3 会社法は，2005年に制定された法律である。この法律の内容についての記述として正しいものを，次の①〜④のうちから一つ選べ。(10本)

① 有限責任社員を出資者として合名会社を設立できる。

② 1000万円以上の資本金がないと株式会社を設立できない。

③ 合資会社という新しい種類の会社を設立できる。

④ 有限会社を新たに設立できない。

4 コンプライアンス(法令遵守)を企業に促すことを目的とする行為の例として適当でないものを，次の①〜④のうちから一つ選べ。(08本)

① 消費者が，社会的に問題を起こした企業の商品に対して不買運動を起こす。

② 政府が，社会的に問題を起こした企業に対して一定の指導・勧告を行う。

③ 地方自治体が，環境に配慮した企業に補助金や奨励金を給付する。

④ 投資家が，慈善事業への寄付を行う企業に対して寄付の中止を求める。

5 小さな政府への転換をめざす動きに沿った政策の例として最も適当なものを，次の①〜④のうちから一つ選べ。(08追)

① 証券業への参入規制を強化する。

② 国民所得に対する税収の割合を高める。

③ 通貨供給量の弾力的な調整により有効需要の管理を強化する。

④ 公的サービスの民間企業への委託を拡大する。

6 次の文章を読み，下記の設問に答えよ。(12北海学園大改)

　大企業の多くは，株式会社という企業形態をとっており，　1　によって，株主の支配に属さない自律性をもつところから，これを　2　という。本来，株式会社は，個人中心の株主主権の原則によって運営されている。しかし，日本では，銀行や関連会社などの　3　が多く，　4　が高く，経営内容の不透明な企業が多いという問題があった。そのため，近年では，企業業績の透明性を確保するために，　A　が強く求められるようになった。さらに，経営者が株主の利益に反する行動をとらないように経営者を監視する　5　の実現を求める声も高まりつつある。

　ところで，現代の企業は，社会に対して大きな影響力をもっている。したがって，社会に対する責任も大きい。このような責任を(1)企業の社会的責任という。バブル経済期には，雇用の促進や技術革新によって地域経済や経済社会の発展に貢献することだけでなく，福祉などへの慈善活動＝　B　や芸術・文化への支援活動＝　C　も企業の社会的責任の範疇に含められるようになった。さらに，近年では環境保全に注意を払うことや法令・社会的規範

の遵守＝ D も企業の社会的責任として重視されるようになっている。

問1　文中の空欄 1 ～ 5 に入る最も適切な語句を，以下の選択肢ア～トの中からそれぞれ一つ選び，記号で答えよ。

ア　営利企業　　　　　イ　株式の相互持ち合い比率　　　ウ　個人株主
エ　法人資本主義　　　オ　取締役会　　　　　カ　持株会社　　　キ　株主総会
ク　所有と経営の分離　ケ　産業資本主義　　コ　無限責任制　　サ　コーポレート・ガバナンス
シ　独立性　　　　　　ス　出資　　　　　　セ　法人株主　　　ソ　サスティナビリティ
タ　株主集団　　チ　リストラクチャリング　　ツ　独占禁止法　　テ　株主資本主義　　ト　会社法

問2　文中の空欄 A ～ D に入る最も適切な語句を，カタカナで答えよ。

問3　下線部(1)に関連して，企業の社会的責任を表すアルファベット3文字の略語を答えよ。

7　企業の経営や生産活動についての記述として正しいものを，次の①～④のうちから一つ選べ。（16追）
　①　金融機関からの借入れが増えると，自己資本額は増大する。
　②　利潤のうち株主への分配が増えると，内部留保は増大する。
　③　関連産業が同じ地域に多数立地することで得られる正の経済効果を，集積の利益という。
　④　経営者に代わり株主が経営を行うようになることを，所有と経営の分離という。

8　企業の資金調達についての記述として正しいものを，次の①～④のうちから一つ選べ。（06本）
　①　同じ企業集団に属するメインバンクからの借入れによる資金調達は，直接金融である。
　②　証券会社を通して家計が購入した新規発行株式による資金調達は，間接金融である。
　③　利益の社内留保によって調達された資金は，自己資本である。
　④　株式発行によって調達された資金は，他人資本である。

9　企業についての記述として正しいものを，次の①～④のうちから一つ選べ。（17本）
　①　日本の会社法に基づいて設立できる企業に，有限会社がある。
　②　企業の経営者による株主の監視を，コーポレート・ガバナンスという。
　③　日本の中央銀行である日本銀行は，政府全額出資の企業である。
　④　企業による芸術や文化への支援活動を，メセナという。

10　日本の会社企業に関する次の記述A～Cのうち，正しいものはどれか。当てはまる記述をすべて選び，その組合せとして最も適当なものを，下の①～⑦のうちから一つ選べ。（19本）
　A　会社設立時の出資者がすべて有限責任社員である会社は，株式会社という。
　B　会社設立時の出資者がすべて無限責任社員である会社は，合名会社という。
　C　会社設立時の出資者が有限責任社員と無限責任社員である会社は，合同会社という。
　①　A　　②　B　　③　C　　④　AとB　　⑤　AとC　　⑥　BとC　　⑦　AとBとC

11　代表的な経済主体である家計，企業，政府に関して，次の説明A～Cのうち，正しいものはどれか。当てはまる説明をすべて選び，その組合せとして最も適当なものを，下の①～⑦のうちから一つ選べ。（19本）
　A　家計は，保有する株や土地などの価格が上がると消費を増やす傾向があり，これは資産効果といわれる。
　B　企業は，生産が一定の地域で集中的に行われることにより生産および流通に必要な経費を節約できることがあり，これは集積の利益といわれる。
　C　政府は，必要な資金が不足する場合に公債を発行して中央銀行に直接引き受けてもらうことがあり，これは公債の市中消化といわれる。
　①　A　　②　B　　③　C　　④　AとB　　⑤　AとC　　⑥　BとC　　⑦　AとBとC

12　日本の株式会社に関する制度の記述として誤っているものを，次の①～④のうちから一つ選べ。（19追）
　①　株式会社の設立に必要な資本金は百万円以上と定められている。
　②　株式会社は社債の発行により資金を調達できる。
　③　株式会社は農業経営に参入できる。
　④　株式会社の経営と所有は分離可能である。

Chapter 15

市場経済のしくみ

合格map

1 価格機構

＊完全競争市場であることが前提

需要量＜供給量：【1】の発生→価格は【2】する

需要量＞供給量：【3】の発生→価格は【4】する

→価格変動により商品の需要と供給が調整される

…[需要の法則]…需要量は価格が上昇すれば減少，価格下落で増加する

…[供給の法則]…供給料は価格が上昇すれば増加，価格下落で減少する

…【5】→資源の適正配分が実現

→アダム＝スミス「(神の)見えざる手」

2 市場の失敗

(1)【6】：ある経済主体の活動が，他の経済主体に良い影響を与える

(2)【7】：公害がその典型例→**法規制が必要**　(例)公害対策基本法(1967)

(3)【8】が供給されにくくなる→**政府により供給されている**

(4)【9】・独占市場の形成：自由競争が行われない

→【10】(企業連合)・【11】(企業合同)・【12】(企業連携)→**法規制が必要**

(5)【13】：需要者と供給者間での情報格差

3 現代の市場

(1)企業同士が**市場占有率(シェア)**向上を目指して競った結果の寡占状態：【14】

(2)価格以外の面での競争：【15】→デザイン・広告・販売方法など

(3)【16】価格と【17】(価格先導制)

(4)【18】：書籍・新聞・CDなど…【19】の例外的取り扱い

4 完全競争市場実現のために

(1)法律による規制→【19】(1947)：不当取引(カルテル締結など)や不公正な取引(不当廉売など)の禁止

(2)【20】による監視：「独禁法の番人」

①一般行政機関からある程度独立した【21】の一つ

②【22】・審判など【23】権限を有する

(3)【19】の改正(1997年)→【24】の解禁

5 インフレとデフレ

(1)【25】：物価が持続的に上昇し通貨価値が下落する現象

→預金などの資産価値が下落する反面，借金などの債務負担は軽減される

①速度から【26】→ギャロッピング・インフレ→【27】と速くなる

②原因から【28】(需要量増加による)，【29】(生産コスト上昇による)，財政インフレ，輸出インフレ，信用インフレ，輸入インフレ，賃金インフレなどがある

(2)【30】：物価が持続的に下落し通貨価値が上昇する現象

→預金などの資産価値が上昇する反面，借金などの債務負担は重くなる

【31】：企業利潤減→賃金抑制・解雇→需要減少→利潤減

(3)【32】：不況と物価上昇の同時進行←1973年の第一次石油危機後にみられる

●正誤問題メモ

① × 需要量が供給量を上回る場合は価格が上昇。

② ○

③ ○

④ ○

⑤ × 求職者数が供給量で，雇用量は需要量。

⑥ ○

⑦ ○

⑧ ○

⑨ × 寡占状態となり，価格機構が機能せず，非効率な資源配分となる。

⑩ ○

⑪ × 公正取引委員会は，独占禁止法を運用することを目的に設置された行政委員会である。違反行為の差し止めなど準司法的権限をもつが，取引価格を決めることはない。

⑫ × 合併や吸収によって一つの企業体になる独占の形態はトラスト。

⑬ ○

⑭ ○

⑮ ○

⑯ × プライス・リーダーの価格に他社が追随して形成される価格のこと。

⑰ × 価格競争の一例。

⑱ ○

⑲ × ⑪の解説参照。

⑳ × 内閣からは独立した行政委員会であり，長は大臣ではなく委員長である。

㉑ × 1997年の改正で解禁された。

㉒ × デフレスパイラルとは，デフレーションがさらに不況を悪化させる状況。

㉓ ○

① 完全競争市場では価格の自動調節機能に従い，財の需要量が供給量を，上回る場合は価格が下落し，下回る場合は価格が上昇する。（13本）

② 公正取引委員会は，価格カルテルの破棄勧告とその後の審査・審判を行うことができる。（04本）

③ 多数の売り手と買い手が自由競争を行っている市場では，一般に，供給が需要を超過すれば価格は低下する。（99追）

④ ある財に対して，代替品として利用できる製品の価格が上昇すると，右下がりの需要曲線が右方向へ移動する。（01追）

⑤ 労働市場では，求職者数が需要量であり求人数が供給量である。（17本）

⑥ 企業が，独占や寡占によって，自らに有利な管理価格を形成するのも市場の失敗の一例である。（97本）

⑦ 周囲の反対運動にもかかわらずショッピングモールが建設され，自然豊かな里山が失われたのは，市場の失敗の一例である。（18追改）

⑧ ある工場が有害な産業廃水を川に流し，下流の住民に健康被害が生じたことは，「市場の失敗」の一例である。（11本改）

⑨ 少数の大企業が市場を支配すると，一般に，その市場での競争が激化し，資源配分がより効率的になる。（99追）

⑩ 独占市場における商品の価格は，仮にその市場が競争的な市場であればつくであろう価格よりも，一般に高い。（99追）

⑪ 寡占市場では価格競争が行われにくく弊害が生じやすいので，独占禁止法に基づき公正取引委員会が公正な取引価格を決めている。（01追）

⑫ 同種産業部門の複数の企業が，競争を排除して市場の支配力を高めるために，合併や吸収によって一つの企業体になる独占の形態は，コンツェルンである。（20追改）

⑬ 価格の下方硬直性とは，生産技術の向上などで生産コストが低下しても，価格が下方に変化しにくくなることである。（15本）

⑭ 寡占市場は，プライス・リーダー（価格先導者）が登場しやすい特徴がある。（10本改）

⑮ 公共財は，非競合性と非排除性を有しているが，他の人々の消費を減らすことなく複数の人々が同時に消費できるのは，非競合性を有しているからである。（16本改）

⑯ 管理価格とは，プライス・リーダーの価格引き上げに対抗して，競争他社が据え置く価格のことである。（95本）

⑰ 銀行が，他の銀行より先に貸出利率を下げるのは，「非価格競争」の一例である。（10追改）

⑱ 中古車販売業者が，故障車であることを説明せずに，消費者にその車を不当に高く購入させることは「情報の非対称性」の一例である。（10追改）

⑲ 公正取引委員会は，準司法的権限を有していない。（10追）

⑳ 公正取引委員会は，大臣を長とする合議体で意思決定を行う行政機関である。（10追）

㉑ 独占禁止法は，「持株会社」を認めていない。（10追）

㉒ デフレスパイラルとは，デフレーションと好況とが相互に作用して進行する現象のことである。（17本）

㉓ 養蜂家が開業したので，近隣のリンゴ園の収穫が増加したのは，外部経済の例である。（12追）

1　労働力移動の自由化が実現していない産業のX国内とY国内の労働市場について考える。次の図のD_X, D_YとS_X, S_Yは，各国内の需要曲線と供給曲線である。この産業の生産物は両国で貿易ができないものとする。他の条件は一定として，この産業だけで二国間の労働移動が自由化された場合，新たな均衡点の組合せとして最も適当なものを，下の①〜④のうちから一つ選べ。（11本）

	X国	Y国
①	A	C
②	A	D
③	B	C
④	B	D

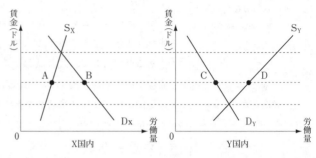

2　次の図は，ある製品の価格と取引量との関係を表したものである。図中において，当初におけるこの製品の供給曲線をS，需要曲線をDで示している。供給曲線は変化しないという条件の下で，この製品の人気が上昇したとき，需要曲線は図中のD′またはD″のどちらにシフトし，この製品の人気上昇に伴う取引量の変化分（差分）はどのようになるか。この製品の人気上昇後の需要曲線と，製品の人気上昇に伴う取引量の変化分との組合せとして最も適当なものを，下の表の①〜⑥のうちから一つ選べ。（19本）

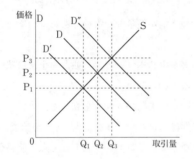

	製品の人気上昇後の需要曲線	製品の人気上昇に伴う取引量の変化分
①	D′	$Q_2 - Q_1$
②	D′	$Q_3 - Q_1$
③	D′	$Q_3 - Q_2$
④	D″	$Q_2 - Q_1$
⑤	D″	$Q_3 - Q_1$
⑥	D″	$Q_3 - Q_2$

3　外部不経済の例として最も適当なものを，次の①〜④のうちから一つ選べ。（19本）

①　猛暑が続き，飲料メーカーの売上げが上昇した。

②　ある企業の財務情報の不正が発覚し，その企業の株価が下落した。

③　新しい駅の建設によって駅周辺の環境整備が進み，不動産価格が上昇し，不動産所有者の資産の価値が増加した。

④　大規模娯楽施設の建設によって交通量が増え，近隣住民は住宅の防音対策をしなければならなくなった。

4　市場メカニズムが適切に働かないと考えられる場合の例A〜Cと，それらに対応するための政府の施策の例ア〜ウの組合せとして最も適当なものを，下の①〜⑥のうちから一つ選べ。（09本）

A　市場が寡占状態にある場合　　　　　ア　生産の制限

B　財の生産に外部不経済が伴う場合　　イ　政府による供給

C　財が公共財の性質をもつ場合　　　　ウ　新規参入の促進

①　A－ア　B－イ　C－ウ　　　②　A－ア　B－ウ　C－イ

③　A－イ　B－ア　C－ウ　　　④　A－イ　B－ウ　C－ア

⑤　A－ウ　B－ア　C－イ　　　⑥　A－ウ　B－イ　C－ア

5 政府の役割として公共財の供給がある。公共財に特有の性質についての記述として最も適当なものを，次の①〜④のうちから一つ選べ。(02本)

① 料金を払わないで利用する者を排除するのが難しい。

② 一部の人が消費すると他の人々が利用できなくなる。

③ 好況期に消費が増大し，不況期に消費が減少する。

④ 高所得者は多く購入するが，低所得者はわずかしか購入しない。

6 寡占化が進展した市場についての記述として適当でないものを，次の①〜④のうちから一つ選べ。(05本)

① 価格競争よりも，デザインや宣伝などの非価格競争が重視されるようになることがある。

② 技術の進歩や生産の合理化などによって生産費が下落しても，価格が下がりにくくなる。

③ 企業の市場占有率(マーケット・シェア)が流動的で，市場占有率第一位の企業が頻繁に変わりやすくなる。

④ 有力な企業がプライス・リーダー(価格先導者)として価格を決定し，他の企業がそれに従うことがある。

7 市場の失敗の例として最も適当なものを，次の①〜④のうちから一つ選べ。(17追)

① アパレル業者が，正規品として販売できないB級品をアウトレットショップで安く販売した。

② スマートフォンなどの普及に伴い情報を簡単に取得できるようになったため，電子辞書の専用機器を製造する工場が閉鎖された。

③ 高級フルーツの人気が国外で高まり，その果物の作付面積が拡大して生産量と輸出量が増加した。

④ 周囲の反対運動にもかかわらずショッピングモールが建設され，自然豊かな里山が失われた。

8 次の図には，ある財の完全競争市場における当初の需要曲線と供給曲線とが表されている。いま，この市場において，均衡点がAからBに移動したとしよう。このような均衡点の変化を生じさせた要因として最も適当なものを，下の①〜④のうちから一つ選べ。(17本)

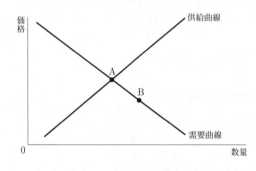

① この財を消費する消費者の所得が増加した。

② この財に対する消費者の人気が高まった。

③ この財にかけられる税が引き上げられた。

④ この財を生産する技術が向上した。

9 市場についての記述として最も適当なものを，次の①〜④のうちから一つ選べ。(17本)

① 完全競争市場では，需要者と供給者の間に情報の非対称性がある。

② 寡占市場では，単一の企業が製品やサービスの供給を行う。

③ 消費財市場では，贅沢品の需要の価格弾力性は生活必需品より大きい。

④ 労働市場では，求職者数が需要量であり求人数が供給量である。

合格map

1 通貨

①貨幣の機能：価値尺度，交換手段，支払手段，価値蓄蔵手段

②通貨＝現金通貨＋【1】〔当座預金・普通預金〕・準通貨〔定期性預金〕

2 金融

(1)調達方法　①【2】：| 供給者 |→| 需要者 |企業による社債や株式発行

②【3】：| 供給者 |→| 金融機関 |→| 需要者 |信用に対する融資

(2)通貨制度：第一次世界大戦前までの**金本位制度**から【4】制度へ

(3)金融機関：中央銀行(日銀)，政府系金融機関，民間金融機関(銀行，信用金庫，保険会社など)

(4)銀行の主な業務：【5】業務，貸出業務，為替業務，窓口業務(証券・保険分野)

(5)【6】：預金の一部を支払準備金で残し，それ以外の貸し出しを繰り返す

(6)金融市場：【7】金融市場(インターバンク市場など)，長期金融市場(証券市場など)

3 中央銀行

日本銀行(日本)・連邦準備銀行(FRB，米)・欧州中央銀行(ECB，EU)

(1)日本銀行の役割：唯一の【8】・政府の銀行・【9】の銀行

(2)【10】：マネー-ストックを調整し，景気と物価を安定させる政策

①【11】(オープン-マーケット-オペレーション)←現在の主要政策

不況期：【12】…| 日本銀行 |←（有価証券）| 市中銀行 |→金融緩和

好況期：【13】…| 日本銀行 |→（有価証券）| 市中銀行 |→金融引き締め

②預金(支払い)準備率操作や公定歩合(日銀では基準割引率および基準貸付利率)操作が行われた時期もあったが，後者は【14】により効果が失われた。2016年には，銀行が日銀に預けた預金に年0.1%の手数料が課せられる「**マイナス金利政策**」が実施された

③日銀の積極的な量的緩和政策として ETF(上場投資信託)の買い入れが行われている

④【15】金融政策：量的緩和政策，ゼロ金利政策，マイナス金利政策，異次元の金融緩和など

4 金融の自由化：規制緩和・日本版ビッグバン

「フリー・フェア・グローバル」【16】・【17】・外国為替←自由化

【18】：預金保険制度。加入金融機関が破綻した場合，預金保険機構が1金融機関につき預金者1人あたり預金元本1000万円とその利子を保証

5 今後の金融の課題

(1)金融技術の変化：フィンテック，【19】資産，クラウドファンディング

(2)金融不安への対応：さまざまな金融商品に対して正しい知識をもって，リスク管理を行っていく

● 正誤問題メモ

① ○
② ○　金融システムの安定を確保するため，金融機関に対し，預金等の払戻しや取引の実行等に必要な資金を供給する。
③ ×　現金通貨，預金通貨，定期預金などとCD（譲渡性預金）がマネー・ストック。
④ ○
⑤ ×　通貨供給量を増加させる必要があるため，買いオペレーションを行う。
⑥ ○
⑦ ×　市中銀行間で短期間に資金を融通しあう際の金利をコールレートという。
⑧ ×　信用創造額は，1億円×(1−0.05)÷0.05＝19億円。
⑨ ×　間接金融から直接金融へシフト傾向。
⑩ ○
⑪ ×　国際業務を行う銀行の自己資本比率を8%以上とした。
⑫ ○
⑬ ×　銀行・証券・保険業務の垣根が撤廃。
⑭ ×　定期預金から解禁。
⑮ ×　銀行からの融資は直接金融。
⑯ ×　証券投資などの直接投資への移行が進んでいる。
⑰ ×　量的緩和政策はオペレーションを通じて通貨供給量（マネタリーベース・現金通貨）を増加させる政策。
⑱ ○　日本版金融ビックバンの影響もあり，金利は自由化。
⑲ ×　不況やデフレを脱却して，物価を上げるためには金融緩和が行われる。
⑳ ×　金融緩和政策の結果として「マネーストック」は増加する。

正誤問題

① 日本銀行は「政府の銀行」として，政府が行う業務を代行して，国庫金の出納や国債に関する事務を行う。（20追）

② 日本銀行は「最後の貸し手」として，信用秩序の維持のために，資金繰りが困難な金融機関に資金供給を行う。（20追）

③ マネーストックとは，中央政府が保有する貨幣残高のことである。（17本）

④ 管理通貨制度の下では，通貨発行量は中央銀行の保有する金の量によって制限されない。

⑤ 日本銀行は，デフレーション対策として，国債の売りオペレーションを行う。（16本改）

⑥ 日本銀行は，2000年代の前半に，景気対策を目的として，ゼロ金利政策や量的緩和政策を行った。（12追）

⑦ コールレートとは，市中銀行が優良企業に無担保で貸出しをする際の金利である。（11追）

⑧ 最初の預金が1億円，支払準備率が5%で，銀行からの貸出しがすべて再預金される場合，50億円の信用創造ができる。（02本）

⑨ 民間企業の資金調達において高度経済成長期には直接金融の割合が高かったが，その後は間接金融の割合が増加傾向にある。（09本）

⑩ 1980年代後半以降の金融緩和によって増大した通貨供給量が，土地や株式などの資産の購入に向けられ，不良債権問題の原因となった。（05本改）

⑪ バブル崩壊をきっかけとして，銀行の自己資本比率に関する規制（BIS規制）は廃止された。（09本）

⑫ 日本の金融自由化・国際化により，アメリカを中心とする外国の銀行が日本へ進出するとともに，大手銀行どうしの合併など，金融業界の再編も進んだ。（05本）

⑬ 日本の金融自由化により，投資家による自由な資金運用の促進を目的として，銀行と証券の業務分野が二分化した。（05本）

⑭ 日本では，経営破綻した銀行への預金について元本1000万円およびその利子を限度として保証するペイオフが，まず普通預金から解禁された。（04本）

⑮ 銀行融資によって信金を調達する方法は，直接金融である。（21追）

⑯ 日本では，グローバル化をうけて直接金融から間接金融への移行が進んでいる。（17本）

⑰ 日本銀行の量的緩和政策は，金融政策の主たる誘導目標を政策金利として金融緩和を進めようとするものである。（19本）

⑱ 日本では，金融の自由化が進んだことにもこともあり，預金金利や貸出金利は自由化されている。

⑲ 経済の好循環を実現し，長期不況から脱却して，物価を引き上げるために金融引き締め政策を進める。（22追）

⑳ 「マネーストック」の減少傾向が継続し，その変化が金融政策によるものであった場合，金融緩和政策がとられていたと考えられる。（21第2）

演習問題

1 金融政策に関連する記述として最も適当なものを，次の①～④のうちから一つ選べ。(11本)

① 物価の安定は中央銀行の政策目標には含まれない。

② 銀行の自己資本比率に対する国際的な規制は存在しない。

③ 金利の自由化が進み，中央銀行の貸付利率の操作は政策としての効果を失っている。

④ 市場のグローバル化の影響を小さくするため，金融ビッグバンと呼ばれる金融規制の強化が行われている。

2 貨幣に関連する記述として正しいものを，次の①～④のうちから一つ選べ。(17本)

① 貨幣には，取引の仲立ちを行う価値貯蔵手段としての機能がある。

② マネーストックとは，中央政府が保有する貨幣残高のことである。

③ 管理通貨制度の下では，通貨発行量は中央銀行の保有する金の量によって制限されない。

④ 預金通貨は，財・サービスの対価の支払手段として用いられることはない。

3 日本の金融機関についての記述として最も適当なものを，次の①～④のうちから一つ選べ。(10本)

① 巨額の不良債権を抱え込んだ結果，1990年代の後半に破綻が相次いだ。

② ノンバンクは，預金を受け入れて融資を行っている。

③ 銀行は，コール市場において手形，国債，株式の売買を行っている。

④ バブル崩壊後，経営再建のために護送船団方式が採用された。

4 通貨制度についての記述として最も適当なものを，次の①～④のうちから一つ選べ。(11本)

① 金本位制の下では，中央銀行は金の保有量と無関係に銀行券を発行できた。

② 金本位制の下では，外国為替取引は市場の自由な取引に委ねられ，為替レートは大きく変動した。

③ 管理通貨制の下では，中央銀行は金の保有量と一定の比例関係を保ちつつ兌換銀行券を発行できる。

④ 管理通貨制の下では，景気調整のための経済政策の自由度が確保しやすくなる。

5 信用創造に関連して，次の表のように，銀行 A が，5,000万円の預金を受け入れ，支払準備率を10%として企業に貸し出すとする。さらにこの資金は，取引を経た後，銀行 B に預金される。銀行の支払準備率をすべて10%で一定とすると，この過程が次々と繰り返された場合，信用創造で作り出された銀行全体の貸出金の増加額として正しいものを，下の①～④のうちから一つ選べ。(05本)

銀　行	預　金	支払準備金	貸出金
A	5,000万円	500万円	4,500万円
B	4,500万円	450万円	4,050万円
C	4,050万円 ⋮	405万円 ⋮	3,645万円 ⋮

① 2億5,000万円　　② 3億5,000万円

③ 4億5,000万円　　④ 5億5,000万円

6 売買に用いられる貨幣は，価値尺度・交換手段・価値貯蔵手段・支払手段としての機能を果たす。これらの各機能に関係する文のうち，価値尺度機能に関する事例として最も適当なものを，次の①～④のうちから一つ選べ。(13本)

① 資産の一部を生鮮食料品で保持していた A さんは，腐敗による価値の目減りを恐れて，それを貨幣のかたちでもちたいと考えた。

② B さんは，C さんのサンマとの物々交換を望んだが，C さんに断られたため，まず自分のバナナを売って貨幣を手に入れることにした。

③ D さんは，後払いの約束で E さんからリンゴ10個を買い，後日，代金を E さんに渡して約束を果たした。

④ 綿布を製造している F さんは，製造費用や市況などを考慮して，綿布1メートル当たり100円の価格をつけた。

7 中央銀行が実施する政策や業務についての記述として正しいものを，次の①～④のうちから一つ選べ。(16本)

① デフレーション対策として，国債の売りオペレーションを行う。

② 自国通貨の為替レートを切り下げるために，外国為替市場で自国通貨の売り介入を行う。

③ 金融緩和政策として，政策金利を高めに誘導する。

④ 金融機関による企業への貸出しを増やすために，預金準備率を引き上げる。

8 国債保有高に関連して，生徒Xは，日本国債の保有者の構成比について関心をもった。そこでXは，2011年3月と2021年3月における日本国債の保有者構成比および保有高を調べ，次の図を作成した。図に示された構成比の変化に関する記述として最も適当なものを，後の①〜④のうちから一つ選べ。（23本）

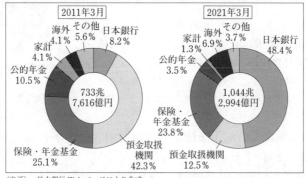

① 日本銀行の金融引締め政策を反映しており，日本銀行が日本政府の発行した国債を直接引き受けた結果である。

② 日本銀行の金融緩和政策を反映しており，日本銀行が民間金融機関から国債を購入した結果である。

③ 日本銀行の金融引締め政策を反映しており，日本銀行が民間金融機関に国債を売却した結果である。

④ 日本銀行の金融緩和政策を反映しており，日本銀行が日本政府の発行した国債を直接引き受けた結果である。

9 銀行融資に関連して，生徒たちは，次の図1と図2を用いて市中銀行の貸出業務を学習することになった。これらの図は，すべての市中銀行の資産，負債，純資産を一つにまとめた上で，貸出前と貸出後を比較したものである。これらの図から読みとれる内容を示した後のメモを踏まえて，市中銀行の貸出業務に関する記述として最も適当なものを，後の①〜④のうちから一つ選べ。（22本）

資産	負債・純資産
「すでにある貸出」85	「すでにある預金」90
日銀当座預金 15	資本金 10

図1　貸出前のバランスシート

資産	負債・純資産
「新規の貸出」20	「新規の預金」20
「すでにある貸出」85	「すでにある預金」90
日銀当座預金 15	資本金 10

図2　貸出後のバランスシート

（注）　バランスシートの左側には「資産」が，右側には「負債・純資産」が表され，「資産」と「負債・純資産」の金額は一致する。簡略化のため，市中銀行の資産は貸出および日銀当座預金，負債は預金，純資産は資本金のみとし，また貨幣単位は省略する。

メモ　個人や一般企業が銀行から借り入れると，市中銀行は「新規の貸出」に対応した「新規の預金」を設定し，借り手の預金が増加する。他方で，借り手が銀行に返済すると，市中銀行の貸出と借り手の預金が同時に減少する。

① 市中銀行は「すでにある預金」を個人や一般企業に貸し出すため，銀行貸出は市中銀行の資産を増加させ負債を減少させる。

② 市中銀行は「すでにある預金」を個人や一般企業に貸し出すため，銀行貸出は市中銀行の資産を減少させ負債を増加させる。

③ 市中銀行は「新規の預金」を創り出すことによって個人や一般企業に貸し出すので，銀行貸出は市中銀行の資産と負債を減少させる。

④ 市中銀行は「新規の預金」を創り出すことによって個人や一般企業に貸し出すので，銀行貸出は市中銀行の資産と負債を増加させる。

合格map

1　財政と予算

(1)財政機能：

①資源配分の調整：【1】や教育や医療などの公共サービスの提供

②所得の再分配：累進課税や【2】により所得格差を緩和する

③景気の安定化：政府の経済政策により景気変動の影響を調整する

【3】(自動安定化装置)：累進課税制度と社会保障制度により自動的に景気が調整される

【4】(補整的財政政策)：不況期は減税，社会保障・公共事業支出増加

【5】：財政政策と金融政策を組み合わせる

(2)国家予算：【6】(2023年度予算1兆円)と特別会計，政府関係機関予算

　　○プライマリーバランス＝(歳入−新規国債発行額)−(歳出−国債費)

(3)【7】＝「第2の予算」：郵便貯金や厚生年金，国民年金積立金を原資とし社会資本整備や特殊法人へ資金供給→現在は，財投債，財投機関債により資金調達

2　租税と公債

(1)歳入

①租税：【8】(所得税・法人税)と【9】(消費税など)

　所得税：収入に応じて税率を引き上げる累進課税制度

　法人税：企業の利益にかかる税(以前は40％台であったが，引き下げられて現在は20％台)

　消費税：1989年(3％)→1997年(5％)→2014年(8％)→2019年(10％)

②租税負担率：国税と地方税を合計した額が国民所得に占める割合

③租税負担の公平　【10】的公平…負担能力に応じる(例：累進課税制度)

　　　　　　　　　【11】的公平…同一所得に同一の税負担(逆進性)

④【12】：直接税7：間接税3→5.5：4.5と間接税の割合増

(2)公債

①【13】：1965年度より，公共事業の財源として発行

②【14】：1975年以来，恒常的に発行(財政法で原則として発行禁止)

③【15】：日銀引き受けはインフレを招く恐れがある

④クラウディング−アウト：国債に資金が流れ，民間投資を減少させる

(3)歳出

①三大項目：社会保障関係費，国債費，地方財政費

②【16】：国債費が増加し，弾力的な財政運営が困難に

国債発行額と国債依存度の推移

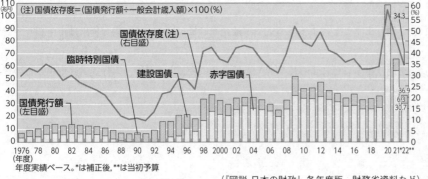

(注)国債依存度＝(国債発行額÷一般会計歳入額)×100(%)

年度実績ベース。*は補正後，**は当初予算

(『図説 日本の財政』各年度版，財務省資料など)

① × 日本はドイツや
フランスと比較すると
直接税の割合が高い。
② ○ シャウプ勧告に
より所得税や法人税な
どの直接税中心の税体
系がつくられた。
③ × 揮発油税は間接
税である。
④ × 相続税は国税,
固定資産税は地方税で
ある。
⑤ ○
⑥ ○ 料金を払わない
で利用するフリーライ
ダー
⑦ ○ 所得が高い人ほ
ど税負担を重くするこ
と
⑧ × バブル崩壊後の
経済の低迷以降は,現
在まで国債が発行され
ている
⑨ × リーマンショッ
ク後の2010年度には
50%を越えた。
⑩ × 国債収入より国
債費の方が多ければ赤
字になる。
⑪ × 歳出が歳入を上
回るので,赤字。
⑫ ○ 財政法により,
禁止されている。
⑬ × 建設国債は特例
法を制定せずに発行で
きる。
⑭ ○ 減税により可処
分所得が増加して,有
効需要が生み出され,
景気が回復することが
期待される。
⑮ × 財政投融資の原
資としては,郵政民営
化以降,財投債,財投
機関債が利用されてい
る。
⑯ ○
⑰ × 低所得者の税負
担の割合が大きくなる
逆進性が起こる。
⑱ ○
⑲ × 段階的に引き下
げられた。
⑳ ○

正誤問題

① 日本の直接税と間接税の割合を比較すると,ドイツやフランスに比べて直接税の割合が低く,高額所得者が重税感を持ちやすい。(09追)

② 税の3原則は,公平,中立,簡素であり,所得税,法人税はともに,収入や利潤に応じて徴税されている。

③ 所得税,相続税,法人税,揮発油税は国の直接税である。(05追)

④ 住民税,相続税は地方税であるが,固定資産税は国税である。(00本)

⑤ 所得の程度が等しい人の租税負担率が等しいことを租税の水平的公平という。

⑥ 公共財は,料金を払わないで利用する者を排除するのが難しい。(02本)

⑦ 個人の所得に対して課税する所得税について,累進課税制度を採用することは,垂直的公平に寄与する。(02追)

⑧ 2000年度以降,日本では国債が発行されなかった年度がある。(18追)

⑨ 2000年度以降,日本では国債依存度が50%を上回る年度はない。(18追)

⑩ 国債収入の方が国債費よりも多ければ,基礎的財政収支(プライマリーバランス)は黒字になる。(13本)

⑪ 国債費を除いた歳出が国債発行収入を除いた税収などの歳入を上回ると,基礎的財政収支は黒字になる。(18追)

⑫ 日本銀行は,政府が発行する特例国債(赤字国債)を引き受けることは禁止されている。

⑬ 公共事業費をまかなうための建設国債の発行には,国会がその都度特例法を制定しなければならない。(00本)

⑭ 減税を行うことは,有効需要を創出して景気を回復させることになる。

⑮ 財政投融資の原資として郵便貯金の国への預託が義務づけられている。(19追)

⑯ 政府は好景気のときには増税し,不景気のときには減税することで,経済を安定させようとする。(16追)

⑰ 税率一定の付加価値税は,累進課税と比べ,ビルト・イン・スタビライザー機能が比較的大きいという特徴をもっている。(06本)

⑱ 消費税は,その一部が地方交付税の原資の一つとなっている。(20追)

⑲ 法人税の税率は,経済停滞を背景に,1990年代以降,段階的に引き上げられた。(20追)

⑳ 国債費の膨張が社会保障や教育などに充てる経費を圧迫することを,財政の硬直化という。(18追)

演習問題

1　富の分配に関連して，資産や所得の格差を測る方法の一つとして，次の図に示したローレンツ曲線がある。図は，横軸に，最低所得者から最高所得者へ順に並べた場合の人数の累積比率，縦軸に，それらの人々の所得の累積比率をとり，所得分布の状態を示したものである。所得が完全に均等に分配されていれば，ローレンツ曲線は原点を通る45度の直線に一致し，不均等ならば45度線から下に張り出す曲線となる。今，二つの異なる所得分布の状態が，曲線AとBでそれぞれ示されるとき，この図から読み取ることができる事柄についての記述として最も適当なものを，下の①～④のうちから一つ選べ。（06本）

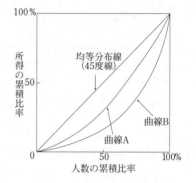

① 累進所得税は，曲線をBからAの方向に移動させる効果をもつ。

② 公的扶助は，曲線をAからBの方向に移動させる効果をもつ。

③ Aで示される所得分布の不平等の度合いは，Bで示されるよりも大きい。

④ Bで示される所得分布の不平等の度合いは，Aで示されるものに等しい。

2　税についての記述として正しいものを，次の①～④のうちから一つ選べ。（17本）

① 日本における国税は，租税法律主義の原則の下で，国会で議決された法律に基づいて定められている。

② タックス・ヘイブンとは，投機的な金融活動の抑制を目的に国際的な資本取引に課税する構想のことである。

③ 税負担の逆進性とは，所得が低くなるに従って所得に占める税の負担率が低くなることである。

④ 日本の税務当局による所得捕捉率は，農業者は高く自営業者は中程度で給与所得者は低いといわれていることから，クロヨンと呼ばれている。

3　次の文章は日本の消費税についての説明である。文章中の空欄　ア　～　エ　に当てはまる語句の組合せとして最も適当なものを，下の①～⑧のうちから一つ選べ。（19追）

　　基本的に，税は納税者と税負担者が同一の　ア　と，両者が異なる　イ　とに分類されるが，消費税は　ウ　に区分される。少子高齢化を背景として，福祉財源の確保が求められていることに加えて，税収が伸び悩む中，消費税は財源調達手段として重要性を高めてきた。こうした流れの中で，日本の税収全体に占める　ア　と　イ　の比率の見直しが図られてきた。ただし，消費税は，所得が　エ　なるほど所得に占める税負担の割合が高くなるという傾向にある。税率や租税構成を変更する際には，それに伴う社会への影響についても考慮する必要があるだろう。

① ア 直接税　イ 間接税　ウ 前者　エ 高く

② ア 直接税　イ 間接税　ウ 前者　エ 低く

③ ア 直接税　イ 間接税　ウ 後者　エ 高く

④ ア 直接税　イ 間接税　ウ 後者　エ 低く

⑤ ア 間接税　イ 直接税　ウ 前者　エ 高く

⑥ ア 間接税　イ 直接税　ウ 前者　エ 低く

⑦ ア 間接税　イ 直接税　ウ 後者　エ 高く

⑧ ア 間接税　イ 直接税　ウ 後者　エ 低く

4　次のA～Dは，日本の財政をめぐる出来事についての記述である。これらの出来事を古い順に並べたとき，3番目にくるものとして正しいものを，下の①～④のうちから一つ選べ。（15本）

A 税率3パーセントの消費税が導入された。

B 国と地方との関係が見直され，地方分権一括法が施行された。

C 直接税中心の税体系を提唱したシャウプ勧告が行われた。

D 第二次世界大戦後初めて，赤字国債(特例国債)が発行された。

① A　② B　③ C　④ D

5　次の文章中の空欄　ア　・　イ　に当てはまる語句の組合せとして正しいものを，下の①〜④のうちから一つ選べ。(17追)

　　財政の機能の一つに，市場では適切に供給されない公共財を供給する　ア　がある。インフラ整備といった公共投資は公共財供給の代表例といえる。実際の政策では単一の機能だけでなく，しばしば複数の機能が利用される。たとえば，公共投資は公共財の供給に加え，　イ　として景気の安定化を図ることができる。

①　ア　所得の再分配　　　　　イ　フィスカル・ポリシー
②　ア　所得の再分配　　　　　イ　ビルト・イン・スタビライザー
③　ア　資源配分の調整　　　　イ　フィスカル・ポリシー
④　ア　資源配分の調整　　　　イ　ビルト・イン・スタビライザー

6　政府の介入に関連して，財政の役割A〜Cとその内容の説明文ア〜ウとの組合せとして最も適当なものを，下の①〜⑥のうちから一つ選べ。(21追)

　A　所得の再分配　　　B　資源配分の調整　　　C　景気の安定化
　ア　公共投資の規模を調整し，経済の大幅な変動を抑える。
　イ　司法や防衛，上下水道など，市場では最適な供給が難しい財・サービスを提供する。
　ウ　生活保護や福祉サービスの給付を行い，一定の生活水準を保障する。

①　A−ア　　B−イ　　C−ウ　　②　A−ア　　B−ウ　　C−イ
③　A−イ　　B−ア　　C−ウ　　④　A−イ　　B−ウ　　C−ア
⑤　A−ウ　　B−ア　　C−イ　　⑥　A−ウ　　B−イ　　C−ア

7　日本では基礎的財政収支(プライマリーバランス)が赤字であることが問題となっている。次のA，Bは歳入に関する政策の例であり，ア，イは歳出に関する政策の例である。他の歳入額と歳出額については変化がないとき，A，Bとア，イとの組合せのうち，基礎的財政収支の赤字を歳入と歳出の両面から縮小させるものとして最も適当なものを，下の①〜④のうちから一つ選べ。(16本)

　A　国債発行額を増やして国債収入を増やす。
　B　消費税を増税して租税収入を増やす。
　ア　国債の利払い費を抑制して国債費の金額を減らす。
　イ　公共事業を縮小して，国債費を除く支出の金額を減らす。

①　A—ア　　　②　A—イ　　　③　B—ア　　　④　B—イ

8　公債金に関連して，生徒Yは，授業で紹介された次の資料をもとに社会保障の費用とその財源について学んだ。また，授業では，政府が基礎的財政収支(プライマリーバランス)の黒字化を目標にしていることも言及された。国の一般会計予算における社会保障の費用の増加額について資料から読みとれる内容として正しいものを後の記述アかイ，基礎的財政収支の黒字の状態を示した図として正しいものを後の図aか図bから選び，その組合せとして最も適当なものを，後の①〜④のうちから一つ選べ。(23追)

資料　国の一般会計予算の比較(単位：兆円)

歳入	租税及び印紙収入		公債金	その他
	消費税	所得税等		
平成2 (1990)年度	5.3	51.1	5.6	4.3
令和2 (2020)年度	21.7	41.8	32.6	6.6

歳出	国債費	地方交付税 交付金等	社会保障	公共事業,教育, 防衛など
平成2 (1990)年度	14.3	15.3	11.6	25.1
令和2 (2020)年度	23.4	15.8	35.9	27.6

(出所)財務省 Web ページにより作成。

図a

歳入	歳出
公債金	債務償還費
	利払費
税収等	政策的経費

図b

歳入	歳出
公債金	債務償還費
	利払費
税収等	政策的経費

(注)　図a，図bともに，政策的経費とは，社会保障や公共事業をはじめさまざまな行政サービスを提供するための経費などである。

　ア　社会保障の費用の増加額は，消費税の増加額よりも大きい。
　イ　社会保障の費用の増加額は，消費税の増加額よりも小さい。

①　アと図a　　②　アと図b　　③　イと図a　　④　イと図b

Chapter *18*   国民所得と景気循環

合格map

1　経済指標

(1)【1】：一国の居住者が一定期間に財やサービスを生産して得た所得の
　　　　合計。価値の総額。フローの概念で，【2】の総計である国内総
　　　　生産（GDP）が代表的

(2)ストック：ある時点での資本や資産などの経済的な蓄積。実物資産＋金融資産

(3)【3】：ストック概念の一つで，ストックから国内の金融資産を引いたもの

2　国民所得の諸概念

	国内総産出額		
国内総産出額	国内の経済活動（付加価値）の総額		中間投入額
国内総支出（GDE）【支出】	最終消費支出	総資本形成	純輸出
国内総生産【4】【生産】	国内要素所得	純間接税*	固定資本減耗
	雇用者報酬　営業余剰		

＊純間接税＝生産・輸入品に課される税－補助金

国民総所得【5】　国内総所得（GDI）【分配】
　　　　　　　　└海外からの所得の純受取
国民純所得【6】　国内純所得（NDI）（市場価格表示）

国民所得【7】（要素費用表示）　雇用者報酬／企業所得／非企業／財産所得

【参考】総産出額から考える　　国民総生産（GNP）　　中間生産物

三面等価について
◎国内総生産（GDP）
　＝国内総支出
　＝国内総分配（所得）
◎国民所得（NI）
　＝生産国民所得
　＝支出国民所得
　＝分配国民所得

3　GDP指標の限界

【8】（国民純福祉）や【9】，国民総幸福（GNH）等の活用が提唱されている

4　経済成長率

名目経済成長率	（本年度名目GDP－前年度名目GDP）÷前年度名目GDP×100
【10】	物価変動分を修正する指数 （例：平均値100→120ならば120となる）
実質GDP	（名目GDP÷【10】）×100
実質経済成長率	（本年度実質GDP－前年度実質GDP）÷前年度実質GDP×100

5　景気変動

【11】：商品の需要と供給に不均衡が生じ，社会全体の経済状態の移り変わりとし
　　　てあらわれる。景気循環とも呼ばれる

(1)景気循環の4局面

【12】	商品価格が上昇し，利潤が増大，生産活動が活発化，それにともない雇用が拡大し，これらが最高に達する状態
後退	生産活動や雇用，物価が下り坂に向かう状態
【13】	最も落ち込んで，企業の倒産や失業者の増大が続く状態
回復	再び上り坂に向かう状態

(2)景気循環の種類と周期

【14】	平均50〜60年を周期とし，要因は【15】や戦争等（長期波動）
クズネッツの波（クズネッツ循環）	平均15〜25年を周期とし，要因は人口の変化による住宅建設等
【16】	平均7〜10年を周期とし，要因は【17】等（中期波動）
【18】	約3年（約40か月）を周期とし，要因は在庫投資の変動（短期波動）

① ○
② × GDP ではなく GNP。
③ × GDP＝GNP－海外からの純所得。
④ × 国内総生産額の総計から中間生産物額を差し引き，海外からの純所得も含む。
⑤ ○
⑥ × GDP ではなく GNP。
⑦ × 国民所得はフローであり，国富はストックである。
⑧ ○
⑨ ○
⑩ ○
⑪ ○
⑫ × 実質成長率が変化せず物価が下落していれば一般的に名目成長率も下がる。
⑬ × 失業率は約5％であった。
⑭ ○
⑮ × 景気の谷ではなく景気の山である。
⑯ ○
⑰ ○
⑱ × これは不況期に起こる現象である。
⑲ × 好況期で国内消費需要が拡大すれば輸入も増加傾向になる。
⑳ × 労働供給と労働需要が逆である。
㉑ × スタグフレーションでは景気停滞とインフレが同時に起こる。
㉒ × 主な原因は建設投資である。
㉓ × 主な原因は技術革新である。

正誤問題

① GDP とは，国内で活動する経済主体が供給した財やサービスの総額から，中間生産物の価額を差し引いたものである。(04本)

② GDP とは，ある国の国民が一定期間に生み出した最終生産物の価額を合計したものである。(04本)

③ GDP（国内総生産）とは，GNP から輸入を引いたものをいう。(08本)

④ GNP（国民総生産）とは，ある国である期間に生産された生産物の額を合計したものをいう。(08本)

⑤ 国民総所得（GNI）は，国民総生産（GNP）を分配面からとらえたものであり，両者は等価である。(15本)

⑥ GDP とは，NNP（国民純生産）に，機械設備や建物など固定資本の減価償却分を加えたものである。(04本)

⑦ 国民所得とは，ある時点で蓄積されている国富の額をいう。(08本)

⑧ 発展途上国の GDP（国内総生産）の総計は，先進国のそれを下回っている。(09本)

⑨ シンガポールの一人当たり GNI（国民総所得）は1万ドルを超えている。(09追)

⑩ 三面等価とは，国民所得の生産・分配・支出の三面の大きさが等しいことをいう。(08本)

⑪ GDP とはある国で一定期間内に生産された財・サービスの価値を合計した額である。近年では，GDP から環境悪化の防止に必要な費用を差し引いたグリーン GDP の考え方が提唱されている。(11明治大)

⑫ 継続的な物価下落の一般的な影響として，実質経済成長率が変化しなければ，名目経済成長率は高くなる。(08追改)

⑬ 1990年代の日本経済は低迷が続き，企業の倒産やリストラが増加したため，完全失業率は90年代末には10％を超えた。(04本)

⑭ 1990年代のアメリカ経済は，IT（情報技術）革命が急速に進展する中で，長期の景気拡大を実現した。(04本)

⑮ 景気循環において好況期から後退期へと変わる局面は，景気の谷と呼ばれる。(09追)

⑯ 1970年代末から80年代初頭のアメリカでは，第二次石油危機の結果，インフレが加速するとともに景気が悪化した。(04本)

⑰ 景気後退期には，需要が生産に対して過少になり，在庫が増加する。(07追)

⑱ 景気回復期には，企業の過剰設備が整理され，投資が縮小する。(07追)

⑲ 好況期には，国内消費需要が拡大し，輸入が減少する。(07追)

⑳ 不況期には，労働供給が労働需要に対して過少になり，失業率が上昇する。(07追)

㉑ 景気停滞と物価水準の持続的な下落が同時に起こる現象は，スタグフレーションと呼ばれる。(09追)

㉒ クズネッツの波は，在庫投資の変動を主な原因として起こるといわれる景気循環である。(01本)

㉓ コンドラチェフの波は，耐久消費財の買換え需要の変動を主な原因として起こるといわれる景気循環である。(01本)

演習問題

1 次の表は 2016 年度における日本の GNE(国民総支出)の額を算出するために必要な項目とそれぞれの額とを示したものである。この表に関する下の記述アとイの正誤の組合せとして正しいものを,下の①〜④のうちから一つ選べ。(20本)

ア GNP(国民総生産)の額は 556 兆円である。

イ GDP(国内総生産)の額は GNP の額より小さい。

① ア 正 イ 正

② ア 正 イ 誤

③ ア 誤 イ 正

④ ア 誤 イ 誤

項目	額(兆円)
民間最終消費支出	300
政府最終消費支出	106
総資本形成	127
財貨・サービスの輸出	89
財貨・サービスの輸入	83
海外からの所得	28
海外に対する所得	11
国民総支出	556

(注)表中の数字は名目値である。
(資料)内閣府『国民経済計算年報』(平成 21 年版)により作成。

2 さまざまな景気循環の類型についての説が存在する。次の類型 A 〜 C と,それぞれの循環を引き起こす原因についての記述ア〜ウとの組合せとして正しいものを,下の①〜⑥のうちから一つ選べ。(09本)

A 短期波動(キチンの波)   ア 技術革新や大規模な資源開発

B 中期波動(ジュグラーの波) イ 設備投資の変動

C 長期波動(コンドラチェフの波) ウ 在庫投資の変動

① A−ア B−イ C−ウ   ② A−ア B−ウ C−イ

③ A−イ B−ア C−ウ   ④ A−イ B−ウ C−ア

⑤ A−ウ B−ア C−イ   ⑥ A−ウ B−イ C−ア

3 次の図は日本の実質経済成長率,物価変動率(消費者物価指数対前年比),完全失業率の推移を示したものである。図中の A 〜 C に当てはまる指数の組合せとして正しいものを,左の①〜⑥のうちから一つ選べ。(11追)

① A 実質経済成長率 B 物価変動率
  C 完全失業率

② A 実質経済成長率 B 完全失業率
  C 物価変動率

③ A 物価変動率 B 実質経済成長率
  C 完全失業率

④ A 物価変動率 B 完全失業率
  C 実質経済成長率

⑤ A 完全失業率 B 実質経済成長率
  C 物価変動率

⑥ A 完全失業率 B 物価変動率
  C 実質経済成長率

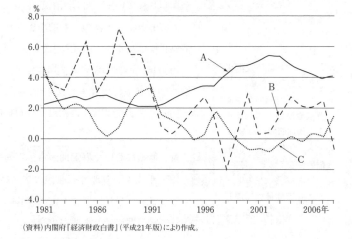

(資料)内閣府『経済財政白書』(平成21年版)により作成。

4 次の図は,1980 年以降における日本の名目国民所得を雇用者所得(雇用者報酬),財産所得および企業所得に区分して,それぞれの所得金額の推移を示したものである。図中の A 〜 に当てはまる所得の組合せとして正しいものを,下の①〜⑥のうちから一つ選べ。(11追)

① A 雇用者所得 B 財産所得 C 企業所得

② A 雇用者所得 B 企業所得 C 財産所得

③ A 財産所得 B 雇用者所得 C 企業所得

④ A 財産所得 B 企業所得 C 雇用者所得

⑤ A 企業所得 B 雇用者所得 C 財産所得

⑥ A 企業所得 B 財産所得 C 雇用者所得

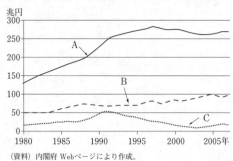

(資料) 内閣府 Web ページにより作成。

5 次の表は，ある国の経済状況(名目GDP，人口，GDPデフレーター，実質GDP，名目GDP成長率，実質GDP成長率)を示しており，通貨の単位にはドルを用いているものとする。なお，この国では，2015年と2016年の一人当たりの名目GDPが同じである。表中のa〜cに当てはまる数字の組合せとして正しいものを。下の①〜⑧のうちから一つ選べ。(21本)

	①		②		③	

① a 450 b 49 c 1
② a 450 b 49 c 4
③ a 450 b 50 c 1
④ a 450 b 50 c 4
⑤ a 470 b 49 c 1
⑥ a 470 b 49 c 4
⑦ a 470 b 50 c 1
⑧ a 470 b 50 c 4

	名目GDP (億ドル)	人口 (百万人)	GDP デフレーター	実質GDP (億ドル)	名目GDP 成長率(%)	実質GDP 成長率(%)
2015年	500	b	100	500		
2016年	a	47	94	500	− 6	0
2017年	494	45	95	520	5	c

(注)2015年が基準年で，2015年のGDPデフレーターを100とする。数値は小数点以下を四捨五入している。2015年の「\」は値が明示されていないことを意味する。

6 国民全体の所得を表す指標は，国民総所得(GNI)または国民所得(NI)である。GDP，GNI，NIの三つの間の関係を正しく表しているものを一つ選べ。(11早稲田大)

① GDP = GNI +海外からの純所得= NI +固定資本減耗+純間接税

② GNI = GDP +海外からの純所得= NI +固定資本減耗+純間接税

③ GNI = GDP +海外からの純所得+純間接税= NI +固定資本減耗

④ NI = GDP +海外からの純所得= GNI +固定資本減耗+純間接税

7 物価が変動すると名目経済成長率が実際の経済の成長率を表さないことがある。このことに対処するため，実質経済成長率が用いられる。次の表は，ある国の2000年と2001年の名目GDPとGDPデフレーターを示している。この国の2001年の実質経済成長率として正しいものを，下の①〜④のうちから一つ選べ。(18追)

	名目GDP	GDPデフレーター
2000年	500兆円	100
2001年	504兆円	96

① − 4.0パーセント　　② 0.8パーセント

③ 4.0パーセント　　④ 5.0パーセント

8 物価に関連する記述として正しいものを，次の①〜④のうちから一つ選べ。(16追)

① インフレーションの下では，貨幣の価値は上昇する。

② デフレーションの下では，債務を抱える企業や家計にとって債務返済の負担は重くなる。

③ 自国通貨の為替相場の下落は，国内の物価を引き下げる効果をもたらす。

④ デフレスパイラルとは，景気後退と物価上昇が相互に影響し合って進行する現象をいう。

9 GDPに海外からの純所得を足したものから固定資本減耗を差し引いた指標を何というか。下記の選択肢(①〜④)の中から最適なものを1つ選び，その番号をマークしなさい。(17神奈川大)

① 国民総生産(GNP)　　② 国民所得(NI)

③ 国民総支出(GNE)　　④ 国民純生産(NNP)

Chapter 19

日本経済の発展と課題

合格map

1 戦後の日本経済

戦後の復興	戦後	経済の民主化政策：【1】による指導で【2】，【3】，労働改革
	1946～47	経済復興…【4】，復興金融金庫→インフレ発生
	1948～49	インフレ対策：経済安定九原則， 【5】…超均衡予算……赤字国債禁止→安定恐慌
	1950	朝鮮戦争による特需→鉱工業生産が戦前の水準に回復

高度経済成長	1954～57	【6】	┌ 民間設備投資 1955GATT 加盟
	1958～61	岩戸景気	│ 国内需要主導
	1962～64	オリンピック景気	│ 公共投資 1964OECD 加盟
	1965～70	【7】	└←輸出主導 1968GNP 西側2位

> 高度経済成長期(1955～73)の経済成長率：年平均約10%
> 高度経済成長の要因…①国内市場の拡大 ②良質な【8】 ③国民の高い【9】が企業
> の設備投資を支える ④政府の産業育成策 ⑤世界経済拡大で輸出増加 ⑥1
> ドル＝360円の円安

低成長時代	1973	第1次【10】→戦後初のマイナス成長(1974)→第2次【10】(1979) 狂乱物価とスタグフレーション

> 対応：省エネ，ME 技術導入，減量経営→輸出を拡大→【11】

	1985	【12】→ドル高是正→円高で輸出産業に打撃(円高不況)→生産拠点の 海外移転などによる【13】
	1986～91	平成(バブル)景気

> 政府の内需拡大政策
電子・情報・通信分野の技術革新 → 景気回復，株価・
地価の上昇

失われた10年	1991～	平成不況(失われた10年)

> 政府の金融引締め策
土地取引きの規制 → 株価・地価が下落→経済停滞・【14】

	1995～96	バブル崩壊後の低成長(アジア・アメリカの経済発展，国内消費拡大)
	1997～	【15】(タイの通貨バーツの暴落から始まる)，消費税率の引上げ→不 況の深刻化→金融機関の破綻，金融不安
	1999～	【16】：リストラで失業者増大，消費の落込みによるデフレ，企業倒 産増大→景気対策の国債発行増大→財政悪化

新しい成長	1990後半～	インターネット利用，携帯電話の普及(IT 革命)
	2002	金融機関の不良債権が一段落→経営の安定化→リストラ進行→デジタ ル家電等の普及→経済成長率微増

> いざなみ景気(低成長ながら史上最長の69か月の好況)「実感なき景気回復」

	2005	デフレからの脱却
	2007	アメリカでサブプライムローン問題が表面化
	2008	【17】：アメリカの大手投資銀行(証券会社)が破綻し世界的な不況に
	2010	EU 圏の【18】の財政危機→2015EU の支援条件受入
	2011	欧州信用不安，円高が進行し一時75円台→欧州債務危機(PIIGS 諸国) 東日本大震災
	2012	第二次安倍内閣…アベノミクス →三本の矢：「成長戦略」「機動的な財政出動」「大胆な金融緩和」
	2019	消費税10%(軽減税率導入)
	2020	コロナ・ショック(新型コロナウイルスによる経済的影響)

第二次世界大戦後の政治・経済のあゆみ

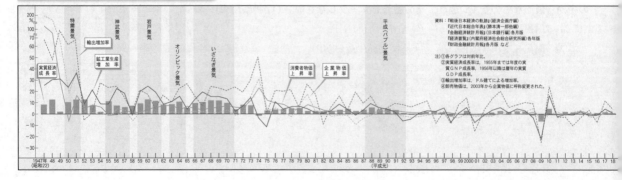

資料：『戦後日本経済の軌跡』(経済企画庁編)
『近代日本総合年表』(勝本清一郎他編)
『金融経済統計月報』(日本銀行編)各月版
『経済要覧』(内閣府経済社会総合研究所編)各年版
『財政金融統計月報』各月版 など

注)①各グラフは対前年比。
②実質経済成長率は，1955年までは年度の実
質GNP成長率，1956年以降は暦年の実質
GDP成長率。
③輸出増加率は，ドル建てによる増加率。
④卸売物価は，2003年から企業物価に呼称変更された。

●正誤問題メモ

① ×　持株会社が禁止された。

② ×　この時期，米は生産過剰ではなく転作の奨励はされていない。

③ ○

④ ×　ドッジ・ラインは財政引締め等の政策で，赤字国債は発行されていない。

⑤ ○

⑥ ×　岩戸景気ではなく，朝鮮戦争による在日米軍の特別な需要（特需）の内容になっている。

⑦ ○

⑧ ○　日本は1963年に輸入制限できるGATT12条国から，輸入制限できないGATT11条国へ移行した。

⑨ ×　いざなぎ景気は1970年まで，日本列島改造論は後の田中首相によるもの。

⑩ ×　アジア通貨危機は1997年，初めてのマイナス成長は1974年。

⑪ ○

⑫ ×　景気後退期に狂乱物価によるスタグフレーションが起き，輸出拡大，省エネやME技術導入，減量経営で不況を克服した。

⑬ ○

⑭ ○

⑮ ○

⑯ ×　狂乱物価は石油危機の際にあらわれた現象。

⑰ ×　公定歩合の引下げという金融緩和政策ではなく，金融引締め政策が一因である。

⑱ ○

⑲ ○

⑳ ○

㉑ ×　サブプライム・ローン問題は2007年。この時期はバブル崩壊，平成不況に入った時期。

正誤問題

① 日本の戦後復興期には，財閥解体を進めるため，持株会社方式の強化を通じて，巨大企業の分割や企業集団の再編を行った。(05追)

② 日本の戦後復興期には，農地改革の一環として，米の生産過剰に対処するために，他の作物への転作が奨励された。(05追)

③ 日本の戦後復興期には，傾斜生産方式が採用され，石炭・鉄鋼などの重要産業に，生産資源が重点的に配分された。(05追)

④ 赤字国債の積極的発行により，日本経済はドッジ・ラインによる安定恐慌を脱した。(07本)

⑤ 神武景気や岩戸景気の後に生じた不況は，好況時に悪化した国際収支を改善するための金融引締め政策が一因となってもたらされた。(07本)

⑥ 岩戸景気では，朝鮮戦争の勃発を契機として，アメリカ軍による軍需物資の需要が増大し，産業界は活況を呈した。(11追)

⑦ いざなぎ景気では，輸出主導の成長を果たした結果，日本のGNP(国民総生産)は，西側世界でアメリカに次いで第2位となった。(11追)

⑧ 高度経済成長期には，国際収支の悪化を理由とした輸入の数量制限ができなくなった。(12本)

⑨ 長期で大型のいざなぎ景気は，日本列島改造論に基づく大規模な公共投資が一因となってもたらされた。(07本)

⑩ アジア通貨危機の影響を受けて，日本では戦後初めて年率の実質経済成長率がマイナスを記録した。(07本)

⑪ 第一次石油危機の影響もあり，1974年の実質経済成長率は戦後初めてマイナスを記録した。(04追)

⑫ 第一次石油危機に伴う景気後退期には，政府が金融緩和による総需要拡大策を実施することでインフレの抑制を図った。(11追)

⑬ プラザ合意により，日米の通貨当局がドル売り・円買い介入を進めた。(10追)

⑭ 1985年のプラザ合意により円高が急速に進み，日本経済は円高不況に見舞われた。(04追)

⑮ バブル経済期には，資産価格が上昇しただけでなく，消費や設備投資が拡大した。(12本)

⑯ バブル経済とともに，自動車や家電製品など生活関連の耐久消費財の価格が急激に上昇するという「狂乱物価」と呼ばれる現象が生じた。(05本)

⑰ バブル経済は，日本銀行による数次にわたる公定歩合の引下げが一因となって崩壊した。(11追)

⑱ バブル崩壊後，大量の不良債権を抱えた銀行が企業への貸出しを抑制したことが，「貸し渋り」として批判された。(04本)

⑲ 1990年代の後半には，日本版ビッグバンと呼ばれる金融制度の改革が行われた。(09本)

⑳ 日本の金融機関は，巨額の不良債権を抱え込んだ結果，1990年代の後半に破綻が相次いだ。(10本)

㉑ 1990年代初頭，アメリカでサブプライム・ローン問題が生じたことをきっかけに，金融不安が拡がった。(14本改)

1 　終戦から戦後復興期に関連して，対日占領政策の主要な目的は，非軍事化や経済民主化であったが，冷戦の激化とともに，西側諸国の一員としての経済復興も重視されることとなった。この点を踏まえ，この時期の出来事ア～ウを古いものから順に並べたとき，その順序として正しいものを，下の①～⑥のうちから一つ選べ。(18本)

　　ア　労働組合法の制定　　イ　傾斜生産方式の開始　　ウ　経済安定9原則の指令

　　①　ア→イ→ウ　　②　ア→ウ→イ　　③　イ→ア→ウ

　　④　イ→ウ→ア　　⑤　ウ→ア→イ　　⑥　ウ→イ→ア

2 　高度経済成長期に関連して，当時の日本の経済社会についての記述として最も適当なものを，次の①～④のうちから一つ選べ。(18本)

　　①　この期の後半に出現した大型景気は神武景気と呼ばれる。

　　②　「三種の神器」と呼ばれる耐久消費財が普及した。

　　③　IMF8条国への移行に伴って，為替管理が強化された。

　　④　コンビナートが内陸地域を中心に建設された。

3 　高度経済成長期についての日本の記述として誤っているものを，次の①～④のうちから一つ選べ。(20追)

　　①　実質経済成長率が，平均して年率10％前後という高い経済成長により，GNP(国民総生産)がアメリカに次ぐ資本主義国第二位となった。

　　②　第二次産業では，繊維や雑貨などの軽工業にかわって，機械，金属，化学などの重化学工業が発展した。

　　③　1960年代前半までは，好景気により経常収支が赤字となると景気を引き締めざるをえないという「国際収支の天井」が問題となった。

　　④　1960年代後半には，資本の自由化が進む中で企業間の株式の相互持ち合いが解消された。

4 　プラザ合意に関連する記述として誤っているものを，次の①～④のうちから一つ選べ。(11追)

　　①　日本，アメリカ，西ドイツなどは，G5(先進5か国財務相・中央銀行総裁会議)において為替市場で協調してドル売りを行うことに合意した。

　　②　日本では急速に円高が進み，輸出依存企業を中心に大きな打撃をこうむり円高不況に陥った。

　　③　急速なドル安が進んだため，為替レートの安定をめざし，ルーブル合意による政策協調が行われた。

　　④　急速な円高による輸入増大から，日本の貿易収支が赤字になり，産業空洞化が懸念された。

5 　1970年代以降の出来事の記述として最も適当なものを，次の①～④のうちから一つ選べ。(11本)

　　①　ニクソン大統領が金・ドル交換停止を宣言し，従来の変動相場制から固定相場制へと為替制度を変更する国が相次いだ。

　　②　日本では大手の金融機関の倒産が相次いだため，護送船団方式が強化された。

　　③　タイの通貨バーツの下落をきっかけとして，アジア各国では投機資金の流出が連鎖的に起こり次々と通貨危機が発生した。

　　④　サブプライム・ローン問題を契機に，IMF(国際通貨基金)により資本の自由な移動が原則として禁止された。

6　銀行に対する規制や保護についても調べた。その中で，1980年代から，自由な金融市場の発展を促すため，先進国での金融規制の緩和は珍しくなくなったことがわかった。そうした動きに関連した日本の銀行制度に関する次の記述アとイの正誤の組合せとして正しいものを，下の①〜④のうちから一つ選べ。(21本)

　　ア　日本銀行は，バブル経済崩壊後，国債を市場で売買することにより市場金利への影響力を行使したことはない。

　　イ　日本版金融ビッグバン以前は，経営基盤の弱い銀行も規制や保護により利益を確保できたため，流通業など他業種から銀行業への参入が増えていた。

　　①　ア　正　イ　正　　　②　ア　正　イ　誤　　　③　ア　誤　イ　正　　　④　ア　誤　イ　誤

7　日本経済の戦後最長の好景気の時期に生じた出来事や趨勢についての記述として誤っているものを，次の①〜④のうちから一つ選べ。(11本)

　　①　郵政民営化法案が可決され，郵政三事業の民営化が決定した。

　　②　日本道路公団の民営化が議論され，株式会社化が実現した。

　　③　派遣労働者は減少したが，パート・アルバイト労働者数は増大した。

　　④　不良債権問題が，解決に向かった。

8　以下のe〜hの記述について，正しいものには数字の1を，正しくないものには数字の2を，記せ。(17同志社大)

　　e．神武景気，岩戸景気では民間の設備投資が景気を牽引し，太平洋沿岸を中心にコンビナートや臨海製鉄所などが建設された。

　　f．岩戸景気の反動として，なべ底不況が起こった。

　　g．オリンピック景気では，1964年の東京オリンピック開催に向けて東海道新幹線や高速道路，競技施設の建設が行われ，その関連産業を中心に活況が見られた。

　　h．いざなぎ景気は，国際競争力が高まった機械，自動車，鉄鋼などの輸出や，財政支出の拡大に支えられ，岩戸景気をしのぐ大型景気となった。

9　日本の高度経済成長期に起こった出来事として，左から古い順に並べているものを，次の①〜④のうちから1つ選び，その番号を，記せ。(17同志社大)

　　①　GATT11条国へ移行 − OECD 加盟 − 戦後初の赤字国債発行 − ニクソン・ショック

　　②　OECD 加盟 − 戦後初の赤字国債発行 − GATT11条国へ移行 − ニクソン・ショック

　　③　戦後初の赤字国債発行 − OECD 加盟 − ニクソン・ショック − GATT11条国へ移行

　　④　GATT11条国へ移行 − 戦後初の赤字国債発行 − OECD 加盟 − ニクソン・ショック

合格map

1　大企業と中小企業

(1) 企業集団の変化
　【1】：三井・三菱・住友・富士・第一勧業・三和(高度成長期に銀行中心)
　　　→1990年代…大手都市銀行の再編成(みずほ・三菱 UFJ・三井住友)
(2) 中小企業の現状
　①【2】：大企業との資金調達力・賃金・労働条件などの格差
　②【3】(1963制定)：大企業との間の格差是正のため一律保護
　　→1999改正：成長力のある【4】の保護育成
　③中小企業の定義(中小企業基本法)

業種	従業員規模	資本金規模
製造・建設・運輸業	300人以下	3億円以下
卸売業	100人以下	1億円以下
サービス業	100人以下	5000万円以下
小売業	50人以下	5000万円以下

中小企業の地位：企業数の約99%，従業者数の約70%，出荷額の約50%
【4】：独自のアイディアや発想をもとに，新製品や新しいサービスを提供するために生まれた企業

　④【5】…合併と買収によって他の企業を支配すること

2　消費者問題…誇大広告，不当表示，有害商品・欠陥商品の販売，悪質商法など

(1) 消費者主権の確立に向けて…「【6】」(ケネディ米大統領の提唱，1962)
　①消費者保護基本法(1968制定)→国民生活センター(1970)
　②【7】(PL)法(1994制定)：製造者が過失の有無にかかわらず責任を負う
　③【8】制度：一定期間内であれば契約を解除できる
　　　　　　特定商取引法(2000年に訪問販売法の改定により名称変更)に規定
　④消費者契約法(2001施行)：契約における消費者の保護
　⑤【9】(2004制定)：消費者の権利尊重と自立支援←消費者保護基本法を改正
　⑥【10】(2009設置)：消費者行政の一元化めざす
　　※国際消費者機構(CI)：消費者の8つの権利・5つの責任，各国団体が加盟
　⑦【11】：環境にやさしい消費生活や環境への負荷の少ないライフスタイルを希求
　　　　　しようとする運動

3　食糧・農業問題

(1) 高度経済成長期…農業就業人口・耕地面積の減少→農業就業者の高齢化など
(2) 農業政策

農業環境	年	農業政策・関連法	内容
食糧の安定供給目的	1942	食糧管理法(1995廃止)	政府が米の全量買取
農家の零細経営・兼業化	1961	【12】	自立農家育成・選択的拡大
食生活の欧米化→米あまり	1970	【13】政策	米の生産調整
農産物の輸入制限	1993	GATT【14】：農業分野での合意	【15】による米の部分輸入→関税化(1999)
農業を取りまく環境変化	1994	【16】	米の取引自由化
米の関税化に対応する必要性，低い食料自給率	1999	【17】(新農業基本法)	企業的経営の育成，米流通制度への市場原理導入
	2018	【13】政策の廃止	

(3) 食料自給率：カロリーベースで約【18】%…【19】の観点で大きな課題
(4) 食品の安全への動揺と対応

動揺	・遺伝子組換え(GM)作物，残留農薬(【20】農薬)，BSE(牛海綿状脳症)，鳥インフルエンザの発生，産地偽装などの不正表示など
対応	・【21】(2003)：食品健康影響評価の実施，食品安全委員会の設置 ・生産情報公表 JAS 規格の導入：食品の生産情報を消費者に提供 ・【22】(2005)：食品の栄養特性・食文化の情報提供，地域活動推進

(5) その他食糧・農業を取りまく現代の課題に対する対応
　【23】…農畜産物を輸入する消費国が，自国でそれらを生産すると仮定した時に
　必要となる水の量を推定したもの

① ○

② × 売上高ではなく，資本金が正しい。資本金額か従業員数のどちらかが該当すると中小企業。

③ × 2017年統計では66.5%で6割を下回らない。

④ × 約98%が中小企業，約2%が大企業。

⑤ ○

⑥ ○

⑦ × 経済の二重構造は解消されていない。

⑧ ○

⑨ × 製造物責任法の説明。

⑩ ○

⑪ × ⑨参照。

⑫ ○

⑬ × 農業基本法は専業農家の経営規模拡大を目指したが，結果的に兼業化が進んだ。

⑭ ○ 2018年減反政策終了。

⑮ ○

⑯ ○

⑰ × 新食糧法は米や麦などの生産・流通について定めた法律。計画外流通米（自由米）が公認された。

⑱ × ⑰参照。

⑲ × 食料・農業・農村基本法は，食料の安定供給の確保などを規定している。

⑳ × 遺伝子組換え作物に対する安全性の問題が残る。表示を義務づけている。

㉑ ○

正誤問題

① 日本の企業集団には，第二次世界大戦以前に存在していたかつての財閥系の大企業が含まれている。（04追）

② 日本では，中小企業とは，売上高および従業員数が一定規模以下の企業として定義されている。（08本）

③ 製造業では中小企業のリストラが進み，従業員300人未満の事務所の総従業者数は，製造業全体の総従業者数の6割を下回るようになった。（02追）

④ 中小企業の事業所数は，徐々に増えてきているとはいえ，まだ大企業の事業所数よりは少ない。（04追）

⑤ 新たな技術を開発して未開拓の分野を切り開こうとするベンチャー・ビジネスを手がける中小企業がある。（15本）

⑥ 既存の大企業が見落としていた隙間を埋めるニッチ産業で活動する中小企業がある。（15本）

⑦ バブル経済の崩壊によって，大企業の業績が著しく悪化したため，大企業と中小企業との間に存在した経済の二重構造はほぼ解消された。（07本）

⑧ 消費者庁は，消費者行政の一元化のために設置された。（11本）

⑨ 特定商取引法は，欠陥商品が消費者に販売された場合に，過失がなくても賠償責任を販売者に負わせる法律である。（09本）

⑩ 消費者契約法は，消費者の利益を不当に害する契約条項を無効とすることなどによって，消費者の利益を擁護することを目的とした法律である。（09本）

⑪ 製造物責任法（PL法）は，製造物を廃棄する際の処理方法及び処理責任者を定めた法律である。（09本）

⑫ 訪問販売などで，消費者が購入申込みをして代金を支払った後でも，一定期間内なら契約を解除できるクーリング・オフ制度がある。（06本）

⑬ 高度経済成長期に定められた農業基本法は，兼業化の促進による農業従事者の所得の増大をめざした。（09本）

⑭ コメの増産や消費の減少の結果として生じた生産過剰に対応するため，作付面積を減少させる減反政策が行われた。（09本）

⑮ GATT（関税及び貿易に関する一般協定）のウルグアイ・ラウンドでの交渉によって，米の部分輸入が開始された。（06追）

⑯ 国産牛肉のトレーサビリティを確保するために，牛の個体識別のための制度が導入されている。（11本）

⑰ 新食糧法は，食品の原材料名や賞味期限について，一定の基準に従った表示を製造業者に義務づける法律である。（09本）

⑱ コメが投機の対象となることを防止するため，民間企業によるコメの輸入は禁止されている。（09本）

⑲ 安定的な食料輸入を促進するため，食料・農業・農村基本法を制定した。（10追）

⑳ 遺伝子組み換え技術は，農薬や害虫に強い新しい品種の食物を作ることを可能にしている。既にいくつかの遺伝子組み換え作物が商品化され，その結果，安全性や環境への影響を疑問視する声はなくなった。（12倫政本）

㉑ 農地法は，農業への株式会社の参入を認めている。（11本）

演習問題

1　日本の中小企業についての記述として最も適当なものを，次の①～④のうちから一つ選べ。(17追改)
　①　中小企業基本法は，中小企業を資本装備率によって定義した。
　②　大企業と中小企業の間に存在する労働条件や生産性の格差を，経済の二重構造と呼ぶ。
　③　中小企業基本法の理念は，中小企業の多様で活力ある成長発展から大企業と中小企業の格差是正へと転換された。
　④　事業所数に占める中小企業の割合は，大企業の割合を下回っている。

2　1990年代以降の日本における新産業の育成・発展をめぐる記述として適当でないものを，次の①～④のうちから一つ選べ。(07追)
　①　株式会社設立の際の最低資本金に関する規制が見直され，資本金1円でも株式会社を設立できることになった。
　②　ベンチャー企業などに株式上場による資金調達の場を提供するために，東証マザーズなどの新興市場が創設された。
　③　大企業との格差是正を目的とした中小企業基本法が改正され，中小企業は新産業の創出などによる経済発展の担い手として位置付けられた。
　④　全国の大学の研究成果を新産業の育成につなげるために，産業再生機構が創設された。

3　食品に関する日本の法制度についての記述として最も適当なものを，次の①～④のうちから選べ。(04追)
　①　食品の表示規則は，表示を見る消費者の分かりやすさを考えて，厚生労働省によって統一的に管轄されている。
　②　消費者に一定期間内に無条件で訪問販売等の契約の解除を認めるクーリング・オフ制度は，食品の売買には適用されない。
　③　地方自治体は，条例を定めても，食品衛生法で定められた規則よりも広範囲な規制を行うことは出来ない。
　④　食品の安全規制について，大綱は法律で定め，具体的な事例は，政令や省令などの行政立法で定めるようにしている。

4　消費者問題にかかわる日本の法制度の説明として正しいものを，次の①～④のうちから一つ選べ。(20本)
　①　特定商取引法の制定により，欠陥商品のために被害を受けた消費者が，損害賠償請求訴訟において製造業者の無過失責任を問えるようになった。
　②　消費者団体訴訟制度の導入により，国が認めた消費者団体が，被害を受けた消費者に代わって訴訟を起こせるようになった。
　③　消費者庁の廃止により，消費者行政は製品や事業ごとに各省庁が所管することになった。
　④　リコール制度の改正により，製品の欠陥の有無を問わずその製品と消費者の好みに応じた製品との交換が可能になった。

5　次のア～ウは，日本の農業政策をめぐる出来事についての記述である。これらの出来事を古いものから順に並べたとき，その順序として正しいものを，次の①～⑥のうちから一つ選べ。(18追改)
　ア　国外からの輸入自由化の要求が高まったことをうけて，コメの全面関税化が実施された。
　イ　食料自給率の向上と国内農家の保護のために，農家に対する戸別所得補償制度が導入された。
　ウ　コメの価格や流通に関する規制を緩和した新食糧法(主要食糧の需給及び価格の安定に関する法律)が施行された。
　①　ア→イ→ウ　　②　ア→ウ→イ　　③　イ→ア→ウ
　④　イ→ウ→ア　　⑤　ウ→ア→イ　　⑥　ウ→イ→ア

6 食糧に関する記述として最も適当なものを，次の①〜④のうちから一つ選べ。（12現社本）

① 国連開発計画（UNDP）は，世界食糧サミットを開催し，栄養不足人口の半減などを目指す宣言を採択した。

② 食糧などの貿易を適正な価格で行うフェアトレードが，開発途上国の生産者の自立の支援などを目的として行われている。

③ 日本は多くの食糧を輸入に依存しているが，国内生産者保護のため，コメの輸入はゼロに抑えられている。

④ 日本では，食の安全に対する信頼を確保するため，消費者が生産履歴などを追跡できるPOS（販売時点情報管理）システムが導入された。

7 1962年，ケネディ大統領が明確化した「消費者の4つの権利」として適当でないものを次の①〜④のうちから1つ選べ。（07近畿大改）

① 安全である権利　　② 知らされる権利　　③ 選択できる権利　　④ 製品を共同開発できる権利

8 中小企業基本法の定義に基づいた中小企業に当てはまらないものを，次の①〜④のうちから一つ選べ。（17近畿大改）

① 資本金3億円以下，従業員300人以下の製造業の企業

② 資本金1億円以下，従業員100人以下の卸売業の企業

③ 資本金1億円以下，従業員100人以下の小売業の企業

④ 資本金5,000万円以下，従業員100人以下のサービスの企業

9 SDGsの17の目標のうち，生徒Aのグループが目標6「安全な水とトイレを世界中に」を探究学習のテーマに選び，次の資料1〜4を参考にして，水資源に関する国内外の問題について考えた。

そこで，資料1〜4から読み取れる内容として適当でないものを，次の①〜④のうちから1つ選べ。（公共サンプル問題改）

資料1 世界各国の降水量と一人当たり水資源賦存量

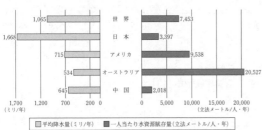

（注）水資源賦存量とは〈降水量−蒸発散量×当該地域の面積〉で求められる値で，理論上最大限利用可能な水資源の量を表す。なお，ここで示されているデータはAQUASTATの2016年11月時点公表のデータを基に国土交通省水資源部が作成したもので，水資源賦存量の算出にあたって，平均降水量を用いている。

（出所）国土交通省『平成28年版日本の水資源の現況』により作成。

資料3 日本全国の水使用量と米の生産量

（出所）国土交通省『令和2年版日本の水資源の現況』と農林水産省『作物統計』により作成。

資料2 1kg生産するのに必要な水の量（ℓ）

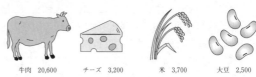

牛肉 20,600　チーズ 3,200　米 3,700　大豆 2,500

（出所）環境省Webページにより作成。

資料4 2018年農産物の国内生産量と輸入量

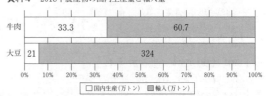

（出所）農畜産業振興機構「牛肉需給表」，農林水産省「食料需給表」，「農林水産物輸出入概況」により作成。

① 日本は降水量に恵まれるが，一人当たり水資源賦存量は世界平均以下である。

② 2015年の日本全国の水使用量は日本の水資源賦存量の半分を上回っている。

③ 大量の水を消費する米の生産量と農業用水の使用量とは相関関係がある。

④ 日本は牛肉の輸入によって原産国に水の消費を肩代わりしてもらっている。

合格map

1 資源・エネルギー問題

(1)資源ナショナリズム：重要資源を国有化，自国経済を発展

①石油輸出国機構(【1】)結成(1960)…メジャーに対抗→2度の石油危機

②新国際経済秩序(【2】)樹立に関する宣言(1974，国連資源特別総会)

(2)エネルギー資源の転換

①化石燃料(石油・石炭・天然ガス)…地球上に偏在，枯渇，地球環境の悪化

②原子力発電…安全性に問題(福島原発事故)，核廃棄物の問題

③新しいエネルギー…再生可能なエネルギーの開発(太陽光・風力・地熱など)

　ア【3】政策(米)：エネルギー転換により新たな産業や雇用を生み出す

　イ【4】計画(日)：太陽電池・燃料電池の開発，廃熱利用の都市システム

2 公害と環境問題

(1)公害対策から環境保全対策へ

公　害	対　策
①足尾銅山鉱毒事件(1890年代〜)	田中正造…公害反対運動(公害問題の原点)
②産業公害(高度経済成長期) 【5】訴訟(1960年代〜)：新潟水俣病・ 四日市ぜんそく・イタイイタイ病・ 水俣病	・【6】(1967制定)：環境基準設定 ・環境庁(1971)→【7】(2001) ・企業の無過失責任制度←大気汚染防止法改正(1972) ・【8】の原則(PPP)←OECDの提唱(1972) ・【9】(環境影響評価法，1997制定)
③都市公害・生活公害(1970年代〜) 騒音・水質汚濁・ごみ公害など ④新しい公害(1990年代〜) ダイオキシン・環境ホルモン・アス ベスト公害など	・環境権の考え方 ・【10】(1993成立)←【6】を改正 ・【11】(2000成立)：拡大生産者責任(EPR)の考え方 　→資源の有効利用・リサイクル関連法…3Rの推進 ※企業の取組み：ISO14000シリーズ取得，SRI(社会的 　責任投資)

(2)地球環境問題：地球温暖化・オゾン層の破壊・酸性雨など

①地球環境問題への国際的取組み

年	取組み	成果
1972	【12】会議：スローガン Only One Earth	人間環境宣言，国連環境計画(【13】)
1973	【14】条約：絶滅の恐れのある野生動植物の種の国際的取引きを禁止	
1987	【15】議定書：オゾン層破壊物質の規制	
1989	バーゼル条約：有害物質の輸出を規制	
1992	国連環境開発会議(【16】)：「【17】な開発」	リオ宣言，アジェンダ21
1997	気候変動枠組条約第3回締約国会議(【18】)	京都議定書採択：京都メカニズム
2001	【19】が京都議定書から離脱	
2002	持続可能な開発に関する世界首脳会議	ヨハネスブルク宣言
2004	【20】が京都議定書を批准	京都議定書発効(2005)
2009	国連気候変動サミット	鳩山イニシアティブ
2010	生物多様性条約第10回締約国会議(COP10)	国連が生物多様年を定める(名古屋)
2011	気候変動枠組条約第17回締約国会議(COP17)	京都議定書後の新たな枠組み工程表
2015	気候変動枠組条約第21回締約国会議(COP21) 国連において持続可能な開発目標(SDGs)が採択	196か国・地域参加のパリ協定採択

②「宇宙船地球号」を守る努力

　ア【21】運動：消費者が環境や健康を害しない商品を選択

　イ【22】運動：基金を募って無秩序な開発から自然環境を保護・管理

　ウ【23】：脱炭素社会の実現に向けて，排出する二酸化炭素の量と森林などで
　　　　　吸収される二酸化炭素の量を等しくすることで，二酸化炭素排出量
　　　　　を実質ゼロにしようとする動き

●正誤問題メモ

① ✕ OPECは国連機関ではない。

② ○

③ ○

④ ✕ 当時, 欧州で反原発を打ち出したのは, ドイツやスウェーデンである。

⑤ ✕ 四日市ぜんそくは, 産業公害。

⑥ ○

⑦ ✕ 1960年代に公害訴訟が相次ぎ, 1967年に公害対策基本法が制定された。他国に比べてけっして早くはない。

⑧ ✕ 公害対策基本法は, 1993年に環境基本法に改正された。環境アセスメント法は1997年制定, 2011年改正。

⑨ ○

⑩ ○

⑪ ✕ 排出量取引は京都議定書で規定されたものである。

⑫ ✕ 大気汚染防止法は, 1968年制定, ダイオキシンなどの抑制を目的に1997年改正。

⑬ ✕ 京都議定書において, 初めて温室効果ガスの排出量を取引する制度が創設された。

⑭ ○ 1999年制定。

⑮ ○ ISO14000シリーズ。

⑯ ✕ ゼロ-エミッションとは「廃棄物ゼロの循環社会」という概念である。

⑰ ✕ ナショナル-トラストとは寄付を募り, 土地を買い取ることで自然環境や歴史遺産を維持する運動。

⑱ ○

⑲ ○

⑳ ○

正誤問題

① 国連は, 資源・エネルギー問題に関して, 産油国と非産油国の利害を調整するために, 石油輸出国機構(OPEC)を設置した。(96本)

② 国連は発展途上国にとって不利にならない国際経済の構造を実現するために, NIEO(新国際経済秩序)の樹立に関する宣言の採択を促した。(96本)

③ 国連海洋法条約は, 沿岸国が領海の外側に一定の範囲で排他的経済水域を設定することを認めている。(16追)

④ 欧州における反原発の動きの一つとして, フランスでは, チェルノブイリでの大規模な原発事故をきっかけにして実施された国民投票の結果, 原子力発電を計画的に廃止する決定があった。(05現社追)

⑤ 四日市ぜんそくは, コンビナート周辺の大気汚染によって発生したもので, 都市公害の一つに分類される。(11追)

⑥ 公害に反対する市民運動の要求を受けて, 1970年前後に一連の公害対策立法が行われた。(10本)

⑦ 環境基本法が, 他の先進諸国に比べても早い時期に制定され, その適用によって, 水俣病などの公害による被害は最小限にとどめられた。(08本)

⑧ 1990年代には, 公害防止の強化を目的として, 公害対策基本法に代わって環境アセスメント法が制定された。(11追)

⑨ 国連人間環境会議の決議をうけて, 環境保護を目的とした国連環境計画(UNEP)が設立された。(09本)

⑩ 国連環境開発会議(地球サミット)では, 「持続可能な開発」を共通の理念とした環境と開発に関するリオ宣言が採択された。(11追)

⑪ 国連環境開発会議の決議をうけて, 先進国による温室効果ガスの排出量取引が開始された。(09本)

⑫ 京都議定書に基づいて事業者による二酸化炭素などの温室効果ガスの総排出量を削減するために, 大気汚染防止法が改正された。(06追)

⑬ 京都議定書では, 締約国間における温室効果ガスの排出量の売買を禁止している。(16追)

⑭ ダイオキシン類による環境汚染の防止とその除去などを行うためにダイオキシン類対策特別措置法が制定された。(06追)

⑮ ISO(国際標準化機構)によって, 組織が環境に配慮した運営を行っていることを認証するための規格が作られた。(06本)

⑯ 日本では, ゼロ-エミッションの考え方に基づいて, 自動車の発する騒音を一定水準に抑えることがメーカーに義務付けられている。(06本)

⑰ 日本では, ナショナル-トラストの考え方に基づいて, 自然の景観を維持するために国立公園内の工場建設が規制されている。(06本)

⑱ モントリオール議定書とは, フロンの生産や消費を規制した国際条約である。(16本)

⑲ 2016年に発効したパリ協定では, 「世界の平均気温上昇を産業革命以前に比べて2℃より十分低く保ち, 1.5℃に抑える努力をする」という長期目標を掲げている。

⑳ 生物多様性条約とは, 生物多様性の保全とその持続的な利用, 生物のもつ遺伝資源の利用から生じる利益の公正な配分を目指す条約である。(19本)

演習問題

1　次の表は2014年における各国の一次エネルギー供給量およびエネルギー源別の構成比を示したものである。AとBには中国またはアメリカのいずれか，CとDには日本またはフランスのいずれかが入る。表中のA～Dに当てはまる国名の組合せとして正しいものを，下の①～④のうちから一つ選べ。(18本)

	一次エネルギー供給量(百万トン)	一次エネルギーの内訳(%)					
		石　炭	原　油	天然ガス	原子力	水　力	その他
A	3,052	65.9	16.9	5.0	1.1	3.0	8.1
B	2,216	19.5	40.5	28.2	9.8	1.0	1.1
C	442	26.8	39.0	24.4	0.0	1.6	8.2
D	243	3.8	22.9	13.4	46.9	2.2	10.8
世界全体	13,699	28.6	31.8	21.2	4.8	2.4	11.2

(注)　一次エネルギーとは，各種エネルギー資源から直接得られるエネルギーのことである。なお，表中の数値は，石油に換算したものを用いている。また，その他には地熱，太陽光，風力，潮力，固形バイオ燃料，液体バイオ燃料，バイオガス，産業廃棄物，都市廃棄物などを含む。四捨五入のため，各項目の総和が100とならない国もある。　　　(資料)　IEA(国際エネルギー機関)Webページにより作成。

①　A　中　国　　　B　アメリカ　　　C　日　本　　　D　フランス
②　A　中　国　　　B　アメリカ　　　C　フランス　　　D　日　本
③　A　アメリカ　　　B　中　国　　　C　日　本　　　D　フランス
④　A　アメリカ　　　B　中　国　　　C　フランス　　　D　日　本

2　再生可能エネルギーについての記述として誤っているものを，次の①～④のうちから一つ選べ。(16本)
①　太陽光発電の年間発電量において，現在，日本はドイツを上回っている。
②　再生可能エネルギーの中には，地熱発電や潮力発電が含まれる。
③　再生可能エネルギーの開発と普及は，持続可能性の高い低炭素社会の実現に寄与する。
④　バイオマスには，トウモロコシから製造したエタノールや，間伐材を加工した小型固形燃料が含まれる。

3　温室効果ガスの削減に関連する国内外の制度を説明した次の記述A～Cのうち，正しいものはどれか。当てはまる記述をすべて選び，その組合せとして最も適当なものを，下の①～⑦のうちから一つ選べ。(20本改)
　A　気候変動枠組条約の京都議定書では，締約国間における温室効果ガスの排出量の売買を禁止していた。
　B　日本では，福島第一原発事故後に施行された再生可能エネルギー特別措置法によって，再生可能エネルギーから作られた電力の固定価格買取制度が開始された。
　C　気候変動枠組条約のパリ協定では，すべての締約国が温室効果ガスの自主的な削減目標を提出し，目標の達成に向けて取り組むことが定められた。
①　A　　②　B　　③　C　　④　AとB　　⑤　AとC　　⑥　BとC　　⑦　AとBとC

4　地域で取り組む問題の一例として，環境問題がある。日本の環境政策に関する記述として最も適当なものを，次の①～④のうちから一つ選べ。(10現社本)
①　高度経済成長期には，環境アセスメント(環境影響評価)法が制定され，工業地帯で公害対策が進んだ。
②　資源の再生利用など，循環型社会の形成に向けた地域的取組みを促進するために，公害対策基本法が制定された。
③　企業には，住民による環境保全活動を支援することが，企業の社会的責任(CSR)の一環として，法律で義務づけられている。
④　国や地方自治体が環境負荷の少ない商品などを調達することが，グリーン購入法によって推進されている。

5 公害・環境対策に関連して，日本で行われている対応策についての記述として適当でないものを，次の①〜④のうちから一つ選べ。（10本）

① 公害の発生を防止するために，公害防止費用は汚染者が負担すべきであるという原則が取り入れられている。

② 大規模な都市開発などが環境に及ぼす影響を予測・評価し，広く意見を聞いて，環境保全対策を講じる制度が導入されている。

③ 公害被害が生じたときに公害の発生者が損害賠償責任を負うのは，故意や過失がある場合に限るという原則が確立されている。

④ 特定の有害物質の排出に関しては，濃度規制に加え，総排出量を一定地域ごとに規制する総量規制がとられている。

6 高度経済成長期を通じて公害など環境汚染にかかわる問題が浮き彫りになってきた。次のA〜Dは，環境の整備や保全に関する日本の取組みの事例である。これらを古い順に並べたとき，2番目にくるものとして正しいものを，下の①〜④のうちから一つ選べ。（20追）

A 環境基本法の制定　　　B 環境省の設置
C 公害対策基本法の制定　　D 循環型社会形成推進基本法の制定

① A　　② B　　③ C　　④ D

7 京都議定書についての記述として適当でないものを，次の①〜④のうちから一つ選べ。（10本）

① 気候変動枠組み条約の締約国会議で採択された。

② 温室効果ガス排出量の抑制・削減目標値を定めた。

③ 温室効果ガス排出量を他国と取引できる仕組みを取り入れている。

④ アメリカが離脱したため発効しないままである。

8 地球規模の環境問題に対応するために，国際的な取り組みが進められてきたが，その成果として成立した次の条約A〜Cとその説明ア〜ウとの組合せとして正しいものを，下の①〜⑥のうちから一つ選べ。（06追）

A ウィーン条約　　B バーゼル条約　　C ラムサール条約

ア 国際的に重要な湿地の保全とその適正な利用を促進するための条約

イ 有害廃棄物の国境を越える移動およびその処分を規制する条約

ウ オゾン層を保護するための国際的な対策の枠組みを定めた条約

① A−ア　B−イ　C−ウ　　② A−ア　B−ウ　C−イ　　③ A−イ　B−ア　C−ウ
④ A−イ　B−ウ　C−ア　　⑤ A−ウ　B−ア　C−イ　　⑥ A−ウ　B−イ　C−ア

9 現代の国際社会の取り組みについての記述として正しいものを，次の①〜④のうちから一つ選べ。（15本）

① 国連人間環境会議では，先進国による温室効果ガスの削減目標値が採択された。

② 国連人間環境会議の決議を受けて，UNEP(国連環境計画)が設立された。

③ 国連環境開発会議では，京都議定書が採択された。

④ 国連環境開発会議の決議を受けて，UNCTAD(国連貿易開発会議)が設立された。

Chapter 22　労働基本権と労働運動，雇用問題と労働条件

合格map

1　労働基本法と労働三法

(1)労働基本権
　①勤労権…〈憲法27条〉
　②労働三権(【1】・【2】・【3】)…〈28条〉
(2)労働三法
　①労働基準法(1947)：【4】の労働条件の規定
　　・【5】対等・均等待遇・男女同一賃金・強制労働の禁止など
　　・関連：最低賃金法，労働契約法，労働基準局・労働局・労働基準監督署
　②【6】法(1945，1949全面改正)：労働組合について規定
　　・【7】(不利益扱い・黄犬契約・団体交渉拒否・支配介入他)の禁止
　　・【8】(労働条件等)：(憲法>労働基準法>【8】>就業規則>労働契約)
　　・正当な争議行為に対して刑事免責と【9】を与える
　　・ショップ制：オープン・ショップ，ユニオン・ショップ，クローズド・ショップ
　③労働関係調整法(1946)：労働争議(ストライキなど)の予防と解決
　　・【10】(労働者委員・使用者委員・公益委員)による斡旋・【11】・仲裁
　　・2006年労働審判制度開始
(3)公務員の労働三権の制限…争議行為の全面禁止(政令201号)，【12】勧告
(4)労働運動の進展
　①世界…ラッダイト運動(英)，ワグナー法(米)，【13】(ILO)設立(1919)
　②日本…春闘方式，連合・全労連などナショナル・センター→労働組合組織率の低下

2　今日の雇用問題と労働条件

(1)雇用情勢の変化と形態の多様化
　①外国人労働者の増加
　②女性労働者の増加…男女【14】法(1985制定，2007改正)
　　　　　　　　　　　＜セクハラ防止義務やマタハラ禁止→女性活躍推進法(2015)＞
　　　　　　　　　　　育児休業法(1991→【15】法(1995))，パートタイム労働法(1993)
　③日本的経営(終身雇用制・【16】賃金・企業別労働組合)の見直し
　④バブル崩壊後…人員削減(リストラ)・雇用不安で新規学卒者採用を控える
　　・産業の【17】化の深化，完全失業率の上昇傾向，
　　　非正規雇用者(契約社員・派遣社員・パートタイム労働者)の増加傾向，
　　　働いているが生計は苦しい【18】の拡大
　　・青年層にフリーターやニートが出現
　⑤世界的な新型コロナウイルスの感染拡大により，「在宅勤務」「オンライン会議」
　　といった新たな形態の働き方も広まった
(2)賃金
　①職務給・職能給，成果主義の導入，年俸制，時給・出来高制などに分化
　　※同一労働同一賃金
　　　(派遣労働者2020.4～，中小企業従事者・パートタイム労働者2021.4～)
　②企業規模間，産業間，男女間，正規雇用者と非正規雇用者間の格差の問題
(3)労働時間と労働災害
　①労働基準法の改正(1987)…週40時間労働，週休2日制へ
　②【19】制，変形労働時間制，裁量労働制の創設
　③有給休暇の未消化，多い時間外労働やサービス残業など
　④仕事を分かち合う【20】の導入
　⑤労働災害…職業病，テクノストレス，過労死・突然死，過労自殺
　⑥働き方改革…時間外労働の上限規制・有給休暇消化義務・高度プロフェッショナル制度・同一労働同一賃金など

●正誤問題メモ

① × 希望の職業に就くことまで請求する権利ではない。

② ○ 最低賃金法にもとづき，都道府県ごとに最低賃金額が決定される。

③ × 労働者個人の同意ではなく，労働組合または労働者の過半数を代表する者と書面による協定を結び，労働基準監督署に届け出る。

④ ○

⑤ × 不当労働行為の黄犬契約にあたる。

⑥ ○

⑦ ○

⑧ × 労使間の紛争解決や労働争議の予防のため。

⑨ ○

⑩ ○

⑪ × 1歳になるまで。就学前の子どものため年5日休める看護休暇制度が追加された。

⑫ ○

⑬ × 就業者数，非正規労働者数ともに減少していない。

⑭ ○

⑮ × 争議権は認められていないが，団結権・団体交渉権は認められている職種もある。

⑯ ○

⑰ × 勤続年数や年齢に応じて賃金が上昇する制度。

⑱ ○

⑲ ○

⑳ ○

㉑ ○

㉒ ○ 2004年改正。

正誤問題

① 勤労の権利とは，働く意思のある者が，希望の職業に就くことを国家に請求する権利のことである。（08追）

② 最低賃金法に基づいて，最低賃金の適用を受ける労働者に支払うべき最低賃金額が決められている。（05本）

③ 労働者本人が同意すれば，使用者は法定労働時間を超えてその労働者に時間外労働を命じることができる。（02本）

④ 労働者の団結権を保障するために労働組合法が制定された。（11國學院大）

⑤ 使用者は，労働者を採用する場合，採用条件として労働者が労働組合に加入しないことを約束させることができる。（02本）

⑥ 労使による労働協約によって，雇用された労働者が労働組合への加入が強制される制度を，ユニオン・ショップ制と呼ぶ。（11早稲田大）

⑦ 解雇された者であっても労働組合を結成することができ，法律上の保護を受けることができる。（02本）

⑧ 労働組合内の争議を解決するために労働関係調整法が制定された。（11國學院大）

⑨ 労働争議において，自主的解決が難しい場合に，労働委員会が斡旋や仲裁などを図ることがある。（10現社本）

⑩ 男女雇用機会均等法は，男女が共に働きやすい職場環境をつくるために，セクシュアル・ハラスメントの防止を企業に義務づけている。（04現社本）

⑪ 育児・介護休業法によれば，1歳以上から就学前までの子を養育するため，また介護のため，男女どちらでも休業することができる。（09現社追）

⑫ 男女共同参画社会基本法は，国や地方自治体における政策・方針の立案や決定過程に，男女が共同で参画する機会を確保するよう求めている。（06現社本）

⑬ バブル崩壊後の不況によって，就業者数が減少したために，非正規労働者の数は1990年代全体を通じて減少した。（10現社本）

⑭ 変形労働時間制とは，一定期間の週当たり平均労働時間が法定労働時間を超えなければ，その期間の特定の時期に法定労働時間を超える労働を可能にする制度である。（12本改）

⑮ 全ての公務員は労働三権の全てを制限されている。（11青山学院大）

⑯ ILO（国際労働機関）は労働条件の改善を国際的に実現することを目標として設立された国際機関である。（10龍谷大改）

⑰ 年功序列型賃金制とは，労働者の仕事の内容に応じた額の賃金が支払われることを重視する賃金制度である。（09本）

⑱ 毎年春になると各産業の多くの労働組合がおおむね足並みをそろえて，賃上げなどを要求するのが春闘の制度である。（11神奈川大）

⑲ 一般行政職の公務員採用試験において，一部の地方公共団体は受験要件としての国籍条項を外した。（11本）

⑳ 日本では，現在，公共職業安定所（ハローワーク）による職業紹介が外国人労働者に対しても行われている。（07追）

㉑ ワークシェアリングとは，雇用の維持・創出を図るために労働者一人当たりの労働時間を短縮することである。（09本）

㉒ 労働者派遣法の改正により，製造業務への労働者派遣が解禁された。（20追）

1 日本では不当労働行為が禁止されているが，不当労働行為とは言えないものを，次の①～④のうちから一つ選べ。(04本)

① 企業が，労働組合員であることを理由として従業員を解雇した。

② 使用者が，理由を明示せずに団体交渉を拒否した。

③ 社長が，労働組合があると会社の発展にとって良くないので組合をつくらないよう，朝礼で命令した。

④ 会社が，労働組合との団体交渉において，不況を理由として賃金引下げを提案した。

2 日本における労働法上の斡旋，調停，仲裁についての記述として正しいものを，次の①～④のうちから一つ選べ。(04本)

① 斡旋では，斡旋員による解決案の提示が法的に義務付けられている。

② 調停案を受諾するかどうかは，関係当事者の意思に委ねられている。

③ 仲裁は，関係当事者の一方から仲裁の申請がなされたときに行われる。

④ 仲裁裁定は，裁判所によって下される。

3 企業や組織での雇用労働に関連して，日本の労働法制で定められた内容に関する次の記述A～Dと，それらに対応する法律の名称ア～カとの組合せとして最も適当なものを，下の①～⑧のうちから一つ選べ。(12現社本)

A 労働条件は，労働者が人間らしい生活を営むための必要を充たすべきものでなければならない。

B 労働者が労働組合員であることなどを理由として，その労働者を解雇したり，不利益な取扱いをしたりしてはならない。

C 労働関係の当事者は，労働争議が発生したときには，誠意をもって自主的にその解決に向けて努力しなければならない。

D 事業主は，職場における性的言動によって，その雇用される労働者の就業環境が害されることのないように，必要な措置を講じなければならない。

ア 最低賃金法　　イ 労働関係調整法　　ウ 労働基準法　　エ 労働組合法

オ 男女共同参画社会基本法　　カ 男女雇用機会均等法

① A－ア　B－イ　C－オ　D－カ　　② A－ア　B－イ　C－ウ　D－オ

③ A－ア　B－エ　C－ウ　D－カ　　④ A－ア　B－エ　C－ウ　D－オ

⑤ A－ウ　B－イ　C－オ　D－カ　　⑥ A－ウ　B－イ　C－ア　D－オ

⑦ A－ウ　B－エ　C－イ　D－カ　　⑧ A－ウ　B－エ　C－イ　D－オ

4 労働市場において労働者はある一定水準の賃金率(単位時間当たり賃金)までは，賃金率の上昇とともに労働時間を増やしたいと思うが，それ以上に賃金率が上昇すると労働時間を減らして余暇を増やしたいと思う傾向があると仮定する。いま，縦軸を賃金率，横軸を労働時間とするとき，賃金率と労働者が提供したいと考える労働時間との関係を表す図として最も適当なものを，次の①～④のうちから一つ選べ。(07追)

①
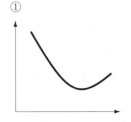

②
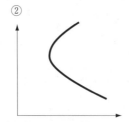

③
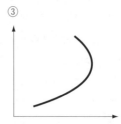

④

5 労働組合法や労働委員会に関する以下の記述のうち，最も適切なものを一つ選べ。(11早稲田大改)

1 労働委員会は，労働者委員と使用者委員の二者によって構成されている。

2 労働委員会が，労働争議の処理にあたって調停を行った場合，当事者は調停案に従わなければならない。

3 使用者が，労働者の労働三権を侵害したり，正常な組合活動を妨害する行為のことを不当労働行為という。

4 会社役員は，労働委員会の使用者委員になることが禁止されている。

5 労働条件や労使関係に関して，労働組合と使用者が団体交渉を通じて合意した協定書を就業規則という。

6 日本では雇用形態の多様化が進んでいる。さまざまな働き方に対応した規制を行う日本の法律A〜Cと，それらの内容に関する記述ア〜ウの組合せとして正しいものを，下の①〜⑥のうちから一つ選べ。(18本)

A 労働者派遣法　　　B パートタイム労働法　　　C 高年齢者雇用安定法

ア 正社員よりも週の所定労働時間が短い労働者の労働条件の改善などを目的とする。

イ 制定当時は対象業務が限定されていたが，その後の改正により対象業務の範囲が拡大されてきている。

ウ 定年の引上げ，定年制の廃止，定年後の継続雇用制度の導入の中からいずれかの措置をとることを事業主に義務づけている。

① A－ア B－イ C－ウ　　　② A－ア B－ウ C－イ　　　③ A－イ B－ア C－ウ

④ A－イ B－ウ C－ア　　　⑤ A－ウ B－ア C－イ　　　⑥ A－ウ B－イ C－ア

7 次の図は，各年齢階級における1か月の賃金の平均値を雇用形態別に示したものである。この図から読みとれる内容として誤っているものを，下の①〜④のうちから一つ選べ。(20本)

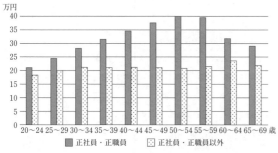

(注) 2017年6月分の賃金である。雇用形態のうち，「正社員・正職員」とは，事業所が「正社員・正職員」とする者をいい，「正社員・正職員以外」とは，「正社員・正職員」に該当しない者をいう。

(資料) 厚生労働省「平成29年賃金構造基本統計調査」(厚生労働省Webページ)により作成。

① 年齢階級ごとに，「正社員・正職員」の賃金と「正社員・正職員以外」の賃金との差を比べると，30〜34歳における賃金の差額は，20〜24歳における賃金の差額を上回る。

② 年齢階級ごとに，「正社員・正職員」の賃金と「正社員・正職員以外」の賃金とを比べると，すべての年齢階級において，「正社員・正職員」の賃金は「正社員・正職員以外」の賃金を上回る。

③ 「正社員・正職員」の賃金をみると，賃金が最も高い年齢階級における賃金は，20〜24歳の賃金の3倍を下回る。

④ 「正社員・正職員以外」の賃金をみると，賃金が最も高い年齢階級における賃金は，20〜24歳の賃金の3倍を上回る。

8 日本の労働者の権利に関する記述として最も適当なものを，次の①〜④のうちから一つ選べ。(18追)

① 労働組合は，正当な争議行為であっても，使用者に損害を与えた場合には民事上の責任を負う。

② 最高裁は，公務員の争議行為の全面的な禁止を違憲と判断している。

③ 警察官や自衛隊員に，団結権が認められている。

④ 国民の日常生活を著しく害するおそれのある争議行為は，緊急調整により，制限されることがある。

9 生徒たちは，日本の雇用環境とその変化について調べることにした。次の文章中の空欄　ア　・　イ　に当てはまる語句の組合せとして正しいものを，下の①〜④のうちから一つ選べ。(21本)

終身雇用，　ア　，および企業別労働組合は，日本における労使慣行の特徴とされ，日本的経営とも呼ばれてきた。しかし，経済環境の変化に伴って終身雇用や　ア　に代わって異なる雇用や賃金の形態が広がり，多様化している。

また，現在では労働者の働き方も多様化している。たとえば，業務遂行の方法や時間配分の決定などを労働者自身の委(ゆだ)ねる必要があるため，実際の労働時間に関係なく一定時間働いたとみなす　イ　を導入する企業もある。

① ア 年功序列型の賃金　　　　イ フレックスタイム制

② ア 年功序列型の賃金　　　　イ 裁量労働制

③ ア 成果主義による賃金　　　イ フレックスタイム制

④ ア 成果主義による賃金　　　イ 裁量労働制

Chapter 23 日本の社会保障

1 世界の社会保障

(1)社会保障へのあゆみ

1601	【1】救貧法(英)
1883	社会保険制度(独)…【2】のアメとムチの政策
1935	社会保障法(米)…ニューディール政策の一環
1942	ベバリッジ報告(英)…「【3】」,ナショナル・ミニマムの保障
1944	【4】宣言…ILO が発表

(2)現行の型

①北欧型(租税中心,単一制度)

②【5】型(保険料中心,社会階層により異なる制度)

2 日本の社会保障

(1)生存権〈憲法第25条〉の保障

(2)社会保障制度

【6】	被保険者・事業主・政府で負担:医療保険・雇用保険・【7】保険(【7】は事業主負担)・年金保険・介護保険
【8】	生活保護法による最低限度の生活の保障,公費負担
【9】	児童・身体障がい者・知的障がい者・老人・母子及び父子並びに寡婦福祉法による施設・サービスの提供
公衆衛生	疾病予防や食品・環境の管理

(3)日本の社会保障制度の課題

①国民皆年金・皆保険(1961),福祉元年(1973)→不況と急速な【10】化の進展による福祉政策の転換

	iDeCo(個人型確定拠出年金)					
iDeCo 国民年金基金	確定拠出年金(企業型)	確定給付企業年金	厚生年金基金 (代行部分)	退職等年金給付		数値は2020年3月末
	厚 生 年 金 保 険				公務員など	
国 民 年 金 (基 礎 年 金)						
自営業者など (第1号被保険者)	民間サラリーマン・公務員など (第2号被保険者等)				第2号被保険者の被扶養配偶者 (第3号被保険者)	
1,453万人	4,488万人				820万人	
6,731万人						

②年金保険制度…【11】方式(賦課方式をベースに積立方式を加味)

・保険料納付率の低迷

・支給開始年齢の引上げ,給付水準の抑制の可能性

※第2号被保険者等は,厚生年金被保険者のことをいう(第2号被保険者のほか,65歳以上で老齢又は退職を支給事由とする年金給付の受給権を有する者を含む。

・年金記録問題や不祥事により社会保険庁を解体→【12】

③【13】制度(2000実施)…40歳以上の人が保険料負担,原則65歳以上の要介護者にサービスを提供→市町村による格差

④後期高齢者医療制度…75歳以上の人を対象とした医療制度としてスタートしたが,批判が多く新しい制度を模索中である

⑤人々が安心して暮らせる【14】(安全網)の確立

・障がい者が健常者と同様に暮らせる【15】社会の実現

・製品・施設・環境などにおける誰もが使いやすい【16】の普及

・生活関連社会資本(道路・住宅・公園等)の【17】化

⑥【18】…福祉や災害などの場で自主的・自発的に無償で活動する人々

●正誤問題メモ

① ×　公的年金ではなく公衆衛生である。

② ○

③ ×　雇用保険法や労災保険法で義務づけられている。

④ ×　保険料のうち，失業給付にあてられる分は労使で折半する。

⑤ ×　公的扶助ではなく社会保険。

⑥ ○

⑦ ○

⑧ ×　経済成長政策優先から福祉を重視する政策へと転換がはかられた1973年のこと。

⑨ ×　均一の拠出と給付は保障されていない。

⑩ ○

⑪ ×　積立方式の説明。

⑫ ×　確定拠出年金の説明。

⑬ ×　任意ではなく，40歳以上の全国民が加入する。

⑭ ×　社会保険費の方が多い。現在，社会福祉費と生活保護費は，少子化対策費と生活扶助等社会福祉費の合計で算出。

⑮ ×　公費負担より社会保険料の方が多い。

⑯ ○　バリアフリー新法(2006年制定)。

⑰ ○

⑱ ○

⑲ ○

⑳ ×　ノーマライゼーションの説明。セーフティ・ネットとは非常時の安全や安心を確保するしくみ。

㉑ ×　国による最低限度の生活保障を意味する。

㉒ ×　「ゆりかごから墓場まで」はイギリスのベバリッジ報告のスローガン。

正誤問題

①　日本の社会保障は，社会保険，公的扶助，社会福祉，および公的年金の四つを柱とするものである。(01本)

②　社会保険は，病気・失業・老齢などに直面した被保険者に対して，医療などのサービスや所得を保障する制度である。(09本)

③　雇用保険や労災保険への加入は事業者の任意であり，義務ではない。(06追)

④　雇用保険に関しては，被保険者である労働者が保険料の全額を負担する。(03本)

⑤　被用者の病気や失業に対して，公的扶助による救済を原則とする社会保障制度が構築された。(08追)

⑥　生活保護法とは，国が生活困窮者に対し，困窮の程度に応じて必要な保護を行う法律である。(10龍谷大)

⑦　公衆衛生は，病気の予防など，国民の生活環境の改善と健康増進を図るための仕組みである。(09本)

⑧　政府が「福祉元年」のスローガンを掲げたのは，1960年代の後半である。(01本)

⑨　公的年金保険によって，職域や世代を通じて均一の拠出と給付を保障する年金制度が実現された。(08追)

⑩　20歳になれば，学生であっても国民年金に加入する義務がある。(12現社本)

⑪　個人が就労している時期に納めた保険料によって，自らの年金受給を賄う方法を賦課方式という。(18本)

⑫　近年，日本の企業年金においても，被保険者が資産運用の意思決定を行う年金制度が広まっているが，この制度を確定給付年金という。(11東京理科大改)

⑬　介護保険は，介護が必要になりそうな人だけが任意に加入する制度であるため，加入者が少ないという問題点がある。(11国士舘大)

⑭　国の歳出予算において，生活保護費は社会保険費を上回っている。(10現社本)

⑮　社会保障財源の中で，最大の割合を占めているのは税金である。(07追)

⑯　老年人口比率は年々上昇する傾向にあり，公共的性格のある建築物や公共交通機関に対して，高齢者などへの配慮を求める法律が制定された。(08現社追)

⑰　高齢者の割合が高い農村地域などでは，伝統的な祭り等が行えないといった，共同体としての存在が危ぶまれる「限界集落」が現れ，地域社会が土台から崩れはじめている。(11早稲田大)

⑱　国民負担率とは，租税負担率と社会保障負担率を合計したものである。(11東海大)

⑲　ノーマライゼーションとは，障がいのある人が障がいのない人と同様に，普通に生活できる社会をめざすことである。

⑳　セーフティ・ネットとは，高齢者や障がい者などであっても，健常者と同等の生活や活動を支援することである。(11東海大改)

㉑　ナショナル・ミニマムとは，すべての国民が何らかの社会保険に強制加入している状態を意味する。(11東海大)

㉒　ドイツの宰相ビスマルクは，「ゆりかごから墓場まで」をスローガンに，社会保険制度を整備した。(18本)

演習問題

1 世界各国の社会保障制度の歴史についての記述として正しいものを，次の①～④のうちから一つ選べ。（09本）

① イギリスでは，世界で初めて社会保険制度が設けられた。

② ドイツでは，「ゆりかごから墓場まで」をスローガンに社会保障制度が整備された。

③ アメリカでは，ニューディール政策の一環として社会保障法が制定された。

④ 日本では，国民年金法によって社会保険制度が初めて設けられた。

2 日本の社会保険制度についての記述として正しいものを，次の①～④のうちから一つ選べ。（11本）

① 市町村は，介護保険の運営主体である。

② 保険料を財源としており，租税資金は投入されない。

③ 事業主と政府が保険料を負担し，被保険者は保険料を徴収されない。

④ 最大の支出項目は，生活保護である。

3 社会保障制度について，日本の現在の制度に関する記述として最も適当なものを，次の①～④のうちから一つ選べ。（12本改）

① 年金保険では国民皆年金が実現しているが，国民年金には自営業者のみが加入する。

② 加齢により介護を要する状態となった者に必要なサービスを保障する介護保険では，利用者はサービスにかかった費用の原則1割を自己負担する。

③ 医療保険では国民皆保険が実現しており，20歳以上のすべての者が共通の国民健康保険に加入する。

④ 業務上負傷しまたは病気にかかった労働者に対して補償を行う労災保険（労働者災害補償保険）では，事業主と国が保険料を負担する。

4 日本の公的介護保険制度やそれに基づく介護サービスについての説明として最も適当なものを，次の①～④のうちから一つ選べ。（08本）

① 都道府県がその運営主体である。

② 20歳以上の国民に加入が義務付けられている。

③ 介護サービスの利用は，要介護認定を前提とする仕組みになっている。

④ 介護サービスの利用に際して，費用の3割を負担することになっている。

5 高齢化に関連して，高齢者の福祉の増進にかかわる戦後日本の法制度についての記述として誤っているものを，次の①～④のうちから一つ選べ。（07本）

① 高齢者が生涯にわたってその心身の健康を保持し，生活の安定を図ることができるように，老人福祉法が制定された。

② 高齢者が老齢年金受給後の生活費を確保し，生活の安定を図ることができるように，高齢者雇用安定法が制定された。

③ 介護を必要とする人の増加に伴う社会的問題を解決するために，介護保険制度が整備された。

④ 精神上の障害などにより法的保護を必要とする人のために，成年後見制度が整備された。

6 次の図は，2005年における日本，アメリカ，イギリス，スウェーデン，ドイツの高齢化率と社会保障給付費の対国内総生産比を示したものである。図中のA～Cに当てはまる国名の組合せとして正しいものを，下の①～⑥のうちから一つ選べ。（12本）

① A 日本　　B イギリス　C ドイツ

② A 日本　　B ドイツ　　C イギリス

③ A イギリス　B 日本　　C ドイツ

④ A イギリス　B ドイツ　　C 日本

⑤ A ドイツ　　B 日本　　C イギリス

⑥ A ドイツ　　B イギリス　C 日本

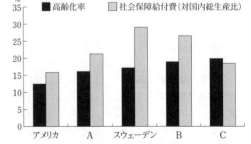

（注）　高齢化率とは，国の総人口に占める65歳以上の人口の割合を指す。また，ここでいう社会保障給付費にはOECDが定める公的総社会支出を用いている。

（資料）　United Nations, *World Population Prospects*（国連Webページ）およびOECD, *Social Expenditure Database*（OECD Webページ）により作成。

7 社会保障制度の本格的な整備・拡充に関しての記述として<u>間違っているもの</u>を，次のa～dのうちから一つ選べ。（11法政大改）

a　わが国では，生存権を保障した日本国憲法のもとで，社会保障制度の充実が図られた。

b　現在のわが国の社会保障制度は，社会保険，公的扶助，社会福祉，公衆衛生・医療の4つの分野から成り立っている。

c　日本の社会保険には，医療保険，年金保険，雇用保険，労災保険，介護保険の5部門がある。

d　1959年の国民年金法の制定により，20歳以上の国民全員が国民年金に加入することとなり，基礎年金制度が確立した。

8　わが国の年金保険について，適切でないものを以下の選択肢の中から1つ選んで，マークしなさい。（18青山学院大）

①　国民年金は，満20歳の誕生月から加入義務が生じる。

②　現在，国民年金は積立方式で運用されており，多額の年金積立金が社会問題となっている。

③　現在，老齢年金を受け取るためには，保険料納付済期間と国民年金の保険料免除期間などを合算
　　した資格期間が10年以上必要である。

④　共済年金は2015年に厚生年金に一体化された。

9　2000年以降の日本の少子高齢化の動向や国の対応策についての記述として最も適当なものを，次の①～④のうちから一つ選べ。（18追）

①　待機児童の問題を解決するため，認可保育所の定員拡大を図った。

②　高齢社会から高齢化社会へ移行した。

③　合計特殊出生率は，低下し続けている。

④　現役世代の保険料負担が過重にならないように，公的年金の保険料を段階的に引き下げる仕組みが導入された。

10　生徒Yは，格差や分配について調べる中で，どのような形でもって国民の間で社会保障の財源を負担するのか，まとめることにした。次の文章中の空欄　ア　～　エ　に当てはまる語句の組合せとして正しいものを，下の①～⑧のうちから一つ選べ。（21本）

　　社会保障の財源について，　ア　を中心とする北欧型と，　イ　を中心とする大陸型があり，日本は，北欧型と大陸型の中間に位置しているといわれる。

　　日本では，高齢化が進み社会保障関係費が増大している。その増加する社会保障関係費を賄うため，政府は，全世代が負担し負担の世代間格差の縮小に有用であるといわれている　ウ　をその財源として組入れを予定し，増税を進めた。また，2000年代に入って40歳以上の人々を加入者とする　エ　制度が実施され，その後，後期高齢者医療制度も導入された。

①　ア　社会保険料　　イ　租　税　　　　ウ　消費税　　エ　年金保険

②　ア　社会保険料　　イ　租　税　　　　ウ　消費税　　エ　介護保険

③　ア　社会保険料　　イ　租　税　　　　ウ　所得税　　エ　年金保険

④　ア　社会保険料　　イ　租　税　　　　ウ　所得税　　エ　介護保険

⑤　ア　租　税　　　　イ　社会保険料　　ウ　消費税　　エ　年金保険

⑥　ア　租　税　　　　イ　社会保険料　　ウ　消費税　　エ　介護保険

⑦　ア　租　税　　　　イ　社会保険料　　ウ　所得税　　エ　年金保険

⑧　ア　租　税　　　　イ　社会保険料　　ウ　所得税　　エ　介護保険

11　次の図は，北欧型の社会保障制度に分類されるスウェーデン，大陸型の社会保障制度に分類されるドイツとフランス，そのほかに日本とアメリカという，5か国の租税負担率と社会保障負担率を比較したものである。図中のA～Cに当てはまる国名の組合せとして正しいものを，下の①～⑥のうちから一つ選べ。（20本）

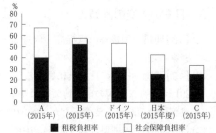

①　A　アメリカ　　　B　スウェーデン　　C　フランス

②　A　アメリカ　　　B　フランス　　　　C　スウェーデン

③　A　スウェーデン　B　アメリカ　　　　C　フランス

④　A　スウェーデン　B　フランス　　　　C　アメリカ

⑤　A　フランス　　　B　アメリカ　　　　C　スウェーデン

⑥　A　フランス　　　B　スウェーデン　　C　アメリカ

（注）　租税負担率とは，租税負担額の対国民所得比であり，社会保障負担率とは，社会保障負担額の対国民所得比である。
（資料）　財務省「国民負担率の国際比較（OECD加盟35カ国）」（財務省Webページ）により作成。

1　国際社会の変遷

(1)【1】戦争(1618〜1648)→【2】会議(1648)：主権国家原則を明文化した
初の国際会議

(2)近代市民革命以後，国民国家が形成

(3)ウィーン会議後…勢力均衡政策・帝国主義政策による植民地獲得競争

(4)第一次世界大戦後…【3】の発足(1920)…世界初の国際的平和機構の誕生
世界初の社会主義国【4】の成立(1922)

(5)第二次世界大戦後…【5】の発足(1945)
イデオロギーの対立による米ソ冷戦，ナショナリズムの高揚によるアジア・ア
フリカ諸国の独立

(6)冷戦の終わりと新国際秩序の模索
イデオロギー対立の終了，【4】の崩壊(1991)，地域紛争の激化，テロの多発，非
政府組織(【6】)の役割拡大，EU・ASEAN などの地域統合の動き

2　国際法

(1)17世紀…オランダ法学者【7】『戦争と平和の法』→【8】の父
(1583〜1645)

(2)①成立形式による分類

| 不文法 | 【9】：伝統的慣行が，国際法的に認められたもの |
| 成文法 | 【10】：国家間で文書により合意されたもの
→協約・宣言・憲章・議定書なども含まれる |

【9】の例→「公海【11】」，「領土の不可侵」，「外交官特権」など

②適用時による分類

| 【12】国際法 | 捕虜の状態改善に関するジュネーブ条約(1929)など |
| 【13】国際法 | 平常時に適用される国際法。国際民間航空条約など |

③形態による分類…二国間条約と【14】条約

(3)課題…①統一的立法機関が存在しない
　　　　②司法機関の組織未整備により，法的制裁力に限界

(4)国際司法組織

司法機関名	内容	設置・本部
【15】(PCIJ)	国際連盟の付属機関。1939年のドイツ軍のオランダへの侵入で機能停止	1921年 ハーグ
【16】(ICJ)	国際連合の司法機関。当事国双方の付託によって裁判が始まり，判決は当事国を拘束。国際機関の要請で勧告的意見の表明も可能	1945年 ハーグ
【17】(ICC)	大量虐殺や戦争犯罪などの個人の人道法違反を裁くための常設の国際裁判所。1990年代の旧ユーゴ国際刑事法廷，ルワンダ国際刑事法廷など	2003年 ハーグ

3　日本の外交の課題

(1)【18】問題…国後島・択捉島・色丹島・歯舞群島をめぐり，日ソ共同宣言以来の
懸案事項

(2)【19】問題…日本の島根県に属するが，韓国が実効支配している
2012年8月に韓国の李明博大統領が上陸したことをきっかけに，日本は国際司法
裁判所での解決を要請したが，韓国は応じていない

(3)【20】問題…沖縄県に属するが，中国や台湾も領有権を主張している。日本政府
　　　　　　は2012年9月に島を国有化した

① ○

② × 地球規模ではなく，ヨーロッパ世界において成立した。

③ × 1648年のウェストファリア条約によって初めて各国の主権と平等とが確認された。

④ ○

⑤ ○

⑥ × 領空侵犯は主権侵害。

⑦ ○

⑧ × 国際司法裁判所の前身は，常設国際司法裁判所。

⑨ × 強制的管轄権はなく，裁判所に付託するには，紛争当事国双方の合意が必要。

⑩ ○

⑪ ○

⑫ × 勢力均衡政策の説明である。

⑬ ○

⑭ ○

⑮ × 公海では，すべての国に航行の自由が認められている。

⑯ × 領海の幅は最大で12海里である。

⑰ ○

⑱ ○ 1993年に設置された。

⑲ ○

⑳ × 自由権規約(B規約)と社会権規約(A規約)。

㉑ ○

㉒ × 領空は領土と領海の上空，大気圏内までである。

正誤問題

① 主権国家の概念を基礎とする国際社会においては，各国は対等・平等であることが原則とされている。(06追)

② ウェストファリア会議の結果，各国の主権とその平等に基づく国際社会が，地球規模で成立した。(14追)

③ 第一次世界大戦の後に開催されたパリ講和会議で，初めて各国の主権と平等とが確認された。(13本)

④ 民族自決を求める団体は，国際会議への参加資格を得たり，国際機構でのオブザーバーの地位を認められたりすることがある。(03本)

⑤ 政治亡命者に関しては，母国からの引き渡し要求に応じないことは，母国の主権を侵害する行為とはいえない。

⑥ 自国の要求を受け入れさせるために，他国の領空内に戦闘機を侵入させ，圧力を加えることは主権侵害にならない。

⑦ 国際刑事裁判所(ICC)は特定民族のジェノサイド(集団殺害)を行った個人を裁くことができる。(13追)

⑧ 国際司法裁判所は，常設仲裁裁判所を直接の前身とする。(19追)

⑨ 国際司法裁判所の管轄権は，強制的である。(19追)

⑩ アムネスティ-インターナショナルは，不当に投獄されている「良心の囚人」の救援活動をはじめ，人権擁護活動を行う。(16本)

⑪ 集団安全保障とは，戦争を起こした国家に対して，その他すべての参加国が共同して制裁を加える仕組みである。(06追)

⑫ 集団安全保障とは，国家が同盟を結び，敵対陣営との軍事バランスをとることによって自国の安全を確保する仕組みである。(06追)

⑬ グロティウスは『戦争と平和の法』をあらわし，戦争を制御して平和な秩序を実現するルールを論じた。(19追)

⑭ 国際法は主権国家の個別の利益を守ることを主たる目的としていたが，現代では国際社会の共通利益を確保することも目的とするようになり，地球環境問題や宇宙利用に関してもルールが作られている。(02現社本)

⑮ 公海では，すべての国に航行の自由が認められるわけではない。(19本)

⑯ 領海の幅は，沿岸国の基線から測定して最大3海里までである。(19本)

⑰ 排他的経済水域では，沿岸国に天然資源を開発する権利が認められる。(19本)

⑱ 旧ユーゴスラビアの紛争に関して，残虐行為を行った責任者を処罰するために，特別の国際刑事裁判所が設置された。(03本)

⑲ 国際法には，条約などの成文国際法と，慣習国際法(国際慣習法)とがある。(12本)

⑳ 国際人権規約には，自由権を中心とした規約と参政権を中心とした規約との二つが存在する。(18追)

㉑ ウェストファリア条約は，ヨーロッパにおいて，主権国家を構成単位とする国際社会の成立を促した。(12本)

㉒ 主権国家の領空には，排他的経済水域の上空が含まれる。(12本)

1 主権平等原則と呼ばれる国際法の基本原則の具体例として最も適当なものを，次の①〜④のうちから一つ選べ。（20追）

 ① 国連の通常予算を，各加盟国がそれぞれの経済規模に応じて負担する。

 ② 国連総会の決定を，各加盟国が一票をもつ表決によって採択する。

 ③ 国連事務総長の任命について，安全保障理事会が勧告を行う。

 ④ 国連加盟国が実施する軍事的措置について，安全保障理事会が決定する。

2 勢力均衡は安全保障の一つの方法である。これについての記述として最も適当なものを，次の①〜④のうちから一つ選べ。（10本）

 ① 対立する国を含め，相互に侵略しないことを約束し，違反国に対しては共同で制裁を加えて戦争を防ごうとする方法である。

 ② 国家群の間の力関係を同盟によってほぼ対等にすることで，強力な国や国家群からの攻撃を防ごうとする方法である。

 ③ 国家の権限をさまざまな国際機関に分散させることで，武力の行使を相互に抑制させる方法である。

 ④ 国際政治において他を圧倒する唯一の超大国が，核兵器を利用した抑止力によって，戦争を防ぐ方法である。

3 NGO の例として正しいものを，次の①〜④のうちから一つ選べ。（09追）

 ① JICA（国際協力機構） ② WHO（世界保健機関）

 ③ 国際復興開発銀行（IBRD） ④ 国境なき医師団（MSF）

4 国際法上の拘束力をもつ国家間の合意を条約と呼ぶとき，そのような条約の例として正しいものを，次の①〜④のうちから一つ選べ。（19本）

 ① ラッセル・アインシュタイン宣言

 ② 市民的及び政治的権利に関する国際規約の第2選択議定書

 ③ 新国際経済秩序（NIEO）樹立宣言

 ④ 核兵器による威嚇又はその使用の合法性に関する勧告的意見

5 国際裁判所に関する記述として正しいものを，次の①〜④のうちから一つ選べ。（17本）

 ① 日本は，国際司法裁判所（ICJ）で裁判の当事国となったことがない。

 ② 日本は，国際刑事裁判所（ICC）に加盟していない。

 ③ 国際司法裁判所は，紛争当事国双方の同意がない限り，国家間の紛争を裁判することはできない。

 ④ 国際刑事裁判所は，人道に対する犯罪などの処罰をめぐる国家間の紛争を裁判する機関であって，個人を裁くための裁判所ではない。

6 国際平和の実現のための制度や取組みについての記述として正しいものを，次の①〜④のうちから一つ選べ。（18追）

 ① 日本がポツダム宣言を受諾した年に開催されたサンフランシスコ会議では，国連憲章が採択された。

 ② 常設仲裁裁判所は，国際連合の主要機関の一つである。

 ③ 国際連盟は，勢力均衡の理念に基づく国際組織である。

 ④ 冷戦終結後に開催されたウェストファリア会議では，欧州通常戦力条約が採択された。

7 国際的な人権保障に関連する以下の条約のうち，2020年1月1日時点において，日本が<u>批准していないもの</u>をすべて選びなさい。（10学習院大改）

① ジェノサイド禁止条約   ② 難民の地位に関する条約

③ 子どもの権利条約（児童の権利条約）   ④ 死刑廃止議定書（死刑廃止条約）

⑤ 人種差別撤廃条約

8 国際慣習法についての記述として<u>適当でないもの</u>を，次の①〜④のうちから一つ選べ。（15本）

① 国際慣習法とは，諸国の慣行の積み重ねにより形成された法である。

② 国際慣習法において，輸入品に関税を課すことが禁じられている。

③ 国際慣習法は，条約の形に成文化されることがある。

④ 国際慣習法により，公海自由の原則が認められている。

9 人権を国際的に保障することを目的とした文書に関する記述として正しいものを，次の①〜④のうちから一つ選べ。（16本）

① 子どもの権利条約（児童の権利条約）は，小学校に就学している児童の権利保護を目的とするものであり，中学校や高校に就学している生徒は対象外とされている。

② 世界人権宣言は，すべての国が実現すべき共通の人権基準を定めたものであり，国を法的に拘束する効力を有する。

③ 日本は，市民的及び政治的権利に関する国際規約（B規約）を批准しているが，権利を侵害された個人が国際機関に通報できる制度を定めた選択議定書は批准していない。

④ 日本は，障害者の人権や基本的自由を保護することなどを定めた障害者権利条約を批准していない。

10 日本は1957年に外交の三原則を掲げた。これについての記述として<u>適当でないもの</u>を，次の①〜④のうちから一つ選べ。（18本）

① アジアの一員として，アジアの地位向上に努める。

② 唯一の被爆国として，核抑止体制を主導する。

③ 国際連合を平和維持の中心とし，その使命達成のために努力する。

④ 自由主義諸国と協調し，共産主義諸国に対する団結の一翼を担う。

Chapter 25　　　　　　　　　　　　　国際連合と国際協力

合格map

1　国際平和組織の構想

【1】『ヨーロッパ恒久平和論』(1713)，カント『【2】』(1795)
(1658〜1743)　　　　　　　　　　　　　　　　　(1724〜1804)

2　国際連盟

勢力均衡から集団安全保障体制へ

(1)成立過程

1918年　アメリカ大統領ウィルソン「【3】」
　　　　　　　　　　　　　　　　(1856〜1924)

1919年　ベルサイユ条約(国際連盟規約締結)

1920年　国際連盟発足(本部はスイスの【4】，原加盟国42か国)

(2)機関…総会，理事会，事務局，【5】，国際労働機関(ILO)

(3)欠陥…大国の不参加，【6】方式，【7】措置がとれない

　　　　→第二次世界大戦の勃発を阻止できず事実上解体

3　国際連合

(1)成立過程

1941年　【8】：F. ローズベルト，チャーチルによる戦後の国際社会構想
　　　　　　　　(1882〜1945)　　(1874〜1965)

1944年　【9】会談：国際連合憲章の原案作成

1945年　2月　ヤルタ会談(米英ソ)：常任理事国に拒否権を認めることを決定

　　　　4月　【10】(連合国50か国が参加)：国際連合憲章調印

　　　　10月　国際連合成立：本部【11】：原加盟国は51か国

(2)機構：総会，安全保障理事会など6つの主要機関およびその他の機関

　①総会：全加盟国で構成，【12】(一国一票)，多数決方式

　　　　→重要事項は3分の2以上の賛成，その他の事項は過半数の賛成

　②安全保障理事会

　　ア)構成：常任理事国5か国(【13】)と10非常任理事国。軍事的措置可能

　　イ)議決方法：9か国の賛成(常任理事国に【14】権→【15】の原則)

　　　　実質事項：「常任理事国をすべて含む9理事国の賛成」

　③その他の主要機関

　　経済社会理事会→専門機関と協力< WHO，UNESCO，IMF，ILO など>

　　信託統治理事会(＝現在，実質的に活動を終了)，国際司法裁判所

　　事務局(2020年現在の【16】はグテーレス，安保理の勧告で総会が任命)

　　(＊2012年の国連総会で，パレスチナが国連オブザーバー国の地位に格上げされた。)

4　国連による安全保障

(1)【17】：国連憲章に基づく正式な【17】は一度も派遣されたことがない

　　　　　　　朝鮮戦争(1950，非正式【17】)，多国籍軍(湾岸戦争(1991)，ハイチ(1994))

(2)「【18】」決議(1950)：拒否権行使に対応，総会の【19】以上の賛成で決議

(3)国連平和維持活動(PKO)

　　国連憲章に明確な規定なし→「6章半」の活動

　　平和維持軍(PKF)…紛争地域の緩衝地帯を設けるために派遣される軍隊

　　停戦監視団・【20】…非武装の部隊が停戦・選挙の監視活動にあたる

　　　→日本…国連平和維持活動等協力法(1992年成立→2001年改正で PKF への参加

　　　　可→2015年改正で駆け付け警護における武器の使用可)

正誤問題

① 国家主権の原則が確認されたのは、アメリカ大統領ウィルソンが国際連盟を提唱してからである。(03本)

② 国連安保理は、侵略行為の中止を求める自らの決定を実施するために、国連加盟国がいかなる非軍事的措置をとるべきかを決定することができる。(09本)

③ 国連総会では、すべての加盟国は一票ずつ投票権を有する。(05本)

④ 国連総会では、安全保障理事会のすべての常任理事国は拒否権を行使できる。(05本)

⑤ 国連憲章は、武力行使を原則として禁じているが、自衛権の行使については主権国家に固有の権利として認めている。(03本)

⑥ 国際社会の平和と安定に貢献するため、国連憲章の規定するUNF(国連軍)に自衛隊が参加している。(08本)

⑦ 国際連合は、国際の平和と安全のために、核保有国であることを条件に安全保障理事会における拒否権の行使を認めている。(06本)

⑧ UNHCR(国連難民高等弁務官事務所)は、難民に人道支援を行っている。(09本)

⑨ 国連総会では、NGO(非政府組織)も投票権をもっている。(08追)

⑩ 国連の経済社会理事会には、人権問題に関する紛争を解決するために拘束力のある決定を行う権限が認められている。(97追)

⑪ 国連は、全加盟国が出席する総会に国際の平和及び安全に関する主要な責任を負わせ、集団安全保障体制を構築することを目指している。(02現社本)

⑫ 国連主催の国際婦人年世界会議は、男女差別の撤廃や国際平和への女性の寄与をうたった宣言を採択した。(99追)

⑬ 国連の安全保障理事会の常任理事国は、いずれも兵器の輸出国である。

⑭ 国連人間環境会議の決議をうけて、環境保護を目的とした国連環境計画(UNEP)が設立された。(09本)

⑮ IAEA(国際原子力機関)は、核兵器保有国を対象に、核兵器の国際管理を行っている。(05追)

⑯ IAEA(国際原子力機関)は、加盟国との協定をもとに、原子力施設への現場査察を行っている。(06本)

⑰ 1960年代以降、さまざまな国際機構が南北問題に取り組んできており、UNCTAD(国連貿易開発会議)などの場で意見交換が行われている。(03本)

⑱ 民族自決を求める団体は、国連の信託統治理事会の管理下で独立を準備することができ、今日では武力による民族紛争にいたる事例はほとんどない。(03本)

⑲ UNICEF(国連児童基金)は、発展途上国における児童の就労を促進している。(09本)

⑳ 1956年の日ソ共同宣言の締結後、日本の国連加盟が実現した。

㉑ 総会が機能停止に陥った場合には、総会があらかじめ採択した「平和のための結集」決議に基づき、安全保障理事会が特別会を開くことができる。(11本)

㉒ 兵力引き離しなどによって紛争の拡大防止を図るため、平和維持軍(PKF)を派遣する場合がある。(11本)

演習問題

1 **国際連盟**についての記述として<u>適当でないもの</u>を，次の①〜④のうちから一つ選べ。（10追）
　① 総会と理事会における議決は，全会一致によることが原則とされた。
　② 侵略国に対しては，経済制裁を加えることが原則とされた。
　③ 全加盟国の協力を基礎とする，集団安全保障の方式を取り入れた。
　④ 相対立していたアメリカとソ連を，加盟国として取り込んだ。

2 **国際連合**についての記述として<u>誤っているもの</u>を，次の①〜④のうちから一つ選べ。（11本）
　① 第二次世界大戦中に，制度の構想については合意ができたが，後に冷戦が本格化すると集団安全保障について
　　は構想どおりの活動が難しくなった。
　② 国際の平和と安全の維持のみならず，社会的進歩や生活水準の向上を促進することなども目的として設立された。
　③ 信託統治理事会は，冷戦後の新たな信託統治地域の設定に伴い，活動範囲を拡大している。
　④ 経済社会理事会と連携関係にある専門機関として，世界保健機関（WHO）や国際開発協会（IDA）などが設置され
　　ている。

3 **国際連合の制度**についての記述として<u>誤っているもの</u>を，次の①〜④のうちから１つ選べ。（12本）
　① 安全保障理事会は，表決手段として全会一致制を用いる。
　② 経済社会理事会は，教育や文化に関する専門機関と連携関係をもつ。
　③ 総会は，安全保障理事会の勧告に基づいて事務総長を任命する。
　④ 総会は，安全保障理事会の非常任理事国を選出する。

4 **平和と安全を維持するための国連（国際連合）の仕組み**に関する記述として正しいものを，次の①〜④のうちから
一つ選べ。（17本）
　① 国連安全保障理事会が侵略国に対する制裁を決定するためには，すべての理事国の賛成が必要である。
　② 国連憲章は，国連加盟国が安全保障理事会決議に基づかずに武力を行使することを認めていない。
　③ 国連が平和維持活動を実施できるようにするため，国連加盟国は平和維持軍を編成するのに必要な要員を提供
　　する義務を負っている。
　④ 国連憲章に規定されている本来の国連軍は，これまでに組織されたことがない。

5 **武力行使を広く禁止することに関連する国連憲章の規定**についての記述として正しいものを，次の①〜④のうち
から一つ選べ。（10追）
　① 個別国家による武力の行使は禁止されているが，武力によって威嚇することは許されている。
　② 集団的自衛権の行使は禁止されているが，個別的自衛権の行使は認められている。
　③ 安全保障理事会が国際平和の回復に必要な措置をとる場合には，その措置は国連加盟国の空軍，海軍または陸
　　軍による行動を含むことができる。
　④ 安全保障理事会が侵略行為を認定する場合には，同理事会は直ちに軍事的措置をとらなければならない。

6 **安全保障理事会**についての記述として<u>誤っているもの</u>を，次の①〜④のうちから一つ選べ。（09本）
　① 安保理の常任理事国は，手続事項以外の事項について，拒否権をもっている。
　② 安保理は，国際社会の平和と安全の維持または回復に必要な軍事的措置を決定する場合には，あらかじめ総会
　　の承認を得なければならない。
　③ 国連加盟国は，安保理の決定を，国連憲章にしたがい受諾しかつ履行しなければならない。
　④ 安保理は，侵略行為の中止を求める自らの決定を実施するために，国連加盟国がいかなる非軍事的措置をとる
　　べきかを決定することができる。

7 国際紛争に対する国連の取組みについての記述として最も適当なものを，次の①～④のうちから一つ選べ。(11本)

① 総会が機能停止に陥った場合には，総会があらかじめ採択した「平和のための結集」決議に基づき，安全保障理事会が特別会を開くことができる。

② 紛争解決の最終的な手段として派遣するために，国連軍を国連内に常設している。

③ 紛争の激化しつつある地域において，停戦を実現させるため，武力による沈静化を主たる任務とする停戦監視団を設置することがある。

④ 兵力引き離しなどによって紛争の拡大防止を図るため，平和維持軍(PKF)を派遣する場合がある。

8 国際社会における司法機関として，国際司法裁判所がある。国際司法裁判所についての記述として<u>誤っているもの</u>を，次の①～④のうちから一つ選べ。(08追)

① 国際社会で初めて成立した司法機関である。

② 国連の司法機関である。

③ オランダのハーグに常設されている。

④ 事件の付託には紛争当事国の合意が必要とされている。

9 発展途上国の経済発展のために国際機構が行ったことの記述として<u>誤っているもの</u>を，次の①～④のうちから一つ選べ。(11追)

① 国連の経済社会理事会で，下部組織としてDAC(開発援助委員会)が設置された。

② 国連の資源特別総会で，NIEO(新国際経済秩序)の樹立に関する宣言が採択された。

③ 南北問題についての協議を行うために，UNCTAD(国連貿易開発会議)が創設された。

④ 発展途上国への技術協力と開発のための資金援助を行うために，UNDP(国連開発計画)が創設された。

10 国連安全保障理事会における表決についての次の事例A～Cのうち，決議が成立するものとして正しいものはどれか。当てはまる事例をすべて選び，その組合せとして最も適当なものを，下の①～⑦のうちから一つ選べ。(19本)

A 実質事項である国連平和維持活動の実施についての決議案に，イギリスが反対し，ほかのすべての理事会構成国が賛成した。

B 手続事項である安全保障理事会の会合の議題についての決議案に，フランスを含む5か国が反対し，ほかのすべての理事会構成国が賛成した。

C 実質事項である国際紛争の平和的解決についての決議案に，すべての常任理事国を含む9か国が賛成した。

① A　　② B　　③ C　　④ AとB　　⑤ AとC　　⑥ BとC　　⑦ AとBとC

1 国際政治の動向

合格map

年	西側陣営	東側陣営	第三世界・核軍縮
1946	チャーチル(英)【1】演説		
1947	共産主義封じ込め政策(【2】) 欧州経済復興援助計画(【3】)	コミンフォルム結成	
1948		【4】封鎖	
1949	北大西洋条約機構(NATO)結成	経済相互援助会議(COMECON)結成	
1950	朝鮮戦争(～1953)		
1954			平和【5】(非同盟主義) 第五福竜丸事件
1955	ジュネーブ会議→デタント	【6】条約機構(WTO)結成	平和【7】(A・A会議) ラッセル・アインシュタイン宣言 原水爆禁止世界大会
1957			パグウォッシュ会議
1960			アフリカの年
1962	【8】危機→核戦争の危機		
1963			【9】(PTBT)調印
1965	【10】戦争に米国介入(～1973)		
1968			【11】(NPT)
1971		中華人民共和国の国連代表権承認	
1972	ニクソン訪中		第1次【12】(SALT Ⅰ)調印
1973	東西ドイツ国連加盟		
1975	第1回【13】(CSCE)開催		
1979	米中国交正常化	ソ連, アフガニスタン侵攻	SALT Ⅱ調印
1985		ソ連【14】書記長就任	
1987			【15】(INF)全廃条約調印
1989	【16】会談(＝冷戦終結)	ソ連, アフガニスタンから撤退 【4】の壁崩壊　【17】事件(中国)	
1990	東西ドイツ統一		
1991	【18】戦争	【6】条約機構解体 南北朝鮮, 国連同時加盟 ソ連解体→独立国家共同体(CIS)成立	【19】(START Ⅰ)調印
1992	【20】条約調印		
1993	EU 成立		【21】・PLO 相互承認(オスロ合意) START Ⅱ調印
1996			【22】(CTBT)調印
1998	コソボ紛争		
1999	ユーゴ空爆(NATO 軍)		
2001	アメリカで【23】テロ　　アフガン空爆 アフガニスタンに米軍派遣(駐留開始)		
2003	イラク戦争		
2010			新 START 調印
2011			南スーダン独立
2014		ロシア, クリミア半島に侵攻	
2015	アメリカとキューバ国交正常化		
2016	イギリス, EU 離脱が決定		
2017			核兵器禁止条約(2021年発効) …核保有国や日本は参加せず
2019			【15】(INF)全廃条約破棄
2021	アフガニスタンから米軍撤退		ミャンマーで国軍クーデター
2022		ロシア, ウクライナに侵攻	

2 人種・民族問題

(1)人種問題:ナチスによる【24】排斥, アメリカの非白人差別問題
(2)民族問題:パレスチナ問題, 朝鮮半島問題, ユーゴスラビア問題, クルド人問題, チベット問題, ウイグル自治区問題など
(3)解決へ:東ティモール独立(2002),【25】独立(2011)

正誤問題メモ

① ○
② × マーシャル-プランは西側の経済復興計画である。
③ ○
④ × そのような事実はない。
⑤ × ホットライン開設は1962年のキューバ危機後である。
⑥ × この実験では日本の漁船が被爆したが（第五福竜丸事件, 1954年）, 国際司法裁判所では個人が訴訟当事者になることはできない。
⑦ × 中ソ国境紛争はニクソン訪中以前の1969年。
⑧ ○
⑨ × 対人地雷全面禁止条約の採択（1997年）は, NPOの地雷禁止国際キャンペーンなどの功績により実現した。
⑩ × SDI（戦略防衛構想）は, 冷戦中に強いアメリカを目指すレーガン政権が計画したものである。
⑪ ○ 1991年の湾岸戦争など。
⑫ × ユーゴスラビア連邦内の民族対立が主要因。
⑬ × フルシチョフではなくゴルバチョフ。
⑭ ○
⑮ × ソ連を構成していた11の共和国によって結成。
⑯ × 民族対立や地域紛争が表面化した。
⑰ ○
⑱ ○
⑲ ○
⑳ ○
㉑ ○
㉒ ○

正誤問題

① 第二次世界大戦後, 相次いで独立を果たした旧植民地諸国はバンドン会議で「平和十原則」を発表し, 内政不干渉, 国際紛争の平和的解決などを主張した。(10本)

② ソ連はマーシャル-プランによって東欧諸国への経済援助を約束した。

③ 1950年代半ばに「雪解け」と呼ばれる東西間の緊張緩和の動きが見られたが, 同年代末からベルリンをめぐる対立などが激化し, 緊張緩和は停滞した。(04本)

④ 国連総会は, キューバ危機を契機に, ソ連の除名決議を採択した。(05本)

⑤ デタント（緊張緩和）に関連し, 1962年のベルリン封鎖の後, 偶発戦争防止のために米ソ間にホットラインが設置された。(01追)

⑥ ビキニ環礁での核実験で被災した個人の訴えを受けて, 国際司法裁判所は核実験を行った国に対して, 損害賠償をするよう命じた。(03本)

⑦ 1972年にアメリカのニクソン大統領が中国との国交樹立を実現した結果, 中国とソ連との関係が悪化し, 中ソ国境紛争に発展した。(04本)

⑧ アメリカとソ連は, 戦略兵器開発競争に歯止めをかけるために, 戦略兵器制限交渉（SALT）を進めた。(09本)

⑨ 戦略兵器削減条約（ＳＴＡＲＴ）によって, 対人地雷の使用が禁止された。(09追)

⑩ 冷戦時代および冷戦後における紛争を未然に防ぐための試みの一つとして, SDI（戦略防衛構想）がある。(06本)

⑪ 冷戦後, 国連安全保障理事会の決議により, 多国籍軍の軍事行動が容認された。(06本)

⑫ 旧ユーゴスラビア紛争は, 旧ユーゴスラビア連邦に対するソ連の武力介入をきっかけに発生した。(08追)

⑬ 1985年にソ連の指導者となったフルシチョフは, ペレストロイカと呼ばれる国内改革に着手し, 外交面では緊張緩和政策を推進した。(01追)

⑭ 1989年には, ヨーロッパで東西分断の象徴であった「ベルリンの壁」が崩壊し, 翌年には東西ドイツが統一された。(01追)

⑮ 1991年には, ワルシャワ条約機構が解体し, ソ連と東欧諸国は新たに独立国家共同体を組織した。(01追)

⑯ 冷戦後, 共産主義政権に抑えつけられていたバルカンや中央アジアでは, 冷戦の終結がもたらした自由な雰囲気の中で, 地域紛争が沈静化していった。(00本)

⑰ EU（欧州連合）では, 外交政策の共通化が進められている。(09追)

⑱ 1993年には, パレスチナ問題において, 暫定自治の原則に関する合意が成立した。(02本)

⑲ 2000年には, 大韓民国と朝鮮民主主義人民共和国との間で, 最高首脳による初めての会談が開催された。(02本)

⑳ 日本は2021年現在, 集団殺害罪の防止及び処罰に関する条約（ジェノサイド条約）には加盟していない。(10追改)

㉑ 部分的核実験禁止条約（PTBT）は, 核兵器国が地下核実験を行うことを禁止していない。(18本)

㉒ 核拡散防止条約（NPT）は, 非核兵器国が原子力の平和利用を行うことを禁止していない。(18本)

演習問題

1 第二次世界大戦以降におけるアメリカの対外政策についての記述として正しいものを，次の①～④のうちから一つ選べ。(12本)

① トルーマン大統領は，「鉄のカーテン」演説を行った。

② 地下以外での核実験を禁止する部分的核実験禁止(停止)条約に調印しなかった。

③ イラクのクウェート侵攻によって生じた湾岸危機に対して軍事行動をとらなかった。

④ オバマ大統領は，プラハで核廃絶をめざす演説を行った。

2 民族紛争の例である次のA～Cと，それらの説明である下のア～ウとの組合せとして正しいものを，下の①～⑥のうちから一つ選べ。(16本)

A　コソボ紛争　　　B　パレスチナ問題　　　C　チェチェン紛争

ア　多民族が暮らす連邦の解体過程で建国された共和国の自治州で，内戦が発生し，アルバニア系住民に対する迫害が行われた。

イ　ロシア南部のカフカス地方で，独立を宣言した少数民族に対し，ロシアが独立を認めず軍事侵攻した。

ウ　国家建設をめぐる民族間の紛争が発端となり，数次にわたる戦争や，インティファーダという抵抗運動が起こるなど，争いが続いてきた。

① A－ア　　B－イ　　C－ウ　② A－ア　　　B－ウ　　C－イ

③ A－イ　　B－ア　　C－ウ　④ A－イ　　　B－ウ　　C－ア

⑤ A－ウ　　B－ア　　C－イ　⑥ A－ウ　　　B－イ　　C－ア

3 冷戦期における国際社会の動きについての記述として誤っているものを，次の①～④のうちから一つ選べ。(09本)

① アジア，アフリカ，中南米の一部の国は，非同盟・中立を掲げて，外交を展開した。

② ソ連を中心とする社会主義諸国は，ワルシャワ条約機構を設立して，NATO(北大西洋条約機構)に対抗した。

③ 国連は，マーシャル－プランに基づき，米ソ間の緊張緩和をめざす努力を続けた。

④ アメリカとソ連は，戦略兵器開発競争に歯止めをかけるために，戦略兵器制限交渉(SALT)を進めた。

4 1980年代のヨーロッパで起こった民主化についての記述として誤っているものを，次の①～④のうちから一つ選べ。(06本)

① チェコスロバキアで，「プラハの春」と呼ばれる運動が起こり，共産党政権が崩壊した。

② ポーランドで，自主管理労組「連帯」が自由選挙で勝利したことで，非共産勢力主導の政権が成立した。

③ ソ連で，ゴルバチョフ共産党書記長が，ペレストロイカやグラスノスチを提唱し，国内改革を推進した。

④ 東ドイツで，反政府デモが各地で起こり，社会主義統一党の書記長が退陣して，改革派が政権を引き継いだ。

5 核兵器の実験や保持などを制限または禁止する条約についての記述として誤っているものを，次の①～④のうちから一つ選べ。(11本)

① 中距離核戦力(INF)全廃条約は，アメリカとソ連の間で核兵器の削減が合意された初めての条約である。

② 包括的核実験禁止条約(CTBT)は，あらゆる場所での核爆発を伴う核実験の禁止をめざして採択された。

③ 非核地帯を設定する条約は，ラテンアメリカ，南太平洋，東南アジアなどの各地域で採択された。

④ 核拡散防止条約(NPT)は，アメリカ，中国，ロシアの3か国以外の核保有を禁止する条約である。

6 冷戦終結宣言の後に起こった出来事についての記述として正しいものを，次の①～④のうちから一つ選べ。(11追)

① 東西ドイツが，マーストリヒト条約によって統一された。

② アメリカとロシアが，START Ⅱ(第2次戦略兵器削減条約)に調印した。

③ 東欧諸国が民主化し，ワルシャワ条約機構が創設された。

④ 中国が経済発展し，ASEAN(東南アジア諸国連合)に加盟した。

7 地域紛争に関連して，次の図は世界で起きたいくつかの紛争や戦争の場所を示したものである。図中の場所Ａ～Ｃと説明ア～ウとの組合せとして正しいものを，下の①～⑥のうちから一つ選べ。（10本）

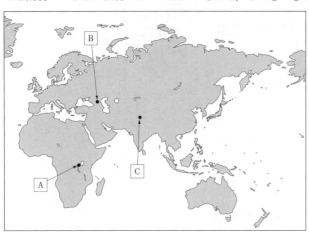

ア　領土帰属を争う隣国同士が戦争や核開発競争を行い，テロ事件も引き起こされた。

イ　連邦国家内で，独立を求める共和国に対して連邦政府が軍を投入した。

ウ　ベルギーからの独立後，多数派と少数派の間で内戦が起こり，大規模な虐殺が行われ多くの難民が発生した。

① Ａ－ア　Ｂ－イ　Ｃ－ウ　　② Ａ－ア　Ｂ－ウ　Ｃ－イ　　③ Ａ－イ　Ｂ－ア　Ｃ－ウ

④ Ａ－イ　Ｂ－ウ　Ｃ－ア　　⑤ Ａ－ウ　Ｂ－ア　Ｃ－イ　　⑥ Ａ－ウ　Ｂ－イ　Ｃ－ア

8 冷戦終結に関連する出来事についての記述として誤っているものを，次の①～④のうちから一つ選べ。（19本）

① ベルリンの壁が崩壊し，東西ドイツの統一が実現した。

② マルタで米ソ首脳会談が行われ，冷戦の終結が謳われた。

③ ハンガリー動乱が起こり，それから半年の間に東欧諸国の社会主義体制が相次いで崩壊した。

④ ソビエト連邦を構成していた大部分の共和国が独立国家共同体（ＣＩＳ）を結成した。

9 難民に関連する記述として正しいものを，次の①～④のうちから一つ選べ。（18追）

① 難民条約上の難民には，貧困から逃れるために国境を越えてきた人々も含まれる。

② 日本は，難民条約に加入していない。

③ 難民と並んで国内避難民も，国連難民高等弁務官事務所は支援の対象としている。

④ 難民条約は，第一次世界大戦と第二次世界大戦の間の時期に採択された。

10 次の図中の地区Ａ～Ｃと，それについての説明ア～ウとの組合せとして正しいものを，下の①～⑥のうちから一つ選べ。（14本）

ア　この地区で展開された，国連（国際連合）のＰＫＯ（平和維持活動）に，日本の自衛隊員が派遣されたことがある。

イ　この地区では，イスラエル人の入植者が撤退した後も，イスラエルとの軍事衝突が断続的に起こった。

ウ　この地区では，テロの防止を理由に，イスラエルがパレスチナ人居住区を包囲する分離壁を構築した。

① Ａ－ア　　Ｂ－イ　　Ｃ－ウ　② Ａ－ア　　Ｂ－ウ　　Ｃ－イ

③ Ａ－イ　　Ｂ－ア　　Ｃ－ウ　④ Ａ－イ　　Ｂ－ウ　　Ｃ－ア

⑤ Ａ－ウ　　Ｂ－ア　　Ｃ－イ　⑥ Ａ－ウ　　Ｂ－イ　　Ｃ－ア

1　貿易と国際分業…貿易の発展にともない国際分業の必要性増大

(1)国際分業の考え方

　ア)**自由貿易主義**：【1】説…【2】（英）
　　　　　　　　　　　　（1772〜1823）
　　　　　　　　　　＝各国が【3】にある生産物の生産に特化し，
　　　　　　　　　　　生産していない品目は輸入する→GATT・WTOの考え方

　イ)**保護貿易主義**：経済発展段階説…【4】（独）
　　　　　　　　　　　　（1789〜1846）
　　　　　　　　　　＝後進国は国内の幼稚産業を保護→ブロック経済の考え方

(2)国際分業の形態

　ア)【5】分業…先進国（工業製品）⇔先進国（工業製品）

　イ)【6】分業…先進国（工業製品）⇔発展途上国（一次産品）

2　国際収支…一定期間の一国の対外的経済取引の差引き勘定

【7】	【8】	貿易収支	輸出入
		サービス収支	輸送・旅行・通信・保険など
	【9】		雇用者報酬・投資収益
	【10】		食料・衣料品等の無償援助や母国への送金など
【11】	資本形成のための無償資金援助など		
【12】	直接投資		経営の支配を目的とした投資
	証券投資（間接）		キャピタルゲインを目的とした投資
	金融派生商品		デリバティブという新しい金融商品など
	その他投資		銀行，企業，政府による貸付や借入
	【13】		対外資産の増減は【12】の一部
【14】	統計上の誤差の調整		

　【7】と【11】の合計と，【12】は理論上等しくなるが，実際は【14】が出る
　＊2014年1月から項目の名称や計算の考え方が変更された。

3　外国為替相場…自国通貨と相手国通貨の交換比率（レート）

(1)為替相場制度

　ア)【15】：為替相場を一定の水準に維持する制度
　　〔例〕円相場：$1 = ¥【16】（ドッジラインで設定）
　　　　　　　　　　　　　（1949）
　　　　　　　　　　→¥【17】（スミソニアン協定でのドル切下げ後）
　　　　　　　　　　　　　（1971.12）
　イ)【18】：需要と供給に基づき市場で相場が決定する制度

(2)為替相場変動の要因…ファンダメンタルズ（経済成長率・インフレ率・金利・景
　　　　　　　　　　　気動向・国際収支など）の影響を受ける

　　〔例〕円高の要因…円の需要が増大すると円高となる

　ア)| 国内金利【19】 |（海外金利低下）
　　　→日本への投資増加→円需要増加→円買い外貨売り→| 円高 |

　イ)| 円への投機 |→円需要増加→| 円高 |

　ウ)貿易【20】の増加→外貨流入→外貨売り円買い→| 円高 |

　エ)| 政策介入 |…プラザ合意（ドル高是正），
　　　　　　　　　　（1985）
　　　　　　　　　ルーブル合意（ドル安是正）など
　　　　　　　　　　（1987）

(3)為替相場変動の影響

　　〔例〕円高の場合

　ア)| 輸出価格【21】 |→輸出産業の不振

　イ)| 輸入原材料・製品の価格【22】 |→コスト低下，国内企業の値下げ
　　　　　　　　　　　　　　　　→物価の下落

●正誤問題メモ

① × 技術革新を提唱したのはオーストリアのシュンペーター。リカードは、比較生産費説にもとづく自由貿易を提唱。

② × リストは保護貿易を提唱。

③ × 経常収支を悪化させる。

④ × 証券投資も金融収支に記載。

⑤ × 第二次所得収支に記載。

⑥ ○

⑦ × 第一次所得収支に記載。

⑧ × 証券投資の説明。

⑨ × 直接投資の説明であり、先進国でなくてもよい。

⑩ × 為替レート下落は輸出拡大と輸入抑制。上昇すると輸入拡大と輸出抑制。

⑪ × 日米の貿易不均衡は解消されていない。

⑫ ○

⑬ ○

⑭ × 円相場は下落する。

⑮ × 円相場は下落する。

⑯ × 円相場は下落する。

⑰ × ドル建てで輸入する場合円高ドル安は差益を生じ、リスクではない。

⑱ × 円建てで買った日本の証券を、その後の円高ドル安時にドルで売れば差益を得る。

⑲ × 貿易黒字は縮小する。

⑳ ○ 2014年の変更までは経常収支＋資本収支＋外貨準備増減＋誤差脱漏＝0であったことに注意する。

正誤問題

① リカードは、雇用を創出するためには、民間企業の自発的な創意工夫にもとづいた技術革新が必要であると強調した。（10本）

② リストは、経済を発展させるためには、規制を緩和して市場での自由な取引に任せることが必要であると強調した。（10本）

③ 海外への観光旅行の増加は、経常収支を改善させる傾向をもつ。（01本）

④ 国際収支表において、証券投資はサービス収支に、直接投資は金融収支に記載されている。（00追、改：2014年改訂の国際収支表に準じる）

⑤ 国際収支表において、食糧・医療品などの無償援助は、第一次所得収支に記載されている。（00追、改：2014年改訂の国際収支表に準じる）

⑥ 国際収支表において、輸送、旅行、通信などの取引は、サービス収支に記載されている。（00追、改：2014年改訂の国際収支表に準じる）

⑦ 国際収支表において、利子所得、配当所得および雇用者報酬は、金融収支に記載されている。（00追、改：2014年改訂の国際収支表に準じる）

⑧ 値上がりによる利益を目的として外国企業の株式や社債を取得することを、直接投資と呼ぶ。（03本、改：2014年改訂の国際収支表に準じる）

⑨ 先進国企業が先進国に対外進出することは「その他の投資」に分類され、近年増加傾向ある。（03本、改：2014年改訂の国際収支表に準じる）

⑩ 変動相場制において、自国通貨の為替レートの下落は輸出抑制と輸入拡大を促し、上昇は輸入抑制と輸出拡大を促す。（04追）

⑪ 変動相場制には国際収支の不均衡を調整する作用があるため、1980年代以降、日米の貿易不均衡の問題は解消した。（04追）

⑫ 変動相場制において、自国の金利を引き下げて内外金利差を拡大させることは、国外への資本流出と自国通貨の為替レートの下落の要因となる。（04追）

⑬ 日本からアメリカへの輸出が増加すると、ドルに対する円の為替相場は上昇する。（06本改）

⑭ アメリカの短期金利が上昇すると、ドルに対する円の為替相場は上昇する。（06本改）

⑮ 日本銀行が外国為替市場で円売り介入を行うと、ドルに対する円の為替相場は上昇する。（06本改）

⑯ 投資家が将来のドル高を予想して投機を行うと、ドルに対する円の為替相場は上昇する。（06本改）

⑰ ドル建てで輸入している日本企業は、輸入に伴う円高ドル安のリスクを回避するために、さまざまな金融手法を使っている。（04追）

⑱ 1980年代後半においてアメリカの機関投資家は、対日証券投資を活発に行っていたことから、急激な円高ドル安によって為替差損を被った。（04追）

⑲ 進出拠点で生産した製品を、進出企業が従来の日本の輸出相手国に、進出拠点から直接輸出する傾向が強まると、日本の貿易収支の黒字が拡大する。（04追）

⑳ 国際収支統計の変更によって、経常収支＋資本移転等収支－金融収支＋誤差脱漏＝0となった。

1 次の表は，a国とb国における，α財とβ財についての労働生産性(一定の時間における労働者一人当たりの財の生産量)を示したものである。ここでは，各国の総労働者数は，a国が200人，b国が180人であり，各財への特化前は，両国ともにα財とβ財の生産にそれぞれ半数ずつが雇用されているとし，各財への特化後も，両国ともにすべての労働者が雇用されるとする。また，両財は労働力のみを用いて生産され，両国間での労働者の移動はないこととする。この表から読みとれる内容として正しいものを，下の①～④のうちから一つ選べ。(21追)

	α財	β財
a国の労働生産性	1単位	3単位
b国の労働生産性	6単位	3単位

(注)特化前も特化後も，表中の各単位のα財もしくはβ財の生産に必要な一定の時間と，労働者一人当たりの総労働時間とは一致するものとし，このことは両国とも同じとする。

① a国がα財の生産に特化し，b国がβ財の生産に特化すれば，特化しない場合に比べ，両国全体でα財の生産量は640単位増加し，β財の生産量は570単位増加する。

② a国がβ財の生産に特化し，b国がα財の生産に特化すれば，特化しない場合に比べ，両国全体でα財の生産量は640単位増加し，β財の生産量は570単位増加する。

③ a国がα財の生産に特化し，b国がβ財の生産に特化すれば，特化しない場合に比べ，両国全体でα財の生産量は440単位増加し，β財の生産量は30単位増加する。

④ a国がβ財の生産に特化し，b国がα財の生産に特化すれば，特化しない場合に比べ，両国全体でα財の生産量は440単位増加し，β財の生産量は30単位増加する。

2 次の図は，A国とB国との間で一年間に行われた経済取引をドル換算で表したものである。A国がB国以外の国との取引を行わなかったとすると，A国の貿易・サービス収支，第一次所得収支，第二次所得収支の金額の組合せとして正しいものを，下の①～⑧のうちから一つ選べ。(21本)

(単位：億ドル)

(注) 外国人労働者はA国の居住者とする。

	貿易・サービス収支	第一次所得収支	第二次所得収支
①	−10	−40	−15
②	−10	−40	20
③	−10	50	−15
④	−10	50	20
⑤	25	−40	−15
⑥	25	−40	20
⑦	25	50	−15
⑧	25	50	20

3 産業構造が転換する中で，製造業を中心とする産業の空洞化が進行することがある。他の条件を一定とした場合に，ある国における産業の空洞化を促進する要因であるとは言えないものを，次の①～④のうちから一つ選べ。(13本)

① 国内における労働力人口の減少

② 対外直接投資の対象となる国における賃金水準の上昇

③ 対外直接投資の対象となる国における法人税率の引下げ

④ 外国為替市場における自国通貨の価値の上昇

4　グローバル化に関連して，為替レートの決まり方を説明する考え方の一つとして，購買力平価説がある。購買力平価説によれば，仮に2国を取り上げた場合，この2国通貨間の為替レートは，どちらの通貨を用いても同一商品を同じだけ購買できるような水準になる。ここで，日本とアメリカで販売されている同一のスマートフォンが当初日本では1台9万円，アメリカでは1台900ドルで販売されていた。その後，価格が変化して，日本では8万円，アメリカでは1,000ドルになった。このスマートフォンの価格に関して購買力平価説が成り立つ場合，円とドルとの為替レートはどのように変化したか。正しいものを，次の①～④のうちから一つ選べ。(19本)

①　当初1ドル＝100円だった為替レートが1ドル＝80円となり，円高ドル安となった。

②　当初1ドル＝100円だった為替レートが1ドル＝80円となり，円安ドル高となった。

③　当初1ドル＝100円だった為替レートが1ドル＝125円となり，円高ドル安となった。

④　当初1ドル＝100円だった為替レートが1ドル＝125円となり，円安ドル高となった。

5　同じ商品でも，外国での価格を為替レートで円換算した額と，日本の国内価格の間で相違がみられることがある。ある人が日本からアメリカに旅行したところ，日本ではいずれも2000円で販売されている商品Aおよび商品Bが，アメリカにおいては商品Aは10ドル，商品Bは15ドルで販売されていることを見いだした。ここで次の図は1980年から1990年にかけての米ドルの対円相場の推移を示したものである。商品Aおよび商品Bについて，日本での価格と，アメリカでの価格を為替レートで円換算した額を比較した結果の記述として誤っているものを，下の①～④のうちから一つ選べ。(09本)

①　旅行をしたのがアの時点ならば，商品Aは日本での価格の方が安い。

②　旅行をしたのがアの時点ならば，商品Bは日本での価格の方が安い。

③　旅行をしたのがイの時点ならば，商品Aは日本での価格の方が安い。

④　旅行をしたのがイの時点ならば，商品Bは日本での価格の方が安い。

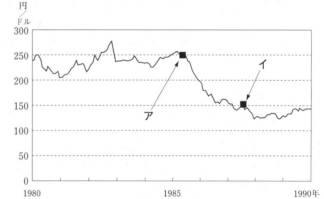

(注)　為替レートはインターバンク相場東京市場スポットレートの月末値。
(資料)　日本銀行『経済統計年報』(各年版)により作成。

6　戦後から現在までの日本の貿易構造の変化について説明した記述として，最も適切なものを，下の①～④のうちから1つ選べ。(21青山学院)

①　工業製品または最終生産物を輸出入する垂直貿易から，原材料を輸入して工業製品を輸出する水平貿易へと変化している。

②　工業製品または最終生産物を輸出入する水平貿易から，原材料を輸入して工業製品を輸出する垂直貿易へと変化している。

③　原材料を輸入して工業製品を輸出する水平貿易から，工業製品または最終生産物を輸出入する垂直貿易へと変化している。

④　原材料を輸入して工業製品を輸出する垂直貿易から，工業製品または最終生産物を輸出入する水平貿易へと変化している。

7　国際収支と外国為替相場についての記述として最も適当なものを，次の①～④のうちから一つ選べ。(17追)

①　自国の通貨高を是正するために通貨当局が為替介入を行うことは，外貨準備の増加要因になる。

②　自国の通貨高は，自国の輸出を促進する要因になる。

③　貿易収支の黒字は，自国の通貨安要因になる。

④　自国への資本流入が他国への資本流出を上回るほど増加することは，自国の通貨安要因になる。

1　国際通貨体制

1944	【1】協定	【2】(IMF)と【3】(IBRD)の設立による IMF 体制成立 …ドルを【4】とする固定相場制，【5】
1971	【6】(ドル・ショック)	金・ドル交換停止
	【7】締結	ドル切下げと固定相場制の維持
1973		変動相場制へ移行
1976	キングストン合意	変動相場制への移行追認，【8】(= SDR)強化
1985	【9】	G5(日米英独仏)によるドル高の是正(円高への誘導)合意
1999	G20(20か国・地域財務大臣・ 中央銀行総裁会議)	G7(G5 + イタリア・カナダ)・G8(G7 + ロシア)を経て拡大 EU を含む20の国・地域

2　国際貿易体制

(1)関税及び貿易に関する一般協定(GATT)…ブレトンウッズ協定で成立
①GATT 三原則・自由…関税引下げ，【10】撤廃　・無差別…【11】の相互付与
　　　　　　　　　　・多角…【12】(＝多角的貿易交渉)の実施

②多角的貿易交渉

ケネディラウンド	1964〜67	初の関税一括引下げ交渉
東京ラウンド	1973〜79	非関税障壁の軽減・撤廃合意
【13】ラウンド	1986〜94	農業・サービス貿易分野，知的財産権保護，WTO 設立合意

(2)WTO(【14】)(1995)…GATT を発展的に改組，権限強化
・【15】(緊急輸入制限)の基準明確化，中国の加盟(2001)，【16】ラウンド(開発アジェンダ)の開催(2001〜05)，ロシア加盟(2012)

3　地域的経済統合

(1)ヨーロッパ連合(EU)

1958	欧州経済共同体(EEC)成立	原加盟国：フランス・西ドイツ・イタリア・ベルギー・オランダ・ルクセンブルク
1967	【17】(EC)成立	ECSC, EURATOM, EEC が統合 市場統合(ヒト・モノ・カネの域内自由化)
1973	EC 拡大	欧州自由貿易連合(EFTA)からイギリスなど参加
1993	【18】発効(1992調印)	EU 成立(2013以降，28か国加盟)
1999	アムステルダム条約	EU 基本法制定
2002	通貨統合	域内通貨【19】の流通開始…ECB による共通金融政策 ＊イギリス・デンマークなどを除く19か国で使用
2009	リスボン条約発効	常任の EU 理事会議長(EU 大統領)の設置など
2016	イギリス，EU 離脱を問う国民投票
2020	イギリス，EU 離脱(27か国体制へ)

(2)その他の地域的経済統合

＊米国・メキシコ・カナダ協定。2020年7月にNAFTAに代わり，発効した。

ASEAN(【20】) 10か国／USMCA*(【21】) 3か国

タイ　マレーシア　ブルネイ　シンガポール　ベトナム　フィリピン　インドネシア　ミャンマー　ラオス　カンボジア

ロシア　中国　韓国　日本

アメリカ　カナダ　メキシコ

チリ　ペルー　香港　台湾　パプアニューギニア　オーストラリア　ニュージーランド

MERCOSUR(【22】) 6か国
ブラジル　アルゼンチン　ウルグアイ　パラグアイ　ベネズエラ　ボリビア

ASEAN+3 13か国

RCEP(【24】) 15か国

APEC(【23】)(21か国・地域)

4　FTA(自由貿易協定)と EPA(経済連携協定)

・日本の FTA ／ EPA…【25】(2002)に始まり，ASEAN・メキシコなどと締結
・韓国との EPA や日中韓 FTA などを交渉中
・【26】(環太平洋戦略的経済連携協定)締結への取り組みや TPP11 の発効(2018)

合格map

正誤問題

① ブレトンウッズ体制は，金とドルの交換を前提にし，ドルと各国通貨を固定相場で結びつけるものである。

② IMF体制の下では，一時的に国際収支が不均衡に陥った国は，加盟国が拠出してできた共同基金から資金の融資を受けることができた。（04本）

③ 国際復興開発銀行（世界銀行）は，当初は活動の重点を発展途上国の開発援助においていたが，現在では先進国の失業対策においている。（05本）

④ 1970年代には，ニクソン大統領が金・ドル交換停止を宣言し，従来の変動相場制から固定相場制へと為替制度を変更する国が相次いだ。（11本改）

⑤ IMF体制が崩壊した要因として，日本や西ドイツの経済的台頭，ベトナム戦争によるアメリカの対外軍事支出の増加などがあげられる。（04追本）

⑥ スミソニアン協定では，変動為替相場制への移行が合意された。（08本）

⑦ キングストン合意により，金の公定価格が廃止され，固定相場制だけが各国の為替制度とされた。（11追）

⑧ プラザ合意から1990年代半ばにかけて，米ドルの為替レートが安定的に推移したため，世界の資本移動は減少傾向にあった。（01本）

⑨ 1980年代には，タイの通貨バーツの下落をきっかけとして，アジア各国では投機資金の流出が連鎖的に起こり，次々と通貨危機が発生した。（11本改）

⑩ 2000年代にはサブプライム・ローン問題を契機に，IMF（国際通貨基金）により資本の自由な移動が原則として禁止された。（11本改）

⑪ GATTのケネディ・ラウンドでは，輸出入数量規制や補助金など非関税障壁の軽減について広範な合意が成立した。（00追）

⑫ GATTのウルグアイ・ラウンドでは，知的所有権に関する貿易ルールづくりやサービス貿易自由化が合意された。（00追）

⑬ GATT（関税および貿易に関する一般協定）を発展的に継承する形で，WTO（世界貿易機関）を設立することになった。（02追）

⑭ WTOの理念・原則に則した問題解決の方法として，当事国同士の直接交渉を経ないで行われるWTOへの提訴がある。（00追）

⑮ セーフガード（緊急輸入制限）を発動して自国産業を一時的に保護することは，WTO（世界貿易機関）のルールでは認められていない。（03本）

⑯ 欧州諸国による地域的経済統合の推進には，市場統合が進展すれば，国境を越えて財やサービスを移動させる諸費用が低下し，域内貿易が拡大するという期待があった。（02追）

⑰ ドイツは，東西ドイツ統一に伴う経済的混乱が大きかったため，EUの発足当初は加盟しなかった。（04本）

⑱ イギリスは，EUの単一通貨ユーロが導入された時点で，ユーロに参加しなかった。（04本）

⑲ 日本は，アジア太平洋地域の経済交流を促進するため，APEC（アジア太平洋経済協力）に参加している。（08本）

⑳ ASEANはAFTA（ASEAN自由貿易地域）を形成し，加盟国間の経済の結びつきを強めている。（09追）

㉑ TPPの当初の協定は，シンガポール，ブルネイ，チリ，ニュージーランドの4か国で締結され，署名がなされた。（20明治大・法）

演習問題

1 WTO（世界貿易機関）についての記述として正しいものを，次の①～④のうちから一つ選べ。（20本）

① GATT（関税及び貿易に関する一般協定）の基本原則の中には，最恵国待遇原則があったが，この原則はWTOには引き継がれていない。

② GATTのウルグアイ・ラウンドでは，知的財産権の国際的保護に関するルールについて交渉されたが，このルールはWTOで採用されていない。

③ WTOの紛争処理手続においては，加盟国が一国でも反対すれば，協定違反の有無に関する裁定は採択されない。

④ WTOのドーハ・ラウンドは，農産物の輸出国と輸入国との間の利害対立もあり，交渉全体の妥結には至っていない。

2 国際経済体制についての記述として誤っているものを，次の①～④のうちから一つ選べ。（18本）

① 1930年代には，為替切下げ競争やブロック経済化が起こり，世界貿易が縮小し，国際関係は緊張することとなった。

② IMF（国際通貨基金）は，各国通貨の対ドル交換比率の固定化により国際通貨体制を安定させることを目的として設立された。

③ アメリカの国際収支の悪化により，1960年代にはドルに対する信認が低下するドル危機が発生した。

④ スミソニアン協定は，ドル安是正のための政策協調を目的として合意された。

3 国際復興開発銀行（世界銀行, IBRD）についての記述として最も適当なものを，次の①～④のうちから一つ選べ。（05本）

① 第二次世界大戦前，アメリカのウォール街の株価暴落に端を発した世界恐慌に対処し，世界経済を復興させるために設立された。

② 第二次世界大戦後, IMF（国際通貨基金）, GATT（関税と貿易に関する一般協定）とともに，世界経済の復興や発展に尽力した。

③ 国際連合の専門機関ではないが，国連の指導の下で発展途上国の開発のための融資を行っている。

④ 当初は活動の重点を発展途上国の開発援助においていたが，現在では先進国の失業対策においている。

4 生徒Xは，各国の経済成長に関連して，ある国の経済状況を調べた後，経済成長と物価の間に何かしらの関係が存在すると考えた。そこで, IMF（国際通貨基金）のWebページから，日本，アメリカ，中国，南アフリカの2000年から2016年までの消費者物価指数の変化率のデータを取得し，次の図を作成した。各国の経済状況と，この図から読みとれる内容を説明したものとして最も適当なものを，下の①～④のうちから一つ選べ。（21本）

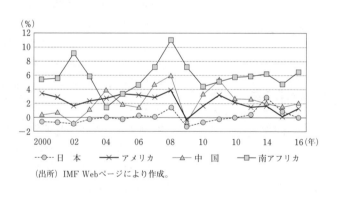

（出所）IMF Webページにより作成。

① 景気回復を図るために2001年に量的緩和政策を採用したこの国では，2001年に消費者物価指数が上昇した。

② 急速な経済発展を遂げ2010年に世界第二の経済大国となったこの国では，2010年以降，消費者物価指数の変化率が毎年0％以上になっていた。

③ サブプライムローン問題を契機にリーマン・ショックの震源地となったこの国では，2009年に消費者物価指数が上昇した。

④ アパルトヘイト撤廃後に経済自由化が行われたこの国では，2000年以降，消費者物価指数の変化率が毎年4％以上になっていた。

5 経済統合についての記述として最も適当なものを，次の①〜④のうちから一つ選べ。(12本)

① FTA(自由貿易協定)は，二国間や地域で自由貿易をめざすもので，投資や知的財産権に関する協定を含む経済統合の最高度のものである。

② EEC(欧州経済共同体)で導入された関税同盟は，域内関税と域内輸入制限を撤廃し，域外共通関税を設定するものである。

③ 単一欧州議定書による市場統合は，非関税障壁を撤廃してモノの移動を自由化し，サービス・カネの移動について加盟国の規制を残すものである。

④ マーストリヒト条約で計画された経済通貨同盟は，加盟国の経済政策を調整し，固定相場を維持することを目的とするものである。

6 地域協力についての記述として正しいものを，次の①〜④のうちから一つ選べ。(12本改)

① ARF(ASEAN地域フォーラム)は，アジア太平洋地域の安全保障に関して多国間で協議を行う機関。

② APEC(アジア太平洋経済協力会議)に，中南米の国は参加していない。

③ EUの機構改革を内容としているリスボン条約は，加盟国での批准作業が終了していないため未発効。

④ ASEAN＋3に，日本は含まれていない。

7 地域統合に関連して，次の表は，1990年代に発足した地域経済統合について，2013年におけるその規模を表したものである。表中のA〜Cと下の地域経済統合名ア〜ウとの組合せとして正しいものを，下の①〜⑥のうちから一つ選べ。(16本)

地域経済統合名	加盟国数	人口(100万人)	GDP(10億米ドル)
A	3	470	19,856
B	5	283	3,168
C	10	612	2,410
EU(欧州連合)	28	506	17,512

(注)加盟国には準加盟国や加盟申請中の国は含まれない。
(資料)IMF, World Economic Outlook Database, October 2014 Edition(IMF Webページ)により作成。

ア AFTA(ASEAN自由貿易地域) イ MERCOSUR(南米南部共同市場) ウ NAFTA(北米自由貿易協定)

① A－ア B－イ C－ウ   ② A－ア B－ウ C－イ   ③ A－イ B－ア C－ウ

④ A－イ B－ウ C－ア   ⑤ A－ウ B－ア C－イ   ⑥ A－ウ B－イ C－ア

8 アジア地域の経済発展に関連する記述として適当でないものを，次の①〜④のうちから一つ選べ。(05本)

① 2000年代初めに，中国はWTO(世界貿易機関)に加盟し，輸入関税率の引き下げ，非関税障壁の撤廃などの措置をとることになった。

② 1990年代後半に，アジアNIESの中で，台湾がOECD(経済協力開発機構)に加盟した。

③ 1980年代末に，日本，アメリカ，オーストラリアを含む環太平洋諸国・地域は，APEC(アジア太平洋経済協力会議)を結成した。

④ 1970年代に，東アジア諸国の一部の国では，開発独裁と呼ばれる体制の下で，政府の強力なリーダーシップにより経済開発が推し進められた。

9 知的財産権に関連して，下の国際経済上の知的財産権保護の規定に関する説明のうち，最も不適切なものを，下の①〜④から1つ選べ。(21青山学院)

① TPP11協定では関税撤廃だけでなく，知的財産権保護のルールについても規定がある。

② 1993年に合意されたウルグアイラウンドでは，貿易ルールだけでなく知的財産権保護のルール作りについても交渉対象となった。

③ 日本では2018年12月のTPP11協定の発効に伴い，文芸・美術・音楽・ソフトウェア等を保護する著作権の保護期間が50年から70年に延長された。

④ WTOの規定では，モノの貿易には最恵国待遇と内国民待遇が原則となっているが，知的財産権についてはこれらの原則は適用されない。

1　南北問題…北の先進国と南の発展途上国に国民所得・平均寿命など様々な格差

合格map

(1)発展途上国の経済構造
　【1】経済：単一・少数の輸出用一次産品に依存
(2)格差是正への取組み
　①【2】(国連貿易開発会議)の設置(1964)
　　→【3】報告…発展途上国からの輸入促進，特恵関税の供与などを要求
　②【4】の開催(1974)…【5】(NIEO)樹立宣言の採択
　　→【6】にもとづく資源の恒久主権，債務の救済，交易条件の改善など
　③資源産出国の取組み…【7】(石油輸出国機構)設立など
　④【8】(開発援助委員会)設立
　　…【9】(経済協力開発機構)の下部機関として政府開発援助の拡充に努める
　⑤ UNDP(国連開発計画)
　　ア)人間の安全保障……すべての人の生活の安定をはかる
　　イ)HDI(人間開発指数)…福祉や生活の質
　⑥国連ミレニアム開発目標(MDGs　2000〜2015)
　　持続可能な開発目標(SDGs　2016〜2030)

2　南南問題…発展途上国間の経済格差

(1)発展に成功した国・地域
　①アジア諸国
　　アジア【10】(新興工業経済地域)：韓国・シンガポール・台湾・香港は1970年代
　　ASEAN諸国…1980年代　中国…1990〜2000年代
　②産油国
(2)今後の成長が予測される国々
　【11】：国土・資源・人口の豊富なブラジル(Brazil)・ロシア(Russia)・インド(India)
　　　・中国(China)・南アフリカ(South Africa)の5か国
(3)停滞する国々
　①中南米諸国：メキシコ・ブラジル・アルゼンチンなど，【12】問題などに苦しむ
　②【13】(LDC，LLDC)，重債務貧困国…人口・食糧・累積債務問題
(4)累積債務問題…【14】(債務返済繰り延べ)などの救済措置

3　日本の政府開発援助(ODA)

(1)二国間援助…贈与(無償資金協力・技術協力)や政府貸付(有償資金協力)
　　→【15】(国際協力機構)のもと，青年海外協力隊などを派遣
(2)多国間援助…国際機関への出資・拠出
(3)現状と課題
　①援助総額の減少…1990年代は世界1位
　②低い対【16】比…発展途上国はGNI(GNP)比0.7%を要求。
　　　　　　　　　日本はアメリカと並び最低レベル
　③低い【17】(援助に占める贈与的要素を示す指標)，低い贈与比率
　④アジア偏重は改善傾向，【18】(ひもつき援助)は減少
　⑤【19】にもとづく援助決定過程や使途・効果の監視強化，透明性確保
　　2015年【19】を改訂→　＜開発協力大綱＞閣議決定
　⑥資金：一般会計予算および財政投融資より支出

●正誤問題メモ

① ○

② ○

③ ○

④ × タイのバーツの大暴落によってアジア通貨危機が発生した。

⑤ ○

⑥ ○

⑦ × 1974年の国連資源特別総会で資源ナショナリズムにもとづくNIEO(新国際経済秩序)樹立宣言が採択された。

⑧ × 特にサハラ以南のアフリカに集中。

⑨ ○

⑩ × NIESは1970年代以降に急速な経済成長を続けた新興国のこと。

⑪ ○

⑫ ○

⑬ × 国際機関への拠出金や消費財の海外援助は経常収支中の第二次所得収支に計上され，社会資本への無償資金援助は資本移転等収支に計上される。

⑭ × 政府機関からの供与で，民間企業やNPOからの資金は含まれない。

⑮ × 二国間援助には技術協力を含む。

⑯ × 二国間援助には政府貸付(借款)を含む。

⑰ ○

⑱ ○

⑲ ○ バングラデシュのグラミン銀行が起源。

⑳ ○

㉑ × 開発協力大綱とODA大綱が逆。

正誤問題

① UNCTAD(国連貿易開発会議)は，発展途上国の輸出品に対する特恵関税の導入を要求した。(09本)

② 住宅バブルが崩壊したアメリカでは，サブプライムローン問題が表面化した。(17本)

③ ギリシャ財政危機では，財政状況が悪化したギリシャの国債利回りが高騰した。(17本)

④ アジア通貨危機では，資本流出に見舞われたタイの自国通貨が高騰した。(17本)

⑤ 先進諸国は，OECD(経済協力開発機構)の中にDAC(開発援助委員会)を設け，国際的規模でODAの充実を図っている。(04追)

⑥ 発展途上国全体の人口増加率は，先進国全体のそれを上回っている。(09本)

⑦ 発展途上国間で，天然資源をもつ国ともたない国との経済格差が問題となったため，国連資源特別総会は，資源ナショナリズム反対を決議した。(13追)

⑧ 発展途上国の中でも，一人当たり国民所得が最も低い水準にある諸国の大半は，中南米地域に集中している。(02本)

⑨ 一次産品については，世界市場における自由な取引に委ねるのではなく，価格安定措置を講じるべきであるとの主張が発展途上国からなされてきた。(02本)

⑩ 先進国におくれて工業化を開始したNIESは，後発発展途上国(LDC，LLDC)と呼ばれる。(09本)

⑪ 1980年代には，発展途上国の累積債務問題が表面化し，中南米諸国にはデフォルト(債務不履行)を宣言する国も現れた。(13追)

⑫ フェアトレードとは，発展途上国の人々の生活を改善するために，発展途上国産の原料や製品について公正な価格で継続的に取引することである。(16追)

⑬ ODAは，国際社会に対するサービスとして位置付けられ，そのため国際収支統計では，貿易・サービス収支に算入されている。(04追)

⑭ 日本のODAの中には，政府の開発支援事業に協力する民間企業の直接投資や民間非営利団体(NPO)の寄付も含まれている。(04現社本)

⑮ 日本のODAは，発展途上国に対する資金援助を目的としているため，専門家派遣などの技術協力は含まれない。(09本)

⑯ 日本のODAは，発展途上国における経済発展の支援を目的としているため，資金の返済を必要とする円借款は含まれない。(09本)

⑰ 日本のODA総額のGNIまたはGNP(国民総生産)に対する比率は，国連が掲げる目標水準を下回っている。(09本)

⑱ 東アジア諸国の経済発展のために，日本が行い得る支援策の一つとして，留学生の受入れや技術者の研修等を通じて人材育成に協力することがあげられる。(00本改)

⑲ マイクロクレジットとは，貧困層の自助努力を支援するために，低所得者に少額の融資を行うことである。(16追)

⑳ モノカルチャー経済とは，一国の経済が，単一あるいは少数の一次産品の生産や輸出に依存する経済のことである。(17同志社大)

㉑ 日本では，開発協力大綱はODA大綱に改められた。またその援助対象国はアジアだけではなく，アフリカにも広がっている。(19京都産業大)

演習問題

1 国家間格差に関する記述として最も適当なものを，次の①～④のうちから一つ選べ。(18本)

① 国連総会において，先進国の資源ナショナリズムの主張を盛り込んだ新国際経済秩序樹立宣言が採択された。

② 国連貿易開発会議は，南南問題の解決を主目的として設立された。

③ 日本の政府開発援助は，必ず返済しなければならない。

④ 現地生産者や労働者の生活改善や自立を目的に，発展途上国の原料や製品を適切な価格で購入するフェアトレードが提唱されている。

2 発展途上国についての記述として最も適当なものを，次の①～④のうちから一つ選べ。(12本改)

① 先進国からの開発援助の調整を行うため，発展途上国によって OECD(経済協力開発機構)が創設された。

② BRICS(ブリックス)と呼ばれる，経済発展が著しいブラジル，ロシア，インド，中国，南アフリカは5か国で自由貿易協定を締結した。

③ 発展途上国は UNCTAD(国連貿易開発会議)において，一次産品の価格安定や途上国製品に対する関税の撤廃を先進国に求めた。

④ 発展途上国の経済発展をめざすため，発展途上国内に，NIEs(新興工業経済地域)と呼ばれる経済特区が創設された。

3 「人間の安全保障」の観点からは，脅威にさらされている個人一人一人の視点を重視する対外政策が推進される。このような対外政策の例として最も適当なものを，次の①～④のうちから一つ選べ。(07本)

① 国際空港や高速道路などの基盤整備のために，ODA(政府開発援助)を供与する。

② 地域の平和と安全を確保するために，地域的取決めの締結や地域的機構の設立を推進する。

③ 貧困対策，保健医療，難民・国内避難民支援などの分野におけるプロジェクトを支援するために，基金を設置する。

④ 国際法に違反した国家に対し，より迅速かつ柔軟に軍事的措置をとるために，国連(国際連合)安全保障理事会の機能を強化する。

4 世界の政府開発援助(ODA)の実績を表した次の表中の空欄 A ～ D に当てはまる語句の組合せとして正しいものを，下の①～⑥のうちから一つ選べ。(20本)

国　名	ODA の実績総額 (億ドル)	ODA の対国民総所得 (GNI)比(%)	A (%)
B	344.1	0.19	100.0
C	247.4	0.70	88.4
イギリス	180.5	0.70	98.3
D	104.2	0.20	87.0
フランス	96.2	0.38	81.4

(注) すべて 2016 年の支出純額ベースの数値である。
(資料) 外務省『開発協力白書』(2017年版)(外務省 Web ページ)により作成。

① A　グラント・エレメント　　B　ドイツ　　C　日　本　　D　アメリカ

② A　グラント・エレメント　　B　日　本　　C　アメリカ　　D　ドイツ

③ A　グラント・エレメント　　B　アメリカ　　C　ドイツ　　D　日　本

④ A　贈与比率　　B　ドイツ　　C　日　本　　D　アメリカ

⑤ A　贈与比率　　B　日　本　　C　アメリカ　　D　ドイツ

⑥ A　贈与比率　　B　アメリカ　　C　ドイツ　　D　日　本

5 発展途上国の経済に関連する記述として誤っているものを，次の①〜④のうちから一つ選べ。（20本）

① プレビッシュ報告では，南北問題を解決するために，アンチダンピング関税の導入が主張された。

② 発展途上国の中でも最も経済発展が遅れた国は，後発発展途上国（LDC）と呼ばれる。

③ 持続可能な開発目標（SDGs）では，貧困や飢餓の撲滅に加えてジェンダー平等の実現などの達成すべき目標が設定された。

④ 発展途上国の中には，貧困層の自助努力を支援するために，マイクロファイナンスという低所得者向けの少額融資が実施されている国もある。

6 アフリカ諸国における飢餓の発生要因についての記述として適当でないものを，次の①〜④のうちから一つ選べ。（04追）

① 国民一人当たりの所得が低く，外国から食料を輸入する経済的余裕がほとんどない。

② 戦争や紛争によって，難民が大量に発生したり，農作業に従事する労働力が不足したりすることがある。

③ 一人当たりの耕地面積が縮小し，それを補う単位面積当たりの農産物収穫量の伸びがみられない。

④ モノカルチャー経済から脱却したため，生存のための食料生産に振り向けられる資源が少ない。

7 人口問題について最も適切な記述をa〜eの中から一つ選べ。（08青山学院大改）

a 地球の人口はすでに75億人を突破し，依然として増大している

b 途上国人口の増加率は5％を超え，人口爆発と呼ばれている。

c 食糧不足は分配・消費の偏りというより生産不足のせいで起こる。

d 2010年には世界の65歳以上人口が7％，その6〜7割は途上国の高齢者と予想される。

e 経済発展度，宗教的な慣習の違いに関わらず人口抑制では国際合意がある。

8 日本のODAについての記述として正しいものを，次の①〜④のうちから一つ選べ。（21本）

① 日本は，国際機関を通じた多国間援助は実施していないが，発展途上国を対象とした二国間援助を実施している。

② 日本は，返済義務のない無償の援助のみを実施している。

③ 日本のODA支出額は，2001年以降，先進国の目標とされる対GNI比0.7パーセント以上を維持してきた。

④ 日本のODA支出額は，1990年代の複数年で世界第一位を記録した。

9 次の文章の（　G　）に入る最も適切な語句を，下の語群から1つ選び，その番号を，記せ。（19同志社大）

国際連合による発展途上国支援に関わる指標作成にさいしては，経済学者アマルティア＝センの考え方が影響を与えている。センは，人々の生き方の幅を意味する「（　G　）」という概念に注目し，これが世界の貧困や不平等の問題を解決するうえで重要だと議論した。「（　G　）が無い」とは，例えば，収入や資産があっても，健康を損ない，寿命が短いために，それを使いきることができない状態である。

〔語群〕 1. リプロダクティブ＝ヘルス＝ライツ　　2. ユビキタス　　3. ケイパビリティ

　　　　4. 基本的人間要請（BHN）

大学入学共通テスト　公共，政治・経済　試作問題

大学入試センター試験の問題は，「リード文」を中心とした出題形式であったが，公民科の共通テストの特徴としては，様々なテーマについての「授業」や学習過程を，「問題の場面設定」としている点にある。皆さんの学びの経験を思い出しながら，問題に取り組もう。

第1問　次の生徒Ｘと生徒Ｙの多様性と共通性に関する会話文を読み，後の問い（**問1〜4**）に答えよ。なお，設問の都合上，ＸとＹの各発言には番号を振っている。（配点　13）

X1：2021年に開催されたオリンピック・パラリンピックは_@「多様性」がテーマの一つだったね。「違いを認め合おう」とメッセージを発信していた。人種や民族，文化，性別，宗教，地域，障害の有無等の違いを認め合おうということだね。

Y1：様々な「違い」が強調されるんだけど，それぞれが「同じ」尊厳ある人間だという共通性については，あまり強調しない。

X2：でも，_⑥人間はそれぞれの地域に固有の文化や伝統の中に生まれ落ち，その文化や伝統を糧にして育つ。だから人も社会も文化も違っていて多様なんだよね。

Y2：一方で，人間が生まれながらにもつとされる自然権や基本的人権といった権利が，多様な人間の共通性の基盤ともなっている。自然法を起点にして_©各種の法を捉えるという思想もある。

X3：その思想に近いものは，ほかにもあるのかな。

Y3：例えば，行為の善さは行為の結果にあるのではなく，多様な人々に共通している人格を尊重しようとする意志の自由にあるという思想が挙げられる。この思想を唱える哲学者は，すべての人には地表を共同で所有する権利があるのだから，どんな人にも外国を「訪問する権利」があると言っている。

問1　多様性と共通性に関する生徒Ｘと生徒Ｙの会話文について，次の**ア〜エ**の考えのうち，Y3の発言にある「この思想を唱える哲学者」の考えとして最も適当なものを，後の①〜④のうちから一つ選べ。　|　1　|

ア　人間は自分で自分のあり方を選択していく自由な存在であると同時に，自分の選択の結果に対して責任を負う存在でもある。個人の選択は社会全体のあり方にも影響を与えるので，社会への参加，すなわち「アンガジュマン」を通して個人は社会に対して責任を負う，という考え

イ　人間はこの世界では不完全で有限だが，この世界に生まれる以前，魂は，完全で永遠な「イデア」の世界にあったので，この世界においても，魂は，イデアへの憧れをもっている。その憧れが哲学の精神であり，統治者がこの精神をもつことによって，理想的ですぐれた国家が実現できる，という考え

ウ　人間は各々個別の共同体で育ち，共同体内で認められることで自己を形成する。それゆえ，個人にとっての善と共同体にとっての善とは切り離すことができず，各共同

設問の趣旨　多様性の中にある共通性について生徒が会話するという場面設定で，生徒の発言と関係の深い考え方の考察，多様な人々と共生するために必要な配慮についての理解や，SDGsの実現に向けた主体的な活動の在り方及び社会制度及びルールの根底にある法について理解しているかを問う設問。

解法のポイント

人物名や主要な関連事項について，思想の内容に結びつけて整理しておくことが求められる。ア〜ウの文中の「　」で表記された用語については，関係する思想家を思い出そう。

体内で共有される「共通善（公共善）」とのつながりによって，個人の幸福で充実した
生は実現する，という考え

エ　人間は自己を目的として生きており，どんな相手をも手段としてのみ利用してはな
らない。この道徳法則に従うことを義務として自らを律する人々が形成する社会を普
遍的な理念とするべきであり，「永遠平和」を実現するためには，この理念を国際社会
にも拡大すべき，という考え

① ア　　② イ　　③ ウ　　④ エ

問2　下線部ⓐに関して，ある鉄道会社で就業体験活動をした生徒 X は，その資料室で
見ることができた1970年代の写真と現在の様子を比べ，多様性の尊重として，ア～エ
に示す改善・工夫が行われてきたことに気付いた。それらは，法令の施行や改定とも
関連があると思われた。

解法のポイント

法律的な知識を問うとい
うよりも，「気付いた改
善・工夫」に示されてい
る具体的な事例に則し
て，考察できるかが問わ
れている。

　　後の法令 A～C のうち，B と C の目的・趣旨に基づく改善・工夫を**ア～エ**のうち
からそれぞれ選び，その組合せとして最も適当なものを，後の①～⑥のうちから一つ
選べ。　2

気付いた改善・工夫

ア　昔の写真ではお守りや御札がオフィスや運転席に置かれているが，現在では置かれていない。 イ　昔の写真では車掌や運転士は男性で，女性はオフィスで働いているが，現在では多くの業務に女性も男性も従事している。 ウ　昔の写真では改札口の間が狭く，ホームをつなぐ高架には階段しかないが，現在では幅が広い改札口もあり，エレベーターなども設置されている。 エ　昔の写真では駅や車内の案内は漢字やひらがな，ローマ字つづりでの表示であるが，現在では多言語表示がなされている。

A　消費者基本法　　B　障害者差別解消法　　C　男女雇用機会均等法

① B－ア　　C－ウ　　② B－ア　　C－エ　　③ B－イ　　C－エ
④ B－ウ　　C－ア　　⑤ B－ウ　　C－イ　　⑥ B－エ　　C－イ

問3　下線部ⓑに関して，生徒 X と生徒 Y の学校では課外活動で地元の自治体に協力し，
桃の節句，菖蒲の節句に合わせて SDGs に関するイベントを企画することになった。
次の**イベント企画案**は，市役所のエントランスホールなどの施設を利用して，一回に
つき二つの目標を取り上げるものである。

解法のポイント

2030年を目標とする
SDGs は注目されている
題材である。17の目標の
特徴並びに SDGs 自体の
位置付けなど，再度確認
しておこう。

　　イベント企画案中の　ア　・　イ　に当てはまる目標の組合せとして最も適当なも
のを，後の①～④のうちから一つ選べ。　3

イベント企画案

目　標	月	イベント概要
 　ア　 と **5** ジェンダー平等を実現しよう	2 〜 3	性にかかわらず，すべての人が様々な分野を通じて，社会全体の創造性などに寄与できるようにする取組みや，国際労働機関(ILO)と国連女性機関(UN WOMEN)の取組みを紹介する。科学における女性と女児の国際デー(2月11日)，国際女性デー(3月8日)の月にあたり，雛人形の工作の準備をし，あらかじめ用意した飾り段の上に，各自で製作した様々な人形を自由に置いてもらう。
 　イ　 と **6** 安全な水とトイレを世界中に	4 〜 5	妊娠中の人に特に重要な職場や家庭での分煙，また，多機能トイレの設置数の増加を呼びかける。若年層を喫煙の害から守る世界保健機関(WHO)の取組みを紹介する展示を行う。世界保健デー(4月7日)，世界禁煙デー(5月31日)の月にあたり，菖蒲の束をその場で作ってもらう。希望者には持ち帰り，湯船に入れてもらうなどする。

解法のポイント

「イベント概要」を読み解き，イベント企画案に提示されているSDGs「5」と「6」以外の内容を抜き出し，その内容にあてはまるものをSDGsの目標から選択する。SDGsの17ある目標については，一通りその内容も確認しておこう。

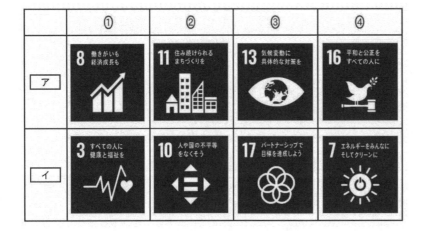

問4　下線部ⓒに関して，生徒Xと生徒Yは日本における民法の変遷について調べてまとめた。このうち，現行の民法の内容に関する記述として正しいものを次のア〜ウからすべて選んだとき，その組合せとして最も適当なものを，後の①〜⑧のうちから一つ選べ。　4

解法のポイント

未成年者に関する法律として，2022年に民法における成年年齢が18歳に引き下げられた。成年と未成年の違いをはじめ，「法の意義と役割」「選挙」「契約」等の分野の理解を深めておこう。

ア　現行の民法では，成年年齢に達するということには，親権に服さなくなるという意味がある。

イ　現行の民法では，当事者の一方が未成年である場合に，未成年が単独で相手方とした契約は，原則として後になって取り消すことができることが定められている。

ウ　現行の民法では，当事者の一方が公序良俗に反する内容の契約を申し出た場合に，相手方がそれに合意する限りにおいて，その契約は有効となり，後になって取り消すことができないことが定められている。

① アとイとウ　　② アとイ　　③ アとウ　　④ イとウ

⑤ ア　　　　　　⑥ イ　　　　⑦ ウ　　　⑧ 正しいものはない

第2問　「公共」の授業で1年間のまとめとして，生徒 X は同じ関心をもつ生徒たちとグループをつくり，「人口減少が続く中でどのような社会をつくればよいか」という課題を設定し，探究活動を行った。これに関して，後の問い（**問1〜4**）に答えよ。（配点　12）

問1　生徒 X たちは，人口減少の要因やその対策を考察するための資料を収集・分析する中で，人口減少の主要因は少子化だと考え，出産・子育て支援策について検討した。次の**生徒 X たちのメモ**中の　A　・　B　に当てはまるものの組合せとして最も適当なものを，後の①〜⑥のうちから一つ選べ。　5

生徒 X たちのメモ

> 　出産や子育ては，社会状況の変化などにより，保護者となる世代に個人的な負担が重くのしかかってきた。
>
> 　日本においては，1972年に児童手当法が施行され，保護者に対し，児童手当が支給されている。児童手当法はその後の改定の過程で，出生順位の規定が撤廃され，支給対象年齢が拡大され，現在は子どもの年齢や出生順位によって金額に重みがつけられている。ただし，児童手当の支給には保護者の所得制限がある。一般的に給与などは，各人の能力や功績に比例して決められる，すなわちアリストテレスが言う　A　的正義に基づいていることが少なくない。一方，児童手当の所得制限では，収入が高ければ逆に支給が抑えられている。
>
> 　児童手当などの日本の出産・子育て支援策としての社会給付は，社会が子育てに責任をもち，子育てを支えるという考え方を反映していると考えられる。アリストテレスは，法を守り，共同体の善を実現する　B　的正義を提唱している。
>
> 　これからの日本では，どのような出産・子育て支援策が考えられるだろうか。

① A－配分　　B－調整　　　② A－配分　　B－全体

③ A－全体　　B－配分　　　④ A－全体　　B－調整

⑤ A－調整　　B－全体　　　⑥ A－調整　　B－配分

問2　生徒 X たちは，日本とヨーロッパの OECD 加盟国について，次の図1・図2を示しながら「日本は出産・子育て支援策として，保育サービスなどの『現物給付』の充実を図る必要がある。」という提案を行うことにし，事前に他のグループに説明したところ，後の**ア〜エ**のような意見が他の生徒からあった。

　ア〜エのうち図1・図2を正しく読み取った上での意見の組合せとして最も適当なものを，後の①〜⑥のうちから一つ選べ。　6

設問の趣旨　人口減少社会の在り方を探究するという場面設定で，それが抱える問題を資料から読み取り，対策を考察し，人口減少が社会に与える影響と対策について，持続可能な地域，国家，社会及び国際社会づくりに向けた役割を担う自立した主体として考察，構想できるかを問う設問。

解法のポイント

人口減少の要因やその対策を具体的な事例に基づいて考察する際に，先哲の思想を参考として考えようとしている。アリストテレスの共同体の善について，全体的正義と部分的正義，部分的正義の調整的正義と配分的正義の区別については，しっかりと確認しておこう。

解法のポイント

提示された資料から，どのようなことが主張できるのか，主張の根拠・理由となる事柄を，資料から読み取ることができるかが問われている。

図1「現金給付」対GDP比と合計特殊出生率　　図2「現物給付」対GDP比と合計特殊出生率

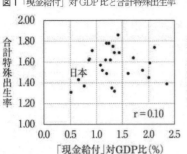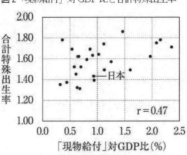

(注)　「現金給付」対GDP比及び「現物給付」対GDP比とは，家族関係政府支出「現金給付」及び「現物給付」の支出額のGDPに対する比率を表す。rは相関係数を示す。
(出所)　図1・図2とも *OECD.Stat*（"OECD" Webページ）の2017年の統計により作成。

解法のポイント

この問題で用いられている図は「散布図」と呼ばれるもので，2つの要素の相関関係を示すものであって，因果関係を示すものではない。この相関関係と因果関係の違いをしっかりと理解しているかが，正誤を判定する上でのポイントとなる。論理的に考えるためには，こうした2つの要素の関係を区別しながら判別することが重要である。

ア　日本よりも合計特殊出生率が低いすべての国は，「現金給付」対GDP比が日本より低いため，「現金給付」より「現物給付」の充実に重点を置く提案に賛同する。

イ　「現金給付」対GDP比と合計特殊出生率には強い相関があるため，「現物給付」より「現金給付」の充実に重点を置くべきである。

ウ　「現物給付」対GDP比が日本より低くても合計特殊出生率が1.60を超える国々があるため，「現物給付」の充実を提案する前に諸外国の状況を調査してはどうか。

エ　「現物給付」対GDP比と合計特殊出生率との因果関係は示されていないため，「現物給付」の充実を提案するためには別の資料も準備した方がよい。

①　アとイ　　②　アとウ　　③　アとエ

④　イとウ　　⑤　イとエ　　⑥　ウとエ

問3　生徒Xたちは，高齢化の進行と，少子化による人口減少が進むと，社会保障の面で問題が生じるのではないかと考えた。このことを中間発表で説明したところ，「今後の日本には，どのような社会保障のあり方が望ましいと考えますか。諸外国の給付規模などとの比較を踏まえて，教えてください。」という質問が他の生徒からあった。

これに対し，生徒Xたちは準備していた次の**図3**を踏まえ，回答した。図3は，1980年から2015年における5年ごとの日本，ドイツ，イギリス，アメリカの高齢化率と社会支出の対GDP比が表されており，**生徒Xたちの回答**中の　A　～　D　は，日本，ドイツ，イギリス，アメリカのいずれかである。

生徒Xたちの回答中の　A　・　D　に当てはまる国名及び　E　に当てはまる文の組合せとして最も適当なものを，後の①～⑧のうちから一つ選べ。　7

解法のポイント

この問題は，グラフの読み取りと資料の文章の読み取りを組み合わせた問題となっている。共通テストでは，教科書や資料集にもまだ載っていない初出の資料を用いた問題も増加している。この問題のように，資料の「読解力」「資料活用能力」が求められている。

生徒Xたちの回答

　A　は，1980年から2015年にかけて，図3中の他のいずれの国よりも急速に高齢化が進行したと言える。そのため，社会保障の給付規模は，高齢化率が高くなるに従って，社会支出の対GDP比も大きくなっている。

　B　は，高齢化率も社会支出の対GDP比も相対的に低い水準にある。こうした傾向は，市場経済を重視する立場から，労働移動や自助努力を促す政策を展開してきたことと関連していると考えられる。

解法のポイント

選択肢として求められ，提示されているものがA，D，Eであり，Aについては日本かドイツ，Dについてはイギリスかアメリカの選択ということから，日本，ドイツ，イギリス，アメリカの4か国

の特徴について，知識を総動員して資料を読み解こう。

　　C　では，1995年から2010年にかけて社会支出の対GDP比はほぼ横ばいであった。また，　C　は市場経済を重視していると考えられるが，1980年においてすでに他国と比べて高水準の社会支出対GDP比を実現していた。

　　C　に次いで1980年に高齢化率が高かった　D　では，1990年から2010年にかけて社会支出の対GDP比が大きく引き上げられた。この現象は，1990年代にそれまでの政策からの転換を遂げたことと関連していると考えられる。

　このようにして，図3に基づいて考えると，　E　が，今後の日本における社会保障のあり方を構想するための重要な要因になるだろう。

解法のポイント

「高齢化率」と「社会保障の給付規模」の2つの要素とともに，設問文の中の「1980年から2015年における5年ごと」4か国について，一体としてグラフ化されている。何がどのように表記されたグラフなのか，特に「5年ごと」に留意して読み取ることが必要である。

図3　高齢化率と社会保障の給付規模の国際比較

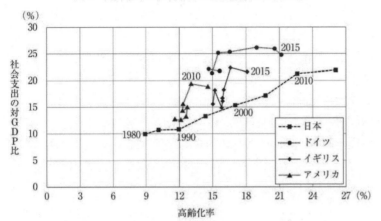

（注）　横軸の高齢化率は，その国の全人口に占める65歳以上人口の割合を示している。縦軸の「社会支出」とは，人々の厚生水準が極端に低下した場合にそれを補うために個人や世帯に対して財政支援や給付をする公的供給のことを表している。
（出所）　厚生労働省「令和2年版厚生労働白書」により作成。

	A	D	E
①	日本	アメリカ	一定期間における高齢化率の伸びに対する社会支出の対GDP比の割合を大きくするか否か
②	日本	アメリカ	市場経済と社会保障の双方を重視する政策を推進し，高齢化率を大幅に抑制し続けるか否か
③	日本	イギリス	一定期間における高齢化率の伸びに対する社会支出の対GDP比の割合を大きくするか否か
④	日本	イギリス	市場経済と社会保障の双方を重視する政策を推進し，高齢化率を大幅に抑制し続けるか否か
⑤	ドイツ	アメリカ	一定期間における高齢化率の伸びに対する社会支出の対GDP比の割合を大きくするか否か
⑥	ドイツ	アメリカ	市場経済と社会保障の双方を重視する政策を推進し，高齢化率を大幅に抑制し続けるか否か
⑦	ドイツ	イギリス	一定期間における高齢化率の伸びに対する社会支出の対GDP比の割合を大きくするか否か
⑧	ドイツ	イギリス	市場経済と社会保障の双方を重視する政策を推進し，高齢化率を大幅に抑制し続けるか否か

問4 生徒 **X** たちは，最終発表に向け，人口減少及び高齢化が進行する自らの地域において，高齢者がよりよい生活を送るためにはどのような施策が考えられるかということについて話し合った。次の会話文中の　　A　～　　C　　に当てはまる文の組合せとして最も適当なものを，後の①～⑧のうちから一つ選べ。　8

解法のポイント

高齢者に対する施策についての設問であるが，その施策を考える様々な視点や立場として，公正さと効率という2つの側面からも捉えることができることを理解しよう。

X：人口減少，高齢化が進行している私たちの住む地域の中で，どのような施策が考えられるだろうか。

Y：私たちの住む地域は高齢者世帯が多いことから，行政主体での，希望するすべての高齢者世帯への家事援助や配食サービスの実施を提案してはどうだろう。

X：公正を重視した提案だね。新たな社会保障の施策を考える時に大切な考え方だ。では，効率の面からはどうかな。

Z：効率の面からみると，　　A　。

Y：そうだね。Zさんの発言に加えると，　　B　　ということも考えられるから効率的だし，地元にもメリットがあるね。

W：でも，効率が安易に追求されすぎて，利用者の生活の質（QOL）が損なわれることになってはいけない。提供されるサービスの質を確保し，すべての利用者が適切にサービスを受けられるという公正さの確保も大切なことだ。だから　　C　　とよいのではないかな。

X：施策を考えるには，様々な視点や立場から検討することが大切だね。

　A　に入る文

ア　このようなサービスは，新たに行政が始めるよりも，入札を実施して，ノウハウをもつ民間企業に委ね，サービスの提供に関わる費用を行政が負担して提供する方がよいのではないかな

イ　このようなサービスは，各自治体が住民の求めるすべてのサービスに対応できるようにするために，ニーズの有無に関わらず大きな組織を複数作って提供する方がよいのではないかな

　B　に入る文

ウ　行政に幾つもの新しい組織が作られることで，その運営に関わる費用が多少増えても，多くの組織が作られることによる新たな雇用の創出が期待できる

エ　企業は業務を請け負い，また利潤を得るために無駄な経費を抑えるだろうし，また，その地域で新たな雇用の創出が期待できる

　C　に入る文

オ　行政には，すべての企業がその規模や過去の実績に関わらず入札に参加できる機会の公正を確保する役割を担ってもらう

カ　行政には，企業から高齢者世帯へのサービスの提供後に，その内容を点検することによって公正さを確保する役割を担ってもらう

①　A－ア　B－ウ　C－オ　　　②　A－ア　B－ウ　C－カ

③　A－ア　B－エ　C－オ　　　④　A－ア　B－エ　C－カ

⑤　A－イ　B－ウ　C－オ　　　⑥　A－イ　B－ウ　C－カ

⑦　A－イ　B－エ　C－オ　　　⑧　A－イ　B－エ　C－カ

第3問　生徒Xと生徒Yが，「政治・経済」の授業において「不当な格差のない，平等な社会」というテーマについて話し合っている。次の**会話文1**および後の**会話文2・3**を読み，後の問い（**問1~6**）に答えよ。（配点　18）

会話文1

X：男女の平等については，女子差別撤廃条約が重要だね。この条約を批准した日本は男女差別撤廃に向けて，これまで@さまざまな法律を制定したり，改正したりしてきたようだよ。

Y：男女の平等をはじめとして，国際社会ではそれ以外にも人々の権利を保障するための多くの人権条約が採択されているようだね。ただ，これらの条約の中には，まだ⑥日本が批准していない条約もあるみたいだ。

問1　下線部@について，生徒Xは，男女の平等に関する日本の法律を調べてみた。それぞれの法律に関する記述として正しいものを，次の①~④のうちから一つ選べ。ただし，各法律の内容は現行法によるものとする。　9

①　労働基準法は，男女同一賃金の原則を明文で定め，賃金面における女性への差別を禁止している。

②　育児・介護休業法は，女性労働者のみならず男性労働者に対しても，育児休業の取得を義務づけている。

③　民法は，女性の婚姻開始年齢を引き下げる改正を経て，男女とも18歳にならなければ婚姻できないことを規定している。

④　男女雇用機会均等法は，事業主は，募集，採用，配置，昇進など，職場における男女差別の解消に努めなければならないことを定めている。

問2　下線部⑥について，生徒Yは，人権条約と現在の日本の批准状況について調べ，次の**表1**を作成した。**表1**中の空欄　ア　~　ウ　に当てはまる語句の組合せとして最も適当なものを，後の①~④のうちから一つ選べ。　10

表1

採択年	条約の名称	日本の批准
1953 年	婦人の参政権に関する条約	あ　り
1965 年	ア	あ　り
1966 年	経済的，社会的および文化的権利に関する国際規約（社会権規約）	ウ
1979 年	女子に対するあらゆる形態の差別の撤廃に関する条約（女子差別撤廃条約）	あ　り
1989 年	イ	な　し
1990 年	すべての移民労働者及びその家族構成員の権利の保護に関する国際条約（移民労働者条約）	な　し

（注）　日本の批准において，一部留保付きで批准したものもある。

設問の趣旨　場面設定としては，「不当な格差のない，平等な社会」というテーマに関する対話を通して，日本国憲法の基本原則を現在の法や政治に関わる制度・しくみと関連付け，現代日本及びグローバル化する国際社会において生じている諸問題の原因を追及したり，その解決策の構想に向けて考察したりできるかを確認する設問。

解法のポイント

不当な格差のない社会について，特に男女の平等についての設問。選択肢で取り上げられている法律以外にも，男女共同参画社会基本法など，男女の平等に関する法律は今後も出題されることが考えられる。

解法のポイント

人権に関する条約は，センター試験の時からの頻出事項であった。基本的な事項としてしっかりと確認しておこう。

解法のポイント

条約については，その内容とともに，採択年と日本の批准の有無についての整理が必要である。国際人権規約については特に，具体的な事項ごとの違いを確認しておこう。

① ア 子ども（児童）の権利条約

　　イ アパルトヘイト犯罪の禁止及び処罰に関する国際条約

　　ウ な し

② ア 死刑の廃止を目指す，市民的及び政治的権利に関する国際規約の第二選択議定
　　　 書（死刑廃止条約）

　　イ 子ども（児童）の権利条約

　　ウ な し

③ ア あらゆる形態の人種差別の撤廃に関する国際条約（人種差別撤廃条約）

　　イ 死刑の廃止を目指す，市民的及び政治的権利に関する国際規約の第二選択議定
　　　 書（死刑廃止条約）

　　ウ あ り

④ ア 障害者の権利に関する条約

　　イ あらゆる形態の人種差別の撤廃に関する国際条約（人種差別撤廃条約）

　　ウ あ り

会話文2

X：平等ということでいえば，投票価値の平等も重要だよね。日本国内では，国政選挙
　　における©一票の格差が，しばしばニュースで話題になっているね。

Y：国際社会に目を向けると，主権平等の原則があるにもかかわらず，国際機関の中に
　　は，一部の大国にのみ@拒否権が認められている場合もあるようだ。これも問題かも
　　しれないね。

問3　下線部©について，生徒 **X** は，1980年以降の衆議院議員総選挙における最大格差
　　を調べ，その結果をまとめた次の**表2**を作成した。**表2**で示されている内容に関する
　　記述として最も適当なものを，後の①〜④のうちから一つ選べ。　11

表2

総選挙の実施年	1980 年	1983 年	1986 年	1990 年	1993 年	1996 年
一票の格差	3.94	4.40	2.92	3.18	2.82	2.31
総選挙の実施年	2000 年	2005 年	2009 年	2012 年	2014 年	2017 年
一票の格差	2.47	2.17	2.30	2.43	2.13	1.98

（出所）　裁判所 Web ページにより作成。

① 中選挙区制の下で実施された総選挙では，いずれも一票の格差が4.00を超えること
　はなかった。

② 小選挙区比例代表並立制の導入以降の総選挙では，いずれも一票の格差は2.50を下
　回っている。

③ 2000年以降の総選挙に関して，最高裁判所が一票の格差を違憲状態と判断したこと
　はなかった。

④ 1980年の総選挙に比べて2017年の総選挙は投票率が高かったため，一票の格差も小
　さくなっている。

解法のポイント

一票の格差に関する問題
は，センター試験でも出
題されている。衆院選・
参院選のたびに，一票の
格差が報道され，選挙の
無効を求める訴訟も起こ
されている。国政選挙に
おける一票の格差につい
ては頻出事項といえる。

問4　下線部⓪について，生徒Ｙは，東西冷戦の対立構図の下，国際連合（国連）の安全保障理事会が，常任理事国の拒否権の頻繁な発動により十分な役割を果たせなかったことに関心をもった。そこでＹは，常任理事国が拒否権を行使した回数を調べて次の**表3**を作成し，その背景にあるできごとについて推察した。**表3**から推察できる内容の記述として最も適当なものを，後の①〜④のうちから一つ選べ。　　12

表3

期　　間	アメリカ	イギリス	ソ　連 （ロシア）	中　国	フランス
1946〜1960 年	0	2	96	1	4
1961〜1975 年	12	11	18	2	2
1976〜1990 年	57	19	6	0	12
1991〜2005 年	12	0	3	2	0
2006〜2020 年	6	0	24	13	0

（注）　1946 年から 1971 年まで中国の代表権は中華民国（台湾）がもっていた。また，1991 年のソ連の解体後，ソ連の地位はロシアが継承した。
（出所）　United Nations Web ページにより作成。

①　1946〜1960 年の期間では，常任理事国のうちソ連が最も多く拒否権を行使しているが，その中には朝鮮戦争に関連する決議が含まれる。

②　1961〜1975 年の期間では，常任理事国のうちイギリスが最も多く拒否権を行使しているが，その中にはベトナム戦争に関連する決議が含まれる。

③　1976〜1990 年の期間では，常任理事国のうちアメリカが最も多く拒否権を行使しているが，その中にはキューバ危機に関連する決議が含まれる。

④　2006〜2020 年の期間では，常任理事国のうちロシアが最も多く拒否権を行使しているが，その中には湾岸戦争に関連する決議が含まれる。

会話文3

Ｘ：日本国憲法では「法の下の平等」が規定されていて，この規定を根拠としたⓔ最高裁判所の違憲判決も出されているね。

Ｙ：国際社会では，1994 年に国連開発計画が「人間の安全保障」という理念を打ち出しているね。この理念は，一国の国防というよりも，世界中の人々がそれぞれの暮らしの中で直面する問題に焦点を当てている点で，日本国憲法の前文の中の，「　ア　」という部分にみられる考え方に近いともいえるよね。

問5　下線部ⓔの仕組みに関心をもった生徒Ｘは，裁判所法を調べ，最高裁判所の違憲審査権の行使に関する部分について次の**メモ**を作成した。なお，**メモ**には，表記を改めた箇所やふりがなを振った箇所がある。**メモ**から読み取れる，最高裁判所における裁判に関する記述として最も適当なものを，後の①〜④のうちから一つ選べ。　　13

メモ

> 第9条第1項　最高裁判所は，大法廷又は小法廷で審理及び裁判をする。
>
> 第10条　事件を大法廷又は小法廷のいずれで取り扱うかについては，最高裁判所の定めるところによる。但(ただ)し，左の場合においては，小法廷では裁判をすることができない。
>
> 　一　当事者の主張に基いて，法律，命令，規則又は処分が憲法に適合するかしないかを判断するとき。（意見が前に大法廷でした，その法律，命令，規則又は処分が憲法に適合するとの裁判と同じであるときを除く。）
>
> 　二　前号の場合を除いて，法律，命令，規則又は処分が憲法に適合しないと認めるとき。
>
> 　三　憲法その他の法令の解釈適用について，意見が前に最高裁判所のした裁判に反するとき。

① 法律が憲法に適合しないとの裁判は，最高裁判所の定めるところに反しない限り，小法廷において行うことができる。

② 法律が憲法に適合しないとの裁判は，それが当事者の主張に基くか否かにかかわらず，小法廷において行うことはできない。

③ 法律が憲法に適合するとの裁判は，その意見が前に大法廷で行った裁判と異なるときであっても，小法廷において行うことができる。

④ 法律が憲法に適合するとの裁判は，その意見が前に大法廷で行った裁判と同一である場合には，大法廷において行うことはできない。

問6　生徒Yは，あらためて日本国憲法の前文を読み返してみた。次の**資料**は，日本国憲法の前文の一部である。なお，一部現代仮名遣いに改めた箇所やふりがなを振った箇所がある。**会話文3**中の空欄　ア　に当てはまる記述として最も適当なものを，**資料**中の下線部①〜④のうちから一つ選べ。　14

資料

> 「日本国民は，恒久の平和を念願し，人間相互の関係を支配する崇高(すうこう)な理想を深く自覚するのであって，①平和を愛する諸国民の公正と信義に信頼して，われらの安全と生存を保持しようと決意した。われらは，平和を維持し，専制と隷従(れいじゅう)，圧迫と偏狭(へんきょう)を地上から永遠に除去しようと努めている国際社会において，名誉ある地位を占めたいと思う。われらは，②全世界の国民が，ひとしく恐怖と欠乏から免かれ，平和のうちに生存する権利を有することを確認する。
>
> 　われらは，③いづれの国家も，自国のことのみに専念して他国を無視してはならないのであって，政治道徳の法則は，普遍的なものであり，この法則に従うことは，④自国の主権を維持し，他国と対等関係に立たうとする各国の責務であると信ずる。」

第4問　生徒X，生徒Y，生徒Zが，「政治・経済」の授業で学習した内容を踏まえて，日本の雇用慣行について話し合っている。次の**会話文1**および後の**会話文2**を読み，後の問い（問1〜6）に答えよ。（配点　18）

会話文1

X：終身雇用などの雇用慣行を理解することは，ⓐ日本経済の今後の動向を考える上で欠かせないよね。

Y：ⓑ実際にいくつかのデータベースを用いて，日本と他国の雇用慣行に関するデータを比較してみたよ。

X：データをみるとそれぞれの国の特徴がわかって興味深いのだけど，その一方で比較対象によっては大きな違いがみられないね。一体どうしてだろう。

Z：欧米の一部産業では日本と同じ慣行が維持されているから，そこまでの差にならないんじゃないかな。そもそも日本は，労働に限らずⓒ年金などの社会保障分野でも他国を参考にしてきたともいわれているよ。

調べ，考察を深める学習過程。現代日本及びグローバル化する国際社会における経済のしくみ・システムの特質を考察したり，それに関わる諸問題の解決策について構想したりできるかを問う設問。

問1　下線部ⓐについて，生徒Xは，第二次世界大戦後の日本経済の歩みを調べ，次のア〜ウのグラフを作成した。これらは，それぞれ1970年代，1990年代，2010年代のいずれかの消費者物価指数の変化率（対前年比）と完全失業率との推移を示したものである。グラフの横軸は「年」を表し，10年間について1年ごとの目盛り間隔となっている。このとき，これらを年代の古いものから順に並べたものとして正しいものを，後の①〜⑥のうちから一つ選べ。　15

解法のポイント

まず，問題文の中の1970年代，1990年代，2010年代が，日本経済の歩みの上でどのような特徴を持った時代であったのかを考えて，関連する事柄などを思い出してみよう。

解法のポイント

ここに示されている3つのグラフは，目盛りの数値や幅が違うことに気付いただろうか。グラフの読み取り問題は，そのグラフの一部分にばかりとらわれず，そのグラフの作りや全体にも目を向けて，大枠を捉えることが重要であることをこの問題は示唆している。

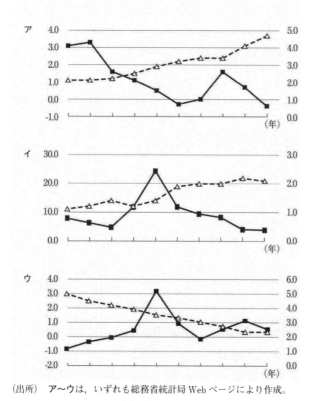

（出所）　ア〜ウは，いずれも総務省統計局Webページにより作成。

①　ア→イ→ウ　　②　ア→ウ→イ　　③　イ→ア→ウ

④　イ→ウ→ア　　⑤　ウ→ア→イ　　⑥　ウ→イ→ア

問2 下線部⑥について, 生徒Yは, 日本, イギリス, スウェーデン, ドイツの4か国の雇用慣行を比較して考えてみた。次の**表**は, これら4か国の雇用慣行を数値で表したものであり, 表中の**A〜D**は, それぞれ, これら4か国のいずれかを示している。なお, 表中の（**ア**）は勤続年数1〜5年の賃金を100としたときに賃金が勤続年数に応じてどのぐらい変化するかを,（**イ**）は年齢階層別の平均勤続年数を,（**ウ**）は数値が大きくなるほど賃金交渉を主導する主体が企業別組合から産業別組合へ移ることを意味する「賃金交渉の集権度」を, それぞれ表している。表と後の**説明文1〜3**とを参考にして, **A〜D**が示す国の組合せとして最も適当なものを, 後の①〜⑧のうちから一つ選べ。 16

解法のポイント

問題文の中で取り上げられているア〜ウについての「条件」をもとに, 表に該当する項目を判定する問題である。

		A	B	C	D
（ア）賃金水準	勤続年数 10〜14年	140.1	127.9	118.0	110.9
	勤続年数 15〜19年	148.8	142.8	126.8	111.8
	勤続年数 20〜29年	159.6	170.0	132.2	106.8
（イ）勤続年数	年齢階層 25〜54歳	9.4	11.5	7.6	7.1
	年齢階層 55〜64歳	19.2	19.6	13.8	17.1
（ウ）賃金交渉の集権度		3	1	1	3

（注） 賃金水準と賃金交渉の集権度の単位は指数である。日本の賃金水準のみ勤続年数1年以上5年未満の賃金を100とする指数である。また, すべてのデータは, 2014年から2019年にかけてのいずれかの年のものである。

（出所） 独立行政法人労働政策研究・研修機構『データブック国際労働比較2019』, OECD/AIAS ICTWSS Database により作成。

解法のポイント

問題文の中に示されている「条件」に従って, 注意力をもって文章の内容と表の数値を読み取る必要がある。特に, アとウで特徴を読み取り区分けができれば, 4か国の絞り込みも可能となってくる。

説明文1 同一労働同一賃金が浸透しているとされるスウェーデンでは, 他国に比べて, 賃金水準が勤続年数とは独立に決まっている。

説明文2 労働市場の流動性が高いことなどを背景に, イギリスの平均勤続年数はどの年齢階層においても日本より短くなっている。

説明文3 ドイツおよびスウェーデンは, 賃金交渉の集権度の面で, 日本とは異なっている。

① A ドイツ　　　　B 日本　　　　　C イギリス　　　D スウェーデン
② A 日本　　　　　B イギリス　　　C スウェーデン　D ドイツ
③ A イギリス　　　B スウェーデン　C ドイツ　　　　D 日本
④ A スウェーデン　B ドイツ　　　　C 日本　　　　　D イギリス
⑤ A イギリス　　　B 日本　　　　　C ドイツ　　　　D スウェーデン
⑥ A 日本　　　　　B ドイツ　　　　C スウェーデン　D イギリス
⑦ A ドイツ　　　　B スウェーデン　C イギリス　　　D 日本
⑧ A スウェーデン　B イギリス　　　C 日本　　　　　D ドイツ

問3 生徒Zは，下線部ⓒについて調べてみた。年金の仕組みに関する記述として最も適当なものを，次の①～④のうちから一つ選べ。 17

① 現在の日本の年金制度の下では，税収が基礎年金の原資の中で最も大きな割合を占めている。
② 年金給付に要する原資をその時々の現役世代が賄う方式は，賦課方式と呼ばれる。
③ デフレーションが生じたときに年金給付額が実質的に減少するという問題が積立方式の下では存在する。
④ 現在の日本の厚生年金制度の下では，すべての受給者に対して同額の給付がなされている。

会話文2

Y：日本の雇用慣行についてはわかったけど，そもそも景気が悪くなってしまうと，失業などの問題も出てくるよね。
X：ⓓ資本主義経済においては，不況のしわ寄せが企業だけでなく労働者にもいってしまうんだ。
Y：現在の日本には，ⓔさまざまな働き方をしている人々がいるので，政府のきめ細やかな政策がいっそう重要になってくるね。
Z：さらに，外国人労働者の増加やAI（人工知能）などのⓕ新技術の導入もまた，従来型の雇用慣行とは別のメカニズムで，賃金や雇用に影響を与えそうだ。こうした動向も踏まえて新しい働き方をみんなで模索していく必要があるよね。

問4 下線部ⓓに関連して，生徒Xは，さまざまな経済学説について調べ，そのうちの二つの考え方を現代的な論点と対応させる次のメモ1・2を作成した。それぞれのメモ中の空欄 ア ・ イ に当てはまる人名の組合せとして正しいものを，後の①～④のうちから一つ選べ。 18

メモ1 ア は，物価の安定を重視し，政策当局は通貨量を一定の率で供給すべきと主張したが，リーマン・ショック以降の日本の金融政策は，どのように実施されているのだろう。

メモ2 イ は，自由貿易がもたらす国際分業によって関係国全体での生産量が増えると論じたが，資本や労働力も自由に国境を越える時代の国際分業には，どのようなメリット・デメリットがあるのだろう。

① ア ガルブレイス イ マルサス
② ア ガルブレイス イ リカード
③ ア フリードマン イ マルサス
④ ア フリードマン イ リカード

問5　生徒Yは，下線部ⓔについて調べてみた。現在の雇用に関する記述として**誤って**
いるものを，次の①～④のうちから一つ選べ。 19

① 日本では，労働者派遣法により，同一の人物が同じ職場で派遣労働者として勤務で
きる期間は，原則として最長3年に制限されている。

② フルタイムで働いているにもかかわらず，生活の維持が困難になるような所得水準
にある労働者も，ワーキングプアと呼ばれる。

③ 日本では，グローバルな企業間競争が激化する中で，すべての雇用に占める非正規
雇用者の割合は，現在も30％を超えている。

④ ある一定の仕事量に対して，一人当たりの労働時間を減らすことで雇用人数を増や
すことは，ワーク・ライフ・バランスと呼ばれる。

問6　下線部ⓕについて，生徒X，生徒Y，生徒Zは，需要と供給によって価格と取引
量が決まるという財市場のメカニズムを労働市場にも適用し，技術進歩が均衡賃金に
与える効果を考え，次の**図**と，**図**を説明した後の**メモ**とを作成した。**メモ**中の空欄
　ア　～　ウ　に当てはまる語句と記号の組合せとして正しいものを，後の①～④の
うちから一つ選べ。 20

図

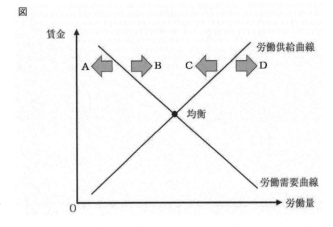

メモ

労働を節約できるような新しい技術が企業に導入されると，他の条件が等しい限りに
おいて，　ア　が　イ　の方向に移動する。その結果，均衡賃金は　ウ　する。

① ア　労働需要曲線　　イ　A　　ウ　低下
② ア　労働需要曲線　　イ　B　　ウ　上昇
③ ア　労働供給曲線　　イ　C　　ウ　上昇
④ ア　労働供給曲線　　イ　D　　ウ　低下

第5問　「政治・経済」の授業で，「現代社会で起きている変化と，それが私たちの生活に
もたらす影響」をテーマに，クラス内でいくつかのグループに分かれて探究する学習が
行われた。これに関して，後の問い（**問1～6**）に答えよ。（配点　19）

問1 探究する学習を始めるにあたり，先生Tが「日本経済は歴史のなかでさまざまな変化を経験してきており，現在も変わり続けています。こうした現代につながる歴史を知った上で，現代社会を理解することが大切です。」と述べた。日本経済の変化に関する記述として最も適当なものを，次の①〜④のうちから一つ選べ。　21

① 1980年代には貿易摩擦の激化を背景として，日本が外需主導型経済へ転換することが求められた。

② 2000年代に入ると，小泉純一郎内閣の下で構造改革が進められたが，これはいわゆる大きな政府を志向するものであった。

③ 近年進行してきた，モノそれ自体よりも知識や情報の重要性が高まっていく変化のことを，産業の空洞化という。

④ 企業の組織再編の加速を目的に設立が解禁された，株式の所有を通じて他の企業を支配することを主たる業務とする会社のことを，持株会社という。

問2 生徒Wが，「近年では情報技術がどんどん発達しているし，それが日本経済を大きく変化させていそうだよね。」と発言すると，先生Tは，「そのとおりですね。しかし経済の中にはさまざまな産業があり，情報化の影響の表れ方は産業によってかなり差があると思いますよ。データを調べてみてはどうですか。」とアドバイスした。それを受けてW，生徒X，生徒Y，生徒Zの4人のグループは，近年における産業ごとの変化を示すデータを集め，それをもとに考察と議論を行った。

次の表1・2は，日本の農林水産業，製造業，サービス業のそれぞれについて，1994年と2019年の実質付加価値と就業者数のデータをまとめたものである。表1・2の内容を踏まえて，後の会話文中の空欄　ア　に当てはまる記述として最も適当なものを，後の①〜④のうちから一つ選べ。　22

表1　産業別実質付加価値

	1994年(億円)	2019年(億円)	1994年から2019年にかけての変化率(%)
農林水産業	76,358	48,833	−36.0
製造業	846,691	1,179,232	39.3
サービス業	2,983,294	3,720,865	24.7

表2　産業別就業者数

	1994年(万人)	2019年(万人)	1994年から2019年にかけての変化率(%)
農林水産業	486	260	−46.5
製造業	1,411	1,081	−23.4
サービス業	3,904	4,841	24.0

（出所）表1，表2ともに，内閣府経済社会総合研究所『2019年度国民経済計算(2015年基準・2008SNA)』(内閣府経済社会総合研究所Webページ)により作成。

T：産業構造の変化を捉える上では，それぞれの産業でどれぐらいの生産が行われているかという実質付加価値の面と，それぞれの産業でどれぐらいの人が働いているかという就業者数の面の，双方をみることが重要です。**表1**と**表2**から，どのようなことが読み取れますか？

W：1994年から2019年にかけては情報化が大きく進んだと思いますが，情報通信業を含むサービス業は，実質付加価値でみても，就業者数でみても，この25年間で増加していますね。情報化の進展とともに，サービス業の比重がますます高まっていることが読み取れます。

T：そうですね。また情報技術は，生産にも影響を与えた可能性があります。実質付加価値を就業者数で割ると，「その産業で一人の人がどれぐらいの付加価値を生産しているか」を示す一人当たり労働生産性という指標が得られます。この25年間における各産業の一人当たり労働生産性の変化について，どのようなことがわかりますか？

X：**表1**と**表2**を見比べると，　ア　ということがいえるのではないでしょうか。

T：そのとおりです。つまり日本において情報技術が一人当たり労働生産性にどのような影響を与えたかは，産業ごとにかなり違っていた可能性がありますね。こうした違いがなぜ引き起こされるのかについても，考えてみると良いですよ。

① 農林水産業と製造業はともに就業者数の1994年から2019年にかけての変化率がマイナスであるが，一人当たり労働生産性の1994年から2019年にかけての変化率を比べると，農林水産業の方が製造業よりも大きな率で上昇している

② 製造業とサービス業はともに1994年から2019年にかけて実質付加価値が増加しているが，一人当たり労働生産性の1994年から2019年にかけての変化率を比べると，製造業の方がサービス業よりも大きな率で上昇している

③ 1994年から2019年にかけて一人当たり労働生産性はすべての産業において上昇しているが，最も大きな率で上昇しているのはサービス業である

④ 1994年から2019年にかけて一人当たり労働生産性はすべての産業において低下しているが，最も大きな率で低下しているのは農林水産業である

問3 情報技術について議論していく中で，日本において各種のインターネット端末を利用している人の割合を年齢階層別にまとめた次の**資料**をみつけた生徒Yは，生徒W，生徒X，生徒Zと発表に向けたグループ学習の進め方を話し合った。後の**会話文**中の空欄　ア　に当てはまる記述として最も適当なものを，後の①〜④のうちから一つ選べ。　23

Y：情報通信機器の利用実態は，若い人と高齢の人など，世代によってけっこう違いがあるかもしれないと思うんだけど，実際はどうなのかな。

Z：この**資料**をみると，たとえば，　ア　，といったことが読み取れるね。

X：なるほど。興味深い結果だね。この**資料**からは他にもいろいろと面白い特徴が読み取れそうだから，その背景にある理由を考えてみたいな。

W：そうだね。「インターネットに関わる問題」について，みんなで分担して，もっと調べてみようよ。

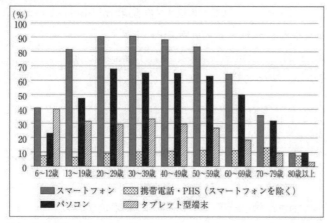

資料　年齢階層別インターネット端末の利用状況（個人）

（注）　複数回答であり，主な利用機器のみ記載している。また，「PHS」は，「Personal Handy-phone System」の略称であり，移動通信サービスの一つである。

（出所）　総務省『令和2年通信利用動向調査の結果』（総務省情報通信統計データベース）により作成。

① スマートフォンを利用している人の割合をみると，「6〜12歳」では半数に満たないものの，それ以外のすべての年齢階層においては半数を超えている

② パソコンを利用している人の割合をみると，「13〜19歳」における割合は，60歳以上のすべての年齢階層における割合よりも高い

③ すべての年齢階層において，「携帯電話・PHS（スマートフォンを除く）」よりも「スマートフォン」の方が利用している人の割合が高い

④ すべての年齢階層において，「タブレット型端末」よりも「パソコン」の方が利用している人の割合が高い

問4　インターネットに関わる問題について調べたことをきっかけに，生徒W，生徒X，生徒Y，生徒Zは，さらに議論を重ねていった。インターネットをめぐる日本の今日の状況について述べた次のア〜エの記述のうち，内容が**誤っているもの**が二つある。その組合せとして最も適当なものを，後の①〜⑥のうちから一つ選べ。　24

ア　インターネットにつながる自由は，著作権や商標権などとともに，知的財産権の一種として保障されている。

イ　インターネット接続事業者に対して，インターネット上の表現によって権利を侵害された者が，発信者情報の開示を請求することについて定める法律が制定されている。

ウ　インターネットやその他の高度情報通信ネットワークを通じた情報の活用などを所掌する組織として，デジタル庁が発足した。

エ　インターネットを用いた通信販売は，一定の期間であれば無条件で契約の申込みを撤回したり契約を解除したりできるという，消費者保護を目的として制度の対象となる。

解法のポイント

インターネットやSNSなどの情報社会に関する問題は，今後とも「公共」で出題される可能性が高い。時事的な問題の一つとして，普段からニュースなどに注目しておこう。

① アとイ　　② アとウ　　③ アとエ

④ イとウ　　⑤ イとエ　　⑥ ウとエ

問5　生徒K，生徒L，生徒Mのグループでは，インターネットをめぐる今日の問題と
して，インターネット上に誹謗中傷やフェイクニュースなどの違法・有害情報が氾濫
しているという状況についての対策を議論している。次の**会話文**中の空欄　ア　〜
　ウ　には，それぞれ後のa〜cの記述のいずれかが当てはまる。当てはまる記述の
組合せとして最も適当なものを，後の①〜⑥のうちから一つ選べ。　25

K：SNSなどのオンライン・サービスを提供する事業者が，表現の内容をモニタリング
して，他人の権利を侵害する違法な情報や，法的には違法とはいえないけど有害な
情報を削除したり，投稿者のアカウントを停止したりすることを，コンテンツ・モ
デレーションというらしいね。

L：違法・有害情報対策を，事業者の自主的なコンテンツ・モデレーションの取組みに
任せておく方法はどうかな？

M：　ア　。

K：せめて違法な情報に対しては，コンテンツ・モデレーションを適切に行う義務を事
業者に負わせる，というような法律を作るという方法はどうだろう？

L：　イ　。

M：そういう問題があるとしたら，その他に，どのような方法があり得るかな？

K：　ウ　。

L：情報を受け取る私たちのリテラシーを高めることも，同時に追求していくべきだね。

a　違反に対して罰則があったら，事業者は罰を回避するために，本来であれば規制対象
とはならないような内容の表現も過剰に削除してしまう可能性があると思うよ

b　利用者が安心・信頼してサービスを利用できるように，事業者にコンテンツ・モデ
レーションの基準と運用を明確にさせるような法的な仕組みがあるといいと思うよ

c　事業者の考えや好みによって，違法・有害情報が放置されてしまったり，逆に問題が
あるとまではいえない内容の表現が削除されてしまったりする可能性があると思うよ

① ア−a　　イ−b　　ウ−c　　② ア−a　　イ−c　　ウ−b

③ ア−b　　イ−a　　ウ−c　　④ ア−b　　イ−c　　ウ−a

⑤ ア−c　　イ−a　　ウ−b　　⑥ ア−c　　イ−b　　ウ−a

問6　探究する学習のまとめの発表会で，「インターネット時代の世論」というテーマで
調査を行った生徒Nたちのグループが，次の**発表原稿**に基づいて報告を行った。この
報告に対して，報告を聴いていた生徒たちから，報告の内容を確認する後の**ア〜ウ**の
発言があった。**ア〜ウ**のうち，Nたちのグループの報告の内容に合致する発言として
正しいものはどれか。当てはまるものをすべて選び，その組合せとして最も適当なも
のを，後の①〜⑦のうちから一つ選べ。　26

発表原稿

　これまで，テレビ，ラジオ，雑誌，新聞などのマス・メディアが，国民が政治を判断するために必要な情報を伝えるなど，世論形成に大きな役割を果たしてきましたが，今日ではインターネットが果たす役割が大きくなっています。

　しかし，インターネットやSNSの特性から，世論の分断化を招く恐れがあるなどの弊害も指摘されています。たとえば，SNS等を利用する際，自分と似た興味関心をもつユーザーをフォローする結果，意見をSNSで発信すると自分と似た意見が返ってくるという経験をしたことがあるでしょう。それにより，特定の意見が増幅されて強化されていくとされます。こうした状況は，閉じた小部屋で音が反響する物理現象にたとえて「エコーチェンバー」といいますが，それが世論形成に影響を与えるといわれています。

　また，インターネットでは，アルゴリズムがインターネット利用者個人の検索履歴やクリック履歴を分析・学習し，個々のユーザーがみたい情報を優先的に表示していきます。その結果，自分の考え方や価値観に近い情報だけに包まれた情報環境に置かれることになります。この状況を指して，「フィルターバブル」といわれることがあります。

　人間は，自分に都合の良い情報にばかり目を向けてしまい，都合の悪い情報は無意識のうちに無視したり，または，意識的に避けてしまったりという心理的な傾向をもつといわれます。かつては自分の好みや考え方に合わない情報にもマス・メディアを通じて触れる機会がありましたが，インターネットなどの特性からその機会が失われつつあるのです。

　これらのことを自覚しながら，情報を批判的に吟味し読み解くメディア・リテラシーを身に付けることが，ますます重要な時代といえるでしょう。

ア　限定的な情報に接し，考えの同じ人々と同調し合うことで，特定の意見や立場が強化されていく結果，世論がより極端な意見や立場に分断していってしまう可能性があるということですね。

イ　インターネット上の情報には真偽不明なものが少なくないから，たとえば，政治家についての虚偽情報が流布されることなどによって，有権者の理性的な判断が妨げられてしまうということですね。

ウ　テレビ，ラジオ，雑誌，新聞などのマス・メディアは，自分とは異なる価値観や，多様な情報に触れる機会を与えるという意味で，インターネットの時代でもその重要性が失われたわけではないということですね。

① ア
② イ
③ ウ
④ アとイ
⑤ アとウ
⑥ イとウ
⑦ アとイとウ

中に含まれる要素をもう一度，資料文と一つ一つ照らし合わせると，確実に正解に向かうことができる。選択肢の文から資料文へという一手間を，身に付けておこう。

第6問 次の文章を読み，後の問い（**問1〜6**）に答えよ。（配点 20）

設問の趣旨 場面設定としては，「ヨーロッパにおける人の移動と，それが日本に問いかけていること」をテーマに，グローバル化する国際社会の諸課題を探究する活動を通して，人の移動に関わって生じている問題の解決策を，人間社会の普遍的な価値に基づいて構想するために必要な思考や判断ができるかを問う設問。

　生徒X，生徒Y，生徒Zは，「政治・経済」の授業において，「ヨーロッパにおける人の移動と，それが日本に問いかけていること」をテーマにして，先生Tの助言の下，研究発表と討論を行うことになった。

　まず先生Tが，ヨーロッパにおける人の移動に関連して，欧州連合（EU）加盟国の人口に関わる資料を配布した。次の**資料1**は，EU加盟国の市民権をもつがEU域内の他国に移り住んでいる20〜64歳の人口の，市民権をもつ国の居住人口に対する比率（2020年時点）の上位10か国を示し，**資料2**は，2014年と2020年とを比較したときのEU加盟国の居住人口増加率の上位5か国・下位5か国を示している。

資料1

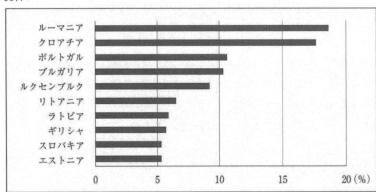

資料2

上位5か国	マルタ	ルクセンブルク	アイルランド	スウェーデン	キプロス
	15.7%	11.8%	6.6%	6.3%	4.4%
下位5か国	リトアニア	ラトビア	クロアチア	ブルガリア	ルーマニア
	−4.9%	−4.9%	−4.7%	−4.2%	−3.4%

（出所）　**資料1**，**資料2**ともに，EU統計局（Eurostat）Webページにより作成。

問1　生徒Xと生徒Yは，**資料1**と**資料2**の内容と自分たちが学習してきたこととを合わせて話し合っている。次の**会話文**中の空欄　ア　には，後の語句aかb，空欄　イ　には後の年cかd，空欄　ウ　には後の語句eかfのいずれかが当てはまる。当てはまるものの組合せとして最も適当なものを，後の①〜⑧のうちから一つ選べ。　27

解法のポイント

EUの歴史についての問題は，これまでも何度も出題されている。必須事項として基本事項について整理しておこう。

X：**資料1**では，東ヨーロッパに加えてポルトガルなど南ヨーロッパでも，出身国以外のEU加盟国に移り住んでいる人口の比率が高い国があるね。

Y：南ヨーロッパといえば，リーマン・ショックの後，2009年からの　ア　の影響が大きかった地域だよね。

X：**資料2**をみると，　イ　以降に新たにEUに加盟した東ヨーロッパ諸国での人口の減少が目立っているね。これはなぜだろうか？

Y：東ヨーロッパ諸国では，1989年に相次いで民主化した後，1990年代に　ウ　へ移行する過程で深刻な不況に見舞われたんだよね。

X：人口の減少と出稼ぎ労働とが関連しているような気がするな。

　ア　に当てはまる語句

a　金融ビッグバン　　　b　ユーロ危機

　イ　に当てはまる年

c　2004年　　　　　　　d　2013年

　ウ　に当てはまる語句

e　計画経済　　　　　　f　市場経済

① アーa　　イーc　　ウーe　　　② アーb　　イーc　　ウーe

③ アーa　　イーd　　ウーe　　　④ アーb　　イーd　　ウーe

⑤ アーa　　イーc　　ウーf　　　⑥ アーb　　イーc　　ウーf

⑦ アーa　　イーd　　ウーf　　　⑧ アーb　　イーd　　ウーf

問2　生徒Zは，EU加盟国の法定最低賃金に関する**資料3**を新たにみつけ，**資料1**，**資料2**も踏まえて，EU域内における人の移動について推察した。このときの推察について述べた後の**ア～ウ**の記述のうち，**適当でないもの**はどれか。当てはまるものをすべて選び，その組合せとして最も適当なものを，後の①～⑦のうちから一つ選べ。　28

資料3　EU加盟国の法定最低月額賃金（単位：ユーロ）（2021年下半期平均）

上位5か国	ルクセンブルク	アイルランド	オランダ	ベルギー	ドイツ
	2,202	1,724	1,701	1,626	1,585
下位5か国	ブルガリア	ルーマニア	ハンガリー	ラトビア	クロアチア
	332	467	476	500	567

（出所）　EU統計局Webページにより作成。

ア　ラトビアは，EU域内の他国に移り住んでいる人口の比率は高いが，居住人口増加率と最低賃金はEU加盟国の中で下位にある。よって，EUに加盟したことでEU域内での人の移動が大幅に自由化され，EU域内の他国での就労などを目的とした移住がEU加盟後に増加したと推察できる。

イ　ルクセンブルクは，EU域内の他国に移り住んでいる人口の比率と居住人口増加率が高く，最低賃金はEU加盟国の中で上位にある。よって，EU域内の他国からの移住が増加する一方で，EUの原加盟国であることから経済統合が深化してEU域内の他国への移住も増加したと推察できる。

ウ　ブルガリアは，EU域内の他国に移り住んでいる人口の比率は高いが，居住人口増加率と最低賃金はEU加盟国の中で下位にある。よって，EU加盟によりEU域内での人の移動は大幅に自由化されたが，EU域内の他国での就労などを目的とした移住はEU加盟後に減少したと推察できる。

① ア　　　② イ　　　③ ウ

④ アとイ　　⑤ アとウ　　⑥ イとウ　　⑦ アとイとウ

問3 生徒Xは，調べ学習を進める中で，イギリスではポーランドなど東ヨーロッパ諸国から移民労働者を多く受け入れていたことを知った。他方で，Xは，先生Tが以前の授業で，EU離脱の是非を問うたイギリス2016年国民投票で移民問題が関わっていたと，関連する世論調査データも使いつつ話していたことを思い出した。次の**資料4**は，その授業での配布資料である。**資料4**中の空欄 ア ・ イ に当てはまる記述として正しいものを，後の①～④のうちから，それぞれ一つ選べ。

ア に当てはまる記述 → 29

イ に当てはまる記述 → 30

資料4 イギリスのEU離脱の是非を問う国民投票の結果と世論調査にみる支持理由

投票率72%，残留に票が投じられた割合48%，離脱に票が投じられた割合52%
残留支持理由 1位：経済や雇用の面で離脱リスクが大きすぎる 2位： ア 3位：離脱すると孤立感が深まる
離脱支持理由 1位： イ 2位：移民や国境の管理を自国に取り戻せる 3位：EUが決めた加盟国の拡大などに抗えない

（出所） イギリス選挙委員会，アシュクロフト世論調査の各Webページにより作成。

① EU市場へのアクセスは現状維持が最善である

② イギリスのことはイギリスが決めるのが当然である

③ 欧州自由貿易連合（EFTA）に留まる必要がある

④ ユーロから離脱し通貨主権を取り戻せる

問4 ヨーロッパの難民問題を調べていたＹ生徒Ｙは，シリア難民が，ギリシャ，オーストリア，ドイツをめざしたという先生Tの説明を思い出した。そこで，シリアを離れこれら3か国に到着し保護を求めた「庇護申請者」の合計の推移を調べ，次の**資料5**を作成した。後の**ア～ウ**の記述のうち，**資料5**から推察できる内容として適当なものはどれか。当てはまるものをすべて選び，その組合せとして最も適当なものを，後の①～⑦のうちから一つ選べ。 31

資料5 シリアを離れギリシャ，オーストリア，ドイツに庇護申請をした人数の推移

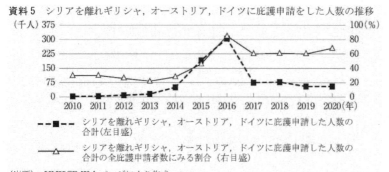

── シリアを離れギリシャ，オーストリア，ドイツに庇護申請した人数の合計（左目盛）

── シリアを離れギリシャ，オーストリア，ドイツに庇護申請した人数の合計の全庇護申請者数にみる割合（右目盛）

（出所） UNHCR Webページにより作成。

解法のポイント

イギリスのEU離脱については，時事的なテーマとして，これまでも出題されている。EU離脱の背景や経緯について，EUの歴史の一つとして，掘下げて理解しておこう。

解法のポイント

この問題は，グラフの読み取り問題というよりも時事的な内容についての問題といえる。2010年代のアラブの民主化の動きについては，教科書でも取り上げられている。しっかりと確認しておこう。

ア　2011年から2013年にかけて庇護申請者数はわずかに増加した一方、ギリシャ、オーストリア、ドイツ3か国の割合は減少している。これは、「アラブの春」によりシリアで政権交代が実現したことが背景にあると推察できる。

イ　2015年、2016年ともギリシャ、オーストリア、ドイツ3か国への庇護申請者数が前年に比べ急増している。これは、内戦の激化によって国内を脱出した人々が、自国より政治的に安定した国をめざしたからであると推察できる。

ウ　2017年にギリシャ、オーストリア、ドイツへの庇護申請者数は前年に比べ減少している。これは、パグウォッシュ会議でシリア難民対応への国際的合意がなされたことが一因であると推察できる。

① ア　　　　② イ　　　　③ ウ　　　　④ アとイ
⑤ アとウ　　⑥ イとウ　　⑦ アとイとウ

問5　生徒**X**と生徒**Y**は、主な先進国の難民認定率と難民認定者数を示す次の**資料6**をみつけ、その内容について話し合っている。後の**会話文**中の空欄　ア　には後の国名 **a** か **b**、空欄　イ　には後の語句 **c** か **d**、空欄　ウ　には後の記述 **e** か **f** のいずれかが当てはまる。当てはまるものの組合せとして最も適当なものを、後の①〜⑧のうちから一つ選べ。　32

解法のポイント

難民認定率と難民認定者数のグラフの読み取りと難民に関する知識を組み合わせて解く問題である。共通テストで最も多い問題形式といえる。普段から、資料読解と関連事項の知識理解を関連付けた学習に取り組んでおこう。

資料6　主な先進国の難民認定率(%)と難民認定者数(万人)(2020年)

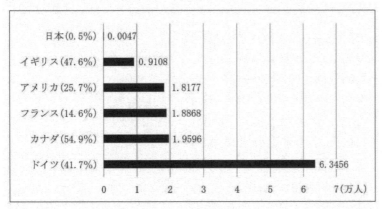

（出所）　UNHCR Refugee Data Finder により作成。

X：難民の認定者数はドイツが一番多いけど、認定率は　ア　が一番高いね。

Y：　ア　は　イ　の政策をとっていたね。それが関係しているのかもしれないね。

X：日本は難民の認定者数が少なく、認定率も0.5%とかなり低いね。

Y：そういえば、難民条約では、ノン・ルフールマンの原則により、難民認定の申請を受けた国は　ウ　と定められている、と授業で学習したよね。

X：その原則の申請者への適用の仕方は各国の事情によるんだろうね。この後、日本の難民受入れ政策や申請者への処遇などを調べてみようか。

147

ア に当てはまる国名

a　アメリカ

b　カナダ

イ に当てはまる語句

c　ユニラテラリズム

d　マルチカルチュラリズム

ウ に当てはまる記述

e　出身国での困窮を理由に入国した申請者を自国から送還してはならない

f　帰国後に迫害される恐れのある申請者を自国から送還してはならない

① ア－a　　イ－c　　ウ－e　　② ア－b　　イ－c　　ウ－e

③ ア－a　　イ－d　　ウ－e　　④ ア－b　　イ－d　　ウ－e

⑤ ア－a　　イ－c　　ウ－f　　⑥ ア－b　　イ－c　　ウ－f

⑦ ア－a　　イ－d　　ウ－f　　⑧ ア－b　　イ－d　　ウ－f

問6　これまでの学習の成果を踏まえて，生徒 Z は，生徒 X，生徒 Y とともに，日本での移民・難民の期限を定めない受入れについて授業で討論した。この討論は異なる視点から3人が意見を出し合い，それぞれの意見を組み合わせて一つの政策的な含意をもつ提言を導くことがねらいであった。討論を通じて，まとめられた X たちによる次のア〜ウの提言を読み，後の (1)，(2) の問いに答えよ。

ア　日本への移民・難民の受入れを考える前に，現状の根本的な問題解決として，そもそも日本は移民・難民の発生する地域の安定や開発に貢献すべきであるだろうし，そうした支援を行う国際機関への資金援助も今以上に積極的に行うべきだ。

イ　経済の活力が失われる日本の将来を考慮するならば，移民・難民の受入れとは考えなければならない選択肢の一つだけれども，移住してくる人たちに日本の社会や歴史，文化を深く理解してもらう教育制度に加えて，在留資格や国籍取得の要件を厳格にすべきだ。

ウ　多様な人材を日本に受け入れることで，雇用する会社はそれらの人材を事業や取引に活かせるだろうから，日本は移住者の雇用をどのように促進できて，その人たちといかに接点を作れるか，受入れ後の制度について既に移住している人たちと一緒に考えるべきだ。

(1)　まず3人の生徒が導いたア〜ウの提言のうちから任意に一つ選び，アを選択する場合には①，イを選択する場合には②，ウを選択する場合には③のいずれかをマークせよ。なお，(1) で①〜③のいずれを選んでも，(2) の問いについては，それぞれに対応する適当な選択肢がある。 33

148

(2) (1)で選択した提言は，討論を踏まえ意見をまとめていく中で，2人の生徒の意見を調整して組み合わせたものである。どの2人の意見を組み合わせた提言だと考えられるか。次のa〜cの意見のうちから適当なものを二つ選び，その組合せとして最も適当なものを，後の①〜③のうちから一つ選べ。　34

a 【生徒Xの意見】

　　今の日本は移民なしに少子高齢化社会を支えられないだろうし，移民労働者によって日本経済も活性化すると思うな。難民についても，欧米諸国との受入れの国際比較に関する**資料6**にあったように，日本は他の国と比べて受入れ数が少ないんだし，積極的に受け入れることでもっと国際社会に貢献しても良いと思う。日本国憲法にもあるように，人権はすべての人に保障されているもので，誰かが困っているんだったら答えは受入れ以外ないと思う。

b 【生徒Yの意見】

　　移住してくる人たちが日本で働き口をみつけ，家族を呼び寄せて，ある地域に移民が急に増えると，生活習慣や文化の違いでその地域の住民と摩擦が起こりそうだな。**資料4**のEU離脱支持理由にもあったけど，移民を手放しで受け入れた後では遅くて，受入れ前に対策を講じるのが一番大切だと思う。難民も多く発生しているアフガニスタンやシリアは言葉や宗教の面で日本と違うだろうから，暮らしにくいと思うよ。

c 【生徒Zの意見】

　　資料2で人口減少が顕著だった東ヨーロッパの国をみて思ったんだけど，移民・難民として出ていかれたら，その国の将来を担う人材も減りそう。それに他国の就労先で低賃金・重労働の仕事を押し付けられるのも心配だ。私たちが互いの意見を尊重するのと同様に，いろんな言語や宗教の人たちの考え方や意思を尊重してあげたいな。ただ実際に多くの人が国境を越えて移動している中，国が移住を希望する人を制限したり妨げたりすることは避けるべきことだと思う。

① aとb　　② aとc　　③ bとc

▶監修者

川 瀬 雅 之

▶執筆者

伊 藤 航	伊 藤 智 大
櫻 田 典 子	佐 藤 豊 記
志 田 光 瑞	下 川 欣 哉
庄 司 健 浩	杉 山 拓 哉
鈴 木 広 基	滝 村 聡 宏
堂 德 将 人	中 村 大 輔
則 末 一 大	藤 倉 水 緑
吉 川 敦 巳	（50音順）

パスポート　最新版　政治・経済　問題集

2024年3月15日　第1刷発行

編　　者　　パスポート政経編集委員会＋清水書院編集部
発 行 者　　野村久一郎
印 刷 所　　広研印刷　株式会社　　**定価**　カバーに表示

発 行 所　　**株式会社 清水書院**
　　　　　　〒102-0072 東京都千代田区飯田橋3-11-6
　　　　　　☎(03)5213-7151（代）
　　　　　　振替 00130-3-5283

PASSPORT パスポート

政治・経済 問題集 最新版

解答・解説編

清水書院

Chapter 1 　　　　　民主政治の基本原理と世界の政治制度

<table>
<tr><td rowspan="1">コンパス</td><td>
▷人間が社会の中で，統一的な秩序をつくり，社会全体を律しようとする「政治」について，近代民主政治の発展をたどりながら理解しよう。
▷日本を含めた先進国では一般的である自由民主主義が，どのように成立したのかを理解し，今日的な課題について，具体的な事例をもとに考えよう。
▷世界の政治制度として，議院内閣制，大統領制，半大統領制（首相と大統領の両方が存在），権力（民主）集中制，そして発展途上国などの開発独裁とよばれるような政治体制がある。それらの特徴について，比較しながら理解を深めていこう。
</td></tr>
</table>

合格 map の解答(p.6)

【1】王権神授　【2】社会契約　【3】ホッブズ　【4】万人の万人に対する闘争　【5】市民政府二論（統治二論）
【6】抵抗（革命）　【7】ルソー　【8】一般意思（一般意志）　【9】ヴァージニア権利章典　【10】法の精神
【11】エドワード＝コーク（クック）　【12】ドイツ　【13】下　【14】労働　【15】影の内閣（シャドー－キャビネット）　【16】不文　【17】違憲立法審査　【18】最高　【19】2　【20】民主　【21】弾劾　【22】間接　【23】4　【24】三　【25】法案提出　【26】教書提出　【27】違憲立法審査　【28】全国人民代表大会（全人代）
【29】国家主席　【30】共産党　【31】国務院

演習問題の解答と解説(p.8～11)

1 －⑤　2 －①　3 －①　4 －③　5 －④　6 －①　7 －②　8 －③　9 －③　10 －①　11 －①

〈解説〉

1　正解は⑤。

　A　イギリスの法学者。コモン－ロー優位の立場から王権が絶対主義的に強化されることに反対し，ジェームズ1世によって裁判官を罷免された。「国王といえども神と法の下にある」というブラクトンの言葉を援用して，法の支配を主張した。

　B　フランスの思想家。主著『法の精神』の中で権力分立論を展開した。彼の思想には，君主の権力拡大を抑制し，貴族の地位を擁護するという保守的動機も含まれていたが，三権分立の定式はそうした思惑を離れ，やがて近代憲法の成立に大きな影響を与えることとなった。

　C　イギリスの哲学者。彼の考え方はアメリカ独立宣言など，後世に多大な影響を及ぼした。主著『統治二論』において，自由・平等な自然状態を脱し，生命・自由・財産を含む固有権の保障を任務とした政府を設立するための社会契約が人民相互間で結ばれるとした。

2　①正。ボーダンは，主著『国家論』において，主権の概念を提唱したことで知られている。

　②誤。モンテスキューは，主著『法の精神』において，権力分立論を展開した。

　③誤。ルソーは，主著『社会契約論』において，間接民主制を批判した。

　④誤。ケネーは，主著『経済表』において，重農主義

を展開した。

3　正解は①。

　ア　ホッブズは，自然権とは自己保存権であり自分の力を用いる自由であるとしている。

　イ　自然権を行使するにあたり，自分たちすべてを畏怖させるような共通の権力がない間は「万人の万人に対する闘争状態」であり，「法的真空状態」となる。

　ウ　人間が理性によって把握できる法が自然法とされ，実定法よりも上位にある規範とされている。

　エ　相互の権利侵害から身を守る唯一の方法は，一個人あるいは合議体に，あらゆる力と強さを譲り渡してしまうことである。

4　正解は③。

　ア　誤。法律の根拠なき財産の収用は，基本的人権を侵害しており，法の支配及び実質的法治主義に違反している。

　イ　誤。法律に基づいていても，特定の職業につくことを強制することは基本的人権の侵害にあたり，実質的法治主義に違反する。

　ウ　正。基本的人権を侵害する法律を定めることはできない。

　エ　誤。公共の福祉，いわゆる税制度という観点からは，すべての項目において違反するものではない。

5　正解は④。

　A　1776年7月4日に東部13植民地の代表者が集まっ

た第2回大陸会議において全会一致で可決した宣言。人権の自然権的性格，人間の平等などが述べられている。起草者はジェファーソン。

B　1789年にフランスの国民議会で採択された宣言。近代の人権宣言の典型的なものであり，国民の自由と平等，自然権としての抵抗権，国民主権などが規定された。ラファイエットが起草。

C　第一次大戦後の1919年に制定された。国民主権・男女平等の普通選挙制度などの政治的自由・平等の実現，労働者の権利を大幅に盛り込んだ社会権の規定，公共の福祉による財産権の制限など，当時の世界で最も進んだ民主的憲法といわれた。

6　①正文。民主主義の理念は，すべての人の主体的・自発的な参加による秩序の形成と維持を目指すことにあり，それを実現するための最大の機会が選挙である。

　②誤文。ナチスのもとでヒトラーが政権を獲得し，恐怖政治的独裁を行った例もある。

　③誤文。裁判により紛争を解決することはできない。

　④誤文。例えば日本国憲法には表現の自由が保障されている。

7　①誤文。衆愚政治のこと。古代ギリシアのアテナイで典型的にみられた。アリストテレスは，これを民主政治の堕落形態ととらえた。現代のポピュリズムに通底する一面もある。

　②正文。政党とは異なり，直接政権を獲得することは目的としない。日本では，日本経団連などの経営者団体，連合などの労働団体，日本医師会，農業協同組合などの利益団体があり，政治献金や集票能力において強さを発揮する。

　③誤文。コンセンサス(合意形成)型民主主義のこと。多数者支配型民主主義は，少数派の意見を十分に考慮せず，多数派の意図する方に決定を導く政治の在り方。かつてのイギリスなどが典型例とされる。

　④誤文。「第四の権力」とは，マスメディアのこと。立法・行政・司法の三つの権力に対して，いずれにも負けない強大な報道の力を発揮することがあることから，このように呼ばれる。

8　①正文。上院の議席は各州代表2議席で，任期は6年。2年ごとに3分の1ずつ改選される。

　②正文。貴族院の構成は，貴族や僧正など。任期や定員は不定。最高裁判所の機能は2009年に廃止され，連合王国最高裁判所が設置された。

　③誤文。解散は衆議院にのみ認められており，参議院には認められていない。

　④正文。上院の議席は348名。3年ごとに半数が改選される。下院は国民による直接選挙で577議席。任期

は5年。

9　正解は③。
　アメリカの政治制度は厳格な三権分立。大統領は国家元首，軍の最高司令官，行政府の長で国民の選挙によって選ばれる。したがって，議会に対する責任はなく，法案提出権も持たない。議会の立法に大統領が反対するとき，1回に限り拒否権の発動が認められる。また，閣僚は議員であってはならない。イギリスの議院内閣制では首相は内閣を率いて行政を司る。安全保障は首相の専権事項とされる。また，大臣から次官までの任命権を持ち，省庁を指揮監督する。下院の多数党の党首が国王によって首相として任命され，下院が内閣を不信任したときと総選挙で与党の議席が過半数を割ったとき辞任するのを慣例とする。

10　正解は③。
　①誤文。アメリカは連邦国家で大統領制。

　②誤文。イギリスはイングランド，スコットランド，ウェールズ，北アイルランドの国で構成されているが，中央政府に統治権が集中しているので，単一国家。議院内閣制。

　③正文。フランスには国民の直接選挙による大統領と，大統領が任命する首相が存在する。首相と閣僚は議会に出席し，議会に対して責任を負う一方で，政府に対しては国民議会が不信任決議の権限を持つため，大統領制の下に議院内閣制が存在する形式となる。

　④誤文。ロシアは連邦国家で，大統領と首相が存在しているので半大統領制となる。

11　①正文。李承晩，朴正煕と開発独裁の体制が続いた。
　②誤文。イギリスの議院内閣制の成立は18世紀前半。
　③誤文。有権者による直接選挙であり，議会で選出されるのではない。

　④誤文。行政を担当する機関は「国務院」であり，立法が正しい。

年号	事項	関連事項
1215	大憲章(マグナ ー カルタ)(英)	イギリスのジョン王が貴族の要求に応じて発布した。これにより王権が制限された。
1628	権利請願(英)	イギリスのチャールズ1世の政治に対して，エドワード=コーク(クック)らが起草した人権保護に関する文書。王はこれを拒否し，議会を解散した。
1689	権利章典(英)	イギリスの名誉革命のときに，ウィリアム3世が即位する際に議会が起草した権利宣言を認めたことによって，法制化された。
1789	人権宣言(仏)	フランス革命の際にラファイエットの起草により採択された宣言で，自由・平等，抵抗権，国民主権などが明記されている。

Chapter 2　日本国憲法の基本原理

コンパス

▷近代国家には，国民の基本的人権と国家の基本的な制度的枠組みを定めた最高法規としての憲法があること（立憲主義）を理解し，法の支配と立憲主義が成立した近代政治の中で，日本の歩みをたどりながら，国民の自由や権利がどのように保障されているのかを理解しよう。

▷大日本帝国憲法（明治憲法）と日本国憲法が制定された時代背景を確認しながら，その内容の違いを比較して整理し，それぞれの制定過程から読み取れる，国家の基本的な制度的枠組みの違いを理解しよう。

▷日本国憲法の特色（三大原理）である国民主権，基本的人権の保障，平和主義について確認し，国民主権を確立し人権保障を確保しようとする民主政治において，法の支配が不可欠であることを理解し，憲法の最高法規性と憲法改正について，日本国憲法における規定や今日的な動きについて確認しよう。

▷日本国憲法が保障している基本的人権の中心となる平等権の意義や内容を理解し，現在も残る差別や偏見について，具体的な裁判の判例等を通して考え，人権の意識を向上させるような態度を身につけよう。

合格 map の解答 (p.12)

【1】臣民　【2】法律の留保　【3】協賛　【4】輔弼　【5】国民主権　【6】日本国民統合　【7】基本的人権の尊重（基本的人権の保障）　【8】平和主義　【9】永久不可侵性　【10】憲法尊重擁護　【11】3分の2　【12】両性　【13】全国水平社　【14】同和対策事業　【15】アイヌ文化振興法

演習問題の解答と解説 (p.14〜15)

1－⑤　2－④　3－①　4－④　5－⑥　6－①　7－③　8－④　9－②　10－③　11－③

〈解説〉

1　正解は⑤。
　A　明治憲法下の貴族院議員は，皇族華族及び勅任された議員により組織される。日本国憲法第43条においては，両議院議員とも公選された議員により組織すると規定されている。
　B　明治憲法第8条に勅令ついての規定があるが，日本国憲法においては，勅令に関する規定はない。
　C　明治憲法においては，内閣総理大臣の規定がなく，天皇が任免権を有していた。日本国憲法第67条に内閣総理大臣の指名について明記されている。

2　①誤文。「法律の範囲内において保障されている」というのは，明治憲法の内容。
　②誤文。日本国憲法に天皇を君主とする規定はない。また，天皇が国民に授ける憲法は欽定憲法という。
　③誤文。松本案は GHQ により拒否され，マッカーサー三原則を盛り込んだ GHQ 案（マッカーサー草案）を基に，帝国議会での修正を経て成立した。
　④正文。日本国憲法第3条および第4条に，国事行為に対する内閣の助言と承認。天皇の権能の限界について明記されている。

3　①誤文。明治憲法下の貴族院議員は，選挙によらない皇族や華族，勅任議員で構成された。しかし，衆議院とほぼ同等の権限を持っていた。
　②正文。明治憲法下で，統帥権（軍隊の指揮・命令権）は独立していた。天皇は議会や内閣から独立して統

帥権を行使できた。
　③正文。明治憲法下では，国の政治のあり方を最終的に決定する権限である主権は天皇にあった。いわゆる天皇主権である。
　④正文。明治憲法下では，臣民（国民）の権利は法律の範囲内のみで認められるという法律の留保がついていた。これは法律の定めがあれば，人権の制限も可能とする考え方であった。

4　①誤文。憲法第96条に，憲法改正の国民投票に関する規定がある。
　②誤文。住民投票条例を制定することにより，地方自治体が独自の判断で実施できる。ただし，その結果に法的拘束力はない。
　③誤文。戸別訪問は禁じられており，選挙違反となる。一方で，インターネット選挙運動の解禁緩和がなされているが，戸別訪問は認められていない。
　④正文。日本国憲法第79条2項に明記されている。間接民主制の補完手段として直接民主制的な制度が導入されている。最高裁判所の裁判官の国民審査，憲法改正の国民投票，地方特別法を制定する際の住民投票がある。

5　正解は⑥。
　A　国家の統治権とは，国家権力（立法権・行政権・司法権）および主権が及ぶ範囲を意味している。
　B　国家権力の最高・独立性は，対内的最高性および対外的独立性を意味している。

C　国政の在り方を最終的に決定する権力は，国民にあると明記されている。

6　①正文。憲法第23条に学問の自由が規定されている。
②誤文。憲法において明記されていない。
③誤文。明治憲法第29条において，「法律の範囲内において，言論，著作，印行，集会，及び結社の自由を有する。」と規定されている。
④誤文。明治憲法において社会権は規定されていない。

7　①誤。国会の地位（立法権が国会にある）を定めた規定（憲法第41条）。
②誤。内閣総理大臣及び国務大臣の要件として文民であることが規定されている（同第66条2項）。
③正。「最高法規」という表題をもつ日本国憲法第10章は，その第98条1項で「この憲法は，国の最高法規であつて，その条規に反する法律，命令，詔勅及び国務に関するその他の行為の全部又は一部は，その効力を有しない」と規定している。
④誤。地方自治の原則（同第92条）である。
①②④は憲法の規定ではあるが，最高法規性とは直接関係しない。

8　正解は④。憲法改正の手順は，以下のようになる。
C：国会議員が改正案を国会に提出→
A：各議院の総議員の3分の2の賛成で憲法改正を発議する→
D：国民投票で過半数の賛成で憲法改正を承認→
B：天皇が国民の名で憲法改正を公布する。

9　①正文。2回違憲を下されている。1972年の選挙では4.99倍の格差があった。2回とも事情判決とされ，選挙は無効とされていない。
②誤文。参議院議員の被選挙権年齢は30歳。衆議院議員の被選挙権年齢は25歳であるが，これに関して違憲判決は下されていない。
③正文。2013年に違憲判決が下された。これを受け

て民法改正が行われ，「嫡出でない子の相続分は，嫡出である子の相続分の2分の1とし」の部分が削除された。
④正文。婚外子国籍確定訴訟では2008年に違憲判決が下され，国籍法が改正された。

10　正解は③。男女平等を達成するために「形式的な性差別に当たる措置であっても許容されるもの」という問いの趣旨を考えて判断する。
①1997年に改正された男女雇用機会均等法により，性別を理由とする募集や採用などが禁止された。
②日産自動車男女差別定年制事件においては，1981年に違憲判決が下された。現在は男女雇用機会均等法により，性別定年制は禁止されている。
③社会的・構造的な差別によって不利益を被っているものに対して，一定の範囲で特別の機会を提供することにより，実質的な機会均等を実現することを目的とする。＝ポジティブ・アクション。
④正規雇用労働者と非正規雇用労働者との間の不合理な待遇差の解消を目指す各法律が2020年に改正された。

11　正解は③。古い順に並べると次のようにBDCAとなる。
B　1947年制定。児童の健全な育成を目的とする。1997年に大幅改正。
D　1973年制定。公害病の疾患の内容とその発生地域を指定し，救済の対象とすることを定めた法律。
C　1997年制定。アイヌ民族の「先住権」は明記されなかった。この法律は1995年の人種差別撤廃条約批准を受けて制定され，旧土人保護法は廃止された。2019年には，アイヌ民族を先住民族と明記したアイヌ民族支援法（アイヌ新法）が成立した。
A　2014年批准。障がい者の人権及び基本的自由の共有を確保し，障がい者の固有の尊厳の尊重を促進することを目的として，障がい者の権利の実現のための措置等について定める条約。

Chapter 3　平和主義

コンパス

▷日本国憲法の原則として，国際協調主義に立つ平和主義，戦争違法化の中でも画期的な平和憲法である日本国憲法の特色を理解し，憲法9条の解釈と自衛隊をめぐる裁判，日米安全保障条約に基づく日米安全保障体制，国際社会の動きの中で議論される自衛隊と国際協力の在り方について整理しておこう。
▷日本国憲法の平和主義のもと，国際紛争の原因を除去するためになされている外交，人的交流，文化交流，経済交流などの活動や，日米安全保障条約や我が国の防衛，国際社会の平和と安全の維持のために自衛隊が果たしている役割など，我が国の防衛や国際社会の平和と安全に関する基本的事項について理解しよう。

合格 map の解答(p.16)

【1】恐怖　【2】欠乏　【3】国権の発動たる　【4】武力　【5】永久　【6】戦力　【7】交戦権　【8】伊達　【9】統治行為　【10】福島　【11】百里基地　【12】防衛力増強　【13】アジア・太平洋地域

【14】日本周辺有事　【15】国民保護法　【16】持たず，作らず，持ち込ませず　【17】シビリアン-コント
ロール　【18】集団的自衛権　【19】人道復興支援　【20】インド洋上　【21】ソマリア周辺

演習問題の解答と解説 (p.18〜19)

1－③　2－④　3－①　4－④　5－②　6－①　7－問1－③　問2－①　8－③

〈解説〉

1　①誤文。自衛隊の創設は1954年。1950年の朝鮮戦争を機に，GHQは警察予備隊の創設を指示し，それが1952年に保安隊になり，1954年に自衛隊になる。1952年にはGHQによる占領統治が終わっている。マッカーサーが指示したのは警察予備隊の創設である。

②誤文。テロ対策特別措置法は2001年9月11日のアメリカ同時多発テロ事件を受けて，同年11月に成立した時限立法。アメリカのアフガニスタンなどへの対テロ戦争を後方支援するためのもの。PKOへの参加は，1992年のPKO協力法によって行われる。

③正文。1978年に策定され，共同作戦や演習が行われるようになった。

④誤文。1951年のサンフランシスコ平和条約と同時に調印されたのは，「日米安全保障条約（旧安保）」。「日米相互協力及び安全保障条約（新安保条約）」は，これが1960年に改定されたもの。

2　①誤文。新安保条約の成立は1960年，自衛隊の創設は1954年。

②誤文。日米地位協定によって，本来，在日米軍の駐留経費は米軍が負担すると定められているにもかかわらず，1987年度以降は，日本政府が負担している（思いやり予算）。

③誤文。防衛関係費の対GDP比は，1%程度で推移しているが，国の一般会計予算に占める割合は，5%程度である。

④正文。この選択肢は，1972年11月の田中内閣の「戦力に関する政府統一見解」の内容を述べたものである。現在の政府解釈も，この解釈を維持している。

3　①正文。PKOへの自衛隊の参加についての根拠は，1992年に成立したPKO協力法にある。カンボジア暫定統治機構に初めて派遣された。

②誤文。テロ対策特別措置法の制定は2001年。この法は，同時多発テロ後，アメリカがアフガニスタンで行った対テロ戦争の後方支援を定めたもの。インド洋に自衛艦が派遣され，給油活動を行った。PKOではない。

③誤文。イラク復興支援特別措置法成立は2003年。イラクの戦後復興のために自衛隊派遣を可能にした時限立法。この活動はPKOではない。

④誤文。海賊対処法制定は2009年。ソマリア沖の海賊行為への対処のために海上自衛隊を派遣。これはPKOではない。

4　①誤文。2014年に閣議決定された新たな武器輸出原則。平和貢献や国際協力などに資する場合などに限定して輸出を認めている。

②誤文。シビリアン-コントロールの原則から，内閣総理大臣が自衛隊の最高指揮監督権を有する。

③誤文。2014年安倍内閣は，集団的自衛権は憲法上許容されると閣議決定した。2015年に成立した安全保障関連法により，行使が可能となった。

④正文。内閣総理大臣，内閣官房長官，外務大臣，防衛大臣による閣僚会議が2013年に内閣に設置された。

5　①正しい。1962年，北海道恵庭町の牧場経営者が，演習の実弾射撃訓練による騒音に抗議し自衛隊の通信連絡線を切断した事件で，初めて自衛隊が憲法第9条に違反するかどうか争われたが，札幌地裁は憲法判断を回避した。

②誤り。砂川事件は，1957年東京都砂川町にある米軍基地立川飛行場の拡張に反対する学生・労働者が測量を阻止するため基地内に入ったという事件で，在日米軍は憲法第9条の戦力にあたるかどうかが争点となった。一審東京地裁は「在日米軍は戦力にあたり，安保条約は違憲である」とした（伊達判決）。

③正しい。1969年，北海道長沼町に地対空ミサイル（ナイキ）の発射基地をつくるとし，洪水防止・水源涵養のための保安林の指定解除を求め，それを農林省が認めたため地元住民が指定解除の取り消しを求めて訴えを起こした事件。札幌地裁は初めて自衛隊を違憲とした（福島判決）。

④正しい。茨城県にある航空自衛隊百里基地建設予定地の所有をめぐり，土地売買無効と自衛隊の違憲を訴えた裁判。最高裁は憲法判断を回避した。

6　①正文。1991年，湾岸戦争終結後において，ペルシャ湾へ自衛隊掃海艇を派遣したが，日本の国際貢献のあり方に対する海外からの批判を受けて，1992年，PKO（国連平和維持活動）協力法を成立させ，1992年のカンボジアを皮切りに，2008年スーダンに司令部要員，2010年にはハイチに施設部隊を派遣している。

②誤文。湾岸戦争後に日米安全保障条約の改正の事実はない。

③誤文。2003年3月，アメリカ・イギリスを中心と

する多国籍軍はイラクへの攻撃を開始した。日本は2003年7月に，イラク復興支援特別措置法を成立させ，多国籍軍への物資の空輸やイラク南部での復興支援を行った。ちなみに「防衛省設置法」は「防衛庁設置法」改正の手続きを踏んで2007年1月に施行された。

④誤文。自衛隊が初めて国外に派遣されたのは，1991年の湾岸戦争終結時のペルシャ湾の機雷の除去作業に係る掃海艇派遣である。

7　問1　③1992年9月，PKO協力法に基づく初めての派遣先となったのがカンボジアであった。自衛隊からは施設大隊(施設科部隊)及び停戦監視要員が派遣され，自衛隊以外からは文民警察要員及び選挙監視要員の派遣も行われた。自衛隊にとっては，ペルシャ湾への掃海艇派遣に続く2度目の海外派遣であったが，陸上自衛隊にとっては初，国連の枠組みで活動するPKO活動としても初の試みであった。

問2　①正文。1999年に成立したのが，この周辺事態法を中心とした新ガイドライン関連法である。周辺

事態法の成立により，日本の自衛隊は海外に派遣され，米軍への後方地域での協力支援などを行うことができるようになった。しかし，これらの行動は，日本国憲法上禁止されている集団的自衛権の行使に繋がる可能性があるとも指摘されている。

②誤文。周辺事態とは，「我が国周辺の地域における我が国の平和及び安全に重要な影響を与える事態」であり，その「周辺」とは地理的概念ではない。

③誤文。武器使用ができるのは刑法に基づく緊急避難及び正当防衛に際してである。

④誤文。有事法制関連3法は2003年に成立した。

⑤誤文。安全保障会議は1986年施行の安全保障会議設置法に基づき，周辺有事だけではなく国防に関する重要事項及び重大緊急事態への対処に関する重要事項を審議する機関と定められている。同法は2013年に国家安全保障会議設置法に改正，2015年に米軍等行動関連措置法に改正された。

8　正解は，③南スーダン。

Chapter 4 　　**自由権的基本権**

コンパス

▷日本国憲法における自由権的基本権を整理し，個人の尊重が憲法によってどのように保障されているのかを理解しよう。

▷「精神の自由」「人身の自由」「経済の自由」など，具体的な自由権にかかわる裁判における判例を読み，その訴訟の争点のどこに問題があり，司法はそれをどのように判断したのかを確認しよう。

▷自由権が「国家からの自由」と呼ばれる背景や理由を，個人と国家の関係から考え，個人の尊重において「公共の福祉」も重要であるということがどういうことなのか，「二重の基準」にも触れながら，確認しておこう。

合格 map の解答 (p.20)

【1】滝川　【2】三菱樹脂　【3】私人間　【4】政教分離　【5】愛媛玉串料　【6】目的効果　【7】東大ポポロ
【8】表現　【9】明白かつ現在の危険　【10】検閲　【11】令状　【12】拷問　【13】公開　【14】自白　【15】遡及処罰　【16】薬事法違憲　【17】公共の福祉

演習問題の解答と解説 (p.22〜23)

1−④　2−②　3−①　4−①　5−②　6−①　7−①　8−③　9−2

〈解説〉

1　①誤文。チャタレイ事件は，刑法第175条のわいせつ物頒布罪と憲法第21条の表現の自由の関係が問われた裁判であったが，最小限の性道徳を維持するための公共の福祉による制限にあたるとした。

②誤文。通信の傍受には裁判官が発する傍受令状が必要である。

③誤文。「名誉・プライバシー」を侵害するとして，損害賠償と出版差止めを認めた。

④正文。特定秘密保護法は，防衛・外交等，国の安

全保障上で秘密にする必要があるものを指定し，情報漏洩を防ぐための法律である。

2　①誤文。最高裁は，私企業には経済活動の自由(契約の自由)があり，憲法の人権保障は私人間の関係には直接及ばないとし，本採用拒否に違法性はないという判断を下した。なお，関西電力人権訴訟では憲法第14条(法の下の平等)，第19条(思想および良心の自由)の間接的な適用を肯定(1995年，最高裁)。

②正文。公費からの支出が社会的儀礼の域を超え，その目的が宗教的意義を持ち，またその効果が特定の

宗教への関心を呼び起こす効果があるとした。

　③誤文。取材・報道の自由は，憲法第21条の表現の自由から導かれる自由権と解釈される。

　④誤文。学問の自由を保障するために，大学の自治が認められている。

3　①正しい。このケースでは宗教的行為ではないと判断された。この他に政教分離原則が争点となって最高裁の憲法判断がなされた訴訟としては，上記設問の愛媛玉串料訴訟(1997年，違憲)，空知太神社訴訟(2010年，違憲)，自衛隊合祀訴訟(1988年，合憲)，箕面忠魂碑訴訟(1993年，合憲)がある。また，首相の靖国神社参拝を巡っては，首相や閣僚の公式参拝が憲法第20条3項で禁止されている宗教活動に該当し政教分離上問題であるという議論(首相の靖国公式参拝を合憲とする判例はない)と，いわゆるA級戦犯が合祀されていることを問題視するアジア諸国の批判もある。

　②誤り。1948年に熊本県人吉市で4人が殺害された事件で，免田栄さんが死刑判決を受けたが，再審請求の結果1983年に熊本地裁で，自白の信用性などに疑いがあるとして無罪判決が下された冤罪事件。

　③誤り。生存権をめぐって障害福祉年金と児童扶養手当の併給が争われた事件。

　④誤り。思想・信条の自由と企業側の経済活動の自由が争点となった。

4　①正文。憲法第29条3項で規定。関連法として土地収用法がある。

　②誤文。経済的自由ではなく，憲法第18条で身体的自由に位置づけられている。

　③誤文。職業選択の自由の中に営業の自由(選んだ職業を遂行する自由)も含まれるというのが通説ではあるが，憲法に明文規定はない。

　④誤文。身体的自由権も含め三種類に分けられる。人身の自由に関連し，死刑について最高裁は，「憲法第36条で禁ずる残虐な刑罰には該当しない」との判断を示しており(1948年)，1989年に国連で採択された死刑廃止条約も日本は未批准である。

5　正解は②。経済的自由を制限する法律の目的は，経済的弱者の保護にあることが多いため，精神的自由を制限する法律よりも合憲判断がされやすい。これを「二重の基準」といい，この目的に沿っているか否かを判断する。

　①誤文。あくまで租税収入を確保することが目的である。

　②正文。中小の下請企業は，立場上，親企業である大企業の意向に逆らいにくいことに配慮したものであり，下請代金支払遅延等防止法がその根拠として制定されている。

　③誤文。借主の立場は必ずしも弱いとは言えず，賃貸借契約が更新されないと，かえって借主に不利になることも考えられる。

　④誤文。利用する者全体の安心・安全のための許可制度であり，経済的弱者保護を目的としているとは言えない。

6　①誤文。近代裁判には推定無罪という原則がある。国家による恣意的な裁判から人身を保護する手だてのひとつ。フランス人権宣言で最初に規定された。

　②正文。憲法第39条の一事不再理(二重処罰の禁止)である。

　③正文。冤罪を防ぐために「疑わしきは被告人の利益に」という原則がある。憲法上に明文規定はないが，1975年の白鳥事件で最高裁が示し，それ以降多くの再審請求が認められた。この原則は，専制的な国家権力からの人身保障を目的とするもので，「百人の罪人を世に放つとも，一人の冤罪をつくってはならない」ともいわれる。

　④正文。憲法第39条の遡及処罰の禁止。事件後に制定した法では罰せないこと。事後法の禁止ともいう。

7　①誤文。令状を発するのは「検察官」ではなく「裁判官」(憲法第33条)。司法官憲とは裁判官のことである。

　②正文。同第38条3項「自白の証拠能力」についての記述である。

　③正文。法定手続きの保障は同第31条に示されている。罪刑法定主義の規定でもある。

　④正文。遡及処罰の禁止(事後法の禁止)は同第39条の前段に規定され，後段に一事不再理が規定されている。罪刑法定主義の派生原則である。

8　①正文。取材する側の表現の自由(報道の自由)と取材対象者側のプライバシーの権利が対立している。

　②正文。宗教家側の信教の自由と暴力行為を受ける側の生命・人身保全の権利が対立している。

　③誤文。公務員の守秘義務(職務上知り得た秘密を漏らしてはならない)は，表現の自由の侵害には当たらないとされている。

　④正文。業者側の経済活動(営業活動)の自由と顧客側の財産権が対立している。

9　1　適切。これを侵害すると傷害罪や窃盗罪が適用される。

　2　不適切。憲法で信教の自由が保障されている。これは信仰の有無も含めての自由であり，正しい信仰心を養えなかったとしても刑罰が与えられることはない。

　3　適切。これを守らないことは公務執行妨害罪にあたる。

　4　適切。憲法にも定められている国民の義務のひとつである。

　5　適切。この行為はプライバシー権の侵害にあたる。

Chapter 5　社会権，参政権・請求権，新しい人権

コンパス

▷社会権が福祉国家観に基づく基本的人権であることを理解し，さらに社会権に関わる「朝日訴訟」や「堀木訴訟」などの判例から，どのような権利が保障され，かつ制度化されてきたのかについて理解しよう。

▷参政権や請求権の具体的な規定や制度について理解しながら，一市民として政治に関わることの重要性や，人権が侵害された際にどのような救済手段があるのかについて整理し，18歳選挙権が導入されたことにより選挙の意義がいっそう高まったことを理解しよう。

▷社会の変化にともなって主張されている「新しい人権」について整理し，「プライバシーの権利」「知る権利」「環境権」などの権利の内容や意義，そして課題について理解しよう。

合格 map の解答(p.24)

【1】生存　【2】ワイマール　【3】プログラム規定　【4】朝日　【5】堀木　【6】旭川学力テスト　【7】団結　【8】団体交渉　【9】団体行動　【10】選挙　【11】公務員　【12】憲法改正の国民投票　【13】請願　【14】損害賠償請求　【15】刑事補償請求　【16】個人情報保護　【17】情報公開　【18】環境基本　【19】宴のあと　【20】大阪空港公害

演習問題の解答と解説(p.26〜27)

1 −④　2 −③　3 −④　4 −④　5 −④　6 −②　7 −④　8 −③　9 −④

〈解説〉

1　正解は④。選択肢ア〜ウに書かれてある具体的な施策については，憲法でなく法律で規定されていることに注意したい。Aの勤労権(憲法第27条1項)を保障するため，イで述べられている法律にあたる職業安定法や職業訓練法が定められている。Bの生存権(憲法第25条)を保障するため，ウで述べられている法律にあたる生活保護法などが定められており，またCの団結権(憲法第28条)を保障するため，アで述べられている法律にあたる労働組合法が定められている。

2　①正文。これをプログラム規定説という。なお，訴訟になったことで大幅に扶助額が増加しており，その意味で実質的に原告勝訴との見方もある。

②正文。1982年の第三審で原告が敗訴し終了。ただしこの訴訟後に法律が改正され併給が認められたため，こちらも実質的には原告勝訴との見方もある。

③誤文。希望の職業に就くことを請求できるわけではない。

④正文。憲法第28条で規定。

3　正解は④。一般に，自由権を「国家からの自由」，参政権を「国家への自由」，社会権を「国家による自由」という。①〜③はいずれも参政権に属し，④は人身の自由に属する権利である。

4　正解は④。a については，労働組合の結成が可能である。2005年には派遣ユニオンが結成された。b については労働組合法7条に規定されている。c については，使用者の不当労働行為に当たるため禁止されている

(労働組合法7条)。

5　①〜③誤文。いずれも公共の福祉とは直接関係がない。

④正文。政治倫理は民主主義の健全な育成に必須であるとの考えから，1992年に国会議員資産等公開法が制定された。

6　①誤文。日照権に関する損害賠償請求を認めている(東京地裁，2003年)。

②正文。環境権そのものを認めた最高裁判決はない。

③誤文。尼崎公害訴訟で国の責任を認めている。

④誤文。大阪空港公害訴訟の第二審で夜9時以降の飛行差止めと損害賠償請求を認めた判決が出ている。ただし最高裁判決(1981年)では，飛行差止めについては却下された。

7　正解は④。

ア　β については，いわゆる新しい人権に分類されるもので，いずれも日本国憲法上の規定はない。

イ　a は，自由権および参政権であり，19世紀までに確立されたといえる。β は20世紀的基本権といわれる社会権である。

ウ　a は国家からの干渉を排除するもの(国家からの自由)で，β は参政権・請求権および社会権に属し「国家への自由」「国家による自由」といえる。

8　正解は③。

ア　自由権にあたるのは「財産権」である。

イ　社会権にあたるのは「生存権」である。

ウ　「基本的人権を現実のものとして確保するため

9

の権利」にあたるのは国家賠償請求権である。

9　正解は④。
　　A：マスメディア・情報源にアクセス(接近)して、情報内容に反論したり訂正を求めたりする権利をいう。例えばテレビ放送には、放送倫理・番組向上機構(BPO)が設置されている。イが該当する。
　　B：国民が国・地方の行政内容やその決定過程に関する情報を入手、要求する権利。2001年に「行政機関の保有する情報の公開に関する法律」(情報公開法)が施行された。ウが該当する。
　　C：私事・私生活をみだりに公開されない権利。近年は「自己に関する情報をコントロールする権利」と定義されるようになった。アが該当する。

Chapter 6　人権をめぐる新しい動き

コンパス

▷国際連合によって採択された世界人権宣言、国際人権規約などの意義を踏まえ、その後も人権に対する意識の高まりを背景に様々な宣言などが採択されるなど、人権擁護は人類共通の課題であるという認識が世界的に広まったことを理解しよう。

▷人間は生まれながらにして自由かつ平等であり、個人として尊重される地位にあるという考えから、個人の保有する権利であるとされる自由権の多くは、外国人にも保障されている。しかし、人類共通の課題であるが、外国人の人権に関して、社会権や参政権についてはすべてが保障されるものではないことを理解しよう。

▷国際化、グローバル化が進む現代社会において、新たに生じた問題にはどのようなものがあるかについても整理しよう。

合格 map の解答(p.28)

【1】女性差別撤廃　【2】男女共同参画社会基本　【3】子どもの権利　【4】児童虐待防止　【5】障害者権利　【6】障害者基本　【7】ノーマライゼーション　【8】障害者自立支援　【9】生命倫理　【10】臓器移植　【11】インフォームド−コンセント　【12】単純　【13】マクリーン　【14】指紋押捺　【15】普通教育　【16】勤労　【17】納税　【18】公共の福祉

演習問題の解答と解説(p.30～31)

1−④　2−②　3−④　4−①　5−①　6−③　7−②　8−②　9−③

〈解説〉
1　①誤文。男女共同参画社会基本法制定は1999年、女性差別撤廃条約の批准は1985年である。
　　②誤文。男女雇用機会均等法の制定は1985年。①にも関連するが、女性差別撤廃条約を批准するため同法が制定された。
　　③誤文。これは育児・介護休業法についての説明。
　　④正文。そのほか募集・採用、昇進規定などにおける差別を禁止している。1997年の改正で努力義務を禁止規定に強化。2006年の改正では間接差別の禁止や両性へのセクハラ防止義務なども盛り込まれた。
2　①正文。児童虐待防止法(2000年制定)は、児童委員または児童の福祉に関する事務に従事する職員の立入りを認めている(第9条)。
　　②誤文。憲法第20条3項は「国及びその機関は、宗教教育その他いかなる宗教的活動もしてはならない」と規定している。
　　③正文。日本は、子どもの権利条約を1994年に批准した。
　　④正文。児童買春・児童ポルノ処罰法が1999年に施行されている。なお、2014年の改正では、児童ポルノ(写真や画像データなど)の所持についても処罰されることとなった。
3　①誤文。わが国は二酸化炭素削減の狙いもあり、原子力発電推進の立場をとっていた。2011年3月の福島第一原発事故以降の変化に注意。
　　②誤文。1996年に7品目について輸入可能となった。大豆・トウモロコシなど5品目を原料とする食品については2001年から使用の表示が義務化された。現在では食品8品目について使用の表示が義務化されている。
　　③誤文。これはインフォームド−コンセントの説明。
　　④正文。信仰上の理由から、輸血を伴う治療を拒否する意向を明示していた患者に、輸血を行う可能性を説明せずに手術を行ったことは患者の人格権を侵害し

ているという判決が最高裁で出された(2000年)。

4　正解は①。QOL は「生活の質，生命の質」と訳される。たんに「どれだけ長く生きられるか」ではなく，「どれだけ質の良い日常生活を送ることができるか」「どれだけ自分らしく生きられるか」という観点から見た，個人の生活や生命のあり方のこと。尊厳死や安楽死などを考える際のキーワードとされる。一方，SOL は生命にはそれだけでかけがえのない絶対的な価値があるという考え。SOL を重んじる立場には，QOL の観点からの安楽死や尊厳死を認めないという考え方もある。したがって，①が正文。

②誤文。パターナリズム(父権主義)とは，医療においては患者の治療についてもっぱら医師の判断と決定に従うのがよいとする考え方。これに対して，患者の自己決定権や QOL を尊重し，医師と患者の対等な関係を重んじる考え方がインフォームドーコンセントである。

③誤文。これは QOL を重視する立場。

④誤文。これは SOL を重視する立場。

5　①誤文。不法就労している外国人は，公的な保険制度には加入できない。

②正文。これらの法律は，あくまで使用者側の義務を定めたものであり，就業者側の状態は原則として問われない。

③④正文。日本での外国人の就労や在留資格は，出入国管理及び難民認定法(入管法)で厳しく規制され，就労については長期就労者や熟練労働者などに限定している。なお，日系人については，単純労働も認めている。近年は外国人技能実習制度に名を借りた事実上の就労も問題化している。

6　①誤文。最高裁判所が「立法府の判断による」としたのは，国政選挙権ではなく地方選挙権についてである。

②誤文。永住権を持つ在日外国人からの指紋採取が1980年代に問題化し，1999年に制度自体が廃止された。ただし，2006年に出入国管理及び難民認定法が改正され，テロ対策を理由に16歳以上の入国外国人に指紋や顔写真の情報提供が義務づけられた。

③正文。

④誤文。例えば国政参政権については公職選挙法で選挙権・被選挙権を日本国民に限定しているが，労災保険や国民年金，児童手当，国民健康保険といった社会福祉・社会保障については国籍を問わず適用される。

7　①誤文。障害者雇用促進法(1960年制定)は，民間企業，国・地方公共団体に対して一定の割合で障害者を雇用することを義務付けている。しかしながら民間企業の法定雇用率は2.2％，国・地方公共団体では2.5％と，欧米諸国に比べて非常に低い。2018年には，国の障害者雇用水増し問題が発覚した。

②正文。ただし，アイヌ文化振興法でもアイヌ新法(2019年制定)でも「先住権」を明記していないことに注意。

③誤文。公共施設などにおけるバリアフリー化の促進を定めたのはバリアフリー新法(2006年制定)である。

④誤文。川崎市が県・政令指定都市で初めて一般事務職の任用について国籍条項を撤廃(1996年)したことを皮切りに，国籍条項の撤廃の動きが広がった。

8　①誤文。「法律の留保」や天皇大権により制約が定められていた。

②正文。これを「二重の基準」という。法律による経済的自由の制限は「経済的弱者保護」の観点から行われることが多いため，その法律の違憲性については緩やかな審査を行う。一方，精神的自由の制限は，政府に対する批判を不当に規制する法律などが生まれる可能性もあるため，健全な民主主義の維持という観点から厳しい審査基準が適用されるという考えである。

③誤文。「人および市民の権利宣言」とは，1789年に出されたフランス人権宣言の正式名称である。

④誤文。全権委任法(1933年制定)により，政府の方針に則した法律が制定されるようになり，例えば1935年に制定されたニュルンベルク法では，ユダヤ人の公民権が大幅に制限された。

9　正解は③。土地収用法(1951年制定)には，国土の適正かつ合理的な利用と認められ，それが公共の利益となる事業を行う際には，私有地を収容し使用することができるとある。その観点から判断すると①，②は正文である。

③誤文。公共の利益を増進するためには，私的な売買を規制しなければならない。投機的な取引を放置すると，地価が上昇し，財政的にも土地の収用が難しくなる。

④正文。土地そのものは私的に所有しているとしても，その土地は周辺地域の一部を形成しているとも言える。

Chapter 7　国　会

▷国会のしくみや権限，国会議員の役割が，近代民主政治の基本理念である国民主権の原理に基づいて構築されており，また国会が「国権の最高機関」とされ「国の唯一の立法機関」であること，「衆議院の優越」が定められている理由，参議院が果たしている役割について理解しよう。

▷政治改革の中で議論され，取り組まれている国会の改革についても整理しておこう。

コンパス

合格 map の解答(p.32)

【1】国権の最高機関　【2】唯一の立法機関　【3】条約　【4】内閣不信任決議　【5】問責決議　【6】弾劾裁判所　【7】憲法改正　【8】予算　【9】内閣総理大臣の指名　【10】4　【11】あり　【12】25　【13】6　【14】3年ごとに半数を改選　【15】30　【16】150　【17】30　【18】特別　【19】公聴会　【20】秘密会　【21】不逮捕特権　【22】副大臣

演習問題の解答と解説(p.34〜35)

1 －⑦　2 －③　3 －③　4 －⑤　5 －①　6 －②　7 －④　8 －③　9 －③

〈解説〉

1　正解は⑦。

A：正文。1948年の浦和事件では，ある刑事事件の判決について量刑が不当であるという決議を行った参議院法務委員会の国政調査が，司法権の独立を侵害するかが問題となった。

B：正文。憲法第62条で定められており，それぞれが別個に独立して行使する。

C：正文。国政調査権に基づく証人喚問において出頭拒否・証言拒否，偽証を行った場合，法的責任が問われる。なお，参考人招致は呼び出しに強制力はなく，証言拒否や偽証に法的責任もない。

2　①誤文。条約の締結の国会での承認は，憲法に「事前に，時宜によつては事後に」(第73条の3)とある。

②誤文。政令は内閣が定める(第73条の6)と憲法にも明記されている。ただし法律の委任がある場合を除いて，罰則を設けることはできない。

③正文。憲法改正の発議については，憲法に「各議院の総議員の3分の2以上の賛成で，国会が，これを発議」(第96条)と定められている。

④誤文。最高裁判所長官の任命権は，国会ではなく天皇がもつ(第6条)。

3　①誤文。国務大臣の訴追に対する同意権を有しているのは内閣総理大臣である(憲法第75条)。

②誤文。恩赦の決定権を有しているのは内閣である(憲法第73条)。

③正文。予算について参議院で衆議院と異なる議決をし，両院協議会が不調に終わったとき，または参議院が30日以内に議決しないとき(「みなし否決」)には，衆議院の議決が国会の議決となる(憲法第60条2項)。

④誤文。下級裁判所の裁判官は，最高裁判所の指名した者の名簿によって内閣が任命する(憲法第80条)。

4　正解は⑤。委員会制度の目的は，ウの「効率的に審議を行う」ことである。議案の審議や国政調査などの議会運営を効率的に進行するための組織が委員会である。国会には常任委員会と特別委員会の二種類の委員会が設置されており，国会議員は必ずいずれかの委員会に所属することとなっている。

公聴会制度の目的はアの「専門家や利害関係者の意見を聞く」ことである。公聴会は委員会制度のもと，予算など重要な案件について，また各委員会の判断で審議過程において開かれる会議である。利害関係を有する者や学識経験者などから意見を聞くための制度である(国会法第51条)。

両院協議会の目的は，イの「衆議院と参議院の議決が一致しない場合に意見を調整する」ことである。

5　①正文。特別会は衆議院の解散総選挙後30日以内に召集される。次の内閣総理大臣が指名され，内閣は総辞職する。会期は両議院一致の議決で決定される。

②誤文。「両議院の議長が決定」が誤り。臨時会の召集は内閣が行う。内閣またはいずれかの議院の総議員の4分の1以上の要求，あるいは任期満了にともなう衆議院議員総選挙後や参議院議員通常選挙後の一定期間内に，内閣が召集を決定する。会期は両議院一致の議決で決定される。

③誤文。「次年度の予算の審議は行われない」が誤り。常会(通常国会)での重要な議題が予算の審議である。常会は，毎年1月に召集され，会議は150日。

④誤文。「会期は延長されない」が誤り。会期は，両議院一致の議決で常会は1回，特別会・臨時会は2回延

長することができる。一致しないときは衆議院の議決に従う。

6　正解は②。
①憲法改正を発議するためには，衆参各議院の総議員の3分の2以上の賛成が必要である。
②条約の承認について参議院で衆議院と異なる議決をした場合の取り扱いは，予算の場合と同じである。したがって，衆議院で過半数の賛成があれば，参議院で否決されたとしても条約は承認される。
③資格争訟裁判とは，議員の資格（公職選挙法上の被選挙権がある，兼職を禁止の公職についていない）に関して争うもので，議員が裁判する（憲法第55条）。ここで議員の議席を失わせる場合，出席議員の3分の2以上の賛成が必要となる。なお，除名決議（憲法第58条）においても，出席議員の3分の2以上の賛成が必要となる。
④法律案の再可決には，衆議院本会議において出席議員の3分の2以上の賛成が必要となる。

7　正解は④。国会議員に認められている日本国憲法上の地位とは，歳費特権（憲法第49条）・不逮捕特権（憲法第50条）・免責特権（憲法第51条）および身分保障である。
①不逮捕特権の説明。例外は，議会外で現行犯の場合と議院が許可を与えた場合の2つである（国会法第33条）。
②免責特権の説明。ただし，問われないのは院外での刑事責任（刑罰や損害賠償）であって，院内での懲罰（戒告・陳謝・登院禁止・除名）を受けることがある（憲法第58条）
③歳費特権の説明。一般職国家公務員の最高額以上の歳費を保障されている（国会法第35条）。

④議員を除名するには国会の各議院における議決が必要である。弾劾裁判所は罷免の訴追を受けた裁判官を裁判するために国会に設けるもので，国会議員の地位について裁判する組織ではない。

8　①正文。公職選挙法の2016年改正で衆議院の定数が10減，2018年改正で参議院の定数が6増となった。
②正文。党首討論は，1999年より行われている。
③誤文。国会同意人事は，内閣及び内閣総理大臣や各省大臣が任命権を持つ行政機関等の役職者の一部について，あらかじめ衆参両院で同意を得なければならないことをいう。衆議院の優越はなく，参議院で同意が得られないと人事は成立しない。会計検査院や人事院のほか日本銀行などの特殊法人を含め約40ほどの機関の人事がこれに該当している。
④正文。通常国会では主に予算の審議が行われる。

9　①正文。国会法第105条に基づき可能。会計検査院は，国の歳入・歳出の決算を検査する行政機関で，国会及び裁判所に属さず，内閣からも独立している。検査報告は決算とともに内閣から国会に提出される（憲法第90条）。
②正文。国会審議活性化法で政府委員制度が廃止され，質疑に対する答弁は国務大臣・副大臣などがおこなうが，委員会が必要であると認めた場合は政府参考人（説明をおこなう政府の職員）が出頭できる。
③誤文。二つの都道府県を一つにした選挙区（「合区」）が設けられているのは参議院の選挙区のみである。
④正文。国会が閉会している期間に，緊急かつ重要な案件が発生した場合には常任委員会や特別委員会が開かれる（閉会中審査）。

Chapter 8　内　閣

コンパス

▷議会制民主主義が理念的には権力分立制のもと，国民代表制と多数決の原理に基づく議会を通して運営されていることを理解しよう。
▷内閣総理大臣が，国会議員の中から指名され，国務大臣の過半数は国会議員から選任されて組織される内閣と国会の関係や今日の内閣の役割について理解しよう。
▷国民主権と関連させながら，天皇が日本国及び日本国民統合の象徴であること，日本国憲法の規定に基づき，内閣の助言と承認により，国事に関する行為を行っていることを理解しよう。
▷内閣が国会に対して連帯して責任を負っている意味や，今日の行政の特徴について，具体的な事例を取り上げながら理解しよう。
▷行政の役割が拡大するにともなって，無駄な業務や財政支出の増加，許認可権の拡大や腐敗などの問題が発生し，財政支出の削減と行政の民主化を両輪とする行政改革が行われていることを理解しよう。

合格 map の解答(p.36)

【1】行政権	【2】内閣総理大臣	【3】国務大臣	【4】閣議	【5】文民	【6】国会議員	【7】過半数
【8】副大臣	【9】総辞職	【10】40日	【11】30日	【12】副大臣	【13】全会一致	【14】法律	【15】条約

演習問題の解答と解説(p.38〜39)

1－①　2－④　3－⑦　4－②　5－③　6－①　7－④　8－⑥

〈解説〉

1　正解は①。②③④は次のように誤文。

②国務大臣が議員であるかどうかによって審議への出席は左右されない。

③政党は憲法で定められた国家機関ではない。

④予算について衆議院と参議院で議決が異なる際に，両院協議会を開いても意見が一致しないときや，衆議院が可決した予算を参議院が受け取った後，30日以内に議決しないときは衆議院の議決が国会の議決となる(憲法第60条2項)。

2　①誤文。内閣には国会に対して法案の再議を求める権限はない。

②誤文。内閣総理大臣がもつのは，最高裁判所の長官を指名する権限である。

③誤文。憲法改正が承認された際に公布する権限をもつのは天皇。国民の名でこの憲法と一体を成すものとして，直ちにこれを公布(憲法第96条2項)とある。

3　正解は⑦。アの文章の前後には，閣議での決定方法について述べられており，正しいのは選択肢⑤〜⑧の全会一致。

イの文章の後ろには「政治的リーダーシップを発揮」とあり，正しいのは「内閣の首長」。かつて大日本帝国憲法下では内閣総理大臣も国務大臣と同じ「同輩中の首席」であったことと，間違えないようにしたい。

ウの前後から，国務大臣が署名した法律や政令に連署する人物のことが問われているので，「内閣総理大臣」が入る(憲法第74条)。内閣官房長官は内閣総理大臣を直接補佐する内閣官房の長官。

4　正解は②。

①原子力規制委員会は，環境省に置かれている。

③内閣法制局は，内閣に置かれている。

④内閣総理大臣補佐官は，内閣官房に所属する。

5　正解は③。文章A，Bは日本国憲法ですでに明文化されていたもの。今回の問題で問われているのは1990年代後半以降の行政改革に関連すること，であるから該当するのはCのみ。行政改革において内閣機能の強化が図られた。

6　正解は①。復興庁は2012年，10年の期限付きで新設。

②防衛庁は1954年総理府の外局として新設。その後2001年に内閣府の外局となり，2007年防衛省となった。

③金融監督庁は1998年に大蔵省から独立。その後2000年に金融庁へ再編されている。

④環境庁は1971年に新設。その後中央省庁再編の2001年新たに環境省が発足。

7　正解は④。2002年の構造改革特別区域法成立にもとづいて，特定の地域に規制緩和を認め，地域活性化をはかった制度である。

①1980年代に民営化されたのは，日本電信電話公社(NTT/1985年)，日本専売公社(JT/1985年)，日本国有鉄道(JR/1987年)の3公社。日本道路公団の民営化は2005年。

②国家戦略特区の法整備がなされたのは2013年。翌2014年に最初の区域が指定された。国家戦略特区は10の区域と11の分野において，大幅な規制の緩和や税制の優遇措置などを通し，ビジネスのしやすい環境を整えようとする取り組みであった。

③2007年，郵政三事業はそれぞれの事業ごとの株式会社に分割。2012年より現行の日本郵政グループとなっている。

8　正解は⑥。

A　憲法上に認められているのは省令ではなく政令(第73条の6)。

B　最高裁判所の規則制定権は憲法第77条に定められている。

C　地方公共団体の条例制定権は憲法第94条に定められている。

Chapter 9　裁判所

▷裁判所は私たちの生活とどのように関わっているのか。司法権は「法の支配」を守り，裁判を受ける権利を具体的に保障することを通して，個人の基本的人権を守っていることを理解しよう。

▷裁判所が国民の権利を守り社会の秩序を維持するために，法に基づく公正な裁判を保障するための司法制度を整え，公正な裁判のためには「司法権の独立」が必要であることについて理解しよう。また「憲法の番人」として，法律や行政処分が憲法に違反していないかを審査する違憲立法審査権があることを，実際の判例などをあげながら理解しよう。

▷司法に関する最近の動きとして，より公正で慎重な裁判を行う重要性から，市民がどのように裁判に参加していくのかの議論の中で司法制度改革が進められ，「裁判員制度」などが導入されていることを理解しよう。

コンパス

合格 map の解答(p.40)

【1】最高裁判所　【2】下級裁判所　【3】特別裁判所　【4】弾劾裁判　【5】国民審査　【6】高等裁判所　【7】地方裁判所　【8】家庭裁判所　【9】簡易裁判所　【10】刑事裁判（訴訟）　【11】民事裁判（訴訟）　【12】行政裁判（訴訟）　【13】再審請求　【14】裁判員制度　【15】検察審査会　【16】15　【17】内閣　【18】法テラス　【19】裁判外紛争解決手続き

演習問題の解答と解説(p.42〜43)

1 －②　2 －④　3 －①　4 －②　5 －④　6 －②　7 －②　8 －②

〈解説〉

1　②以外の選択肢もすべて正文ではあるが，「司法権の独立を保障する制度にあてはまる記述」として最も適当なものが問われているので，司法権以外からの干渉を禁止した②が正解となる。

2　正解は④。犯罪被害者参加制度が2008年から導入され，一定の犯罪に関する被害者などが，裁判所の決定にもとづき刑事裁判に直接参加できることができるようになった。

①誤文。国会の指名と内閣による任命ではなく，内閣の指名と天皇による任命。

②誤文。国民審査によって罷免されることもある。

③誤文。原則公開ではあるが，憲法第82条にあるように，「裁判官の全員一致で，公の秩序又は善良の風俗を害する虞(おそれ)があると決した場合」には非公開となる。

3　①が誤文。逮捕令状を発行するのは裁判官である。

4　正解は②。旧憲法下の皇室裁判所のような特別裁判所の設置は認められていない。③の知的財産高等裁判所は，2005年に知的財産保護に関する司法の役割が増加していることに対応するため，東京高等裁判所の特別支部として設置された。

5　正解は④。死刑判決から再審無罪となった事件には，免田事件，財田川事件，松山事件，島田事件がある。

①正文。検察審査会による強制起訴制度は2009年から施行されている。

②正文。

③正文。2008年から警察で試行がはじまった取り調べの可視化は，2013年には全過程の可視化へと拡大され，2019年には改正刑事訴訟法の施行で義務となった。

6　正解は②。過去にも同様の問題が出題されているので，注意して欲しい。問われているのは立法や行政をチェックする目的で積極的に違憲審査を行うべきだとする根拠。

①国政調査権をもつのは国会。

③国民に対して政治的な責任を負う機関は内閣。

④国会の判断を尊重する，ということは裁判所がチェック機能を積極的に働かせる，ということに逆行する。

7　正解は②。

　アの文章は裁判員制度の内容について述べられているので，①〜④の選択肢にある「重大な刑事事件」が該当する。

　イは裁判員の選出方法などについて述べられているので，「事件ごと」が該当する。

　ウは裁判員の守秘義務等の期限などについて述べているので，「任務終了後も」が該当する。

8　正解は②。刑事訴訟と民事訴訟の目的は異なり，刑事訴訟において有罪となったからといって，民事訴訟における責任が回避されるわけではない。

Chapter *10* 地方自治

▷地方自治が住民自らの意志と責任の下で行われるものであり，「民主主義の学校」といわれるように，民主政治の基盤をなすものであることについて理解しよう。

▷地方自治の政治制度において，直接民主制の考え方が，国政よりもより多く取り入れられていること，執行機関の最高責任者である首長と議会の議員とが，住民を代表するものとして，それぞれ独立に選出され（二元代表制），相互に抑制と均衡の関係を保っていることを理解しよう。また，住民の権利について，制度や法律，さまざまな施策についてどのように整えられているのかについても理解しよう。

▷地方自治と民主主義について，最近の動きに関わるニュースにも注目しながら，権限と財源という視点から，住民の生活に関わる課題の解決に向けた，制度改革，法整備，具体的な施策について理解しよう。

コンパス

合格 map の解答(p.44)

【1】民主主義の学校　【2】団体自治　【3】住民自治　【4】一院　【5】条例　【6】行政　【7】拒否権　【8】解散　【9】自治　【10】法定受託　【11】国庫支出金　【12】50分の1　【13】3分の1　【14】特別法　【15】住民投票　【16】行政監察官　【17】三割自治　【18】地方分権一括　【19】地方分権改革推進法　【20】平成の大合併　【21】18歳選挙権

演習問題の解答と解説(p.46〜47)

1 －①　2 －②　3 －①　4 －②　5 －②　6 －①　7 －⑤　8 －②　9 －③

〈解説〉

1　①正文。日本国憲法第92条で「地方公共団体の組織及び運営に関する事項は,地方自治の本旨に基づいて,法律でこれを定める」と規定されている。地方自治の本旨とは，団体自治と住民自治を指す。

　②誤文。大日本帝国憲法には地方自治に関する規定はなかった。

　③誤文。地域の住民が自らの意思で政治を行うというのは，住民自治のことである。団体自治とは，国からある程度独立して地方公共団体が，地方自治を行うこと。

　④誤文。三割自治とは，地方公共団体の自主的な財源が3割（または4割）程度しかないことであり,国の事務の約3割を処理することではない。

2　①誤文。「中央政府をモデル」とするのではなく，地方の独自性が強調されている。

　②正文。著書『近代民主政治』で「地方自治は民主主義の学校である。」と述べられている。

　③誤文。「合併による規模の拡大」については，述べられていない。

　④誤文。実際の学校教育について述べたのではなく，ブライスのいう「学校」とは比喩である。

3　①誤文。憲法第95条では，国会が特定の地方自治体にのみ適用される特別法を制定しようとするときは，その地方自治体の住民による住民投票の結果，過半数の賛成がなければ制定できないとしており，議会の同

意を条件としない。

　②正文。広域連合は，複数の普通地方公共団体や特別区が，行政サービスの一部を共同で行うことを目的として設置する組織であり，地方自治法に位置づけられる。

　③正文。道と都府県を再編した州に現在よりも高いレベルの地方自治権を付与しようとする構想。

　④正文。「地方教育行政の組織及び運営に関する法律」(2014年改正)に明記されている。

4　①誤文。公職選挙法の規定では，18歳以上の住民による直接選挙。

　②正文。不信任決議に対する解散権であり，首長が任意に解散できるとするものではない。

　③誤文。任期は4年だが，アメリカ大統領のような3選禁止の規定は公職選挙法にはない。確かに都道府県知事をはじめとして多選が問題視されている。四半世紀にわたって在職するケースもある。

　④誤文。日本国憲法は第15条で国民固有の権利と規定し，公職選挙法においても外国人の参政権についての改正はなされていない。外国人地方参政権訴訟で最高裁は「外国人のうちでも永住者等に法律でもって選挙権を付与することは禁じられてはいない」とした。しかしそれは「立法政策上の問題」だとしたが，公職選挙法の改正にはいたっていないのが現状である。

5　①誤文。解職請求（リコール）についての記述であり，所属選挙区の有権者の3分の1以上の署名により住民投

票に付され，過半数の同意があれば失職する。

②正文。議会は首長に対して不信任決議権をもち，首長は議会に対して解散権をもつという議院内閣制の側面を述べたものである。議会と首長の関係は，大統領制と議院内閣制の折衷型である。大統領制の側面としては，首長も議員も直接選挙によって選ばれることがあげられる。

③誤文。住民投票には3種類ある。憲法第95条によるもの，地方自治法によるもの，条例によるものである。条例に基づく住民投票には，法的拘束力はない。

④誤文。住民による事務の監査請求は，監査委員に対して行うものである。

6　①誤文。公共事業の是非については，徳島県徳島市の吉野川可動堰建設の是非を問う住民投票が行われた例がある。

②正文。解職請求（リコール）についての記述であり，所属選挙区の有権者の3分の1以上の署名により住民投票に付され，過半数の同意があれば失職する。

③正文。住民投票（レファレンダム）として憲法第95条に規定されている。特別法制定の際の住民投票（第95条）は，「一の地方公共団体のみに適用される特別法は，法律の定めるところにより，その地方公共団体の住民の投票においてその過半数の同意を得なければ，国会は，これを制定することができない。」とされている。

④正文。地方公共団体が独自に制定した条例に基づく住民投票の結果には，法的拘束力はない。

7　正解は⑤。地方公共団体の主要な財源は，地方税のほか，国が使途を特定して交付する国庫支出金や，国から配分される地方交付税などからなる。**自主財源**である地方税は総収入の3割から4割程度しかなく，「**三割（四割）自治**」と言われ財政基盤が弱い。選択肢から，Aは4割程度を示すことから，自主財源である地方税とわかる。次に，多くの地方公共団体は地方公共団体間の財政力の是正を目的に国から配分される地方交付税に頼っていることから，地方交付税はBであるとわ

かる。Cの地方債は，地方公共団体が収入を補うためや特定事業を行うための借入金であり，会計年度を超えて返済される長期の債務のこと。2006年から原則として国との事前協議制となった。したがって，選択肢はA地方税，B地方交付税，C地方債となり，⑤が正しい。なお，2019年度の地方財政の歳入は地方税が44.8%，地方交付税が18.1%，地方債が10.5%となっている。

8　①誤文。法改正によって機関委任事務は廃止され，自治事務と法定受託事務に再編された。

②正文。憲法第95条において，その住民による住民投票で過半数の賛成を得る必要があることが明記されている。

③誤文。地方裁判所は地方自治体が設置する司法機関ではなく，国の機関である（憲法，裁判所法）。

④誤文。地方自治体の議会は，住民投票条例に基づく住民投票の結果がいかなるものでもあっても法的な拘束を受けずに自らその責任を負う。

9　①誤文。条例の制定・改廃の請求は，地方公共団体の長に請求する。

②誤文。議会の解散請求は，選挙管理委員会に請求する。

③正文。選挙管理委員会はこの後，有権者の投票に付し，過半数の同意があれば首長は職を失うことになる。

④誤文。監査委員の解職請求には，議員や長の解職請求と同じ数の署名（この場合には3分の1,10万人分）が必要で，それを首長に請求する。

なお，有権者数を30万人に設定しているが，40万人，80万人を超えると解散請求，解職請求の必要署名数が変わる。有権者数40万人以上の場合は，40万の3分の1と40万を超える数の6分の1を合計した数，80万人以上の場合は80万を超える数の8分の1をさらに合計した数になる。

例：100万人の場合　　（40万÷3）+（40万÷6）+（20万÷8）≒22.5万人分

Chapter 11　行政の現状と課題，政党政治

コンパス

▷夜警国家から福祉国家へと転換する中，国家（政府）の業務範囲が拡大し，省庁の数や公務員の数が増大した。また立法国家から行政国家へと転換する中，内閣立法や委任立法の増加によって，立法府よりも行政府の発言権が強まっている。国家の機能が著しく複雑化・大規模化して，行政府の役割が増大化する中で，行政の民主化などの行政改革を求める動きが活発となってきたことを理解しよう。

▷大きな政府と小さな政府の議論もあり，中央省庁再編以降の省庁改革について，その目的と具体的な動きを整理し，具体的な省庁の役割などについても理解しよう。

▷現代の政治は，政党が国民に政策を提示して投票を求め，当選した議員は政党という集団の中で政策の実現に努力するという形で，議員個人ではなく，政党を中心として行われている。政党政治の形態と特色，戦後日本の歴史と問題点について整理しておこう。

合格 map の解答_(p.48)

【1】行政国家　【2】委任立法　【3】行政　【4】官僚　【5】天下り　【6】行政　【7】オンブズパーソン（オンブズマン）　【8】情報公開　【9】二大政党　【10】多党　【11】55年　【12】・【13】自由民主党・日本社会党　【14】派閥　【15】ロッキード　【16】非自民　【17】無党派　【18】民主党

演習問題の解答と解説_(p.50～51)

1－③　2－④　3－③　4－①　5－許認可の条件及び事務手続き，行政指導などを明記している。(28字)　6－④　7－①　8－②

〈解説〉

1　正解は③。Aの地方分権推進委員会は，1995年5月に成立した地方分権推進法に基づいて設置され，機関委任事務などの廃止等を提言した。その後，1999年の地方分権一括法により，廃止された。

Bの第二次臨時行政調査会は，1981年鈴木善幸内閣のときに発足し，電電公社・専売公社・国鉄の三公社の民営化等の提言を行った。電電公社（現NTT）・専売公社（現JT）は1985年に，国鉄（現JR）は1987年に民営化された。

Cの行政改革会議は，1996年橋本龍太郎内閣のときに発足し，橋本首相自らが会長となった。中央省庁の再編等が提言された。1998年に成立した中央省庁等改革基本法などによって，1府22省庁から1府12省庁に移行した。

2　正解は④。55年体制とは，1955年に保守合同で成立した自由民主党と，左右両派の統一により成立した日本社会党を中心とした体制のことである。この体制が長く続いたため，特定省庁や関連業界と結びつき，強い影響力を発揮する族議員によって国政が左右される状況にあった。

①正文。特定の利害関係で結ばれ，政党内で同じ考えをもった議員の集まりを派閥という。自民党は派閥の所属議員数によって閣僚ポストの配分を行った。

②正文。閣僚は，派閥による順送り人事など長期政権の影響から各省庁との結びつきも強まり，官僚主導となったため，各省庁の利益代表となりがちだった。

③正文。自民党は，内閣提出法案については政務調査会によって審議を行い，総務会を経て，決定するという仕組みをとっていた。

④誤文。党議拘束とは，所属する党の決定事項どおりに議員が投票行動を行うよう規制すること。党議拘束に違反すると処分されることから，それに反する行動をとる議員はまれであった。近年の例では，小泉純一郎首相のとき，郵政民営化関連法案に対して党議拘束をかけ，反対議員は除名された。

3　①正文。首相公選制とは，行政府の長である内閣総理大臣を国民が直接選挙で選出する制度のであ

り，官僚支配の弊害の防止策として期待がもてる。

②正文。国会で認められている国政調査権（憲法第62条）は，国政について，証人の出頭・証言などを求めることが可能であり，官僚制への統制を強化することになる。

③誤文。テクノクラートとよばれる専門技術官僚が法律案の作成などに参加する機会が増えれば，官僚支配が強まり，政府委員制度の存在も，官僚主導政治と国会における審議低調の一因であると問題にされ，政府参考人制度に変更された。

④正文。国民が政府や行政機関が保有する情報について，請求に応じて公開する情報公開制度や一部の地方自治体において導入されている行政機関の活動を監視し，改善勧告を行うオンブズマン（行政監察官）制度は，官僚制への統制を強化する制度である。

4　正解は①。道州制とは，従来の都道府県の枠組みを見直し，全国をブロック別に再編し，道と州に行政区画を置く制度のこと。

①誤文。道州制はいくつかの都道府県を合わせたブロックを基本的な区域としている。

②正文。現行の都道府県制度を廃止し，複数の都道府県を統合した広域行政体をつくり，自立するために権限を与える制度である。

③正文。2006年に制定された「道州制特別区域における広域行政の推進に関する法律（通称，道州制特区推進法）」により，地方分権の推進及び行政の効率化に資するとともに，北海道地方その他の各地方の自立的発展に寄与することを目的として，推進されている。

④正文。現行の都道府県廃止を前提として，基本的に国の地方支分部局は州政府に統合され，州政府に権限が委譲される。

⑤正文。国から州政府へ移譲される権限は，社会資本整備，環境，産業・経済，交通・通信，雇用・労働，安全・防災等と考えられている。

5　行政手続法は1994年に施行された行政の手続きに関する一般的な通則法である。従来，何も規定がなかった行政指導に関して，行政指導のあり方を法律に明記することになった。行政改革については1の解説も参

照のこと。

6　①誤文。行政の許認可権は廃止されていない。また行政指導は，法令などの根拠に基づかず，行政が民間に対して勧告や助言を行い，協力や同意を求めて誘導していく，日本独特の手法である。許認可権と行政指導の双方で，行政の肥大化と非効率化をもたらしたとされる。1994年には行政手続法が制定され，許認可や行政指導の公正の確保と透明化をめざしている。

　　②誤文。「人事院」ではなく「内閣人事局」。2008年に国家公務員制度改革基本法（公務員改革法）が成立し，内閣官房に設置された内閣人事局が幹部人事を行うようになった。

　　③誤文。特殊法人は，小泉内閣の下で行われた改革によって多くが独立行政法人化された。その非効率性や「天下り」の温床となっている点が批判されていた。

　　④正文。内閣府は，2001年の省庁改編の際に，旧総理府や経済企画庁などを統合して新設された。内閣の重要政策について行政各部の施策の総合調整などを行う。内閣府の長は内閣総理大臣である。

7　a　正文。行政指導の根拠や手続きを明確化し，透明性の高い行政を実現するために1994年に施行された。

　　b　誤文。2001年に施行された，外国人を含めたすべての人に開示請求権を認め，国の行政機関に対して情報開示を義務付けた法律。不服申し立ては可能であるが，オンブズマン制度は定められていない。代わりに「情報公開・個人情報保護審査会」へ申し立てか，あるいは裁判所への直接提訴が認められている。

　　c　誤文。2013年に制定された，特定秘密を漏洩した公務員などを処罰する法律。特定秘密保護法は，国家の安全保障に関する情報を漏洩した公務員や民間人を処罰することもできる法律であり，プライバシーの保護が目的とは言えない。逆に，特定秘密を取り扱う担当者の個人情報を調査・管理する「適正評価制度」がプライバシーの権利侵害するのではという懸念もある。また，何が特定秘密に当たるかは「行政機関の長」が判断するため，時の政権にとって「都合の悪い情報」が特定秘密に指定され，国民の知る権利が侵害されるのではとの懸念も多い。

8　①誤文。無党派層とは，特定の支持政党を持たない有権者のこと。政党公認候補に投票しないわけではなく，選挙のたびに支持政党や投票する候補者をかえる可能性がある。

　　②正文。明治憲法下の大正デモクラシー期の原敬内閣（1918年成立）が本格的な政党内閣の始まりとされる。昭和初期には，政友会と民政党を中心に政権交代を重ねた。軍部の台頭で弱体化し，1940年の大政翼賛会創立により政党自体が消滅した。

　　③誤文。議院における議員の投票行動を政党が拘束することを党議拘束という。日本では一般的に行われている。党議拘束は政党の内部規律の問題であり，法律では禁止されていない。

　　④誤文。自由民主党は自由党と日本民主党が合併（保守合同）して1955年に結党された。第二次世界大戦後初の総選挙が行われたのは1946年であり，そのときには存在しない。自由民主党の一党優位の成立は1955年であり，55年体制という言葉が生まれている。

Chapter 12　選挙と世論

コンパス

▷民主政治を実現する最も抜本的な方法は，直接民主制を採用することである。しかし人口も多く行政が複雑化した今日，国民全員が一堂に会して議決を行うことはできない。そのため，自分と同じ考えを持つ人を議員として議会に送り込み，自分の代わりに議決に参加してもらう間接民主制を採用している。その代表者を決めるためのものが選挙であることを理解しよう。

▷選挙の原則，選挙区の種類や特徴，日本の選挙権拡大の歴史と現行の日本の選挙制度について整理し，確認しよう。その上で，選挙に関する現状と問題点として，投票率の低下や政治的無関心，多額な選挙費用，一票の格差など多くの課題が，民主政治の課題としてあることを理解しよう。

▷マスメディアなどが国民世論の形成に果たす役割が大きいこと，特定の政治的志向を持たない人々が増加したり，政治的無関心の広がりが見られたりすることなどを踏まえ，望ましい政治の在り方及び主権者としての政治参加の在り方について考え，民主政治を維持するには国民の合理的な意思決定と公正な世論の形成，政治参加と自律的な行動が大切であることを理解しよう。

合格 map の解答 (p.52)

【1】【2】【3】【4】普通・平等・秘密・直接　【5】小選挙区　【6】比例代表　【7】ドント式　【8】15　【9】女性　【10】小選挙区比例代表並立　【11】拘束　【12】比例代表　【13】非拘束　【14】連座　【15】政治資金規正　【16】政党助成　【17】無党派層　【18】一票の格差　【19】圧力　【20】世論　【21】マスコミ

演習問題の解答と解説(p.54〜55)

1－④　2－(1)①　(2)④　または　(1)②　(2)③　3－④　4－③　5－①　6－①　7－③　8－(ウ)
(オ)　9－(1)惜敗率　(2)75％

〈解説〉

1 ①誤文。都道府県単位の選挙区があるのは，参議院議員選挙である。なお，定数は148人である。

②誤文。衆議院の比例代表選挙では，政党名を記入する。政党名または候補者のいずれかを記して投票するのは，参議院の比例代表選挙である。

③誤文。重複立候補制度を採用しているのは，衆議院議員選挙である。参議院議員選挙では，重複立候補はできない。

④正文。参議院の比例代表選挙では，全国を一つの選挙区としている。なお，衆議院の比例代表制では全国を11のブロックに分けている。

2 次の表にあるような，選挙制度の特徴をふまえて解答すればよい。

	長所	短所
小選挙区制	・有権者が候補者を深く知ることができる ・選挙区が小さいため選挙費用がかからない	・大政党の候補者が当選しやすいため多党制になりにくい ・次点以下候補者は全員落選するため死票がでやすい
比例代表制	・議席配分と得票率の差が小さいため死票が少ない ・ゲリマンダーはほとんど行えない	・中小政党の候補者も当選しやすく小党分立になりやすい ・選挙区が大きいため選挙費用がかかり政治資金の潤沢な政党に有利

3 ①正文。マスメディアの多様性を示したもの。

②正文。国民の側には，多様なメディアを批判的に使いこなすメディア‐リテラシーが必要。

③正文。これをアナウンスメント効果という。

④誤文。日本では，第二次世界大戦前においては内務省，戦後占領期においてはGHQ(連合国軍総司令部)による検閲が行われた。

4 ①正文。圧力団体には，経営者団体・労働団体・宗教団体・医師団体・農業団体などがある。

②正文。マスコミは，世論を伝達する重要な役割をもち，政治に大きな影響を及ぼすために「第四の権力」といわれる。

③誤文。族議員とは，特定分野の政策に精通し，その分野の政策決定に大きな影響力をもつ国会議員のこと。具体的には旧省庁との関連から大蔵族・建設族・厚生族などと呼ばれた。

④正文。大衆運動とは，大衆の力によって政治・経済・社会などにおける目的実現のために行う運動のこと。

5 ①誤文。複数の小選挙区に立候補することは認められていない。小選挙区と比例区の重複立候補は可能である。

②正文。投票日当日に投票に行けない人が，投票日前に期日前投票所で投票できる制度。商業施設や大学内などに設置して投票しやすい環境を用意するケースが多い。

③正文。政党助成法に基づく政党交付金のこと。政党活動を行うための費用を，国が政党交付金として交付するもの。

④正文。政治資金規正法は企業や労働組合による政治家個人への献金を禁止している。政治資金団体や資金管理団体を通した寄付は認められ，また，企業からの政党への寄付も認められる。

6 ①正文。1994年に制定された政党助成法により，国民の税金を政党公付金として政党に交付することとなった。受け取れる要件は二つあり，所属国会議員が5人以上いること，または，所属国会議員が1名以上おり，直近の国政選挙の得票率が2％以上であることの，いずれかの要件を満たす政党に交付される。

②誤文。政治資金規正法によって，政治団体の収支及び資産等について記載した政治資金収支報告書の提出を義務づけている。報告書を提出しなかったり，虚偽の記載があったりすると処罰される。

③誤文。政治家個人が企業や労働組合から政治献金を受け取ることは，政治資金規正法で禁止されている。

④誤文。連座責任として，選挙運動の責任者や出納責任者など候補者と一定の関係がある者が刑に処された場合，候補者の当選は無効となる。無効となった者は，その選挙区から5年間は立候補できない。

7 正解は③。表より，小選挙区制での各党の獲得議席は，A：3(ア・ウ・エ)，B：2(イ・オ)，C：0である。

総獲得票数はA：B：C＝200：200：100なので，A：2，B：2，C：1となる(ドント式の計算方法でも同じ値になる。)。

①正文。小選挙区制ではA党が3議席で過半数となるが，総得票数による制度ではA党，B党ともに2議席になり，過半数をしめる政党はない。

②正文。総得票数による制度ではC党も1議席獲得する。

③誤文。B党は小選挙区制でも，総得票数による制度でも2議席で変わらない。

④正文。C党は小選挙区制では議席なしだったが，総得票数による制度では1議席を獲得する。

8 （ア）正文。小選挙区制では小政党は当選しにくく，二大政党制を生み出しやすい。

（イ）正文。落選者への投票が死票であり，例えば当選51%，落選（死票）49%もあり得る。

（ウ）誤文。ゲリマンダー（恣意的な選挙区割り）は小選挙区制だからできる。大選挙区制では行われにくい。

（エ）正文。小選挙区制では選挙活動する範囲が狭く，人件費もポスター等の費用も少なくすむ。

（オ）誤文。（イ）の死票の多さから考えても，獲得議席率と得票率の開きが大きくなることは明らか。

9 （1）惜敗率，「惜敗率＝落選者の得票数÷当選者の得票数×100（%）」であらわされる。

（2）75%（75,000票÷100,000票×100）

Chapter 13　経済社会と経済体制

▷経済活動は，人間生活の維持・向上のために行われるものであり，いかなる時代，いずれの社会でも，利用できる経済的資源の希少性の制約の下で，経済的な選択の問題に直面する。経済活動にともなう選択に際しては，選ばれなかった選択肢の便益を含めた概念としての機会費用と，選択した結果得られる便益を比較衡量して行う必要があることを理解しよう。

▷経済社会の変容を理解するために，代表的な経済学者の考え方をたどりながら，まず，資本主義経済の特徴と資本主義の成立と発展，資本主義経済の変容，さらに社会主義経済の出現とその後の歩みについて，それぞれ整理し，理解しよう。また，中国など社会主義から社会主義市場経済への動きをとった国々についても，その特徴を理解しておこう。

合格 map の解答(p.56)

【1】財　【2】サービス　【3】私的所有　【4】自由競争　【5】計画経済　【6】重商主義　【7】エンクロージャー　【8】マニュファクチュア　【9】小さな　【10】レッセ－フェール　【11】財産所有　【12】アダム＝スミス　【13】夜警国家　【14】産業革命　【15】労働者　【16】景気循環　【17】コンツェルン　【18】株式会社　【19】大きな　【20】世界恐慌　【21】ケインズ　【22】ニューディール政策　【23】有効需要　【24】完全雇用　【25】フリードマン　【26】サッチャリズム　【27】レーガノミックス　【28】ロバート＝オーウェン　【29】マルクス　【30】ゴルバチョフ　【31】ペレストロイカ　【32】社会主義市場経済　【33】ドイモイ

演習問題の解答と解説(p.58～59)

1－③　2－①　3－②　4－①　5－①　6－③　7－④　8－③　9－①　10－③　11－⑤　12－④　13－②

〈解説〉

1 ①誤文。産業革命により，機械制大工業が可能となったため，熟練労働者の必要性が薄れ，機械による単純労働が可能となった。そのため，熟練労働者が解雇されることとなり，児童や女性が解雇されたわけではない。

②誤文。ラッダイト運動は，機械制大工業により解雇された熟練労働者によるもので，農民たちによるものではない。

③正文。

④誤文。問屋制家内工業は16世紀の重商主義の下で，イギリスの毛織物工業で行われた。その後，16世紀半ばからマニュファクチュア（工場制手工業）に移行し，18世紀の産業革命を機に機械制大工業が実現した。

2 ①正文。アダム・スミスは，『国富論（諸国民の富）』で，重商主義的保護政策を批判，国家の活動を最小限のもの（国防・警察・消防など）に限定し，経済活動には干渉しないという，ケネーが重農主義で説いた自由放任主義（レッセ－フェール）を体系化した。これに対し，ドイツの国家社会主義者ラッサールは，「夜警国家」と批判した。

②はケインズ。完全雇用や有効需要は，イギリスの経済学者ケインズのキーワードである。国家が完全雇用を実現するには，公共投資をして有効需要を創出す

る必要があるとした。

　③はリスト。ドイツの経済学者で，『経済学の国民的体系』において，自国の幼稚産業を政府が守る保護貿易を主張し，自由貿易論(リカードの『比較生産費説』)を批判した。

　④はマルクス。ドイツの経済学者で，『資本論』において，資本主義経済を批判的に分析し，社会主義経済の実現を説いた。

3　①誤文。技術革新(イノベーション)が古い技術に取って代わり(創造的破壊)，経済を刺激すると主張したのは，オーストリアの経済学者シュンペーターである。リカードは，『経済学および課税の原理』で比較生産費説により自由貿易の必要性を説いた。

　②正文。ケインズの主張である。2の②の解説を参照のこと。

　③誤文。リスト(ドイツの経済学者)は，『経済学の国民的体系』において，自国の幼稚産業を政府が守る保護貿易を主張した。

　④誤文。ニューディール政策は，不況期に国家が国民経済に積極介入して，TVAなどの公共投資により雇用を生み出し，有効需要を創出しようとするものである。また，過剰生産を防止するため，農業調整法(AAA)や全国産業復興法(NIRA)が制定された。

4　①正文。「購買力の裏付けのある需要」を有効需要といい，不況期に公共投資によってこれを創出し，完全雇用を実現すべきだとしたのがケインズである。

　②誤文。「食料の生産は，人口のようには増加しない」は，マルサスが『人口論』のなかで述べた「人口は幾何級数的に増加するが，食料は算術級数的にしか増加しない」という主張のこと。

　③誤文。イノベーション(技術革新)が経済発展の原動力になるという主張は，シュンペーターによるもの。また景気循環のうち50年から60年周期のコンドラチェフ波の変動要因はこのイノベーションである。

　④誤文。「通貨量を一定のルールに基づいて増加させる」はケインズ理論を真っ向から批判したフリードマンに代表されるマネタリズムの考え方。

5　①誤文。産業構造の高度化は，ペティ・クラークの法則ともいわれ，各国の産業の中心が経済の発展にともない，第一次産業から第二次産業へ，そして第三次産業へと移行していくことであり，企業が臨海工業地帯や，国際金融センターのある大都市に移転することではない。

　②正文。①の解説を参照のこと。

　③・④正文。経済活動や産業構造における重点が，生産される「もの」そのものの価値よりも情報や知識の価値，知識集約型のサービスの要素におかれるようになってくる事象を経済のソフト化・サービス化という。

6　①正文。サッチャー政権下のサッチャリズムは，財

政支出の削減，国有企業の民営化，減税，福祉政策の転換，労働組合への規制強化，政府規制の緩和などを総称したものである。また，レーガン政権下のレーガノミックスは，減税，歳出削減，政府規制の緩和，通貨供給量の抑制によるスタグフレーション解消による経済再建計画であり，スタグフレーションは解消されたが，財政赤字と経常収支の赤字である双子の赤字を生み出した。いずれも大きな政府から小さな政府への転換政策である。

　②正文。小さな政府では，政府の役割をできるだけ小さくし，政府規制を緩和し自由競争を重視することになるため，個人や企業には自助努力が求められ，その結果には自己責任が求められることになる。

　③誤文。日本国有鉄道，日本電信電話公社，日本専売公社の三公社は独立行政法人化されたのではなく，民営化である。1980年代半ばから後半にかけて，中曽根内閣の下で行われたものである。

　④正文。特別の法律によって設立される公共の利益確保をめざしたのが特殊法人である。具体的には，日本道路公団や住宅金融公庫，国際協力事業団などが存在した。日本道路公団は，2005年にNEXCO東日本・NEXCO中日本・NEXCO西日本などに分割民営化された。住宅金融公庫は，2007年に廃止され独立行政法人住宅金融支援機構に業務が引き継がれた。国際協力事業団は，2003年に独立行政法人国際協力機構(JICA)となった。

7　正解は④。①のモノカルチャー経済は，南北問題の要因の一つで，発展途上国の産業構造の特徴を示す用語である。輸出用の一次産品(農産物や工業原料)に依存する経済で，旧植民地時代，宗主国に一次産品の供給を強制されることによってつくられたものである。グラント・エレメントは，金利が低く，融資期間が長いほど高くなり，借入人(開発途上国)にとって有利であることを示している。無利子・無返済の贈与の場合は100%となる。

　②の計画経済は，社会主義経済の特徴である。株式会社制度は，資本主義経済における企業形態である。

　③の重商主義は，16世紀の絶対王政下での保護貿易政策である。ブロック経済は，1929年の世界恐慌克服のためにイギリスやフランスなどが，自国産業保護のためにとった保護貿易政策である。

　④は，いずれも資本主義経済の特徴である。

8　①誤文。独占資本主義は，1870年代以降，重化学工業中心になったことをきっかけとして進展するため，19世紀後半である。

　②誤文。エンクロージャー(土地囲い込み)には，16世紀の毛織物工業の発展にともなう，牧羊を目的とした第一次エンクロージャーと18世紀後半から19世紀にかけての，穀物増産を目的とした第二次エンクロー

ジャーがあり，いずれも地主が農民を追い出した。

③正文。

④誤文。トラストが形成され始めたのは，アメリカでは19世紀後半であり，各州で反トラスト法が相次いで制定され，独占資本主義の段階に入った。

9　①誤り。トマス・モア(英，1478～1535)は，著書『ユートピア』で「羊が人間を食う」という表現でエンクロージャーを批判した。

②正しい。マルクス(独，1818～1883)はエンゲルスとともに科学的社会主義を確立し，著書『資本論』で労働価値説や剰余価値説を唱え，資本主義経済を批判的に分析した。

③正しい。オーウェン(英，1771～1858)は，自ら経営者として利潤追求を否定し，工場労働者の福祉向上に努めた。後に，工場法の制定や，労働組合の育成に尽力した人物である。

④正しい。エンゲルス(独，1820～1895)は，マルクスの協力者としてマルクス主義の確立と普及に努めた人物である。マルクスやエンゲルスは，自らの社会主義を科学的社会主義とよび，オーウェンやサン・シモン(仏)，フーリエ(仏)らの社会主義を空想的社会主義と呼んだ。

10　1の11年本試験の問題を参照，対比しよう。

①誤文。イギリスで起こった産業革命に，フランス・オランダなどが追随した。その他の国は遅れ，ドイツやアメリカが1870年代，日本や北欧諸国が続く。ロシ

アも1890年代(実質的にはスターリンの時代)。

②誤文。職を奪われるのは熟練工。

③正文。商品経済という視点で，資本家は所有する生産手段と労働力を組み合わせて商品を生産し，販売する。労働者は生産手段を持たないので，自らの労働力を商品として資本家に売って収入を得る。

④誤文。工場制手工業から工場制機械工業にかわる。

11　正解は⑤。ア『資本論』はマルクスの主著。資本主義の矛盾を分析。その崩壊後，社会主義に移行するとした。イ『経済表』は重農主義思想家ケネーの主著。ウ『選択の自由』はフリードマンの著作。小さな政府・自由放任政策の復活を主張。

12　正解は④。①ドイツのリスト。②イギリス古典派経済学のリカード は，比較生産費説を用いた。③イギリスのケインズは，有効需要創出政策による完全雇用の実現を説き，古典派経済学を批判した。④「経済学の父」とよばれるアダム＝スミスは，自由競争が社会全体の利益を増進させると説き，これを「(神の)見えざる手」とよんだ。

13　正解は②。①カルテル(企業連合)は，同一産業部門の各企業が協定を結ぶこと。②トラスト(企業合同)は，同一産業部門の複数の企業が合併・合同すること。③コンツェルン(企業連携)は持株会社や親会社により系列化して形成される企業集団。④コングロマリット(複合企業)は，異なる産業・業種にまたがって，合併や買収を繰り返すことで巨大化した企業のこと。

Chapter 14　経済主体と市場経済

コンパス

▷家計，企業，政府は現代の経済における主要な経済主体であり，これら経済主体間において，財・サービスと貨幣がそれぞれの市場で交換されることを通して，経済社会全体の経済循環を構成し，その流れは海外とも関わっていることを，各経済主体の役割とともに理解しよう。

▷家計の役割は，所得の制約の中で消費や貯蓄を行い，労働を企業に供給していること，消費と貯蓄が企業の生産や投資と密接に関連していることを理解しよう。

▷企業の役割は，家計や他の企業から提供された土地，労働，資本といった生産要素を結合し生産活動を行うことを理解しよう。

▷政府の役割は，特に現代の政府は，家計や企業の経済活動に委ねることの困難な部門を引き受けていること，資源の配分，景気変動の調整，所得や資産分配の不平等を是正するなどの役割を果たしていることを理解しよう。

▷現代の企業について，会社法による整理を理解し，企業の典型として株式会社の経営のしくみについて，適切な機関名や役職名をあげながら，どのようなしくみを持っていて，それはなぜ必要なのか，を考えるとともに，企業の存在意義と役割を「企業統治」「社会的責任」という観点から整理しておこう。また，「企業は誰のために経営を行っているのか」という問いに対して説明できるようになろう。また，独占禁止政策の変化についても整理しておこう。

合格 map の解答(p.60)

【1】労働力　【2】租税　【3】賃金　【4】租税　【5】社会保障　【6】利潤　【7】資本　【8】拡大　【9】資本
【10】議決　【11】配当金　【12】有限責任　【13】株式　【14】株主総会　【15】取締役会　【16】監査役

演習問題の解答と解説(p.62 ～63)

〈解説〉

1 正解は①。アの賃金，地代，配当，利子は，企業が家計に支払うものである。イの賃金，社会保障給付，サービスは，政府から家計に支払いや提供がされるもので，賃金は公務員の給与と考えることができる。ウの補助金，財・サービス代金は，政府から企業へ提供，支払われるものである。このことから矢印の向きを考えると，Yが政府でXが家計であることがわかる。

2 ①正文。家計は，保有する株式や不動産などの資産の価格が上昇すると消費額を増やす傾向にあり，これを資産効果という。

②誤文。企業は，銀行の貸出金利が低下すると，利息返済の負担が小さくなるので，設備投資を増加する傾向にある。

③誤文。日本における支出構造は，食料費が23.9％，保健医療費が3.9％となっているので，食料費の方が多くなっている(2019年「総務省家計調査」より)。なお，家計の消費支出に占める食費の割合のことをエンゲル係数という。また，家計所得から所得税や社会保険料などを差し引いた残りを可処分所得という。個人についてだけでなく，一国の経済全体についても用いられる。

④誤文。日本における中小企業従業者数は3,217万人，大企業従業者数は1,397万人であるため，全従業者数の約7割を中小企業が占めている。(2015年「中小企業白書」より)

3 ①誤文。有限責任社員を出資者とした合同会社であれば正しいが，合名会社は無限責任社員のみで構成される会社形態である。

②誤文。従来の商法では，会社を設立するには株式会社で1000万円，有限会社で300万円の資本金を必要としていた。新会社法では，この最低資本金額が撤廃され，資本金1円からの会社設立が可能となった。また，設立後に所定の手続きをすることにより資本金を0(ゼロ)にすることも可能である。

③誤文。合資会社は，旧商法で設立が認められており，無限責任社員と有限責任社員で構成され，比較的

小規模な会社に多い会社形態である。新会社法で新設された会社形態は，合同会社である。

④正文。新会社法により，既存の有限会社は，株式会社の一形態である特例有限会社として存続は認められるが，新設することはできなくなった。

4 ①正文。不買運動は，消費者などが社会問題を引き起こした企業に対して，経済的な打撃を与え反省と改善を求める行動である。日本では，戦後の1945年に大阪の主婦たちが始めた物資獲得運動や1948年に結成された主婦連合会の「不良マッチ追放主婦大会」が消費者運動の始まりとされている。

②正文。2007年には，複数のメーカーで消費・賞味期限の改ざんが発覚したり，食肉製造加工会社で偽装が発覚したりして事件になった事例がある。問題となるものにより，関係する政府機関は異なるが，政府による指導・勧告が行われる。

③正文。北海道札幌市の「札幌エネルギーeco＋(プラス)」では，指定する新エネルギー機器，省エネルギー機器の中から複数の種類の機器を導入する中小企業者等に対して，工事代金の20％(上限あり)を補助する事業を行った。また，家電エコポイントやエコカー減税，エコカー補助金，住宅エコポイントなどは個人に対する補助金の事例である。

④誤文。企業が慈善事業への寄付を行うのは，フィランソロピーにあたり，企業の社会的責任(CSR)の一つである。これを投資家が自らの利益だけを考え中止させることは，企業による社会貢献活動を阻害する行為として，社会的に非難されることとなる。

5 ①誤文。参入規制を強化することは，政府の介入を大きくし，自由競争を阻害することである。

②誤文。小さな政府は，政府の役割を小さくしていくことになるため，それに合わせて徴税も少なくしていくことになる。1980年代半ば，アメリカのレーガン政権時代には，大きな政府から小さな政府への転換として，大規模な減税を行っている(レーガノミックス)。

③誤文。有効需要への管理を強化することは，政府による国民経済への介入を大きくするものである。第

二次世界大戦後,多くの国でケインズ経済学に基づき,大きな政府(福祉国家)の実現を目指してきたが,財政赤字といった問題点が表面化した。これに対し,ケインズ経済学を批判したのがフリードマンらのマネタリストである。

④正文。小さな政府への転換は,政府による国民経済への介入を極力少なくし,規制の緩和などにより自由競争を活性化させようとするものである。1980年代半ば,日本における三公社民営化や小泉政権下での郵政民営化などが具体例としてあげられる。

6 リード文は現代の企業について説明されている。問1は空欄前後の説明から語句を特定する。問2は特に特徴的な語句なので,知識として確認しておきたい。問3は企業の社会的責任を意味する,Corporate Social Responsibility の略である。社会貢献・環境対策・経済活動・株主利益などの分野で構成される。具体的には,社会貢献であるフィランソロピー(ボランティアや公益事業への寄付行為)やメセナ(芸術や文化活動に対する支援),二酸化炭素の削減や環境に配慮した商品開発を行う環境対策,有用な財やサービスを提供したり,技術革新や雇用の創出と納税といった経済活動,株主利益の保護とディスクロージャー(情報開示)による投資判断に必要な経営・財務状況などの情報公開などがある。これらの中心にコンプライアンス(法令遵守)が位置づけられている。

7 ①誤文。「自己資本」ではなく「他人資本」。自己資本は株式発行や内部留保などの,返済の必要がない資本をさす。一方,銀行からの借入れや社債発行は,他人資本である。

②誤文。内部留保とは,株主への配当や税金などを引いた残り,企業内に蓄積された資金のこと。株主への分配・配当が増えれば,内部留保は「増大」ではなく「減少」する。

③正文。集積の利益とは同一地域に関連産業が立地して効率的に生産できるようになること。高度経済成長期には,この集積の利益に基づいて臨海地区に石油化学コンビナートが多数建設されたが,反面,大気汚染や水質汚濁などの公害も発生した。

④誤文。逆に会社の所有者である株主ではなく,経営の専門家に経営を委ねること。所有と経営の分離は,株主と経営者が分離すること。

8 ①誤文。銀行からの借入は,家計から銀行を経由して調達する間接金融。

②誤文。新株発行は,家計から直接資金を集めるので直接金融。

③正文。株式発行と社内留保は自己資本。

④誤文。株式発行は返済の必要がない自己資本である。

9 ①誤文。「有限会社」ではなく「合同会社」。なお,有限会社は会社法施行(2006年)に伴って廃止されたため,新たに有限会社を設立することはできなくなったが,既存の有限会社の存続は可能である。

②誤文。「株主」による「企業の経営者」の監視がコーポレート・ガバナンスである。

③誤文。日本銀行は法律で定められた認可法人で,その出資額は政府が55%,その他(民間)が45%となっている。

④正文。芸術や文化への支援活動(交響楽団への支援,企業スポーツへの参入等)をメセナという。一方,企業による慈善事業や社会貢献活動(チャリティー活動やボランティア活動等)をフィランソロピーという。

10 A 正文。株主は出資額を限度に有限責任を負う。

B 正文。家族・同族による小規模組織が多い。

C 誤文。経営に参画して無限責任を負う社員と,経営には参画せず出資額を限度に責任を負う有限社員からなるのは合資会社。合同会社では社員はすべて有限責任をもつ。

11 A 正文。所得が同一であれば,保有する資産が多いほど消費者は消費支出を高めるといわれる。

B 正文。一定のエリアに関連産業が集中することで費用を節減できる。しかし,過度な集積は交通混雑などマイナス要因にもなる。

C 誤文。公債の日銀引き受けは禁止されている(財政法第5条)。通貨量が必要以上に増加して,インフレになることを防ぐため。

12 ①誤文。会社法が改正され,最低資本金制度は2006年に廃止された。よって資本金1円から株式会社を設立できる。

②正文。社債とは,株式会社が発行する債券。株式と異なり,他人資本であり,利子とともに返済しなくてはならない。

③正文。2000年の農地法改正で,株式会社形態の農業生産法人が株式譲渡制限付きで認められた。

④正文。資本を所有する株主と,経営を担当する経営者が分離して同一でないことが一般的になっている。

Chapter 15　市場経済のしくみ

▷経済活動における市場は，需要と供給をつなぐ取引の場であり，取引をする財やサービスによって，生産物市場，金融市場，労働市場など様々な種類の市場が存在し，それらが相互に結びついて，経済社会の分業と交換のしくみが形成されていることを理解しよう。

▷市場において形成される価格を誘因として，生産が調整されたり，資本や労働などの生産要素が国内外に移動したりするなど，経済的資源が効率的に配分されるしくみを理解しよう。一方で，市場がうまく機能できない状況，市場の機能を通じて資源配分が適切に行われないケースなど，市場の機能の限界について，具体的な事例をあげて理解しよう。

▷市場の特徴と限界を把握し，市場が機能しない場面を政府がどのように補うべきか考え，その具体例を理解しよう。

▷インフレとデフレについて，その現象と原因，種類について整理しておこう。

合格 map の解答(p.64)

【1】超過供給　【2】下落　【3】超過需要　【4】上昇　【5】価格の自動調節機能　【6】外部経済　【7】外部不(負)経済　【8】公共財　【9】寡占　【10】カルテル　【11】トラスト　【12】コンツェルン　【13】情報の非対称性　【14】競争的寡占　【15】非価格競争　【16】管理　【17】プライス－リーダー制　【18】再販売価格維持制度　【19】独占禁止法　【20】公正取引委員会　【21】行政委員会　【22】勧告　【23】準司法的　【24】持ち株会社　【25】インフレーション　【26】クリーピング－インフレ　【27】ハイパー－インフレ　【28】ディマンド－プル－インフレ　【29】コスト－プッシュ－インフレ　【30】デフレーション　【31】デフレ－スパイラル　【32】スタグフレーション

演習問題の解答と解説(p.66 ～67)

1－③　2－⑥　3－④　4－⑤　5－①　6－③　7－④　8－④　9－③

〈解説〉

1　正解は③。この場合の需要曲線は求人数，供給曲線は求職者数を表している。労働力移動の自由化が行われる前の賃金を比較すると，その交点からY国よりもX国の方が賃金が高いことがわかる。この状態で労働力移動の自由化が行われると，賃金の高い国で働きたいと考えるのが自然である。その結果，Y国からX国へ労働者が移動することが予想され，労働者数が増加するX国内の供給曲線が右にシフト(移動)し，労働者数が減少するY国内の供給曲線は左にシフトすることになる。その他の条件が変わらないため，需要曲線に変化がないとすると，需給曲線の新たな交点はX国内はB，Y国内はCとなる。X国内では，需要量が変わらず供給量が増加するため従来に比べ賃金が下落し，Y国内では逆に賃金は上昇し，労働力移動の自由化により賃金の差が解消されることとなる。

2　正解は⑥。人気上昇によって需要曲線は右に移動するため，D″の需要曲線にシフトする。SとD″の交点Q_3とSと当初の需要曲線Dとの交点Q_2との差を求めるため，変化分(差分)をあらわす式は$Q_3 - Q_2$となる。

3　①誤文。猛暑によって，売り上げが上昇するという

プラスの影響が出ていることから，外部不経済とは言えない。

②誤文。企業の不正が明るみになったことにより，市場におけるその企業への評価が株価となって現れていることから，市場での取引を経た変化と言えるため，外部不経済とは言えない。

③誤文。駅の建設が地価の上昇という形で周辺にプラスの影響を及ぼしていることから，外部不経済とは言えない。

④正文。外部不経済は，他の経済主体の経済活動が，市場での取引を通さず直接他の経済主体に悪い影響を与えることであり，公害がその典型的な例である。この場合は，他の経済主体(大規模娯楽施設)の経済活動が，市場での取引を通さず直接他の経済主体(近隣住民)に悪い影響を与えた，外部不経済の事例である。

4　正解は⑤。

A　市場が寡占状態にある場合は，競争原理が働きにくくなり，寡占市場の特徴である価格の下方硬直性や管理価格が形成される可能性がある。それを解決するためには，競争原理を働かせるために，企業の新規参入を促進する方法がとられる。

B　財の生産に外部不経済が伴う場合は，生産を制限し，その影響を最小限に抑える方法がとられる。

　　C　道路や公園などの公共財は，対価を支払わずに利用する人（フリー－ライダー）を排除することができないため，市場に任せておいても供給されにくくなる。そのため政府が税を徴収し供給する方法がとられる。

5　①正文。フリー－ライダー（ただ乗り）のことである。公共財は，このような人々を排除することができないという非排除性を持つ点と，ある人が消費しても他の人が消費できるという非競合性を持つ点に特徴がある。その点から②は誤文である。

　　③，④誤文。公共財の消費や利用は，景気状態や所得額にはあまり影響されない。

6　①正文。寡占化した市場では，価格機構が十分に機能しなくなるため，価格競争が行われにくい状態となる。そのため，企業間競争が価格以外の面で行われる（非価格競争）。具体的には，ブランド・デザイン・広告宣伝・特許・品質・割賦販売・アフターサービスなどがあげられる。これは，寡占市場での価格引下げは，他企業も追随してくることから効果をもたないためである。

　　②正文。①と同様に価格機構が機能しにくくなることから，生産コストが低下しても，また需要量が減少しても価格が下落しにくい状態となる（価格の下方硬直性）。

　　③誤文。寡占市場は，市場内の企業が数社程度しかない状態であるため，マーケット・シェア（市場占有率）が流動的になることはなく，むしろ固定化されることが多い。身近な事例として，携帯電話市場がある。マーケット・シェアはNTTドコモ（38.1%），KDDIグループ（27.9%），ソフトバンクグループ（21.4%）となっている（2019年）が，数値に若干の増減はあっても，第1位の企業が頻繁に入れかわることはない。

　　④正文。寡占市場の特徴の一つである。これは，暗黙の協定であり，カルテル協定に基づかない相互依存行為である。そのため独占禁止法には抵触しない。ここで設定される価格は，その価格によって最も少ない利潤しかあげられない企業が成り立つ価格であり，さらに市場への新規参入が困難な価格でもある。

7　①誤文。品質の低い商品を安い価格で販売する事例

であり，市場を通じた取引が成立するため，市場の失敗とは言えない。

　　②誤文。電子辞書の需要が低下したことによる供給の変化ととらえることができ，市場が機能した結果と言えるため。

　　③誤文。高級フルーツの需要が高まった結果，生産や輸出などの供給が増えた事例であるため，市場が機能した結果である。

　　④正文。ショッピングモールの建設による，周辺環境へのマイナスの影響が及んでいるため，外部不経済と言える。外部不経済は市場を直接介することなく他の経済主体に悪い影響を及ぼす「市場の失敗」の一例である。

8　正解は④。均衡点がAからBに移動していることから，この財の取引量が増加して，価格も低下している。このような変化をもたらす要因は供給の増加につながる生産技術の向上である。

　　①消費者の所得増加は需要の増加につながる。この場合は価格は上昇する。

　　②人気が高まり需要が増加している。この場合は価格は上昇する。

　　③税が引き上げられた場合，取引の数量は変化せず，価格だけが上昇することになる。

9　①誤文。情報の非対称性とは，商品の専門的知識や情報内容についての格差が各経済主体間にあること。一般に売り手が多く持ち，買い手はそれをあまり持たない。情報の非対称性は独占市場や寡占市場では生じるが，完全競争市場では生じないとされる。

　　②誤文。単一の企業の場合は「寡占市場」ではなく「独占市場」。

　　③正文。価格弾力性とは，価格の変動によって需要や供給がどれほど変化するかを示す度合いのこと。贅沢品は，価格が高いと需要量は小さくなるが，生活必需品は消費しないわけにはいかないので，需要量は小さくならない。一方，価格が低い場合は，贅沢品の需要量は増大するが，生活必需品は必要以上に需要量は増大しない。生活必需品は価格弾力性が小さく，贅沢品は価格弾力性が大きい。

　　④誤文。求職者は自らの労働力を「供給」する。求人は労働力を「需要」する。需要と供給が逆である。

Chapter 16　資金循環と金融

コンパス

▷金融とは，経済主体間の資金の融通であり，同時に将来資金を受け取る権利の取引であることを理解し，金融を通して経済主体間の資金の過不足が解消され，経済活動が円滑に進行する一方，金融取引には情報の非対称性や不確実性が発生するため，信用が大切になることを理解しよう。

▷金融における資金の需給は，金融市場における金利の変化や，株式市場と債券市場の動向などによって調節され，銀行，証券会社，保険会社など各種金融機関の役割や間接金融，直接金融のしくみと併せて理解できるようになろう。

▷資金の流れとして金融の働きを捉えたうえで，主な金融機関である銀行の信用創造機能のしくみを理解しよう。

▷中央銀行である日本銀行の金融政策の役割や働きについて，具体的な政策の影響を考えながら，今日の金融政策をめぐる課題について理解しよう。

合格 map の解答(p.68)

【1】預金通貨 【2】直接金融 【3】間接金融 【4】管理通貨 【5】預金 【6】信用創造 【7】短期 【8】発券銀行 【9】銀行 【10】金融政策 【11】公開市場操作 【12】買いオペレーション 【13】売りオペレーション 【14】金融の自由化 【15】非伝統的 【16】金利 【17】業務 【18】ペイオフ制度 【19】暗号

演習問題の解答と解説(p.70〜71)

1−③ 2−③ 3−① 4−④ 5−③ 6−④ 7−② 8−② 9−④

〈解説〉

1 ①誤文。物価の安定は，中央銀行の政策目標の一つである。

②誤文。国際決済銀行(BIS)のバーゼル銀行監督委員会が定めた，BIS規制がある。これは，国際業務を営む銀行の自己資本比率を8%以上とする，銀行経営健全化のための統一基準である。

③正文。金融政策とは，物価の安定や信用秩序の維持などの政策目標を達成するために，中央銀行が銀行券を発行し，通貨や金融の調整などを行うことである。具体的には，景気加熱時には，マネーストックが増大する傾向にあり，それを放置することで貨幣価値が下落し物価が上昇するインフレーションを引き起こす可能性がある。逆に，不況時には，マネーーストックが減少し，貨幣価値の上昇と物価の下落による，デフレーションを引き起こす可能性がある。それらを引き起こさないようにするため，中央銀行による金融政策で，マネーーストックを調整するのである。日本銀行では，これまで公定歩合操作，預金準備率操作，公開市場操作の3つの金融政策を行ってきた。選択肢③は，この中の公定歩合操作である。日本銀行が市中銀行に資金を貸し出す時の利子(公定歩合)を上下させることにより，マネーーストックを調整する金融政策である。不況時は，日本銀行が公定歩合を引き下げると，市中銀行も貸し出し金利を引き下げ，民間企業などは資金が借りやすくなり，結果的にマネーーストックが増大し，経済活動が活発化することとなる。しかし，金融の自由化の一つとして，金利の自由化により金融機関が自由に金利を決めることができるようになったため，政策として金利が連動することはなくなり，金融政策としての意味は失われている。また，公定歩合という言葉そのものも使用されなくなり，現在は「基準割引率および基準貸付利率」となっている。

④誤文。日本版金融ビッグバンのスローガンは，フリー・フェア・グローバルであり，経済のグローバル化に対応するために，規制を緩和する取組みである。

2 ①誤文。取引の仲立ちは価値貯蔵手段ではなく，交換手段である。貨幣の機能には，交換手段，支払い手段，価値貯蔵手段，価値尺度がある。

②誤文。マネーストックとは，社会全体に流通している通貨量をさし，国内の個人や法人が保有している通貨を合計したもの。

③正文。管理通貨制度では，金の保有量に規定されない不換紙幣が発行され，中央銀行の管理の下で発行する通貨量をコントロールしている。

④誤文。預金通貨は，金融機関に預金されている通貨であり，小切手を利用して決済手段として利用されたり，一定の条件のもとで現金通貨に交換することができることから，財・サービスの対価の支払手段として用いられることはある。

3 ①正文。バブル経済が崩壊し，1997年に北海道拓殖銀行が破綻，山一証券が自主廃業し，金融不安が広がった。

②誤文。ノンバンクは，預金を受け入れることはなく，銀行や金融市場から資金を調達して融資を行う金融機関である。消費者金融がこれに該当する。

③誤文。コール市場とは，不足資金を短期的に融通し合う銀行間取引市場のことであり，手形・国債・株式などの有価証券の売買は行わない。バブル崩壊後，1999年に日本銀行は無担保コール翌日物金利を実質0%にした(ゼロ金利政策)。2006年にいったん解除されたが，2010年から不況を背景に復活した。2013年からは，マネタリーベースを増大させる量的・質的金融緩和を行っている。

④誤文。護送船団方式とは，旧大蔵省の時代に金融機関保護のためにとられた政策である。1980年代頃から始まった金利の自由化をはじめとして，その後の日本版金融ビッグバンにより金融制度改革が行われ，従

来までの保護政策から転換されてきている。

4 　①誤文。金本位制のもとでは，通貨の発行量は金の保有量に規定される。

　　②誤文。金本位制のもとでは，金の保有量により通貨の発行量が制限され，通貨の価値は保有する金によってきまるため，為替レートは固定されているのと同じである

　　③誤文。管理通貨制度のもとでは，金の保有量とは関係なく通貨を発行できるため，一定の比例関係で発行するわけではない。

　　④正文。管理通貨制度のもとでは，金の保有量による制限がないため，景気調整のために発行する通貨の量を調整できる。

5 　正解は③。

　　信用創造の総額は，次のように求めることができる。5,000万円(最初の預金額)÷0.1(預金準備率)＝5億円。この中には，最初の預金も含まれているため，5億円(信用創造総額)－5,000万円＝4億5,000万円が信用創造された額となる。同様の問題では，総額が問われているのか，信用創造された額が問われているのかに十分に注意する必要がある。例えば，預金準備率を5％とすると5,000万円÷0.05＝10億円となり，信用創造された額は9億5,000万円となる。簡単にすると，預金準備率が10％の場合の信用創造後の預金総額は10倍，5％の場合は20倍となる。

6 　正解は④。商品やサービスの価値をはかる物差しとして，貨幣が用いられる例といえる。

　　①価値の目減りを恐れて，貨幣に交換して価値を保存しようとしているため，貨幣の価値蓄蔵手段の例である。

　　②サンマとの交換を願って貨幣を手に入れていることから，貨幣の交換手段(流通手段)の例である

　　③リンゴの代金を貨幣で支払うことになることから，貨幣の支払い手段としての機能の例である。

7 　①誤文。国債の売り(資金吸収)オペレーションを行うと，市中銀行の保有する資金を中央銀行が吸収することになるため，世の中に出回る通貨量は減少してしまい，ますますデフレーションが進行してしまう。

　　②正文。外国為替市場で自国通貨を売る介入を行っ

た場合，外国為替市場における自国通貨の供給が増加することになり，自国通貨の為替レートは下落することから，この介入によって自国通貨の価値を切り下げることになる。

　　③誤文。政策金利を高めに誘導すると資金需要と銀行貸出は減少するため,金融引き締めとなってしまう。

　　④誤文。預金準備率操作とは，日本銀行が市中銀行に対して，預金の一定割合(預金準備率)を強制的に預金させる制度である。預金準備率を引き上げると日本銀行への預金量が増え，市中銀行などの金融機関の貸し出せる資金量が減るため，企業への貸出しは増加しない。

8 　①誤文。日本銀行の金融引締め政策を反映した場合,日本銀行が持つ国債を金融機関に売ることになる。日銀が国債を政府から直接引き受けることは禁じられている。

　　②正文。2021年3月における日本国債の保有者構成比は，日本銀行が48.4％を占め，2011年3月の8.2％より大幅にその割合を高めている。その理由は，この間にアベノミクスによる量的・質的緩和が実施され，日本銀行による国債保有高と種類を増やしたことによる。

　　③誤文。日本銀行の金融引締め政策を反映した場合,日本銀行が持つ国債を売ることになるので，日銀の保有割合は低下する。

　　④誤文。財政法第5条により，日銀が国債を政府から直接引き受けることは禁じられている。これを国債の市中消化の原則という。

9 　①誤文。銀行貸出は，市中銀行の資産を増加させるが負債は減少しない。メモにあるように貸出に対応して預金が増加するため，銀行の負債も増える。

　　②誤文。銀行貸出は市中銀行の資産を増加させる。

　　③誤文。新規の預金は，信用創造を通じて，貸し出されるため負債とともに資産を増加させる。

　　④正文。図2には，「新規の預金」20が負債・純資産に計上され，同時に資産として「新規の貸出」20が計上されていることが示されている。新規の預金は，信用創造を通じて，貸し出されるため負債とともに資産を増加させることになる。

Chapter 17 財政と租税

コンパス

▷財政とは，政府による経済活動であり，資源配分の調整，所得や資産の再配分，経済の安定化を行って国民福祉の向上に寄与する働きがあり，財政活動に際しては，財政に投入された費用に対してそれから得られる効果を比較しながら最適な政策を選択していく必要があることを理解しよう。

▷財政活動を行うためには財源が必要であり，税の公平性に関して垂直的な公平，水平的な公平という視点で直間比率や累進課税制度について考え，租税や国債など財源の調達方法のしくみやそれぞれの問題点について理解しよう。また，財政のしくみについては，国だけでなく地方公共団体も行っており，両者の役割分担や連携に関する理解も求められる。

▷財政の課題については，一般会計の歳入や歳出の変化について資料をもとに課題を読み取り，プライマリーバランスの黒字化や今後の政府の経済的な役割について，問題点を具体的に考えよう。

合格 map の解答(p.72)

【1】社会資本 【2】社会保障制度 【3】ビルト−イン−スタビライザー 【4】フィスカル−ポリシー 【5】ポリシー−ミックス 【6】一般会計 【7】財政投融資 【8】直接税 【9】間接税 【10】垂直 【11】水平 【12】直間比率 【13】建設国債 【14】赤字(特例)国債 【15】市中消化の原則 【16】財政の硬直化

演習問題の解答と解説(p.74 〜75)

1 − ① 2 − ① 3 − ④ 4 − ① 5 − ③ 6 − ⑥ 7 − ④ 8 − ②

〈解説〉

1 ①正文。問題文中に，「不均衡ならば45度線から下に張り出す曲線となる」とあるため，45度線から離れるほど不均衡の度合いが強まる(曲線 A よりも B の方が不均衡の度合いが強い)ことを意味している。累進課税制度は，所得再分配機能により格差を縮小させる効果があるため，曲線を B から A の方向に移動させる効果をもっているといえる。

②誤文。公的扶助も曲線を B から A の方向に移動させる効果をもつ。

③・④誤文。A よりも B の方が，不均衡の度合いは強い。

2 ①正文。国税は，法律に基づいて定められなければならない(憲法第84条，租税法律主義)。

②誤文。タックス・ヘイブンとは，税制上有利な国や地域のことである。

③誤文。税負担の逆進性とは，低所得になるにつれ，税負担が大きくなることをいう。

④誤文。農業所得者や自営業者の所得捕捉率は低く，給与所得者の所得捕捉率は高い。

3 正解は④。納税者と負担者が一致する税を直接税，両者が異なる税を間接税という。消費税は代表的な間接税であり，その問題点は所得の低い人ほど税負担が重くなる逆進性にある。以上のことから，アは直接税，イは間接税，ウは後者，エは低くを選ぶ。

4 正解は①。A の消費税導入は1989年竹下内閣の時である。B の地方分権一括法は2000年4月から施行。C シャウプ勧告は1949年と1950年に出された勧告。D は，1965年東京オリンピックの反動不景気の時に発行された。以上のことから3番目にくるのは，A なので①が正解となる。

5 正解は③

アー公共財の供給は「所得の再分配」ではなく「資源配分の調整」である。

イ—「フィスカル・ポリシー」は，失業対策や物価安定のために，財政規模を意図的に操作する政策。「ビルト・イン・スタビライザー」は，累進課税等によって，自動的に流通するマネーが調整されるしくみのこと。公共投資は，政府が意図的に行うものなので，「フィスカル・ポリシー」である。

6 A ウ。累進課税の機能によって所得の高い人から納税されたものを原資として，生活保護や福祉サービスを提供することで，所得の不均衡を是正するはたらきを所得の再分配という。

B イ。市場に委ねていては，適切に供給されない財やサービスを供給する政府の役割が，資源配分の調整である。

C ア。公共投資の増減によって，経済の変動を調整している政府の役割は，景気の安定化である。

よって正解は⑥

7 正解は④。基礎的財政収支の赤字を歳入と歳出の両面から縮小させるものは，税収を増やすことによる歳入増と，財政支出を縮小して国債費を除いて歳出を減らすことである。よって B の「消費税を増税して租税収入を増やす」とイ「公共事業を縮小して，国債費を除く支出の金額を減らす」の組み合わせを選ぶことから，正解は④となる。

8 正解は②。資料から読み取れる内容は，消費税が5.3兆円から21.7兆円と16.4兆円増額していることと，社会保障の費用が11.6兆円から35.9兆円に24.3兆円増額していることである。社会保障の費用の増額は，消費税の増額よりも大きいので，アが正しい。

基礎的財政収支の黒字の状態を示す図は，税収等よりも政策的経費の方が少ない図 b である。アと図 b の組み合わせとなるので，正解は②。

30

Chapter 18 国民所得と景気循環

コンパス

▷国民経済の大きさは，一国の豊かさを示すものであり，ストックとフローの両側面から見ることができる。ストックである国富は，これまでの経済活動で蓄積された国内外の資産であり，フローは，一定期間にどれだけの経済活動が行われたかを表すもので，国内総生産（GDP）や国民総所得（GNI），国民所得（NI）などの指標が使われることを理解しよう。

▷経済活動の目的は国民福祉の向上であり，その実現のために，国民経済の規模の拡大を意味する経済成長を図っている。経済成長のために，労働人口，資本ストック，技術などの要因の活用や生産性の向上が求められ，家計や企業の個別の創意工夫，技術革新などの新機軸の導入に加え，政府の適切な支援や政策が必要であることを理解しよう。

▷経済の状況は，物価の変動によって判別することができ，名目と実質の違いを理解しながら，景気変動を測る指標である景気動向指数，鉱工業生産指数，失業率及び物価指数などに関する統計資料を用いて，物価と景気変動の要因や経済の状態を理解できるようになろう。

合格 map の解答(p.76)

【1】国民所得 【2】付加価値 【3】国富 【4】GDP 【5】GNI 【6】NNI 【7】NI 【8】NNW 【9】グリーンGDP 【10】GDPデフレーター 【11】景気変動 【12】好況 【13】不況 【14】コンドラチェフの波(コンドラチェフ循環) 【15】技術革新 【16】ジュグラーの波(ジュグラー循環) 【17】設備投資 【18】キチンの波(キチン循環)

演習問題の解答と解説(p.78〜79)

1 － ① 　2 － ⑥ 　3 － ⑤ 　4 － ② 　5 － ⑧ 　6 － ② 　7 － ④ 　8 － ② 　9 － ④

〈解説〉

1 　正解は①。GNP = GNE（国民総支出）であるため，記述アは正しい。記述イについては，GNPから海外からの純所得を引いたものがGDPとなるため，GDPの額はGNPの額より小さくなり正しい。そのため，記述アとイのどちらも正しいため，正解は①となる。

2 　正解は⑥。景気循環の類型は次の通りである。コンドラチェフの波（長期波動）は約50年を周期とし，技術革新や大規模な資源開発が原因である。クズネッツの波は約20年を周期とし，住宅建築等を原因とする。ジュグラーの波（中期波動）は約10年を周期とし，設備投資の変動を原因とする。キチンの波（短期波動）は約3年（約40か月）を周期とし，在庫投資の変動を原因とする。

3 　正解は⑤。日本の実質経済成長率については，戦後初めてマイナス成長になったのが第1次石油危機後の1974年で，その後の日本経済は低成長時代を迎える。次にマイナス成長となったのは，バブル崩壊後の1998年，2008年である。グラフにはないが2009年もマイナス成長となっている。次に物価変動率については，1990年代末からデフレスパイラルといわれる物価下落と不況が進行しており，2000年代はほぼ0％付近で推移している。最後に完全失業率については，高度経済成長期（1950年代〜75年）は1％台，低成長時代（1976年〜

94年）は2％台，2008年のリーマンショック後の2009年7月には5.6％という過去最悪の水準となったが，徐々に改善傾向にある（2019年現在）。

4 　正解は②。生産国民所得＝分配国民所得＝支出国民所得が国民所得の三面等価の原則である。生産国民所得は第一次産業から第三次産業の分類，分配国民所得は雇用者所得・財産所得・企業所得の分類，支出国民所得は民間最終消費支出・政府最終消費支出・総資本形成の分類である。分配国民所得のそれぞれの項目について，1980年と2007年の実数額と構成比をあげると，下表の通りとなる。

雇用者所得の実数を比較すると，約130兆円（1980年）が約250兆円（2007年）と2倍弱になっているが，国民所得の構成比としては両年とも約67％となっている。また，財産所得は構成比では減少傾向である。企業所得は実数でも倍増しており，構成比においても増加傾向であることがわかる。

分配国民所得		雇用者所得	財産所得	企業所得
実数 (千億円)	1980年	1303.7	205.8	441.0
	2007年	2548.5	284.6	987.9
構成比	1980年	66.8%	10.6%	22.6%
	2007年	66.7%	7.4%	25.9%

5 正解は⑧。

$$実質 GDP = \frac{名目 GDP}{GDP デフレーター} \times 100$$

$$実質 GDP 成長率 = \frac{本年度の実質 GDP - 前年度の実質 GDP}{前年度の実質 GDP} \times 100$$

a 実質 GDP の公式を使用し，

$$500 = \frac{a}{94} \times 100$$

より，a = 470 となる。

b 2016年の1人当たり名目 GDP は470÷47 = 10であり，問題文より，2015年の1人当たりの名目 GDP は2016年と同じとなるので，500÷b = 10から，b = 50となる。

c 実質 GDP 成長率の公式を使用し，

$$実質 GDP = \frac{520 - 500}{500} \times 100 = 4$$

となる。

6 「GNP（国民総生産）= GNE（国民総支出）= GNI（国民総所得）」，「GNP = GDP（国内総生産）+ 海外からの純所得」，「GNP = NI（国民所得）+ 固定資本減耗 + 純間接税」の3つをおさえておくとよい。

① 誤り。GDP と GNI が逆になっている。
② 正しい。
③ 誤り。純間接税の位置が誤り。
④ 誤り。NI と GNI が逆になっている。

7 正解は④。

$$経済成長率（\%）= \frac{（今年の GDP - 前年の GDP）}{前年の GDP} \times 100$$

実質経済成長率は各年度の GDP を各年度の GDP デ

フレーターで除して修正してから計算する。

2000年の実質 GDP = 500兆円×100/100 = 500兆円
2001年の実質 GDP = 504兆円×100/ 96 = 525兆円
よって

$$実質経済成長率（\%）= \frac{(525 - 500)}{500} \times 100 = 5\%$$

8 ①誤文。貨幣価値は「上昇」ではなく「下落」する。インフレーションのもとでは通貨量が増え，通貨の価値が下がり，物価が上昇する。

②正文。デフレーションで通貨の価値が上昇しても，債務残高が減るわけではない。一方で企業収益額や家計収入額が減少するので，その負担は重くなる。

③誤文。自国通貨の為替相場が下落する（例えば1ドル = 100円が，1ドル = 200円になる）と，輸入品の価格は上昇（1ドルの輸入品が100円から200円になる）し，国内の物価を引き上げる。

④誤文。景気が後退し，物価は「上昇」ではなく「下落」する。景気後退と物価上昇が同時に進行するスタグフレーションと区別したい。

9 正解は④。以下合格マップ参照。GDP に海外からの純所得を足したもの = 国民総生産（GNP）→①。国民総生産（GNP）を支出面で見たら = 国民総支出（GNE）→③。国民総生産（GNP）から固定資本減耗を差し引いたら = 国民純生産（NNP）→④：答え。ちなみに，国民純生産（NNP）から間接税を差し引き，補助金を加えると = 国民所得（NI）→②

Chapter 19　日本経済の発展と課題

コンパス

▷第二次世界大戦後の改革から現在に至るまでの日本経済の歩みを，時期を区切りながらその特徴を明らかにし，現在の私たちを取り巻く日本経済の基礎が，どのように形成されてきたのか理解しよう。

▷大まかに区切りとしては，戦後改革と朝鮮戦争特需，高度経済成長から安定成長へ，プラザ合意とバブル経済，バブル崩壊と長期不況，世界的経済危機と国際収支の構造変化，日本経済の現状が考えられる。

▷さらに，今日，日本経済がかかえる諸課題を，今後どのように乗り越え，解決していくのかについて，自分たちの問題として考えていこう。

合格 map の解答 (p.80)

【1】GHQ 【2】財閥解体 【3】農地改革 【4】傾斜生産方式 【5】ドッジ－ライン 【6】神武景気 【7】いざなぎ景気 【8】労働力 【9】貯蓄率 【10】石油危機 【11】貿易摩擦 【12】プラザ合意 【13】産業の空洞化 【14】不良債権問題 【15】アジア通貨危機 【16】デフレ－スパイラル 【17】リーマン－ショック 【18】ギリシャ

演習問題の解答と解説 (p.82〜83)

1－① 2－② 3－④ 4－④ 5－③ 6－④ 7－③ 8－e-1 f-2 g-1 h-1 9－①

〈解説〉

1 正解は①。経済の民主化を行うため，アの労働組合法を1945年に制定している。その結果，1945年12月末に38万人だった労働組合員数が1946年12月末には500万人弱まで上昇している。経済復興のために1946年に決められたのがイの傾斜生産方式であり，その実施は1947年からになる。これを資金面でバックアップしたのが復興金融金庫で，経済再建に大きな役割を果たしたが，その資金源である復興金融金庫債の発行は，「復金インフレ」を招いてしまう。このインフレを収束させるためにGHQは，1948年にウの経済安定9原則の実施を日本政府に指示した。ア～ウを古いものから順に並べるとア→イ→ウとなり，①が正解となる。

2 正解は②。高度経済成長期の当初には，耐久消費財である白黒テレビ・電気洗濯機・電気冷蔵庫が「三種の神器」とよばれ普及している。また，いざなぎ景気の時期には，カラーテレビ・クーラー・乗用車が「新三種の神器」または「3C」などと呼ばれた。

①誤文。高度経済成長期は，神武景気→岩戸景気→オリンピック景気→いざなぎ景気の順となるため，神武景気は後半に出現したものではない。

③誤文。IMF8条国とは，国際収支の赤字を理由に為替制限できない国をさす。一方，為替制限ができる国がIMF14条国である。日本は高度経済成長期の1964年に14条国から8条国へ移行した。移行したことによって，為替制限ができなくなったため，為替管理が強化されていない。

④誤文。コンビナートは内陸地域ではなく，いわゆる太平洋ベルト地帯の臨海部に建設されている。

3 正解は④。資本の自由化は外国企業による経営参加をねらった株式取得や子会社の設立，また国内企業との技術提携など，外国資本の国内進出に対する制限を緩和・撤廃していく一方，国内企業の対外直接投資なども自由にしていくことで，日本では1967年に50業種が自由化された第1次自由化をきっかけとして，第2・3次の自由化が進められ，1970年代前半には原則として完全自由化が達成された。また，株式の持ち合いとは，会社同士が相互に株式を持ち合うことで，企業の系列化や企業集団の形成を促進する役割を果たしたが，1990年代以降に株価の急落などにより銀行を中心に持ち合いを解消する動きが広がった。そのため，1960年代後半に株式の相互持合いが解消されたというのは間違い。

①正文。高度経済成長期の実質経済成長率は，平均して年率約10%であり，いざなぎ景気の1968年に当時の西ドイツを抜いて，GNPはアメリカに次いで資本主義国第二位となっている。

②正文。1950年の朝鮮特需で繊維関係と鉄鋼分野を中心に輸出が拡大した。高度経済成長期の神武景気で

は民間設備投資が伸び，新製鉄所や石油コンビナートの建設，家庭用電気製品の生産拡大に伴って，軽工業にかわって重化学工業が発展した。

③正文。戦後復興期から高度経済成長期の前半までは，好況などの理由で輸入が増大し貿易赤字基調であった。そのため外貨準備不足となり，結局引締め政策を採らざるを得なくなることで国際貿易や景気の停滞を招いた。こうした限界を「国際収支の天井」と呼び，1960年代までの日本経済はしばしばこの天井にぶつかった。

4 正解は④。プラザ合意とは，1985年にアメリカのプラザホテルで開かれたG5（先進5か国蔵相・中央銀行総裁会議）において，それまで続いていたドル高を是正することで各国が合意したことである。背景として，強いアメリカの再生を掲げたレーガン政権はドル高政策によって巨額の貿易赤字を生んだ。他方，軍事費の拡大や減税政策は財政赤字を生み，この貿易と財政の「双子の赤字」はアメリカ経済に大きな影を落とすことになった。そこで，G5（アメリカ・イギリス・旧西ドイツ・フランス・日本）においてドル高是正のためのドル売りの合意がなされた。具体的にはドルに対して参加国の通貨を切り上げ，為替市場（外国為替市場）で協調介入を行うこととした。この結果，ドルの供給が増加（円の需要が増加）し，急激にドル安・円高が進んだ。この急激な円高のため日本は輸出が不振となり企業倒産・失業率が増加し，いわゆる円高不況が深刻化した。このとき1ドル＝240円台の円相場は，1年半後には150円台まで上昇し，1987年のG7（G5＋カナダ・イタリア）では，これ以上のドル安は望ましくないとするルーブル合意（フランスのルーブル宮殿）が確認されたが，ドル安を止めることができなかった。日本では，この円高不況対策のために未曾有の低金利政策を実施し，これにより株や土地へ投機する「バブル経済」を引き起こすことになった。

①～③正文。

④誤文。1985年のプラザ合意による円高不況によって，国内産業が海外直接投資などを通じて国外に流出し，国内では衰退してしまう産業空洞化の傾向はあったが，輸出は1986年から減少し，輸入は増大していない（下表参照）。また輸出から輸入をひいた入出超（貿易収支）も赤字になっていない。

年	輸出(億円)	輸入(億円)	入出超(億円)
1984	403,253	323,211	80,042
1985	419,557	310,849	108,707
1986	352,897	215,507	137,390
1987	333,152	217,369	115,783

出典「数字でみる日本の100年」改訂第5版　日本国勢図会長期統計版　財団法人矢野恒太記念会編集・発行

5　①誤文。戦後は安定した国際通貨体制をめざすブレトンウッズ体制（IMF・GATT体制）によって，アメリカはドルと金を金1オンス＝35ドルでいつでも交換に応じることを各国に保証し，他方でその他の国は自国通貨と基軸通貨であるドルとの交換比率である為替相場を固定した。これを固定為替相場制という。しかし1950年代後半頃からさまざまな要因で，アメリカの経常収支が次第に悪化し金準備高も減少してドルに対する不信感が高まった。1971年8月，アメリカのニクソン大統領は金とドルの交換を停止し，経常収支を改善するために輸入課徴金を導入すること，経済援助額を削減することなどを内容とする新しい政策を発表した。これをニクソン＝ショック（ドル＝ショック）という。その後，71年12月に通貨の多角的な調整が行われ，一時的にスミソニアン合意によって固定為替相場制が復活したが，73年には主要各国が変動為替相場制に移行した。選択肢の記述は変動相場制から固定相場制へ変更したという点が間違っている。

②誤文。護送船団方式とは弱小金融機関を含め金融機関全体の存続と利益を守ることを主眼として旧大蔵省が行ってきた金融行政のことである。戦時中，物資輸送のために編成された護送船団の航行速度を最も遅い船に合わせたことから名付けられた。バブル崩壊後の1990年代後半から日本では大手の金融機関の倒産が相次いだが，当時の大蔵省と金融機関との癒着に対する批判もあいまって，いわゆる護送船団方式を緩和することとなったため，記述は間違っている。1998年には金融検査・監督部門として金融監督庁が設けられ，2000年には財政と金融の分離が進められ金融庁となっている。

③正文。1997年7月，タイを中心に始まったアジア各国の通貨下落現象をアジア通貨危機という。タイが管理変動相場制に移行したことを契機として，タイの通貨バーツの相場が下落し，東アジア・東南アジアの各国経済に打撃を与えた。多額の資金を集め，世界中のハイリスク・ハイリターンの株式などを運用して収益を上げ，それを投資家へ還元するヘッジファンドの投機的な短期資金の引上げの影響が大きかった。

④誤文。国際収支の不均衡是正や国際通貨の安定，国際金融の円滑化などを目的とするのがIMFであり，1997年のアジア通貨危機や2011年のギリシャ財政危機の際には支援を行ったが，資本の自由な移動を禁止する理由はないため間違っている。

6　正解は④。日本の金融政策の変遷について，金融自由化以前は護送船団方式による公定歩合操作・公開市場操作・預金準備率操作だったが，自由化以降はコールレートを政策金利とした公開市場操作になっている。さらに日銀の当座預金残高を目標値とする量的緩和政策へ移行している。記述アについて，公開市場操

作により「市場金利へ影響力を行使したことはない」という点が誤りで，影響力を行使している。記述イについて，バブル崩壊後の不良債権問題と，相次ぐ金融機関の破たん，株価の低落，資金の海外シフト，円安といった状況の中，日本経済の活性化のため，1996年に橋本首相が指示した大がかりな規制緩和が日本版金融ビッグバンである。そのため，他業種から銀行業への参入が増えたのは，日本版金融ビッグバンの前ではなく後である。記述ア・イともに間違っているため，正解は④。

7　①正文。日本経済の戦後最長の好景気は，かつていざなぎ景気であったが，本問が出題された時点では2002～2007年（69か月）のいざなみ景気が最長である。現在では2012年～2019年の景気を最長とする説もある。郵政民営化法案が可決され郵政三事業（郵便，簡易保険，郵便貯金）の民営化が決定したのは2005年（2007年実施）である。

②正文。日本道路公団の民営化が決定したのは2004年（2005年実施）である。

③誤文。パート・アルバイト労働者は増大しており，派遣労働者は1990年代後半から増加し続け2008年をピークに減少している。2002～2007年は派遣労働者も増加している。

④正文。金融機関がかかえた不良債権の処理が一段落し，経営が安定してきたのが2002年である。

8　e-1　f-2　g-1　h-1
e　正文。神武景気（1954～57年，31か月）は民間企業の活発な設備投資が行われ，経済白書の記述「もはや戦後ではない」がこの時代を象徴しているが，当時は景気がよくなると輸入が増加し，国際収支が赤字になるため，引締め政策を行い景気が冷え込んだ（国際収支の天井）。

岩戸景気（1958～61年，42か月）は，設備投資が進んで石油化学，自動車，電気機器部門が拡大し，経済白書では「投資が投資を呼ぶ」といわれる現象が生じた。

f　誤文。岩戸景気の反動ではなく，神武景気で過剰投資が発生したため，なべ底のように長い期間景気が停滞したことから「なべ底不況」と名付けられた。しかし，実際にはV字型の回復をたどり岩戸景気につながった。

g　正文。オリンピック景気（1962～64年，24か月）は，東京オリンピックに向けた新幹線・高速道路などのインフラや施設建設などによる需要増加を要因とした景気である。しかし1964（昭和39）～65（昭和40）年には，国際収支の悪化，過剰設備投資で資本稼働率が低下し，企業の収益が後退し，政府は国債発行による財政支出で対応した。

h　正文。いざなぎ景気（1965～70年，57か月）は，自動車や家電製品など耐久消費財の需要が拡大し設備

投資が増大した。その反面，公害・インフレーションなどの問題も顕在化した。1968年には日本のGNPは旧西ドイツを抜いてアメリカに次ぐ2位となった。

9　正解は①。

GATT11条国へ移行：1963年…国際収支の赤字を理由に輸入制限ができない国が11条国。輸入制限できる国が12条国。

OECD加盟：1964年…OECD（経済協力開発機構）は1961年に発足した資本主義諸国間の経済協力機関。「先進国クラブ」といわれた。

戦後初の赤字国債発行：1965年…財政法第4条は，国債発行による財源確保を基本的に認めず，赤字国債の発行は禁じられている。赤字国債発行には特別の立法が必要である。1965年度はオリンピック景気の反動（昭和40年不況）で歳入不足となり，その補塡のために赤字国債が発行された。その後第一次石油危機後の歳入不足を補うために，1975年度に特例法に基づいて発行されて以来，一時期をのぞき発行され続けている。

ニクソン・ショック：1971年…アメリカ大統領ニクソンが，8月に，ドル防衛のために発表した，金とドルとの交換停止や輸入課徴金の設置を柱とする経済政策が世界に与えた衝撃のこと。金1オンス＝35ドルという固定相場制（ブレトンウッズ体制）を崩壊させた。

Chapter 20　大企業と中小企業，消費者問題，食糧・農業

コンパス

▷日本の企業のほとんどが中小企業である現状を踏まえ，中小企業の資金や取引の現状，あるいはグローバル化の進展にともなう課題や発展の可能性，先端的科学技術に対する投資の実態などを整理し，大企業と中小企業の格差を理解しよう。

▷日本の産業と中小企業の在り方について，経済の安定化のための政府による保護育成の立場と，規制緩和をさらに進める自由化の立場とを理解しながら，企業の規模や新たな起業による社会全体の利益，消費者，労働者の利益など，現状をよりよいものに変えていく産業や企業の在り方，政府の役割について，自分の考えをまとめておこう。

▷消費者問題については，消費者は経済社会の主体であるが，権利だけでなく，当事者意識を持って「自立した消費者」になっていく，果たすべき責務もあることを理解しよう。

▷食糧・農業問題については，食料自給率の伸び悩み，農業従事者の高齢化，担い手不足による農地の荒廃や生産基盤の脆弱化，分散した経営耕地や零細な経営規模のもとでの低い生産性，国民全体が享受している農業や農村の有する諸機能の低下など，様々な問題が見られることを理解しよう。一方で，近年は農地の集積・集約化，技術革新などの推進などによる生産性の向上，生産や雇用における法人経営体の存在感の増大，農業所得向上のための農業関連団体の改革，国内外の需要の取り込み，6次産業化，輸出などを通した販路拡大や高付加価値化，農村の活性化などをめざした地産地消の取組みや農業のプロセスの商品化なども見られることを理解しよう。

▷このような現状を踏まえて，食糧・農業を取り巻く課題を解決し，食料の安定供給の確保と持続可能な農業構造の実現に向けた政策について，考えてみよう。

合格 map の解答(p.84)

【1】企業集団　【2】二重構造　【3】中小企業基本法　【4】ベンチャー－ビジネス（ベンチャー企業）　【5】M&A　【6】消費者の4つの権利　【7】製造物責任　【8】クーリング－オフ　【9】消費者基本法　【10】消費者庁　【11】グリーン・コンシューマリズム　【12】農業基本法　【13】減反　【14】ウルグアイ－ラウンド　【15】ミニマム－アクセス　【16】新食糧法　【17】食料・農業・農村基本法　【18】40　【19】食糧安全保障　【20】ポスト－ハーベスト　【21】食品安全基本法　【22】食育基本法　【23】ヴァーチャル・ウォーター

演習問題の解答と解説(p.86〜87)

1－②　2－④　3－④　4－②　5－⑤　6－②　7－④　8－③　9－②

1　①誤文。中小企業基本法では，中小企業を業種ごとに資本金または従業員数で定義している。

②正文。経済の二重構造とは，大企業と中小企業の間にある労働条件や生産性の格差のことである。

③誤文。中小企業基本法では，中小企業の成長発展を基本理念として掲げ，企業の自主的な努力を促すための経営革新，創業促進，経営基盤強化の取組支援を規定している。

④誤文。2016年中小企業庁の「中小企業数・事業所数」によると，全358.9万の事業所数に対し，大企業は1万1157（0.3％），中小企業は357.8万（99.7％）で，圧倒的に中小企業数が多い状況である。

2　①正文。2003年に資本金1円での会社設立が特例として認められ，2006年の会社法施行により最低資本金に関する規則が撤廃されて，資本金1円での株式会社設立が正式に可能になった。

②正文。1991年にJASDAQ市場，1999年に東京証券取引所に東証マザーズ，2000年に大阪証券取引所にナスダック＝ジャパン（2002年にヘラクレス，2010年には新ジャスダックと改称）などの市場が創設された。

③正文。中小企業基本法は1999年に改正され，中小企業は，新産業創出・就業機会増大・市場競争・地域活性化などの担い手と位置づけられた。

④誤文。産業再生機構は，経営破たんした企業を速やかに再生し，国内の金融機能の回復や産業の競争力強化に寄与するために，2003年に5年間の時限組織として創設された。対象企業への支援が早く進んだため，2007年には解散した。

3　①誤文。食品の表示規制には，(1)農水省所管の日本農林規格（JAS）法，(2)厚生労働省の食品衛生法，(3)公正取引委員会の景品表示法，(4)都道府県条例などがあり，統一的に管理されていない。これは，縦割り行政がもたらす関係法規の煩雑さが原因で，業者からも消費者からも批判が強い。

②誤文。クーリング・オフは消耗品（健康食品や化粧品）であっても未使用分については適用される。クーリング・オフとは，訪問販売や電話勧誘販売など特定の取引きについて，消費者に一定期間の熟慮期間を与えて，その期間内であれば，消費者から一方的に申込みの撤回や契約の解除を認めることをいう。

③誤文。都道府県条例により「○○牛」「○○米」など銘柄表示などが出されていることから判断すればよい。

④正文。安全規制は細かく具体的にならざるをえず，それをすべて法律に盛り込むことは事実上不可能である。そこで，委任立法の形をとる。

4　①誤文。特定商取引法とは，事業者による違法・悪質な勧誘行為などを防止し，クーリング・オフ等で消費者の利益を守ることを目的とする法律であるが，その対象は善意かつ無過失であった場合を除くとなっている。

②正文。消費者団体訴訟制度とは，消費者契約法に基づき，2007年6月からスタートし，内閣総理大臣が認定した消費者団体が，消費者のために事業者に対して訴訟を起こすことができる制度である。

③誤文。消費者庁は2009年に設立され，消費者行政に関する施策や消費者問題に関する注意喚起等の情報を発信している。

④誤文。リコール制度は，欠陥箇所が見つかった場合，メーカーが自らの判断により，関係省庁に事前届出を行った上で回収・修理を行う制度であり，消費者の好みに応じた製品との交換を保障するものではない。

5　正解は⑤

ア：コメの全面関税化がなされたのは，1999年である。

イ：農家に対する戸別所得補償制度は，民主党政権下の2010年に導入。なお，2013年度より，経営所得安定対策に名称変更されている。

ウ：新食糧法（主要食糧の需給及び価格の安定に関する法律）が施行されたのは，1995年である。これにより食糧管理法は廃止され，政府によるコメの管理は緩和された。したがって，ウ→ア→イの順である。

※食糧管理制度下の1942年から95年まで，生産者米価（政府の買入れ価格）が，消費者米価（販売価格）より高い逆ざや現象を起こしていた。財政赤字と過剰米が発生し，減反政策（1970〜2017年）が展開される。以後，ミニマム・アクセス（ウルグアイラウンド）を経て，コメの関税化にいたる。

6　①誤文。世界食糧サミットを開催したのはFAO（国連食糧農業機関）である。世界食糧サミットは飢餓と戦う責任感を新たにすることを目的として，1996年よりローマで開催された。

②正文。フェアトレードとは，発展途上国の原料や製品を適正な価格で継続的に購入することを通じ，立場の弱い途上国の生産者や労働者の生活改善と自立を目指す運動である。

③誤文。1993年のGATTウルグアイ＝ラウンドでの合意により，コメの部分輸入が行われ，1999年に関税化された。

④誤文。POSシステムとは，物品販売の売上実績を商品単位で集計する経営の実務手法のことであり，生産履歴などを追跡できるものではない。

7　④誤り。ケネディ大統領の「消費者の4つの権利」は①〜③の他に「意見が反映される権利」である。その後，フォード大統領が「消費者教育を受ける権利」を加え，国際消費者機構（CI）が「救済される権利」「生活の基本

的ニーズが保障される権利」「健全な環境の中で働き生活する権利」を加え，以上8つを消費者の権利としている。

8　③誤り。小売業では資本金5000万円以下，または従業員規模50人以下の企業を中小企業としている。合格mapの表中の従業員規模または資本金規模のいずれか一方が該当すれば中小企業となる。

9　正解は②。資料3を見ると，2015年の日本全国の水使用量は799億立方メートルで，資料1を見ると，一人当たり水資源賦存量を見ると3,397万立方メートルである。よって，比較すると半分を上回っていないことがわかる。
　　①：資料1を見ると，日本の平均降水量（ミリ／年）

は世界平均を上回っており，一人当たり水資源賦存量は世界平均より下回っている。
　　③：資料3を見ると，農業用水のグラフは1995年585億立方メートルに対し，2015年は540億立方メートルで減少しており，それに合わせて米の生産量の棒グラフも減少している。
　　④：資料4を見ると，牛肉の国内生産量が33.3万トンに対し，輸入量は60.7万トンと国内生産量の2倍以上の輸入量であることがわかる。また，資料2をみても，輸入される牛肉が明らかに水を大量に使用していること，資料1を見ると日本は降水量が少ないにもかかわらず，水資源賦存量が少ない分，輸入によって水の消費の肩代わりをしてもらっていることがわかる。

Chapter 21　資源・エネルギー・公害・環境問題

▷地球上の資源は有限である。環境への負荷を減らし，持続可能な社会をつくるためには，どのように資源・エネルギーを消費すればよいのだろうか。また，気候変動＝地球温暖化によって何が起こっているのだろうか。その原因と対策について考え，どうすれば地球温暖化を防止できるのか，地球規模の環境問題に対して，世界全体が協力して取り組むためには，どのような工夫が必要か，考えてみよう。

コンパス

合格 map の解答(p.88)

【1】OPEC　【2】NIEO　【3】グリーン−ニューディール　【4】ニューサンシャイン　【5】四大公害　【6】公害対策基本法　【7】環境省　【8】汚染者負担　【9】環境アセスメント法　【10】環境基本法　【11】循環型社会形成推進基本法　【12】国連人間環境　【13】UNEP　【14】ワシントン　【15】モントリオール　【16】地球サミット　【17】持続可能　【18】COP3　【19】アメリカ　【20】ロシア　【21】グリーン−コンシューマー　【22】ナショナル−トラスト　【23】カーボンニュートラル

演習問題の解答と解説(p.90〜91)

1−①　2−①　3−⑥　4−④　5−③　6−①　7−④　8−⑥　9−②

〈解説〉

1　正解は①。国別に消費量の多いエネルギー源に注目して特徴をつかめば解答は容易。Aは中国で石炭の消費量が多いことから判別できる。中国は世界最大の石炭産出国及び消費国である。よってBはアメリカとなる。原油の割合が大きいことからも判別できる。Dは原子力の割合が大きいことからフランスと判別できる。フランスは原子力政策を進めており，46.9%を原子力で賄っている。福島第一原発事故を受けて，ドイツでは2022年までにすべての原発を撤廃することを決定した。よってCが日本である。2014年時点では原発の稼働が低いことからもわかる。

2　①誤文。2020年現在でも，日本はドイツを上回ってはいない。経済産業庁によると，2030年度までに太陽

光発電をさらに2%程度発電量を増やす予定である。
　　②正文。再生可能エネルギーには，太陽光，風力，バイオマス，水力，地熱，太陽熱，雪氷熱，温度差熱，地中熱等が含まれる。
　　③正文。再生可能エネルギーは，自然現象のなかで繰り返し使えるエネルギーを利用することにより，脱炭素社会の実現に寄与する。
　　④正文。バイオマスは現生生物体の構成物質起源の産業資源であり，エタノールや固形燃料の他にも，家畜糞尿などから生成したメタンなどが含まれる。

3　正解は⑥。
　　A　誤文。京都議定書では初めて温室効果ガスの排出量を取引する制度が創設され，禁止された経緯はない。

B　正文。再生可能エネルギー特別措置法は，東日本大震災の津波による福島第一原発事故後の2012年7月に施行された。その際，太陽光・風力・水力・地熱・バイオマス等の再生可能エネルギーによって発電された電気を，一定の価格で電気事業者が買い取ることを義務付ける固定価格買取制度をスタートさせた（住宅用太陽光発電の余剰電力の買取については，2019年11月以降，順次終了）。

C　正文。パリ協定（COP21，2015年12月）では，気候変動枠組み条約のすべての196か国・地域が国別削減目標を設定した。日本は2030年度までに2013年度比26%削減する目標を設定した。

4　①誤文。公害対策基本法に関する記述。環境アセスメント法の制定は1997年で，高度経済成長期とは重ならない。

②誤文。各種リサイクル法，循環型社会形成推進基本法などを指す記述である。公害対策基本法は公害規制のための法律で，循環型社会を目指すものではない。

③誤文。企業の社会的責任とは，企業は利益追求にとどまらず，自らの活動が社会に与える影響について責任を持ち，社会の要求に見合った活動をすべきという考え方。住民の支援を法律で義務づけられているわけではない。

④正文。グリーン購入法とは，国や地方公共団体などが環境負荷の低減に役立つ物品を率先して購入することなどを定めた法律。2000年に制定された。

5　①正文。いわゆる汚染者負担原則（PPP）である。1972年にOECD（経済協力開発機構）が提唱した。

②正文。環境アセスメントを指す。1997年に環境アセスメント法（環境影響評価法）が制定された。

③誤文。公害問題を通して，加害者に過失がなくとも損害賠償を認める無過失責任が広く認められるようになった。加害者である企業と被害者である一般人との力関係や，立証の困難性に配慮したものといわれる。

④正文。大気汚染防止法などに規定がある。大気汚染防止法は1968年に制定され，特定有害汚染物質を規制したものである。

6　正解は①。
A：環境基本法の制定は1993年。B：環境省設置（発足）は2001年。C：公害対策基本法の制定は1967年。D：循環型社会形成推進基本法の制定は2000年。

7　①正文。1992年の国連環境開発会議において，気候変動枠組み条約が採択されたが，これは努力目標であり，各国の温室効果ガスの削減は進展しなかった。そこで，先進国の取組みを具体化するために，気候変動枠組条約締約国会議（COP）が開催され，1997年のCOP3では京都議定書が採択された。

②正文。京都議定書では先進国の温室効果ガス排出量の削減目標を定めた。これにより日本は1990年比で6%の削減を果たさなければならなかった。

③正文。京都メカニズムと呼ばれ，開発途上国で減らした温室効果ガスを先進国の削減目標達成などのために使ったり，削減を達成した先進国からの排出枠を購入したりすることができるようにした。

④誤文。京都議定書は当初，アメリカやロシアといった排出量の多い国の不参加により発効できない状態にあったが，2004年にロシアが批准して発効要件は満たされ，2005年2月に発効した。2015年のCOP21では，京都議定書に続く2020年以降の新たな温暖化対策の枠組みとして，すべての気候変動枠組条約締約国・地域（196か国・地域）が参加するパリ協定が採択された。

8　正解は⑥。
A　ウィーン条約は，オゾン層保護のために1985年に採択された「オゾン層の保護のためのウィーン条約」のこと。

B　バーゼル条約は，水銀やカドミウムなどの有害廃棄物の輸出入を規制する条約で，1989年，スイスのバーゼルで開催された国連環境計画の会議で採択された。

C　ラムサール条約の正式名称は「特に水鳥の生息地として国際的に重要な湿地に関する条約」で，湿地の保存に関する国際条約。水鳥を食物連鎖の頂点とする湿地の生態系を守る目的で1971年に制定された。日本では釧路湿原などが登録されている。

9　①誤文。国連人間環境会議は「かけがえのない地球」を合言葉に，1972年ストックホルムで行われた世界初の世界規模の環境問題に関する会議であるが，先進国による温室効果ガスの削減目標値が採択された事実はない。採択されたのは，1997年の京都議定書のことである。

②正文。国連人間環境会議では，「人間環境宣言」と「人間環境のための行動計画」を採択しているが，同じ1972年に国連総会においてUNEP（国連環境計画）を創設した。

③誤文。京都議定書が採択されたのは，国連環境開発会議（場所：リオデジャネイロ）が行われた1992年ではなく，1997年である。

④誤文。UNCTAD（国連貿易開発会議）が設立されたのは1964年のことである。国連環境開発会議を受けて設立されたのは，環境に関する活動を統括する国連機関であるUNEP（国連環境計画）である。

現在，環境問題の改善については国連機関を中心に進めているところであるが，持続可能な開発目標（SDGs）が2015年9月の国連サミットにより提唱され，その考え方をもとに各国で政策を立てているところである。

▷現在の労働問題を捉えるために，まずは日本における労働者の権利について理解しよう。

▷労働基本法と労働三法について確認し，問題の背景にある日本的雇用慣行についても押さえておこう。

▷具体的には，勤労の権利と義務，労働基本形の保障，労働組合の役割などをもとに，正規・非正規雇用の不合理な処遇の差や長時間労働などの問題，派遣労働者やパートタイマーなど非正規労働者，女性や若年者，高齢者，障がい者などの雇用・労働問題，失業問題，外国人労働者問題など，があることを理解しよう。また，諸外国における労働条件や労使関係，労働組合の現状，外国人労働者の流入と就労などについても確認し，これらを参考としながら，これからの日本の雇用と働き方について広い視野から考え，その課題と解決策について理解しよう。

合格 map の解答(p.92)

【1】団結権　【2】団体交渉権　【3】団体行動権（争議権）　【4】最低限度　【5】労使　【6】労働組合　【7】不当労働行為　【8】労働協約　【9】民事免責　【10】労働委員会　【11】調停　【12】人事院　【13】国際労働機関　【14】雇用機会均等　【15】育児・介護休業法　【16】年功序列型　【17】空洞　【18】ワーキング－プア　【19】フレックス－タイム　【20】ワークシェアリング

演習問題の解答と解説(p.94～95)

1 －④　2 －②　3 －⑦　4 －③　5 － 3　6 －③　7 －④　8 －④　9 －②

〈解説〉

1　正解は④。不当労働行為とは，労働組合の加入・結成・活動に対して解雇や不利益な扱いをすること，組合に加入しない・脱退することを採用条件とすること（黄犬契約），団体交渉の申入れを拒否すること，組合の結成・運営を支配・介入すること，組合の経費を援助すること，救済申請等を理由に解雇や不利益な扱いをすることである。

①組合員であることを理由とした解雇は不当労働行為にあたる。

②正当な理由なしに団体交渉を拒否することは不当労働行為にあたる。

③労働組合の結成に対する支配・介入は不当労働行為にあたる。

④正当な団体交渉である。不当労働行為にはあたらない。

2　正解は②。労働関係調整法では，労働争議の自主的解決を促しているが，解決できなかった場合は，労働委員会による斡旋・調停・仲裁という調整方法を定めている。

①誤文。斡旋は労使双方の話し合いを促すものであり，斡旋案の提示は義務づけられていない。

②正文。使用者代表・労働者代表・公益代表による調停委員会が調停案を提示するが，拘束力はもたない。

③誤文。仲裁には労使双方の申請が必要である。ただし，労働協約による申請の場合は，一方でもよい。

④誤文。公益委員による仲裁委員会が仲裁裁定を下す。仲裁裁定は労働協約と同一の効力をもち，労使を拘束する。

3　正解は⑦。最低賃金法は産業別・地域別の最低賃金について規定，労働関係調整法は労働争議の予防・解決についての法律，労働基準法は労働条件の最低基準を定めた法律，労働組合法は労働者の組合活動を保障するもので，不当労働行為を禁止する法律である。男女共同参画社会基本法は男女が対等な構成員として参画し責任を担う社会への転換をめざすための基本理念や方針を定めた法律であり，男女雇用機会均等法は職場での男女平等の実現のための法律である。

Ａは人間らしい生活とあるので，人たるに値する生活を保障するための労働基準法。

Ｂは不当労働行為の禁止について述べているので，労働組合法である。

Ｃは労働争議の解決について述べているので，労働関係調整法である。

Ｄはセクハラ防止について述べているので，男女雇用機会均等法である。

よって，正解は⑦である。

4　正解は③。一定水準の賃金率までは，賃金率の上昇と労働時間の増加は比例関係にあるので，③・④が残る。しかし，それ以上に賃金率が上昇すると，労働時間を減らし余暇時間を増やす傾向にあるのだから，賃金率（縦軸）が上昇しているにもかかわらず労働時間

（横軸）は減少している③が正解である。賃金率（縦軸）を中心に考えないと混乱するので，注意すること。

5　正解は3。問題2の解説も参照すること。
　　1　誤文。労働委員会は，労働者委員・使用者委員・公益委員から構成される。
　　2　誤文。2②参照。調停案には拘束力はない。
　　3　正文。1参照。
　　4　誤文。使用者委員は，使用者を代表する者であり，会社役員が使用者委員になることは禁止されていない。
　　5　誤文。労働組合と使用者が団体交渉を通じて合意した協定書は労働協約である。労働条件に関する契約は効力の高い順に，憲法，労働基準法，労働協約（労働組合の労働者），就業規則（事業所内の労働者），労働契約（労働者個人）であり，上位の規定に反する契約や規則は無効となる。

6　正解は③。
　　A：1985年に制定された労働者派遣法は，派遣労働者の権利を守り，就業条件や賃金，福利厚生などの規定を定めた法律。当初は対象業種を限定していたが，改正を重ね，2015年の改正では原則すべての業種に適用範囲が拡大された→イ。
　　B：パートタイム労働法は，1993年に制定された，正社員よりも労働時間の短いパートタイム労働者の労働条件の改善などを目指した法律→ア。
　　C：高年齢者雇用安定法は，1971年に制定された高齢者の雇用に関する法律。2013年の改正で年金受給開始年齢に合わせて，希望者に65歳までの再任用・再雇用を義務化した。→ウ。

7　正解は④。グラフからは，「正社員・正職員以外」の賃金が最も高い年齢階級は60～64歳で20～24歳の賃金の3倍を下回ることがわかり，よって④が誤文となる。

8　正解は④。
　　①誤文。正当な争議行為に対しては，刑事上，民事上の責任は問われない。
　　②誤文。公務員の地位の特殊性や職務の公共性などを理由として，争議行為の禁止は合憲と判断されている。
　　③誤文。警察官や自衛隊員，消防職員には団結権を含め労働三権が認められていない。
　　④正文。緊急調整とは，労働関係調整法に規定されている調整行為で，内閣総理大臣が中央労働委員会の意見を聞いて発動を決定する。50日間はストが禁止される。

9　正解は②。日本の雇用慣行には年功序列型の賃金が含まれる。1990年代から個々人の労働者の仕事の実績を査定して賃金を決める成果主義を採用する企業が出ている。フレックスタイム制とは，労働者が一定の時間帯（コア－タイム）の中で始業時間や就業時間を自由に設定できる制度で，実労働時間にかかわらず，仕事内容によりあらかじめ「みなし労働時間」を定め，賃金が支払われる制度が裁量労働制である。

Chapter 23　日本の社会保障

コンパス

▷世界の社会保障の歩みと日本の社会保障制度について，その考え方としくみを理解しよう。
▷日本において，社会保障制度の充実にともない，社会保障の目的は，生活の最低限度の保障から，広く国民に安定した生活を保障するものへと変化してきている。少子高齢化が進む日本では，労働力需給や経済成長など国民経済に大きな影響が出ており，また，生産年齢人口の減少や家族構成の変化などにより，公的医療保険や公的年金保険などの社会保険をはじめとする社会保障費の財政負担の増大も，大きな問題となっていることを理解しよう。
▷少子高齢社会における社会保障の充実・安定化について，自助，共助及び公助による社会保障の考え方を対照させ，真に豊かで持続可能な福祉社会の実現に向けた取組みについて考えてみよう。

合格 map の解答（p.96）

【1】エリザベス　【2】ビスマルク　【3】ゆりかごから墓場まで　【4】フィラデルフィア　【5】ヨーロッパ大陸　【6】社会保険　【7】労働災害　【8】公的扶助　【9】社会福祉　【10】少子高齢　【11】修正賦課（修正積立）　【12】日本年金機構　【13】介護保険　【14】セーフティーネット　【15】ノーマライゼーション　【16】ユニバーサルデザイン　【17】バリアフリー　【18】ボランティア

演習問題の解答と解説（p.98〜99）

1－③　2－①　3－②　4－③　5－②　6－④　7－d　8－②　9－①　10－⑥　11－⑥

〈解説〉

1　①誤文。世界で初めて社会保険制度が設けられたのはドイツである。社会主義者鎮圧法とセットで覚えておくとよい。

　②誤文。ベバリッジ報告をもとに「ゆりかごから墓場まで」をスローガンに社会保障制度を整備したのはイギリスである。

　③正文。

　④誤文。日本最初の社会保険制度は，戦前の健康保険法(1922年制定，1927年施行)である。

2　①正文。2000年から実施された介護保険法では，市町村，特別区を運営主体としたが，市町村による格差も指摘されている。

　②誤文。社会保険料が最大の財源であるが，労災保険以外の費用は本人・事業主・国で分担しており，公的資金も投入されている。なお，労災保険は全て事業主が負担し，介護保険には地方自治体も費用を出している。

　③誤文。②参照。

　④誤文。生活保護は社会保険ではなく公的扶助に含まれる。なお，最大の支出項目は年金保険である。

3　①誤文。合格 map 参照。国民年金は基礎年金であり，国民全員が加入することになっている。

　②正文。介護保険は40歳以上が保険料を負担する他，サービス利用料の1割(一定以上所得者の場合は2割)を自己負担する。

　③誤文。健康保険組合のない事業所の被用者は協会けんぽ管掌健康保険，健康保険組合がある場合は組合管掌健康保険，船員は船員保険，公務員は各種共済保険に加入し，それ以外の者が国民健康保険に加入する。2008年に75歳以上を対象に後期高齢者医療制度が始まったが，批判が多く，新しい制度を模索中である。

　④誤文。労災保険は事業主が全保険料を負担する。

4　①誤文。運営主体は市町村である。

　②誤文。40歳以上になると保険料を負担する。

　③正文。介護保険法により，要介護認定(要介護1～5，要支援1～2)は介護認定審査会が行うとされた。

　④誤文。3割ではなく，1割(または2割)である。

5　①正文。社会福祉の一環として老人福祉法が制定された。

　②誤文。高齢者雇用安定法は65歳までの雇用促進をめざす法律であり，老齢年金受給年齢引上げにともない，定年から老齢年金を受給するまでの生活の安定を図るものである。

　③正文。

　④正文。成年後見制度は，認知症，知的障がい，精神障がいなどの理由で判断能力が不十分であり，財産管理や契約締結，遺産分割の協議が難しかったり，不利益な契約を結んだりする可能性がある人々の保護

や，支援のために整備された。

6　正解は④。図で示されているが，アメリカは先進国の中では出生率が高いことから高齢化率は低い。また社会保障は自助努力型であり，社会保障給付費の対国内総生産比は低めである。一方，スウェーデンは福祉国家のモデルとして取り上げられることの多い高負担・高福祉の国であり，社会保障給付費の対国内総生産比も高い。高齢化率が高いのに対し，社会保障給付費の対国内総生産比が低めのCは日本だと判断できる。残るAとBだが，イギリスはかつて「ゆりかごから墓場まで」と呼ばれる社会福祉の充実を図っていたが，サッチャー元首相による小さな政府をめざす改革(サッチャリズム)以降，社会保障を縮小している。よって，Aがイギリス，Bがドイツであり，正解は④となる。

7　a　正文。憲法第25条2項には，「国は，すべての生活部面について，社会福祉，社会保障及び公衆衛生の向上及び増進に努めなければならない。」とあり，日本の社会保障制度の根拠となっている。

　b　正文。合格 map 参照。

　c　正文。合格 map 参照。

　d　誤文。国民皆年金が実現したのは，国民年金法の全面施行(1961年)の時であるが，基礎年金制度が導入されたのは1985年改正時である。

8　①正文。1989年から20歳以上の学生も第1号被保険者として強制加入となった。

　②誤文。積立方式で始まったが，賦課方式(各年度の現役労働者の支払い保険料から支給する)をベースにした修正賦課方式が採用されている。賦課方式の原資調達比率が拡大しつつある。

　③正文。2017年から年金の受給資格期間が「25年以上」から「10年以上」に短縮された。

　④正文。合格マップの年金制度の仕組み図参照。2015年10月1日より，公務員及び私学教職員も厚生年金に加入することになった。共済年金の職域加算は廃止され，退職等年金給付が創設された。また，第2号被保険者等とは厚生年金の加入者をさすが，ここに公務員及び私学教職員も含まれる。

9　①正文。待機児童とは『保護者が保育園に入れたいのに入れずそのまま待機している子ども』のこと。共働き率，女性の就職率，核家族的世帯の増加などの要因がある。そこには例えば仕事にも復帰できず，収入が見込めず，ひいては虐待や育児放棄にもつながりかねない問題が含まれている。また，保育士の資格を持ちながら就業していない人も多く，人材の有効活用にも同時に取り組む必要がある。

　②誤文。「高齢社会」から「超高齢社会」へと移行した。65歳以上の人口の割合(高齢化率)が21％超で超高齢社会とされる。日本の高齢化率は2017年時点で27.7％。

③誤文。2005年に合計特殊出生率が1.26と過去最低を記録した後，やや上昇傾向にはある。

④誤文。「引き下げ」ではなく「引き上げ」が正しい。

10　正解は⑥。イギリス・北欧型は，税による一般財源を中心に身分や所得の多寡なく無差別平等に保証する。一方，ドイツやフランスなどのヨーロッパ大陸型は社会階層に応じて制度を運営し，生活水準に応じた保険料で運営され，カバーできない分は公的扶助で補う。日本では世代間格差の縮小のために消費税を財源として組み入れているが，逆進課税(低所得者には負担増)との指摘がある。2000年から開始された介護保険法は40歳以上の国民全員から徴収する保険料と税金，65歳以上の利用者本人が負担するサービス費用の1割を財源とする(※一定の所得者の場合は2割負担)。

11　正解は⑥。アメリカは低負担・低福祉の国なのでCのグラフであることが読み取れる。Bのグラフは租税負担率が高いため，イギリス・北欧型の社会保障制度であることが読み取れる。Aのグラフは社会保障負担率が高いため，ドイツやフランスなどのヨーロッパ大陸型の社会保障制度であると考えられ，Aにはフランスが該当する。

Chapter 24　国際政治と日本

▷近代における主権国家はどのように成立してきたのだろうか。主権国家原則や国際法の役割という視点から，国際社会の中での主権国家間の問題を解決する方法や課題について理解しよう。

▷第二次世界大戦で敗戦国となった日本は，平和主義を外交の原則とし，国際平和の理念を積極的に推進してきた。国際海洋法条約による領海や排他的経済水域などの問題はじめ，日本の外交の身近な課題についても整理しておこう。

コンパス

合格 map の解答(p.100)

【1】三十年　【2】ウェストファリア　【3】国際連盟　【4】ソ連　【5】国際連合　【6】NGO　【7】グロチウス　【8】国際法　【9】国際慣習法　【10】条約　【11】自由の原則　【12】戦時　【13】平時　【14】多国間　【15】常設国際司法裁判所　【16】国際司法裁判所　【17】国際刑事裁判所　【18】北方領土　【19】竹島　【20】尖閣諸島

演習問題の解答と解説(p.102〜103)

1－②　2－②　3－④　4－②　5－③　6－①　7－①，④　8－②　9－③　10－②

〈解説〉

1　①誤文。国連の通常予算を，各加盟国がそれぞれの経済規模に応じて負担することと「主権平等の原則」は関係ない。

②正文。国連憲章に規定される「主権平等の原則」から，国連総会の決定は，各加盟国が一票をもつ表決によって採択される。

③誤文。国連事務総長の任命について，安全保障理事会が勧告を行うことと「主権平等の原則」は関係ない。

④誤文。国連加盟国が実施する軍事的措置について，安全保障理事会が決定することと「主権平等の原則」は関係ない。

2　①誤文。対立する国を含めて相互に侵略しないことを約束し，違反国に共同で制裁を課すのは集団安全保障の考え方である。

②正文。勢力均衡(バランス－オブ－パワー)による安全保障は，国家群間の力関係のバランスを軍事同盟などを通じ保つことで，強力な国家群による侵略を防ごうとするものである。

③誤文。国家の権限を国際機関に分散することは権力分立であり，勢力均衡ではない。

④誤文。唯一の超大国による平和は，勢力均衡による安全保障ではない。

3　①誤り。JICA(国際協力機構)は，日本の政府開発援助(ODA)を担当する独立行政法人。

②誤り。WHO(世界保健機関)は，国連の専門機関。

③誤り。IBRD(国際復興開発銀行)は，国連の専門機関。

④正しい。国境なき医師団(MSF)は，1971年にフランスで結成された非営利で国際的な民間の医療・人道支援団体であり，代表的な国際NGOである。

4　正解は②。条約とは，国際法上の拘束力をもつ国家間の合意のことであり，当事国の数によって，二国間

条約と多国間条約に分類される。選択肢の中で，条約と呼ばれるものは，「国際人権規約のB規約に関する第二選択議定書」いわゆる「死刑廃止条約」のことである。よって正解は「②市民的及び政治的権利に関する国際規約の第2選択議定書」である。①のラッセル・アインシュタイン宣言は，1955年に，イギリスの哲学者ラッセルとアメリカの物理学者アインシュタインらの科学者が核兵器廃絶を訴えた宣言のことであり，国家間の合意ではない。③の新国際経済秩序(NIEO)樹立宣言は，1974年に国連資源特別総会で採択され，国家間の合意ではあるが，法的な拘束力はない。④の核兵器による威嚇又はその使用の合法性に関する勧告的意見は，1996年に国際司法裁判所が出した判断であり，国家間の合意ではない。

5　①誤文。日本は2010年，南極海における調査捕鯨活動をめぐってオーストラリアに提訴され当事国となった。裁判では，日本が敗訴した。

②誤文。日本は2007年に，国際刑事裁判所(ICC)設立条約に加入している。

③正文。国際司法裁判所では，当事国双方の付託によって裁判が始まる。

④誤文。国際刑事裁判所は，集団殺害罪，人道に対する罪，戦争犯罪などの重大犯罪をおこなった個人を裁くための裁判所である。

6　①正文。1945年8月，日本がポツダム宣言を受諾し，第二次世界大戦が終結した。同年4～6月，サンフランシスコ会議によって，国連憲章が採択された。

②誤文。1901年にオランダのハーグに設置された，紛争の平和的解決のために，当事国の仲裁をおこなう常設機関であり，国際連合の主要機関ではない。

③誤文。17世紀以降，国際平和秩序の維持のために勢力均衡方式が重視されてきたが，第一次世界大戦後は，集団安全保障方式に基づいて，1920年に国際連盟が設置された。

④誤文。ウエストファリア条約は，17世紀に起こった三十年戦争の講和条約であり，冷戦終結後に採択されたものではない。欧州通常戦略条約(CFE条約)は，1990年に調印された，欧州の通常戦略の大幅削減を目指した条約である。

7　日本が未批准なのは，①のジェノサイド禁止条約，④の死刑廃止議定書(死刑廃止条約)である。ジェノサイド禁止条約に日本が未批准なのは，ジェノサイドが発生した場合，締約国の義務としてその国に対して軍事的な介入義務が発生するが，日本国憲法第9条では自衛のため以外の武力行使ができないからである。また，死刑廃止条約については，国内では犯罪抑止や犯罪被害者の立場から，死刑制度の存続はやむを得ないとするとする存続派が多数であり，国内での意見がまとまっていないため，批准していない。②の難民の地位に関する条約については1981年に批准している。これによって社会保障制度においては自国民と同等の待遇が与えられるべきとされ，在日外国人の国民年金加入への道が開かれた。③の子どもの権利条約(児童の権利条約，1989年採択，1990年発効)には，日本は1994年に批准している。⑤の人種差別撤廃条約(1965年採択，1969年発効)には，日本は1995年に批准している。

8　①正文。記述の通り。

②誤文。関税自主権は主権国家の権利である。現在の日本も農産物をはじめとする輸入品に関税を課している。

③正文。成文化された具体例が④。

④正文。「公海自由の原則」は，かつては国際慣習法であったが，今日では国連海洋法条約に成文化された。

9　①誤文。子どもの権利条約(児童の権利条約)は，18歳未満の者を「子ども」と定義している。

②誤文。世界人権宣言に法的拘束力はない。

③正文。日本は，国際人権規約B規約を批准している。しかし，2つある選択議定書を批准していない。第1選択議定書は，権利を侵害された個人が国際機関に通報できる制度を定めたものであり，第2選択議定書は，死刑廃止を定めるものである。

④誤文。2006年に採択された障害者権利条約を，日本は2014年に批准した。

10　正解は②。日本の外交三原則は，①アジアの一員としての立場の堅持，③国際連合中心，④自由主義諸国との協調である。

Chapter 25　国際連合と国際協力

コンパス

▷世界の平和と秩序のために成立した国際連盟と国際連合を比較し，国際社会の課題解決のために国際連合が果たしている役割について理解しよう。

▷勢力均衡から集団安全保障体制への歩み，国際連合の主要機関や専門機関のしくみを確認し，現状として，どのような限界や課題を抱えているのかを整理し，平和的な国際社会の在り方と国際機関の果たす役割を理解しよう。

▷国際平和のために，国際連合が今後どのように改革されるべきなのかについても考えよう。

合格 map の解答 (p.104)

【1】サン‒ピエール　【2】永久平和論　【3】平和原則14カ条　【4】ジュネーブ　【5】常設国際司法裁判所　【6】全会一致　【7】武力制裁　【8】大西洋憲章　【9】ダンバートン‒オークス　【10】サンフランシスコ会議　【11】ニューヨーク　【12】主権平等の原則　【13】米，英，仏，露，中　【14】拒否　【15】大国一致　【16】事務総長　【17】国連軍　【18】平和のための結集　【19】3分の2　【20】選挙監視団

演習問題の解答と解説 (p.106〜107)

1−④　2−③　3−①　4−④　5−③　6−②　7−④　8−①　9−①　10−⑥

〈解説〉

1　①正文。国際連盟での議決は全会一致が原則とされたため，迅速かつ有効な議決を行うことが困難だった。

　②正文。国際連盟が違反国に対して実施できる制裁は経済制裁のみで，軍事的制裁は実施できなかった。

　③正文。国際連盟はウィルソン米大統領の提唱により，1920年設立された集団安全保障方式に基づく世界初の国際機構である。

　④誤文。国際連盟の欠陥の一つとして，アメリカ（モンロー主義の議会に阻まれて未加盟）とソ連（1934年に加盟，1939年にフィンランド侵攻により除名）の大国の不参加があげられる。

2　①正文。国連は第二次世界大戦中の1944年に開催されたダンバートン‒オークス会議での国際連合憲章草案をもとに設立されたが，その後の米ソの冷戦の本格化により，安全保障理事会で拒否権が頻繁に行使された。

　②正文。国連憲章前文に同様の内容が規定されている。

　③誤文。信託統治理事会は，最後の信託統治地域のパラオが独立した1994年以降，実質的に活動を停止している。

　④正文。世界保健機関（WHO），国際開発協会（IDA）ともに経済社会理事会と連携関係にある専門機関。

3　①誤文。安全保障理事会の表決方法は，条件付きの多数決制であり，手続事項は15理事国中9理事国以上，その他の事項（実質事項）については拒否権を保有する5常任理事国を含む9理事国以上の賛成が必要である。国連憲章には手続事項・実質事項の定義はないが，先例では「問題を安保理で討議するかどうか」を決定することが，手続事項となっている。

　②正文。経済社会理事会は多くの委員会や専門機関と連携し，国際社会で起こる経済・社会問題の解決に向けて対処している。

　③正文。任期5年で再任も認められている事務総長は安全保障理事会の勧告に基づいて総会が任命する。

　④正文。安全保障理事会の非常任理事国の任期は2年で，総会で選出される。我が国は，2020年1月現在，過去通算11回選出されており，最多である。

4　①誤文。国連安全保障理事会による決議（実質事項）には，常任理事国5か国，非常任理事国10か国の計15か国のうち9か国以上の賛成が必要である。ただし，常任理事国が1か国でも反対すれば成立しない。

　②誤文。各国が個別的・集団的自衛権を行使することについては認めている。

　③誤文。国連加盟国が平和維持軍への要員を提供する義務はない。

　④正文。厳密な意味での国連軍が組織されたことは過去一度もない。

5　①誤文。国連憲章第2条には，加盟国は武力による威嚇又は武力の行使を慎まなければならない旨の規定がある。

　②誤文。個別的自衛権及び集団的自衛権の行使を認めている。上記4の②の解説も参照。

　③正文。国連憲章第42条では，安全保障理事会が非軍事的措置で不充分であると判断した場合，国連加盟国の空軍，海軍又は陸軍による示威，封鎖その他の行動を含む軍事的行動がとれる旨を規定している。

　④誤文。安全保障理事会は，軍事的措置以外にも非軍事的措置がとれる。

6　①正文。国連安保理は実質事項について，5大国一致の原則を採用しており，全常任理事国の賛成が必要であり，常任理事国には特権的な拒否権が認められている。

　②誤文。安保理が決議する軍事的措置は，事前に総会の承認をとる必要はない。

　③正文。国連憲章第25条には，国連加盟国は安保理の決定を受諾し履行しなければならないと規定されている。

　④正文。安保理は，侵略行為を中止させるため，非軍事的措置（制裁措置）や，それが不十分な場合には軍事的措置をとるべきか決定する。

7　①誤文。「平和のための結集」決議は，安全保障理事会が機能停止に陥った場合，総会が加盟国に対して必要な措置を勧告できるとしたもの。

　②誤文。国連憲章で規定されている国連軍は，現在

も組織されていない。

　③誤文。停戦監視団は紛争が終了した地域で，非武装で停戦の監視を行うことを任務とする。

　④正文。平和維持軍（PKF）は紛争当事国の間に入り，紛争の拡大防止を図る。

8　①誤文。1899年のハーグ条約に基づいて1901年には常設仲裁裁判所がオランダのハーグに設置された。1920年の国際連盟の発足に伴い，その補完機関として1921年にはオランダのハーグに常設国際司法裁判所が設立されている。

　②正文。国連の常設司法機関として1945年に設置された国際司法裁判所は，総会と安全保障理事会によって選出される15名の裁判官（任期9年，3年ごとに5人ずつ改選）で構成されている。なお，2012年まで日本人の小和田恆（湾岸戦争時の外務事務次官で現在の皇后の実父）が所長を務めた。

　③正文。オランダのハーグに設置されている。

　④正文。国家間の法的紛争を裁くが，当事国の合意がなければ裁判を開始することができない。

9　①誤文。1961年に発足したDAC（開発援助委員会）は，OECD（経済協力開発機構）の下部組織であり，国連の経済社会理事会の下部組織ではない。2020年1月現在29か国とEUが加盟しており，発展途上国への援助について，加盟国間の利害調整をしたり，援助の具体的方法などを検討・決定したりする役割を果たして

いる。

　②正文。1974年の国連資源特別総会でNIEO（新国際経済秩序）の樹立に関する宣言が採択された。南北問題解決のためには，従来の自由・無差別を原則とする貿易体制ではなく，発展途上国に対する一方的優遇を基本として新たな世界経済秩序の確立が必要との考え方に基づいている。

　③正文。1964年に設置されたUNCTAD（国連貿易開発会議）は，南北問題についての協議を行う国連の機関である。1964年の第1回会議でプレビッシュ事務局長により提出されたレポートは「プレビッシュ報告」と呼ばれ，その後の発展途上国の行動指針となった。

　④正文。1966年に創設されたUNDP（国連開発計画）は，国連における発展途上国への開発援助の中心的機関であり，150以上の国と地域に対して，多角的な技術協力と資金援助を行っている。なお，1994年には「人間の安全保障」という概念を提唱して注目を集めた。

10　正解は⑥。

　A：成立せず。実質事項で常任理事国のうちの1か国が拒否権を行使したことになるため。

　B：成立する。手続事項であるため拒否権は行使できない。安保理を構成する15か国中の10か国が賛成（9理事国以上）であるから，決議は成立する。

　C：成立する。常任理事国をすべて含む9か国が賛成しているため，決議は成立する。

Chapter 26　国際平和への課題

▷第二次世界大戦後の国際社会に起きた冷戦体制はどのように形成されたのだろうか。「米ソの対立の背景」「冷戦が世界にどのような影響を及ぼしたのか」「なぜ冷戦は終結したのか」という視点から，戦後の国際政治の大きな流れを把握しよう。

▷冷戦下に米ソが核抑止力を高め，核兵器の脅威が高まり，「恐怖の均衡」の状態がつくられた状況，キューバ危機をきっかけに核軍縮の気運が高まり核戦争を回避するための動きが大きくなったこと，冷戦が終結に向かう場面や冷戦後の世界で，大量破壊兵器の拡散への対応，地域紛争による新たな戦争や核戦争の脅威への対応について，核兵器禁止条約やその他の条約の内容を具体的に理解しよう。

▷現在では，国際紛争は国家間の対立だけではなく，民族対立が拡大したり，武装集団によるテロ行為を契機に戦争が生じたりするなどその要因が多様化している。その上で，平和共存と協調のもとに国際関係を展開させ，利害調整を行い，国際的な相互依存関係の深まりの中において，人類の平和的共存を目指してきたという国際政治の特質を理解しよう。

合格 map の解答(p.108)

【1】鉄のカーテン（フルトン）　【2】トルーマン－ドクトリン　【3】マーシャル－プラン　【4】ベルリン
【5】五原則　【6】ワルシャワ　【7】十原則　【8】キューバ　【9】部分的核実験禁止条約　【10】ベトナム
【11】核拡散防止条約　【12】戦略兵器制限交渉　【13】全欧安全保障協力会議　【14】ゴルバチョフ　【15】
中距離核戦力　【16】マルタ　【17】天安門　【18】湾岸　【19】戦略兵器削減条約　【20】マーストリヒト
【21】イスラエル　【22】包括的核実験禁止条約　【23】同時多発　【24】ユダヤ人　【25】南スーダン

 コンパス

演習問題の解答と解説(p.110〜111)

1-④ 2-② 3-③ 4-① 5-④ 6-② 7-⑥ 8-③ 9-③ 10-②

〈解説〉

1 ①誤文。「鉄のカーテン」演説とは，元英国首相のチャーチルが1946年にアメリカのフルトンで行ったものである。社会主義陣営の厳しい封鎖線を「北はバルト海のシュテッチンから南はアドリア海のトリエステに至るまで，鉄のカーテンがおろされている」と表現した。

②誤文。地下以外での核実験を禁止する部分的核実験禁止条約(PTBT)は，1963年にアメリカ・イギリス・ソ連の3か国で調印し，その後多くの国が批准した。

③誤文。1990年，イラクのフセイン政権によるクウェート侵攻に対しては，アメリカを中心とする24か国からなる多国籍軍が組織され，1991年1月〜2月に湾岸戦争に発展した。多国籍軍の一方的な勝利に終わったこの戦争に，我が国は約135億ドルの資金を拠出した。

④正文。アメリカ大統領バラク・オバマ(民主党)は，「アメリカは，核兵器を使ったことがある唯一の核兵器国として，行動する道義的責任がある。」として，2009年にプラハで核廃絶を目指す演説を行った。

2 正解は②。Aのコソボ紛争は，イスラム教の多いアルバニア人とキリスト教徒の多いセルビア人との対立で，セルビア領内にあるコソボ自治州の独立を巡り対立が激化。1999年にはNATO軍が安保理決議がないままベオグラードを空爆，2008年に独立を宣言した。Bのパレスチナ問題は，イスラエル建国をめぐるアラブ諸国との争いである。Cのチェチェン紛争は，イスラム教徒の多いチェチェン共和国の独立をロシアが阻止しようと介入，特に1994年と1999年のロシアの大規模介入では多くの犠牲者が出た。チェチェン共和国はロシアから独立していない。

3 ①正文。東西両陣営から距離をおいていたアジアやアフリカ，ラテンアメリカなどの第三世界の国々は，非同盟主義(インドのネルー首相提唱)や中立主義を唱えて外交を展開した。1954年に中華人民共和国初代首相の周恩来とインドの初代首相であるネルーとの間で，領土と主権の尊重，相互不可侵，内政不干渉，互恵平等，平和共存の平和五原則が合意された。1955年に，インドネシアのバンドンで開催されたアジア－アフリカ会議(バンドン会議)は，これらの地域代表による初の国際会議で，スカルノ大統領ほか29か国の首脳が参加した。なお，この会議で基本的人権や国連憲章の尊重，人種と国家の平等などを謳った平和十原則が決定された。

②正文。ワルシャワ条約機構は東欧友好協力相互援助条約に基づき創設された軍事機構で，1955年にNATO(北大西洋条約機構)に対抗した形で東欧7か国とソ連で発足。冷戦終了に伴い1991年に解散した。

③誤文。マーシャル－プランはアメリカ国務長官のマーシャルが1947年に発表したヨーロッパ経済復興援助計画のことであり，デタント(緊張緩和)に向けた計画ではない。

④正文。戦略兵器制限交渉(SALT)は，冷戦期の1960年代末から70年代末まで行われた米ソ間の交渉である。1972年に調印された第1次戦略兵器制限条約(SALT I)と1979年に締結された第2次戦略兵器制限条約(SALT II)があるが，後者はソ連のアフガニスタン侵攻(1979年)などによりアメリカ議会が批准を承認しないまま，1985年で失効した。

4 ①誤文。チェコスロバキアの自由化・民主化運動である「プラハの春」は1968年1月に始まったが，8月にはソ連を中心とするワルシャワ条約機構軍による軍事介入により挫折したため，共産党政権は崩壊していない。

②正文。1989年，ポーランドではワレサ議長率いる自主管理労組「連帯」が自由選挙に勝利し，非共産党勢力主導の政権が発足した。その後，ワレサはポーランド大統領(1990〜95年)に就任した。

③正文。前任のチェルネンコ死亡の後を受けてゴルバチョフがソ連共産党書記長に就任したのは1985年，ロシア語で「再建」「改革」の意のペレストロイカや「情報公開」の意のグラスノスチを提唱し，1980年代後半に改革を推進した。ゴルバチョフは米ソ協調新時代をつくり1989年のマルタ会談でブッシュ(父)大統領と共に冷戦終結を宣言し，1990年にはノーベル平和賞を受賞した。その後保守派のクーデターなども起こり，1991年に辞任し，ソ連自体も解体した。

④正文。東欧諸国の民主化運動の中で，1989年に東ドイツでもベルリンやライプチヒなどで反政府デモが頻発し，社会主義統一党のホーネッカー書記長が退陣を表明し，改革派が政権を引き継いだ。なお，西ベルリンと東ベルリンの間に築かれていたベルリンの壁が崩壊したのも，この1989年である。

5 ①正文。1987年に米レーガン大統領とソ連ゴルバチョフ書記長との間で調印され，翌年発効した中距離核戦力(INF)全廃条約は，核兵器の削減が合意された初めての条約である。

②正文。1996年の国連総会で採択された包括的核実験禁止条約(CTBT)は，爆発をともなうすべての核実験を禁止する条約であるが，発効要件国(核保有国を含

む44か国)の批准には至らず，2015年6月現在未発効である。日本は1997年に批准した。インド・パキスタン・北朝鮮の3か国が未署名，アメリカや中国，イスラエルなどは署名したが，未批准である。

③正文。非核地帯を設定する条約には，南極条約(1959年)，ラテンアメリカ核兵器禁止条約(トラテロルコ条約，1967年)，南太平洋非核地帯条約(ラロトンガ条約，1985年)，東南アジア非核地帯条約(バンコク条約，1995年)，アフリカ非核地帯条約(ペリンダバ条約，1996年)，中央アジア非核地帯条約(セミパラティンスク(セメイ)条約，2006年)などがある。

④誤文。核拡散防止条約(NPT)は1968年6月に国連総会で採択され，翌7月に米・英・ソの間で調印，56か国が署名し1970年に発効した。インド・パキスタン・北朝鮮が非締約国である。この条約で核保有が認められた国は，安全保障理事会の常任理事国5カ国(米・英・ソ・中・仏)である。

6　①誤文。マーストリヒト条約(欧州連合条約)は1992年に調印された欧州連合の創設を定めた条約であり，東西ドイツの統合(再統一)は1990年の統一条約による。なお，西ドイツの正式名称はドイツ連邦共和国であり，東ドイツの正式名称はドイツ民主共和国であった。

②正文。冷戦終結宣言は1989年12月に行われたマルタ会談(米ブッシュ大統領・ソ連ゴルバチョフ書記長)においてなされた。START II(第2次戦略兵器削減条約)調印は，1993年なので正しい。

③誤文。ワルシャワ条約機構(WTO)は1955年に創設されたソ連を盟主とする東欧諸国の軍事同盟。冷戦終結後の1991年に解散され，その後ソ連も崩壊した。

④誤文。ASEAN(東南アジア諸国連合)は，インドネシアのジャカルタに本部を置く東南アジア10か国の地域協力機構。経済・社会・政治・安全保障など様々な場面での域内協力を目指しているが，中国は加盟してはいない。

7　正解は⑥。
　ア　領土帰属を争う隣国同士とはカシミール帰属をめぐって争うインドとパキスタンのことであり，核開発競争にも発展し共に核実験を行った。したがってこれはCである。両国の宗教はインドはヒンドゥー教，パキスタンはイスラムが多数を占める。インド独立当時のカシミール王はヒンドゥー教徒だったが，住民の多くはイスラム教徒であったことなどが要因となり，以来軍事衝突を繰り返している。
　イ　1991年チェチェン共和国はロシア連邦からの独立を宣言したが，ロシアはこれを認めず4万人の軍隊を投入し，10万人の死者を出す第一次チェチェン紛争

が起こった。その後，1996年に和平合意が成立したものの，1999年から再びロシアが攻撃を開始(第二次チェチェン紛争)，2009年になり終結宣言がなされた。したがって地図はBである。
　ウ　1962年にベルギーから独立したルワンダでは，少数派のツチ族と多数派のフツ族との間で内戦が続いていたが，1994年にはフツ族急進派によるツチ族及びフツ族穏健派の大量虐殺(ジェノサイド)が起こり80万～100万人が犠牲となったといわれている。現在は，カガメ大統領の下，汚職対策にも力を入れており，グッドガバナンスの模範国として国際復興開発銀行(IBRD・世界銀行)からの評価も高い。

8　①正文。1989年のベルリンの壁崩壊が冷戦終結の象徴となり，1990年のドイツ統一と続いていく。
　②正文。1989年12月マルタ島で，ブッシュ(父)米大統領とゴルバチョフソ連共産党書記長による。
　③誤文。ハンガリー動乱は1956年にハンガリーで生じた反ソ暴動。冷戦の最中のこと。チェコ事件と並び多極化の事例の一つ。ソ連が鎮圧した。
　④正文。1991年の政変からソ連共産党解体，ソ連邦の解体と続き，CISが形成されていくことになる。

9　①誤文。難民条約は難民を「人種・宗教・国籍・政治的意見などを理由に迫害されるおそれがあるため」国外に逃れた人々と定義している。貧困から逃れる目的の「経済難民」は含まれない。
　②誤文。日本は1982年に難民条約を批准している。
　③正文。国連難民高等弁務官事務所(UNHCR)は，国内避難民(国内であっても故郷を追われて難民と同じような状態にある人)も支援対象としている。
　④誤文。第二次世界大戦後の1951年に難民条約は採択されている。

10　正解は②。中東におけるイスラエルとパレスチナについての問題であり，関係する地区・地域の地図上の位置も確認しておくことが求められている。Aは，シリアとイスラエルの間にあるゴラン高原である。日本の自衛隊がPKO(国連平和維持活動)協力法に基づいて，1996～2013年にわたって派遣された。Bは，ヨルダン川西岸地域である。1993年にオスロ合意として，イスラエルとパレスチナ解放機構(PLO)との間で，相互承認とパレスチナ暫定自治協定が成立したが，イスラエルとパレスチナ間の対立は収まらず，2002年からヨルダン川西岸内部と東イスラエルに分離壁として長大なフェンスがイスラエルによって建設されている。Cは，ガザ地区である。2005年にパレスチナ自治区であるガザからのイスラエル軍の完全撤退が行われたが，パレスチナの急進派のハマスとイスラエルとの武力衝突は依然として収まっていない。

Chapter 27 貿易と国際収支

コンパス

▷貿易が，国際分業と交換から成り立っていることの理解をもとに，現在の世界及び日本の貿易の現状と動向について，具体的な事例や客観的な資料を基に理解を深めよう。

▷貿易の現状の理解をもとに，貿易では自国にないものを各国が取引するだけではなく，自国内で生産費が相対的に安価な財の生産に各国が特化し，自由に貿易を行うことで，それぞれの国に利益がもたらされるという比較優位の考え方に基づいて現代の貿易が行われていることを理解し，この考え方に基づく自由貿易論と保護貿易論を対比して，現代の貿易の現状や貿易問題と関連させながら理解しよう。

▷国際収支は，一定期間の一国の対外的経済取引の差引勘定を表すもので，国際収支表の作りと具体的な計算の仕方について確認し，計算ができる程度に理解しておこう。

▷貿易など対外経済取引にともない通貨間の売買の必要が生じること，日本をはじめとする多くの国では，自国通貨と外国通貨に対する需給関係から為替レートが決定される変動相場制が採用されていることについて理解しよう。

▷為替レートが決定される変動相場制について，財やサービス，資本の出入や各国の物価水準，金利差など様々な要因が為替レートに影響を与えていること，また，貿易などに基づく取引だけでなく，投機的な国際間の巨額の資金移動が為替レートを大きく変動させ，各国の経済や産業，国民生活に大きな影響を与えることから，為替相場の安定が国際的に重要な目標になっていることを理解しよう。

合格 map の解答 (p.112)

【1】比較生産費 【2】リカード 【3】比較優位 【4】リスト 【5】水平的 【6】垂直的 【7】経常収支 【8】貿易・サービス収支 【9】第一次所得収支 【10】第二次所得収支 【11】資本移転等収支 【12】金融収支 【13】外貨準備 【14】誤差脱漏 【15】固定為替相場制 【16】360 【17】308 【18】変動為替相場制 【19】上昇 【20】黒字 【21】上昇 【22】低下

演習問題の解答と解説 (p.114~115)

1－④ 2－③ 3－② 4－① 5－③ 6－④ 7－①

〈解説〉

1 正解は④。与えられた図と設問の文章より，各国の財 α・β の生産量は以下の表1のようになる。

表1

	α財			β財		
	労働者数	労働者一人当たりの生産量	国内の生産量	労働者数	労働者一人当たりの生産量	国内の生産量
a国	100人	1単位	100単位	100人	3単位	300単位
b国	90人	6単位	540単位	90人	3単位	270単位
合計			640単位			570単位

選択肢では，ここからa国・b国が財 α・β に特化した場合があげられているので，その時の状態を表すと，以下のようになる。

表2(a国がα財に，b国がβ財に特化した場合)

	α財			β財		
	労働者数	労働者一人当たりの生産量	国内の生産量	労働者数	労働者一人当たりの生産量	国内の生産量
a国	200人	1単位	200単位	0人	3単位	0単位
b国	0人	6単位	0単位	180人	3単位	540単位
合計			200単位			540単位
増減			−440単位			−30単位

表3(a国がβ財に，b国がα財に特化した場合)

	α財			β財		
	労働者数	労働者一人当たりの生産量	国内の生産量	労働者数	労働者一人当たりの生産量	国内の生産量
a国	0人	1単位	0単位	200人	3単位	600単位
b国	180人	6単位	1080単位	0人	3単位	0単位
合計			1080単位			600単位
増減			+440単位			+30単位

表2・3より，④が正しい。

2 正解は③。国際収支表の内訳を理解していなければ正答できない問題である。貿易収支は「電気機器の輸入代金35億ドル」であり，サービス収支は「特許使用料25億ドル」であるため，貿易・サービス収支は−35億ドル＋25億ドル＝−10億ドルとなる。第一次所得収支

は，利子・配当などなので，「株式の配当40億ドル」と「国債の利子10億ドル」で40億ドル＋10億ドル＝50億ドルとなる。第二次所得収支は，無償援助や海外の家族への仕送りなどなので，「医薬品のための無償資金援助5億ドル」と「外国人労働者による家族への送金10億ドル」で，－5億ドル－10億ドル＝－15億ドルとなる。したがって，正解は③。

3　正解は②。

①国内において労働力人口が減少すると，それを補うために製造業の海外進出は加速するため，産業の空洞化が促進される。

②対外直接投資の対象となる国における賃金水準が上昇すると，人件費を抑えるというメリットが減少するため，産業の空洞化に歯止めがかかる。

③対外直接投資の対象となる国における法人税率の引き下げは，税負担の軽減につながるため，企業の海外進出を促し，産業の空洞化は進行する。

④外国為替市場において自国通貨の価値が高くなると，輸出する自国製品の価格が高くなる。たとえば，$1＝¥200から$1＝¥100になると，¥200の日本製品を購入するためには$2が必要となる。したがって，輸出産業が不振に陥り，産業の空洞化が促進される。

4　正解は①。当初は，1スマホ＝$900，また1スマホ＝¥90,000なので，$900＝1スマホ＝¥90,000となる。つまり，$900＝¥90,000。したがって，$1＝¥100というのが購買力平価説に基づく為替レートである。それが変化して，1スマホ＝$1,000，また1スマホ＝¥80,000となったので，$1,000＝¥80,000。したがって，$1＝¥80となった。これは，円高ドル安である。

5　正解は③。グラフから，ア・イの時点での円相場を読みとり，以下のように計算する。

（ア）1ドル＝250円の場合

商品A（10ドル）…10ドル×250円＝2500円

商品B（15ドル）…15ドル×250円＝3750円

よって，商品A・Bともに日本での価格の方が安い。

（イ）1ドル＝150円の場合

商品A（10ドル）…10ドル×150円＝1500円

商品B（15ドル）…15ドル×150円＝2250円

よって，商品Aは日本での価格の方が高く，解答は③である。

6　①誤文。「工業製品または最終生産物を輸出入する」のは先進国間で見られる水平貿易（水平的分業）であり，「原材料を輸入して工業製品を輸出する」のは先進国と発展途上国との間で見られる垂直貿易（垂直的分業）である。

②誤文。日本の貿易は垂直貿易から水平貿易へと推移している。これは，輸入自由化以前の輸入割当枠が，原材料に大きく割り振られていたため，発展途上国との垂直貿易が中心となったことが原因としてあげられる（昭和45年年次経済報告　経済企画庁　https://www5.cao.go.jp/keizai3/keizaiwp/wp-je70/wp-je70-02205.html）。その後，輸入自由化が進行するにつれて，先進国との貿易も増加し，水平貿易へと移行していった。

③誤文。①と同様の理由で誤りである。

④正文。戦後の日本は発展途上国から原材料を輸入し工業製品を輸出する垂直的分業中心から，先進国との間で工業製品や最終生産物を輸出入する水平的分業中心へと移り変わっていった。

7　正解は①。自国の通貨を「円」に置き換えれば，自国の通貨高は円高，自国の通貨安は円安となる。

①正文。通貨当局は自国の通貨を売って，外貨を買う。通貨当局の行為は市場に自国通貨を供給し，外貨を市場から吸収する。つまり，外貨準備は増加する。

②誤文。「通貨高」は輸出を減らす。「通貨安」なら輸出は増える。自国通貨高だと外貨を安く入手できるので，外国製品を安く買うことができる。輸入が促進される。

③誤文。「通貨高」が正しい。貿易収支が黒字ということは，輸入よりも輸出が多く，外貨を獲得したことになる。その外貨を自国通貨に換える，すなわち自国通貨を買うことで，自国通貨高になりやすい。

④誤文。「通貨高」が正しい。自国への資本流入により，外貨を自国通貨に交換する，すなわち自国通貨買いが売りを上回ることになるから，自国通貨高になる。

Chapter 28　国際経済体制の成立と変容

コンパス

▷経済のグローバル化や自由貿易の進展によって，国際的なヒト・モノ・カネの移動がますます増加していることを理解しよう。

▷各国経済の相互依存関係が緊密化し経済のグローバル化が進展したことに伴い，国際経済の安定と成長のために経済政策面での国際的な協調が必要になっていることについて理解しよう。その際，関税及び貿易に関する一般協定（GATT）を発展的に改組した世界貿易機関（WTO）や国際通貨基金（IMF）などの国際経済機関が果たしている役割や課題などについて，貿易や為替に関連付けて理解しよう。

▷国際復興開発銀行（IBRD）や経済協力開発機構（OECD）が世界的な貧困や経済格差の解決のために果たしてきた役割や課題についても理解しよう。また，日本も含めて，各国で進められている自由貿易協定（FTA）

と経済連携協定(EPA)の進展と国際経済との関連について，国益と国際協調の観点から考え，その動きについて確認しておこう。

合格 map の解答(p.116)

【1】ブレトンウッズ　【2】国際通貨基金　【3】国際復興開発銀行　【4】基軸通貨　【5】金ドル本位制　【6】ニクソン-ショック　【7】スミソニアン協定　【8】特別引き出し権　【9】プラザ合意　【10】非関税障壁　【11】最恵国待遇　【12】ラウンド　【13】ウルグアイ　【14】世界貿易機関　【15】セーフガード　【16】ドーハ　【17】欧州共同体　【18】マーストリヒト条約　【19】ユーロ　【20】東南アジア諸国連合　【21】北米自由貿易協定　【22】南米南部共同市場　【23】アジア太平洋経済協力会議　【24】東アジア地域包括的経済連携　【25】シンガポール　【26】TPP

演習問題の解答と解説(p.118〜119)

1－④　2－④　3－②　4－②　5－②　6－①　7－⑥　8－②　9－④

〈解説〉

1　①誤文。最恵国待遇原則は，GATT 三原則(自由・多角・無差別)の中の「無差別」の原則に含まれるもので，加盟国間相互に最善の条件で貿易を行うことを意味する。この原則はもう一つの内国民待遇(輸入された商品やサービスに対して国内のものと同等に扱う)とともに WTO に引き継がれている。
　②誤文。ウルグアイ・ラウンドから行われるようになった知的財産権の国際的保護に関するルールについての交渉は，WTO に引き継がれた。
　③誤文。加盟国が一国でも反対すれば制裁が採択されないのは GATT で採用されたコンセンサス方式で，WTO では，一国でも賛成すれば(全加盟国が反対しない限り)決定されるネガティブ・コンセンサス方式が採用された。
　④正文。2001 年に開始されたドーハ・ラウンドは「ドーハ開発アジェンダ」とも呼ばれるが，加盟国の増加の影響などもあり交渉が難航し，2011 年には従来の一括方式が断念され，開発途上国を優先した先行合意へと方針転換された。

2　①正文。1929 年の世界恐慌の影響を乗り切るため，輸出に有利なように自国通貨を安く誘導する為替の切り下げや，ブロック経済が拡大した。
　②正文。金 1 オンス＝35 ドル，1 ドル＝360 円のレートである。
　③正文。介入したベトナム戦争の泥沼化や，西ドイツ・日本などの経済復興により相対的に経済力が低下し，ドルの信用低下につながったことをドル危機といい，後のニクソン-ショックにつながる。
　④誤文。スミソニアン協定ではなく「ルーブル合意」。スミソニアン協定は，固定為替相場制を維持すべく，今までよりもドル安にすることを合意した協定であ

り，ドル安是正ではない。ルーブル合意は，プラザ合意の後，行き過ぎてしまった円高ドル安に歯止めをかけるためのものである。

3　①誤文。IBRD は IMF とともに，1944 年のブレトンウッズ協定で設立された。世界恐慌への対処としては，アメリカで F. ルーズベルト大統領が行ったニューディール政策が有名である。
　②正文。IMF と IBRD を中心とした国際経済体制は，ブレトンウッズ体制とも呼ばれた。
　③誤文。IBRD を中心とする，国際開発協会(第二世銀，IDA)や国際金融公社(IFC)など世界銀行グループは，国際連合の専門機関として活動している。
　④誤文。設立当初の目的は，戦後の欧州復興支援であったが，欧州の復興が進むと，発展途上国の開発援助が中心となった。

4　①誤文。失われた 10 年からの景気回復を図るために「2001 年に量的緩和政策を採用した」のは日本である。グラフを見ると 2001 年にはデフレ傾向で消費者物価指数は低下している。
　②正文。「急速な経済発展を遂げ 2010 年に世界第二位の経済大国となった」のは中国である。中国では消費者物価指数の変化率は 2010 年以降 0％を超えている。
　③誤文。「サブプライムローン問題を契機にリーマン・ショックの震源地となった」のはアメリカである。2009 年に消費者物価が上昇したとあるが，アメリカの消費者物価指数は，リーマン・ショックの影響で下落しているため間違っている。
　④誤文。「アパルトヘイト」とは 1991 年まで南アフリカ共和国で実施されていた人種隔離政策である。「2000 年以降，消費者物価指数の変化率が毎年 4％以上になっていた」とあるが，南アフリカの 2004 年の消費者物価指数は，2％を下回っている。

5 ①誤文。アメリカの国際経済学者ベラ＝バラッサは，経済統合を5つの段階に分類している。それによると，自由貿易協定(FTA)は加盟国間の関税の廃止などを行うが，加盟国以外との関係を拘束しないので，経済統合の度合いは最も弱い。次に域外共通関税を設ける関税同盟，ヒト・モノ・カネ・サービスの移動自由化を行う共同市場，経済政策の調和を図る経済同盟の順に統合は進み，経済のみならず政治的統合をも含む完全な経済統合を最高度の統合とする。ただし，EUの歴史に関する基礎知識があれば，EUの目指しているものこそが最高度の経済統合であり，この選択肢が誤りだということは容易にわかるであろう。

②正文。フランス外相シューマンの提唱により，石炭と鉄鋼に関する共同市場形成のために，1951年のパリ条約により設立されたのがECSC(欧州石炭鉄鋼同体)であり，参加国はフランス・西ドイツ・イタリア・ベルギー・オランダ・ルクセンブルクであった。その後，1957年にこの6か国により経済統合を目的として設立された組織がEECで，域外共通関税を設定する関税同盟の結成が目的であった。ECSC・EURATOM(欧州原子力共同体)・EECの3つの共同体は1967年に発効したブリュッセル条約に基づいて合併され，ECが設立された。

③誤文。ECにおいては1987年に単一欧州議定書が発効し，非関税障壁の撤廃などによる域内共通市場の形成が進められ，1993年1月にはヒト・モノ・カネ・サービスの移動の自由が達成された。それに先立つ1990年からは経済通貨同盟(EMU)がスタートしており，通貨統合が進められていた。EU成立後の1999年には欧州単一通貨(ユーロ)が誕生し，2002年1月1日よりユーロの流通が開始された。ユーロへの加盟には，インフレ率や財政赤字などの基準を満たすことが条件とされるが，条件を満たせず遅れて参加したギリシャの政府債務が対GDP比で約140%(日本は約200%)となり，財政危機に陥るなど，ユーロ圏内での財政問題の拡大も懸念されている。

④誤文。1993年発効のマーストリヒト条約においては，金融政策の調整，経済格差の是正，単一通貨の採用などが計画された。

6 ①正文。ARFは，ASEANを中心として設立された，アジア太平洋地域の政治・安全保障問題について対話を行う組織であり，1994年に第1回会合が行われた。加盟国は，ASEAN10か国を中心に日本・アメリカ・中国・韓国・北朝鮮・ロシアなどを含む環太平洋の26か国およびEUとなっている。

②誤文。APECは環太平洋地域における自由貿易の拡大や経済協力などの協議のために1989年に設立された。2016年10月現在，チリ，ペルーなどの中南米諸国を含む21の国と地域により構成されている。

③誤文。リスボン条約は既存の欧州連合の基本条約を修正する条約で，すべてのEU加盟国の批准を受け，2009年に発効した。この条約により，欧州理事会議長(EU大統領)やEU外相などが新設された。

④誤文。ASEAN＋3は，1997年のアジア通貨危機を契機にASEANと東アジア諸国の連携という趣旨で，ASEAN首脳会議に日本・中国・韓国の首脳が呼ばれたことから始まった。現在では年1回のASEAN首脳会議にあわせてASEAN＋3首脳会議が行われている。

7 正解は⑥。アのAFTAはASEANの10か国によって1993年に設立された。加盟各国の関税障壁を削減し，域内の貿易・投資を拡大させることを目的としている。インドネシアなどの人口の多い国を含んでいることと加盟国数からCと判断できる。イのMERCOSURは1995年に南米の4か国で設立された。域内の関税と非関税障壁を除去することにより共同市場を創設し，域外共通関税を設定するほか，貿易・投資などにかかわる政策協調を目指している。加盟国数からBと判断できる。ウのNAFTAはアメリカ・カナダ・メキシコの3か国による自由貿易協定で，1994年に設立された。資本・労働・貿易の域内自由化を目指している。加盟国のGDPではEUをしのぐ規模を誇る地域経済統合である。2020年には新たな自由貿易協定である米国・メキシコ・カナダ協定(USMCA)が発効している。加盟国数とGDPからAと判断できる。

8 ①正文。社会主義市場経済を掲げる中国は，2001年にWTOに加盟した。

②誤文。OECDは，1961年に先進国の経済協力を目的に設立された。2021年現在38か国が加盟しているが，アジアからは日本(1964年加盟)と韓国(1996年加盟)のみが参加している。

③正文。6の選択肢②の解説参照。

④正文。開発独裁とは，経済開発を最優先するという名目により，民主主義的な権利や制度を制限して独裁的な支配を行うことで，典型的な例としては，フィリピンのマルコス政権(在任1965〜86年)や，インドネシアのスハルト政権(在任1967〜98年)，韓国の朴正煕政権(在任1963〜79年)などがあげられる。

9 ①正文。TPPは貿易の自由化にとどまらず，投資の自由化を進め，さらには知的財産，電子商取引，国有企業の規律，環境など，幅広い分野で21世紀型のルールを構築するものとされている。

②正文。ウルグアイ・ラウンドでは，知的財産権やサービス貿易のルール作りが新たに交渉の対象となった。また，農産物の貿易自由化についても交渉が始められた。

③正文。TPP11の発効にともなって2018年にTPP11整備法が施行され，著作権法が改正されて著作権の保

護期間が70年に延長された。

　④誤文。最恵国待遇と内国民待遇はGATTから
WTOに受け継がれた基本的な原則で，モノの貿易に
とどまらずに知的財産権やサービス貿易の分野にも適
用されることとなっている。

Chapter 29　南北問題・南南問題，日本のODA

コンパス

▷ヒト・モノ・サービスが自由に行き来する国際経済では，全体として生活水準は改善しているともいえるが，
それでもなお，貧困と格差の問題が，国際経済に関する重要な課題として存在していることを理解しよう。

▷経済格差があり，飢餓や貧困に苦しむ国々や地域は，政治的にも不安定になりやすく，国民の基本的人権
の保障及び実現の確保が困難となり，国際社会の不安定要因となりやすい。

▷国際経済の格差是正について，発展途上国の一国全体としての経済成長や発展を優先させようとする考え
方と，「人間の安全保障」の取組や人権を重視して発展途上国内の極度の貧困状況にある人々に対する援助
を優先しようとする考え方とを対照させて，発展途上国の経済的な自立及び持続可能な発展と先進国の協
力の在り方について整理し，日本の役割について考え，発展途上国に対する政府開発援助(ODA)をはじめ
とする援助や貿易問題への政府の対応などの現状と課題について理解しよう。

合格mapの解答(p.120)

【1】モノカルチャー　【2】UNCTAD　【3】プレビッシュ　【4】国連資源特別総会　【5】新国際経済秩序
【6】資源ナショナリズム　【7】OPEC　【8】DAC　【9】OECD　【10】NIEs　【11】BRICS　【12】累積債
務　【13】後発発展途上国　【14】リスケジューリング　【15】JICA　【16】GNI(GNP)　【17】グラント－
エレメント　【18】タイド－ローン　【19】ODA大綱

演習問題の解答と解説(p.122～123)

1－④　2－③　3－③　4－③　5－①　6－④　7－d　8－④　9－3

〈解説〉

1　①誤文。1974年，国連資源特別総会において採択さ
れた「新国際経済秩序樹立宣言」では，発展途上国の資
源ナショナリズムの主張が盛り込まれた。

　②誤文。国連貿易開発会議(UNCTAD)は，1964年
に南北問題の解決を主目的として設立された。

　③誤文。日本の政府開発援助には，返済不要の無償
資金協力や技術協力なども含まれる。

　④正文。フェアトレードは，発展途上国の産品を適
正な価格で輸入し，先進国内の市場で販売する「公正な
貿易」のことである。

2　①誤文。OECDは先進国によって創設され，別名「先
進国クラブ」と呼ばれる。OECDの下部機関として，先
進国からの開発援助の調整を行うDAC(開発援助委員
会)がある。

　②誤文。BRICSは5か国で首脳会議を行っているが，
自由貿易協定は結ばれていない。

　③正文。UNCTADは発展途上国の発議により1964
年に総会の補助機関として成立し，発展途上国の開発
や南北問題の解決を図るため，4年に一度総会を開き
検討や勧告を行う。第1回の総会では，援助目標を国
民所得の1%にすることなどが決定され，「援助より貿
易を」と主張したプレビッシュ報告が発表された。この
方針は，発展途上国の経済発展が思うように進まな
かったことから，その後第3回の総会で「援助も貿易も」
というものに改められた。一方，第2回の総会では一
般特恵関税制度が合意された。この制度は，先進国が
発展途上国から輸入する際に，一般の関税率よりも低
い税率を適用するものである。GATTの最恵国待遇の
相互付与の原則からは外れるが，例外的に認められる。
その後の総会では，援助目標として政府開発援助
(ODA)をGNP比0.7%に設定するなど，先進国と発展
途上国の格差解消のために存在感を示した。

　④誤文。NIEsとは，発展途上国の中で工業化に成功
し，経済発展を成し遂げた国や地域のことで，ブラジ
ル・メキシコ・アルゼンチンなどがラテンアメリカ
NIEsとも呼ばれることもあったが，現在ではアジア
NIEs(韓国・香港・台湾・シンガポール)を指すことが
多い。経済特区とは，改革開放政策の一環として中国
で実施された制度で，外国企業を誘致するための税制
上の優遇措置などを認めた地域のことを指す。シェン
チェン(深圳)・チューハイ(珠海)・スワトウ(汕頭)・

アモイ(厦門)にハイナン(海南)島を加えた5か所であり，現在ではハイナン島が最大となっている。また，中国では14か所の沿海港湾都市を経済開発区としている。経済特区にヒントを得て他国で実施された例としては，日本で小泉政権時代に設けられた構造改革特別区域などがある。

3　①誤文。国際空港や高速道路などの基盤整備は，社会全体に対する支援である。

　　②誤文。地域的取決めの締結や地域的機構の設立は，「人間の安全保障」ではなく「国家の安全保障」の観点から実施される政策である。

　　③正文。貧困，病気や怪我，戦争や内戦などの脅威にさらされている個人に対して支援するプロジェクトは，「人間の安全保障」の観点から行われる政策である。

　　④誤文。②と同様に「国家の安全保障」の観点から実施される政策である。

4　正解は③。Aは，グラント・エレメントか贈与比率である。グラント・エレメントとは，援助のうち贈与相当部分の割合をあらわす数字であり，日本の贈与比率が低いということからもAはグラント・エレメントであると判断する。B〜D国は，ドイツ，アメリカ，日本のいずれかであるため，対GNI比の国連の目標値である0.7%を達成しているところからC国がドイツとわかる。B国とD国は，実績総額からB国がアメリカ，D国が日本とわかる。よって解答は③となる。

5　①誤文。第1回国連貿易開発会議(UNCTAD)で，事務局長のプレビッシュによるレポートによって，一般特恵関税の実施などが主張された。

　　②正文。発展途上国の中でも最も経済発展が遅れた国は，後発発展途上国(LDC)と呼ばれる。

　　③正文。2016年から2030年の達成目標として掲げられる持続可能な開発目標(SDGs)では，貧困や飢餓の撲滅に加えてジェンダー平等の実現などの達成すべき目標が設定された。

　　④正文。発展途上国の中には，貧困層の自助努力を支援するために，マイクロファイナンスという低所得者向けの少額融資が実施されている国もある。バングラデシュのグラミン銀行が有名。

6　①〜③正文。後発発展途上国が多いアフリカでは，累積債務問題に悩まされている国も多く，工業化のために投下できる資本も不足している。また，ソマリアやスーダンなどに見られるように内戦や紛争も多く，労働力や農地，そして，産業関連・生活関連を問わず，多くの社会資本が失われている。さらに，技術力が低く教育も不十分であり，土地面積当たりの収穫量である土地生産性は低い。

　　④誤文。自然から採取されたまま未加工の産出品である一次産品は，貴金属やレア-メタルと呼ばれる非鉄金属およびレア-アース(希土類元素)など，一部の例外を除いて加工品と比較して付加価値が低く，天候などの自然状況の変化に対応しづらく，生産量も計算できない。そのため，輸出品としてその国の経済を支えるには非常に脆弱であり，モノカルチャー経済からの脱却は進んでいない。なお，発展途上国の中で経済発展に成功した国は，工業化に成功した国以外では，産油国に代表される，資源の豊富な国である。近年注目されているのは，先端技術に不可欠なレアーメタル，レアーアースの産出国であり，中国や南アフリカ共和国，ロシアなどはその代表格である。

7　正解はd。

　a　誤文。地球の人口は増大しているのは確かであるが，2015年時点でも73億人超である。

　b　誤文。総務省統計局のデータによると，2009年の約68億2900万人の世界人口に占める発展途上国の割合は81.9%であり，約55億9300万人となる。2010年には総人口約69億900万人に対して途上国の割合は82.1%であるので，約56億7200万人である。したがって，増加率は約1.4%となる。

　c　誤文。国連世界食糧計画によると，「今日世界には，すべての人々が健康で生産的な生活を送るために必要な栄養分を摂取するのに十分な食糧があり」，食糧不足は分配・消費の偏りという要因が大きいとしているため，生産不足のせいのみとは言い切れない。

　d　正文。総務省統計局のデータによると，2005年時点で世界の総人口65億1500万人に対して65歳以上の割合は7.3%である。したがって，65歳以上の人口は約4億7600万人となる。一方，発展途上国は約52億9900万人に対して5.5%なので，約2億9000万人となる。これより，世界全体の高齢者に占める発展途上国の高齢者の割合は約61%である。このことから適切であると判断できる。

　e　誤文。人口問題に関する国際会議としては，1974年にブカレストで世界人口会議が行われ，「世界人口行動計画」が採択された。1994年の国際人口開発会議ではリプロダクティブーヘルス／ライツといった女性の権利について話し合われたが，人口抑制に関する国際合意はなされていない。また，人口抑制のみならず人口問題全般に関しては，先進国と発展途上国の対立や宗教的な慣習の違いなども課題となっている。

8　①誤文。日本は，多国間援助も二国間援助も行っている。

　　②誤文。日本は，無償資金援助以外にも，借款などの融資を行っている。むしろ，日本には贈与比率が低いという課題がある。

　　③誤文。2020年の日本のODA支出額は，対GNI比0.31%であり，先進国の目標である対GNI比0.7%に及ばない。

　　④正文。日本は，1991年〜2000年まで世界一の援助

国であったが，2000年以降ODA予算が減っている。

9　正解は3。アマルティア＝セン：ノーベル経済学賞受賞。世界の貧困や不平等の問題を解決するには，各人の選択可能な生き方の幅＜これをセンは，潜在能力（capability：ケイパビリティ）という＞を高める必要があるとした。公共政策も基本的な潜在能力を平等に保障すべきだと説いた。

　　1誤。性と生殖に関する健康・権利。女性の自己決定権を尊重しようとするもの。

　　2誤。日常のいたる所にコンピュータがあり，必要な情報にいつでもアクセスできる環境にある社会。ユビキタス：神があまねく存在する…ラテン語

　　3正。ケイパビリティ。上述の通り。

　　4誤。衣食住や教育・医療など，人間として最低限必要とされる要求のこと。

大学入学共通テスト　試作問題解答・解説

公共，政治・経済　（100点満点）

問題番号（配点）	設問	解答番号	正解	配点	問題番号（配点）	設問	解答番号	正解	配点
第1問 (13)	1	1	4	4	第5問 (19)	1	21	4	3
	2	2	5	3		2	22	2	3
	3	3	1	3		3	23	3	3
	4	4	2	3		4	24	3	3
第2問 (12)	1	5	2	3		5	25	5	3
	2	6	6	3		6	26	5	4
	3	7	3	3	第6問 (20)	1	27	6	3
	4	8	4	3		2	28	3	3
第3問 (18)	1	9	1	3		3	29	1	3*¹
	2	10	3	3			30	2	
	3	11	2	3		4	31	2	3
	4	12	1	3		5	32	8	4
	5	13	2	3		6	33	1又は2又は3	なし
	6	14	2	3			34	解答番号33が1の場合は3 解答番号33が2の場合は1 解答番号33が3の場合は2	4*²
第4問 (18)	1	15	3	3					
	2	16	1	3					
	3	17	2	3					
	4	18	4	3					
	5	19	4	3					
	6	20	1	3					

（注）
＊1は，両方正解の場合のみ点を与える。
＊2は，解答番号33で1を解答した場合は3を，2を解答した場合は1を，3を解答した場合は2を正解とし，点を与える。

第1問 【公共分野】 「A公共の扉」の主として「公共的な空間における基本原理」に対応したもの

問1 　1　 正解 ④

　会話文のY3の発言に、「行為の善さは行為の結果にあるのではなく、多様な人々に共通している人格を尊重しようとする意志の自由にある」とあるので、カントである。カントは理性の命じる道徳法則に従い、自律的に行為する主体を人格と捉え、自律にこそ自由を認めている。選択肢エに「永遠平和」を実現するには、この理念を国際社会にも拡大すべき」との表現があり、カントの著書『永遠平和(永久平和)のために』と結びつけて判断することもできる。

ア　「アンガジュマン」の語から、実存主義のサルトルであると判断できる。サルトルは、アンガジュマン(社会参加)を通じて個人としての責任を果たすべきことを説いた人物である。

イ　「イデア」の語から、古代ギリシアのプラトンであると判断できる。プラトンは、現実の世界(現象界)とは別に、理性によってのみ捉えられる真の実在の世界(イデア界)があると考え、理性を兼ね備えた哲学者が国家(ポリス)を統治すべきであると考えた。

ウ　「共通善(公共善)」の語から、現代の政治哲学者であるサンデルであると判断できる。サンデルは、コミュニタリアニズム(共同体主義)の立場から、ロールズの自由主義(リベラリズム)に基づく正義論を批判し、個人が生きる共同体内で共有される共通善(公共善)を重視した。

問2 　2　 正解 ⑤

B　「幅が広い改札口」や「エレベーター」などといった駅のバリアフリー化について述べられた「ウ」を選ぶ。障害者差別解消法は、2006年に国連総会で採択された障害者の権利に関する条約の批准に応じて、障害の有無に関係なく人々が共生できる社会の実現を目指し、障害に関わる差別の解消を推進することを目的に、2013年に制定された。

C　「多くの業務に女性も男性も従事している」とある「イ」を選ぶ。男女雇用機会均等法は、女子差別撤廃条約の批准に応じて、1985年に制定され、その後の改正を経て、採用・昇進などにおける男女差別が禁止されている。

問3 　3　 正解 ①

ア　「社会全体の創造性などに寄与できる」との表現や国際労働機関(ILO)の取組みを紹介するということから、①「8 働きがいも経済成長も」が適当である。

イ　「妊娠中の人に特に重要な職場や家庭での分煙」「若年層を禁煙の害から守る」とあるので、①「3 すべての人に健康と福祉を」が適当である。

問4 　4　 正解 ②

ア　民法では、未成年者は親権(子どもを養育したり財産を管理したりする権利)に服するとされ、成年年齢に達すれば、親権に服さなくなると解釈できるため、正しい。

イ　未成年者は経験や判断能力が不十分であると考えられるため、未成年者が契約する際には、原則として法定代理人(基本的には親権者)の同意が必要とされ、同意のない未成年者による契約は取り消すことができる(未成年者取消権)とされているため、正しい。

ウ　「公序良俗」とは、民法にある「公の秩序又は善良の風俗」を略した語句で、社会的な秩序や一般的な道徳という意味で捉えられる。民法では、公序良俗に反する法律行為(契約など)は無効とされているため、「相手方がそれに合意する限りにおいて、その契約は有効」は誤りである。社会問題として取り上げられている「闇バイト」等を考えれば、容易に理解できる。

第2問 【公共分野】 人口減少社会の在り方を探究するという場面設定で、課題に取り組むもの

問1 　5　 正解 ②

A　空欄Aの文章中に、「各人の能力や功績に比例して決められる」とある。アリストテレスは、国家(ポリス)において実現すべき正義を各人の能力に応じて地位や報酬を分け与える配分的正義と、補償や刑罰を通じて各人の間の不公平を是正する調整的正義とに分類しているため、空欄Aには「配分」があてはまる。

B　空欄Bの文章中に「共同体の善を実現する」とあり、直前の文章中には「社会が子育てに責任を持ち、子育てを支える」とあることから、空欄Bには「全体」があてはまる。アリストテレスは、配分的正義や調整的正義を実行することで、国家(ポリス)全体の正義である全体的正義が実現すると考えていた。

　アリストテレスは、古代ギリシアの哲学者として有名であるが、「人間はポリス的(政治的)人間である」といった重要事項の知識理解にとどまらず、思想の内容にまで踏み込んだ設問となっている。教科書等で取り上げられている思想家の思想の内容を、身近な事例と結びつけて考察し、活用できる力が求められている。

問2 　6　 正解 ⑥

ア　図1を見れば、日本よりも合計特殊出生率が低い国のうち、「現金給付」対GDP比が日本より低い国は、日本の左下に位置する国の1か国のみであり、それ以外の右下に位置する国々は日本よりも高いため、「すべての国は「現金給付」対GDP比が日本より低い」という記述は誤りである。

イ　図1によると、「現金給付」対GDP比と合計特殊出生

率の相関関係 r は 0.10 である。r の値が 1 に近いなら
ば，強い相関があり，国を表す点は左下から右上に
一直線に並ぶ。図1では散らばった点となってあら
われているため，「強い相関がある」とは言えず，「現
金給付」対 GDP 比を向上させることで，合計特殊出
生率が上がるとは言えない。

ウ 図2を見ると，日本の左上にある国々は，「現物給付」
対 GDP 比が日本より低いが，合計特殊出生率が日
本を上回る国々であり，その中には 1.60 を上回る国
も多数ある。「「現物給付」の充実を提案する前に諸外
国の状況を調査してはどうか」という内容は，図2の
読みとりに基づく判断であると言える。

エ 図2で示されているのは，「現物給付」対 GDP 比と合
計特殊出生率の相関関係であって，因果関係ではな
い。また，ウと同様に「現物給付」対 GDP 比が日本
より低いが，合計特殊出生率が日本を上回る国々が
あることから，「「現物給付」の充実を提案するために
は別の資料も準備した方がよい」という内容は，図2
の読みとりに基づく判断であると言える。

問3 ☐7☐ **正解 ③**

A は日本，D はイギリスが該当

A 「1980年から2015年にかけて，図3中の他のいずれ
の国よりも急速に高齢化が進行した」国であるので，
この期間中に他のすべてよりも高齢化率を高めた日
本が該当する。

B 「高齢化率も社会支出の対 GDP 比も相対的に低い水
準にある」ということから，高齢化率が2015年の時
点で最も低いアメリカが該当する。

C 「1995年から2010年にかけて社会支出の対 GDP 比は
ほぼ横ばい」「他国と比べて高水準の社会支出対
GDP 比」とあることから，ドイツが該当する。

D 「Cに次いで1980年に高齢化率が高かった」とあるこ
とから，イギリスが該当する。

E 高齢化率の高いドイツとイギリスは，1990年から
2010年にかけて社会支出の対 GDP 比を大きく引き
上げたことから，「一定期間における高齢化率の伸び
に対する支出の対 GDP 比の割合を大きくするか否
か」が空欄 E に適している。一方の「高齢化率を大幅
に抑制し続け」ているのはアメリカである。アメリカ
は市場経済を重視した国であり，他国と比べて社会
支出の対 GDP 比も低く抑えられていることから「市
場経済と社会保障の双方を重視する政策を推進」し
ているとは言えない。このことから，今後の日本の
社会保障のあり方を構想するうえで重要な要因とは
考えられない。

問4 ☐8☐ **正解 ④**

A 「新しい社会保障の施策」を「効率の面」から考える趣
旨の発言であるので，「入札を実施して，ノウハウを
もつ民間企業に委ね」とある「ア」が該当する。イは，

「住民の求めるすべてのサービスに対応」「ニーズ有
無に関わらず大きな組織で」とあることから，効率を
重視しているとは言えない。

B Aと同様に「効率の面」から考える発言であるから，
「無駄な経費を抑える」とある「エ」が該当する。ウは，
「費用が多少増えても」とあることから，効率を重視
しているとは言えない。

C 利用者の生活の質が損なわれない「公正さの確保も
大切」という趣旨の発言が該当する。「カ」は，行政が
企業によるサービスの提供後に「その内容を確認す
る」とあるため，利用者の生活の質が損なわれない
「公正さの確保」に該当する。オは，入札に参加でき
る機会の確保という公正さを重視しているが，「すべ
ての利用者が適切にサービスを受けられる」という
公正さを確保することはできない。

**第3問 【政治・経済分野】 現代の国際政治・経済にお
ける，主に政治分野に対応したもの**

問1 ☐9☐ **正解 ①**

労働基準法(1947)によると，第4条で男女同一賃金の
原則を規定している。

② 育児・介護休業法(1995)によると，従業員(労働者)
からの育児休業・介護休業の申請を認めることを事
業者に義務づけているのであって，労働者(男女を問
わず)に育児休業の取得を義務づけているわけでは
ないため，選択文中の「女性労働者のみならず男性労
働者に対しても…義務づけている。」が誤りである。

③ 2022年に民法が改正されたことにより，女性の婚姻
開始年齢は16歳から18歳に引き上げられ，男女とも
に18歳となっているため，選択文中の「女性の婚姻
開始年齢を引き下げる改正」が誤りである。

④ 1999年に男女雇用機会均等法が改正され，募集や昇
進における男女差別について，解消することを努力
する規定を禁止する規定へ内容を変更しているた
め，選択文中の「男女差別の解消に努めなければなら
ないことを定めている」が誤りである。

問2 ☐10☐ **正解 ③**

ア は，1965年に採択されていることから，1989年に採択
された子どもの権利条約と死刑廃止条約はあてはま
らないので，①と②は該当しない。

イ は，1989年に採択されて，日本が批准していない条約
であることから，国際人権規約 B 規約(市民的及び
政治的権利に関する国際規約)の第二選択議定書(死
刑廃止条約)と判断できる。

ウ は，「経済的，社会的および文化的権利に関する国際規
約(社会権規約)」とは，国際人権規約 A 規約のことで
あり，日本は，公務員のストライキ権などを留保し
て，1979年に批准したことから，「あり」を選択する。

なお，選択肢の条約の採択年と日本の批准状況は次の通りである。人種差別撤廃条約は1965年批准済み，アパルトヘイト犯罪の禁止及び処罰に関する国際規約は1973年批准なし，子ども（児童）の権利条約は1989年批准済み，死刑廃止条約は1989年批准なし，障害者の権利条約は2006年批准済みとなっている。

問3　 11 　正解　②

1994年に衆議院議員総選挙に小選挙区比例代表並立制が導入されたため，1996年の選挙以降の投票率について，表2では1996年以降の一票の格差はいずれも2.5を下回っている。

① 中選挙区制で総選挙が行われたのは1993年までであり，1983年は4.40となっていることから，4.00を超えているため誤りである。

③ 2000年以降の総選挙について，2009年，2012年，2014年の選挙において，最高裁は違憲状態であるとの判決を出している。

④ 投票率が増減しても，一票の格差は選挙区の有権者数から計算されるため，格差が小さくなることはない。

問4　 12 　正解　①

ソ連は，1946〜1960年の間で96回の拒否権を行使しており，最多である。この期間には，1950年に朝鮮戦争があり，ソ連の拒否権により安保理は機能不全となったため，総会が「平和のための結集」決議を出している。

② 1961〜1975年の間に最も拒否権を行使しているのは，11回のイギリスではなく，18回のソ連である。

③ キューバ危機は，1962年の出来事であるため，期間が違っている。

④ 湾岸戦争は，1991年の出来事であるため，期間が違っている。

国連の特に安全保障理事会の議決方法について，拒否権とともに，その特徴を確認しておこう。

問5　 13 　正解　②

メモの第10条「一」によると，「当事者の主張に基いて」憲法に適合するかしないか（合憲・違憲）の判断するときには，「小法廷においては裁判をすることができない」とされている。また，「二」によると，「前号の場合を除いて」「一」で示された「当事者の主張に基」くものではない場合も，「法律，命令，規則又は処分が憲法に適合しないと認めるとき」（違憲判決を下すとき）は，「小法廷においては裁判をすることができない」とされている。これらを踏まえて考えると，違憲判決を行う場合は，「当事者の主張に基くか否かにかかわらず」小法廷では行えないということになる。

① 違憲判決は小法廷で行うことができないため，「小法廷において行うことができる」は誤りである。

③ 「三」において，「意見が前に最高裁判所のした裁判に反するとき」は，「小法廷においては裁判をすること

ができない」とされているが，大法廷で行うことができない場合の規定となっているわけではないため，誤文である。

問6　 14 　正解　②

人間の安全保障とは，従来の軍事力に頼った安全保障ではなく，人間一人ひとりに着目し，その生命や人権を大切にしようとする考え方で，国家の安全保障に対し，病気，貧困，紛争などから人々の生命と生活を守るという考え方である。②の「ひとしく恐怖と欠乏から免かれ，平和のうちに生存する」という文言は，いわゆる平和的生存権（平和のうちに生存する権利）を表現した部分であり，人間の安全保障の考え方にも適合する内容である。

第4問　【政治・経済分野】　現代の国際政治・経済における，主に経済分野に対応したもの

問1　 15 　正解　③

問題文の中の1970年代，1990年代，2010年代について，日本経済の歩みの中での基本的な知識を思い起こしてみる。1970年代は第一次石油危機を挟んで，高度経済成長期から安定成長期に移行する時期。1990年代はバブル経済の崩壊を機に平成不況が深刻化する時期。2010年代はリーマンショックの影響を受けながらも徐々に回復傾向が見られた時期。これらの知識を活用しながら，ア〜ウのグラフの左右の目盛りの切り方に注目しながら，折れ線グラフの特徴を読み解いていく。日本経済の歩みについての基本的な知識とその理解の程度を問う問題といえる。

アは1990年代である。イ，ウのグラフと比べて，完全失業率が5%近くまで達していることから，バブル経済が崩壊し，企業が人員整理を中心とした「リストラ」を行った時期と結びつけられる。金融機関の破綻なども見られ「失われた10年」とも言われる中，1997年に消費者物価指数が一時的に上昇しているのは，同年に施行された消費税率の3%から5%への引き上げとも合致する動きである。

イは1970年代である。完全失業率が1〜2%台の低い値で推移していることや，消費者物価指数の変化率が，他のア，ウと比べても突出して高いことから，高度経済成長期から安定期であると判断できる。なお，1974年の消費者物価指数の急上昇は，第一次石油危機による「狂乱物価」の影響を受けたものと考えられる。

ウは2010年代である。2010年代当初約5%と高い失業率であったものが，徐々に低下しているのが緩やかな景気回復の影響と考えられる。また，2014年に消費者物価指数の変化率がはねあがっているのは，消費税率が5%から8%へと引き上げられたものと考えられる。

問2 ☐16☐ 正解 ①

説明文1から，スウェーデンは，「賃金水準が勤続年数とは独立に決まっている」と示されており，表の(ア)賃金水準が，他に比べて勤続年数によって数字があまり変化していないDに相当すると考えられる。この段階で選択肢を①か⑤に絞り込む。Bが日本で共通なので，Bは日本と確定する。つぎにAとCがイギリスなのかドイツなのかの判別となる。AとCは，表の(ウ)賃金交渉の集権度の部分で違いが見られる。

説明文3に，ドイツが日本とは異なっていると示されており，ドイツはAであると判断する。

この形式の問題では，提示されている「条件」に従いながら，資料等を読み取り，論理的に筋道立てて答えを導き出す過程で，選択肢を順次絞り込んでいくことが求められている。

問3 ☐17☐ 正解 ②

②は，年金給付の原資を現役世代が賄う賦課方式の説明として正しい。一方で，現役時代に払った保険料を積み立て，老後にそのお金を受け取る方式を積立方式という。現在の日本の年金制度は，賦課方式を柱に組み立てられている。

①は誤り。基礎年金である国民年金の原資は，2004年に国庫負担の割合が3分の1から2分の1に引き上げられており，半分は国庫から，半分を保険料で賄う形となっている。また，国庫は主に税収によるが，国債等の公債金も含まれている。

③は誤り。将来受け取る予定の年金を現役時代に積み立てる積立方式では，物価の下落を示すデフレーションの場合，貨幣価値が高まるため，年金給付額は実質的に増加する

④は誤り。厚生年金は納めた保険料の額に応じて，年金給付が行われるため，年収と保険料納付機関に比例して給付額がかわる。なお，国民年金の老齢基礎年金については，納付月数などの条件が同じであれば，同額の給付が行われる。

問4 ☐18☐ 正解 ④

アについて，通貨供給量(マネーストック)の調整を行い，物価の安定を図る金融政策が効果的であるとする「マネタリズム」を主張したアメリカの経済学者は，フリードマンである。ガルブレイスは，消費者の購買意欲は，自律的なものではなく，企業の宣伝や販売活動によって操られているという「依存効果」を提唱したアメリカの経済学者である。

イについて，「自由貿易がもたらす国際分業によって関係国全体での生産量が増えると論じた」のは，比較生産秘説を提唱したイギリスの経済学者リカードである。マルサスは，著書『人口論』において，人口は2倍，4倍という形の等比級数で増えるが，食糧は等差級数でしか増えないために，やがて社会は貧困に

なると主張した。

問5 ☐19☐ 正解 ④

④が誤り。「ワーク・ライフ・バランス」とは，仕事と生活の調和を意味し，「国民一人ひとりがやりがいや充実感を感じながら働き，仕事上の責任を果たすとともに，家庭や地域などにおいても，子育て期，中高年期といった人生の各段階に応じて多様な生き方が選択・実現できる社会」を目指すものとされている。

①は正しい。労働者派遣法では，派遣労働者と派遣元の派遣会社との間で「労働契約」を行うことが定められている。なお，不安定な派遣労働の在り方が固定化しないように，有期雇用派遣社員として同一の職場，部署で働ける期間は最長3年と制限されている。

②は正しい。ワーキングプアとは，「働く貧困層」と呼ばれることもある。

③は正しい。高度経済成長期には，日本型雇用慣行が安定し，正規雇用(正社員)が8割以上を占めていたが，近年では，非正規雇用(パートタイマーなど)が3割を超えている。特に男性よりも女性方が多く，15〜64歳の非正規雇用比率では，男性が約20%弱なのに対して，女性は約50%となっている。

問6 ☐20☐ 正解 ①

ア・イについて，新しい技術が導入されると，必要な労働量が減少するため，企業からの労働に対する需要が低下する。つまり，ア→労働需要曲線が，イ→A(左)にシフトする。

ウについて，「他の条件が等しい」とあるので，労働供給曲線は変化しない。よって，新しい均衡点は左下に移動し，均衡賃金は低下する。

第5問 【政治・経済分野】「現代日本における政治・経済の諸課題の探究」に対応し，「グローバル化する国際社会の諸課題の探究」とも密接に関連したもの

問1 ☐21☐ 正解 ④

④が，持株会社の説明として正しい。1997年に独占禁止法が改正され，国際競争に対応して，企業の活動をより活発にする観点から，独占禁止法の目的に反しない範囲で持株会社が解禁された。

①は誤り。1980年代には，日米貿易摩擦が激化し，日本の貿易黒字に対するアメリカからの厳しい批判があった。1985年の「プラザ合意」によってドル高是正と政策協調合意がなされ，急速な円高の進行を背景に，外需主導型経済から内需主導型経済への転換が図られた。

②は誤り。郵政民営化など，2000年代に小泉純一郎内閣のもとで進められた構造改革は，民間にできるものは民間に任せるという形の「小さな政府」を志向する

ものであった。

③は誤り。「モノそれ自体よりも知識や情報の重要性が高まっていく変化」とは，産業の空洞化ではなく経済のソフト化の説明である。産業の空洞化とは，国内企業が海外に生産拠点を移転させることによって，国内産業が衰退していく現象のことである。

問2　22　正解　②

一人当たりの労働生産性について，産業別の比較が選択肢として示されている。一人当たりの労働生産性は，実質付加価値を就業者数で割ると計算できる。

産業別に比較する上で，提示された表から「一万人当たりの労働生産性」を計算すると次のようになる。表に示された単位に基づいて「一万人当たり」とする点がポイントとなる。

	1994年	2019年	変化率(%)
農林水産業	約157億円	約187億円	約1.2倍
製造業	約600億円	約1090億円	約1.8倍
サービス業	約764億円	約768億円	約1.0倍

②は正。サービス業の労働生産性の変化率は約1倍なのに対して，製造業は約1.8倍となっている。

①は誤。農林水産業の労働生産性の変化率は約1.2倍なのに対して，製造業は約1.8倍になっている。

③は誤。最も大きな変化で上昇しているのは，製造業である。

④は誤。「すべての産業において労働生産性が低下している」が誤り。なお，変化率が最も低いのはサービス業である。

別の解き方として，実際に計算しなくとも定義づけを考えながら，正誤を判定することもできる。

②について，実質付加価値の増加率は製造業がサービス業を上回り，一人当たり労働生産性を算出する際に分母となる就業者数が，製造業はマイナスなのであるから，計算しなくても，製造業の方がサービス業よりも一人当たり労働生産性の増加率が大きいと判断できる。

①については，農林水産業では，就業者数の減少率が実質付加価値の減少率を上回っているため，一人当たり労働生産性は上昇していると考えられるが，就業者数がマイナスで実質付加価値がプラスの製造業の上昇率を上回るとは考えにくい。念のため概数で計算してみても，農林水産業は約150から約200で約33%のプラス。製造業は約600から約1100で約83%のプラスである。

③については，②で見たとおり，一人当たり労働生産性の増加率は製造業がサービス業を上回るので，サービス業が「最も大きな率で上昇している」ということはない。

④については，少なくとも製造業は付加価値が増加し就業者数が減少しているのであるから，一人当たり労働生産性は確実にプラスになる。よって「すべての産業において低下している」ということはない。

問3　23　正解　③

③が正しい。グラフを見れば，間違いなくどの年齢階層においても「携帯電話・PHS(スマートフォンを除く)」よりも「スマートフォン」を利用している人の割合が上回っている。

①は誤り。70歳代以上においても「スマートフォン」を利用している人の割合は半数に満たないことが読み取れる。

②は誤り。60～69歳の「パソコン」を利用している人の割合は約50%で13～19歳の割合よりも高いことが読み取れる。

④は誤り。6～12歳においては「パソコン」よりも「タブレット端末」を利用している人の割合の方が高いことが読み取れる。

問4　24　正解　③

アは誤り。知的財産権とは，特許権，実用新案権，育成者権，意匠権，著作権，商標権などの権利をいう。「インターネットにつながる自由」は「知る権利」の方があてはまっている。

イは正しい。開示請求は，2001年に制定されたプロバイダ責任制限法により，誹謗中傷や虚偽情報により権利を侵害された者が，インターネット接続事業者(プロバイダ)に対して発信者情報の開示を請求できると定めたもの。同法は2022年に改正され，開示請求の手続きの簡略化が図られている。

ウは正しい。デジタル社会の形成に向けた行政事務を迅速かつ重点的に推進するために，デジタル庁は2021年に発足した。

エは誤り。「一定の期間であれば無条件で契約の申し込みを撤回したり契約を解除したりできる」というのはクーリングオフ制度のことである。この制度は訪問販売などを対象にしたものであり，「インターネットを用いた通信販売」は対象外である。

この問題においても，まずアの判別ができれば，選択肢を①～③に絞り込むことができ，順にイ～ウについて，自分の知識を活用して正解を導き出すことができる。単純な知識理解にとどまらず，選択肢を見ながら，自分の知識を組み合わせて考えることが重要である。

問5　25　正解　⑤

アについて，Kの冒頭の発言の「せめて」という言葉から，事業者に任せることについての心配事が読み取れる。「事業者の考えや好みによって」コンテンツ・モデレーションが適切に行われない可能性を指摘しているcの記述があてはまる。

イについて，「義務を事業者に負わせる」という「法律を作るという方法」の是非を問うている。事業者が「過剰

に削除してしまう可能性がある」という問題点を指摘するaの記述があてはまる。

ウについて，「そういう問題があるとしたら」をめざした。受けてのウなので，イに入るa「過剰に削除してしまう可能性」をなくすために「基準と運用を明確にするような法的な仕組み」を提案しているbの記述があてはまる。

会話文の組み立ては「問い」に対する「答え」のやりとりである。会話をつなぐ指示語や接続詞に注目しながら，会話の流れを考えることが解法への鍵となる。

問6 26 正解 ⑤

アは正しい。「限定的な情報に接し」は11行目以降の「フィルターバブル」にあたり，「考えの同じ人々と同調しあうことで，特定の意見や立場が強化される」は5行目以降の「エコーチェンバー」にあたる。よって，「世論がより極端な意見や立場に分断していってしまう」という発言は，報告の内容にあてはまる。

イは誤り。発表原稿では真偽不明の情報や虚偽情報に対して言及されていない，また，「有権者の理性的な判断が妨げられてしまう」というようなことも述べられていない。

ウは正しい。発表原稿では，インターネットと対比する形で，「かつては自分の好みや考え方に合わない情報もマス・メディアを通じて触れる機会がありました」と指摘されている。よって，マス・メディアが多様な情報に触れるということから「インターネット時代でもその重要性が失われたわけではない」という発言は，報告の内容にあてはまる。

第6問 【政治・経済分野】「グローバル化する国際社会の諸課題の探究」に対応し，「現代日本における政治・経済の諸課題の探究」とも密接に関連したもの

問1 27 正解 ⑥

アは，bのユーロ危機。2009年には，ギリシャで新政権が発足した際に，前政権が巨額の財政赤字を隠していたことが発覚した。これによりギリシャの国債の価格が急落し，ユーロの信用が低下したことを契機として，南欧諸国を中心に株価・ユーロ相場が下落して，全世界に影響が及んだ。この一連の危機の連鎖は「ユーロ危機」と呼ばれる。

aの「金融ビッグバン」とは，1986年にイギリスのサッチャー首相が行った，金融証券分野における大規模な規制緩和政策のことを指す。手数料の自由化や取引所会員への外部資本出資の制限の撤廃などがあげられる。日本でもこれに習って1990年代に日本版金融ビッグバンが行われた。

イは，cの2004年。EUは，2004年にチェコ・ポーラン

ドなど旧社会主義圏の東欧諸国を一挙に加盟国に加えた。これを「EUの東方拡大」という。2013年に加盟したのは，クロアチアの1か国。

ウは，fの市場経済。東欧諸国は，計画経済に基づく社会主義体制が崩壊し，自由主義体制の市場経済に移行した。

問2 28 正解 ③

アは適当である。前半の内容は，資料1～3から読み取れる内容として正しい。そこから引き出された後半の「EU域圏内の他国での就労などを目的とした移住がEU加盟後に増加した」という推察も適当である。

イは適当である。前半の内容は，資料1～3から読み取れる内容として正しい。そこから引き出された，他国からの移住も他国への移住も増加したという後半の推察も適当である。

ウは適当ではない。前半の内容は，資料1～3から読み取れる内容として正しい。しかし，そこから引き出された「EU域内の他国での就労などを目的とした移住がEU加盟後に減少した」という推察はあてはまらない。法定最低月額賃金が低いので，他国への移住が増加したと考えるべきだある。従って適当ではない。以上から，正解は③となる。

問3 29 正解 ① 30 正解 ②

まず，選択肢の内容について検討を加え判断する。

①について，EU市場へのアクセスは「現状維持が最善」との文章から，EU残留に賛成の立場であるとわかる。

②について，「イギリスのことはイギリスが決める」という文章から，他国からの干渉を拒否している姿勢がうかがえるので，EU離脱に賛成の立場であるとわかる。

③について，欧州自由貿易連合（EFTA）は，1960年にイギリス主導で結成された組織であるが，1973年のEC加盟に伴いイギリスは脱退している。

④について，1999年にEUの共通通貨としてのユーロが導入された答辞からイギリスはポンドを維持しユーロを採用していない。以上から，③④は，内容が誤っている。

問4 31 正解 ②

アは誤り。「アラブの春」とは，2011年初頭から中東・北アフリカ地域の各国で本格化した一連の民主化運動のこと。このアラブの春によって，チュニジアやエジプトなどでは，政権交代が実現した。またシリアでも2011年にアサド政権と反政府勢力との間に内戦が勃発し，欧米諸国の反政府勢力支持に乗じて過激派組織も勢力を伸張したことで混乱が激化したが，2023年現在もシリアではアサド政権が存続している。

イは正しい。2015～2016年は，アのシリア内戦がもっと

も激化していた時期である。内戦の激化によって庇護申請者数が急増したと考えるのは、適当である。

ウは誤り。イのように、シリア内戦の激化により、EU諸国やシリアと国境を接するトルコには難民が殺到していた。そこで、2016年にEUとトルコの間で協議が行われ、トルコが難民を引き受け、その見返りとしてEUがトルコに対して経済援助を行うことで合意した。（EU・トルコ声明）2017年に庇護申請者数が減少したのはその影響である。パグウォッシュ会議とは、哲学者のラッセルと物理学者のアインシュタインの提唱で、1957年に開催された核兵器廃絶を訴える国際科学者会議であり、誤り。

問5 ［ 32 ］ 正解 ⑧

アについて、資料6を見ると、難民認定率は54.9%でカナダの方が高い。bとなる。

イについて、「ユニラテラリズム」とは、単独行動主義または一国行動主義をいう。「マルチカルチュラリズム」は多文化主義ともいい、民族は、各自の文化と同じように他民族の文化も尊重すべきだという考えのことである。カナダは、フランス系住民を中心とするケベック州とイギリス系住民を中心とするその他の州から構成され、英語・フランス語をともに公用語としている。さらに1971年、世界に先駆けて当時のトルドー首相がカナダ議会下院で多文化主義宣言を行った。ここからカナダは、国の指針として多文化主義を掲げている。

ウについて、1951年に国連総会で採択された難民条約では、迫害の恐れのある難民を送還してはならないとする「ノン・ルフールマンの原則」が採用されている。ルフールマンとは「送還」といった意味のフランス語である。eの「困窮を理由に入国」はいわゆる経済難民（経済移民）であり、経済的な理由による難民は、難民条約における保護の対象とはしていない。

問6 ［ 33 ］が①→［ 34 ］は③
　　　［ 33 ］が②→［ 34 ］は①
　　　［ 33 ］が③→［ 34 ］は②

選択肢を見ると、2つずつの組み合わせとなっている。ア〜ウのそれぞれに対して、あてはまらない意見をa〜cから選択するという考え方も持ちながら、次のように解いていく。

アの提言について、「日本への移民・難民の受入れを考える前に」すべきことがあるという意見であり、受け入れには消極的であるので、「答えは受入れ以外ないと思う」と断言するaは除外される。移民・難民が発生している国の事情に言及している、bとcの組み合わせが適当と考えられる。したがって、［ 33 ］が①の場合、［ 34 ］は③となる。

イの提言について、「移民・難民の受入れとは考えなければならない選択肢の一つ」と述べているので、aを踏まえていることがわかる。その上で、「日本の社会や歴史、文化を深く理解してもらう」必要性や、「在留資格や国籍取得の要件」の厳格に言及しているので、「生活習慣や文化の違いでその地域の住民と摩擦が起こりそうだ」というbの懸念を踏まえたものと考えられる。したがって、［ 33 ］が②の場合、［ 34 ］は①となる。

ウの提言について、「多様な人材を日本に受入れる」ことに積極的な意見となっているので、aを踏まえたものであることがわかる。その上で、「受入れ後の制度について既に移住している人たちと一緒に考えるべきだ」としており、「いろいろな言語や宗教の人たちの考え方や意思を尊重してあげたいな」というcの意見があてはまる。従って、［ 33 ］が③の場合、［ 34 ］は②となる。

この問題については、まずアの提言の部分で示したように、a〜cのいずれか一つの意見から選択肢を絞り込み、つぎに共通している部分を確認しつつ、異なる意見の部分を組み合わせの選択肢と照らし合わせながら判別するような手順、段取りで解いていく。限られた時間の中で落ち着いて、文章を丁寧に読み取ることが、解法に向けて大切である。